Deliktsrecht I

Hemmer/Wüst/d'Alquen

Vorwort

Deliktsrecht I mit der **hemmer-Methode**

Wer in vier Jahren sein Studium abschließen will, kann sich einen Irrtum in Bezug auf Stoffauswahl und -aneignung nicht leisten. Hoffen Sie nicht auf leichte Rezepte und den einfachen Rechtsprechungsfall. Hüten Sie sich vor Übervereinfachung beim Lernen. Stellen Sie deswegen frühzeitig die Weichen richtig.

Die §§ 823 ff. BGB sind sowohl in der Praxis als auch im Examen von grundlegender Bedeutung; sie stellen häufig einen Klausurschwerpunkt dar. Juristische Grundkenntnisse allein reichen in diesem schwierigen Rechtsbereich folglich nicht aus. Es muss vielmehr Klarheit über die verschiedenen Haftungstatbestände und ihre verschiedenen Voraussetzungen bestehen. In der Klausur kommt es meist auf die feinen Unterscheide an! Die Unterscheidung von Verschuldens- und Gefährdungshaftung gehört dabei zum Basiswissen. Schwieriger wird es bei der Differenzierung von Begriffen wie „haftungsbegründende Kausalität“ und „haftungsausfüllende Kausalität“; diese werden in ihrer Bedeutung häufig verkannt und in der Klausur falsch verwendet. Punktabzug ist die Folge. Das Skript **Deliktsrecht I** verschafft den notwendigen Überblick über das deliktsrechtliche Haftungssystem. Zudem werden die wichtigsten Haftungstatbestände der §§ 823-831 BGB ausführlich dargestellt und in verschiedenen klausurrelevanten Konstellationen erklärt.

Die **hemmer-Methode** vermittelt Ihnen die **erste richtige Einordnung** und das **Problembewusstsein**, welches Sie brauchen, um an einer Klausur bzw. dem Ersteller nicht vorbeizuschreiben. Häufig ist dem Studierenden nicht klar, warum er schlechte Klausuren schreibt. Wir geben Ihnen **gezielte Tipps**! Vertrauen Sie auf unsere **Expertenkniffe**.

Durch die ständige Diskussion mit unseren Kursteilnehmerinnen und Kursteilnehmern ist uns als erfahrenen Repetitoren klar geworden, welche **Probleme** die Studierenden haben, ihr **Wissen anzuwenden**. Wir haben aber auch von unseren Kursteilnehmerinnen und Kursteilnehmern profitiert und von ihnen erfahren, welche **Argumentationsketten** in der Prüfung zum Erfolg geführt haben.

Die **hemmer-Methode** gibt **jahrelange Erfahrung** weiter, erspart Ihnen viele schmerzliche Irrtümer, setzt richtungsweisende Maßstäbe und begleitet Sie als **Gebrauchsanweisung** in Ihrer Ausbildung:

1. Grundwissen:

Die **Grundwissenskripten** sind für die Studierenden in den ersten Semestern gedacht. In den Theoriebänden Grundwissen werden leicht verständlich und kurz die wichtigsten Rechtsinstitute vorgestellt und das notwendige Grundwissen vermittelt. Die Skripten werden durch den jeweiligen Band unserer **Reihe „Die wichtigsten Fälle“** ergänzt.

2. Basics:

Das Grundwerk für Studium und Examen. Es schafft schnell **Einordnungswissen** und mittels der hemmer-Methode richtiges Problembewusstsein für Klausur und Hausarbeit. Wichtig ist, **wann und wie** Wissen in der Klausur angewendet wird.

3. Skriptenreihe:

Vertiefendes Prüfungswissen: Über 1.000 Klausuren wurden auf ihre „essentials" abgeklopft.

Anwendungsorientiert werden die für die Prüfung nötigen Zusammenhänge umfassend aufgezeigt und wiederkehrende Argumentationsketten eingeübt.

Gleichzeitig wird durch die **hemmer-Methode** auf **anspruchsvollem Niveau** vermittelt, nach welchen Kriterien Prüfungsfälle beurteilt werden. Mit dem Verstehen wächst die Zustimmung zu Ihrem Studium. Spaß und Motivation beim Lernen entstehen erst durch Verständnis.

Lernen Sie, durch Verstehen am juristischen Sprachspiel teilzunehmen. Wir schaffen den „background“, mit dem Sie die innere Struktur von Klausur und Hausarbeit erkennen: **„Problem erkannt, Gefahr gebannt“**. Profitieren Sie von unserem **strategischen Wissen**. Wir werden Sie mit unserem know-how auf das Anforderungsprofil einstimmen, das Sie in Klausur und Hausarbeit erwartet.

Die Theoriebände Grundwissen, die Basics, die Skriptenreihe und der Hauptkurs sind als **modernes, offenes und flexibles Lernsystem** aufeinander abgestimmt und ergänzen sich ideal. Die **studentenfreundliche Preisgestaltung** ermöglicht den **Erwerb als Gesamtwerk**.

4. Hauptkurs:

Schulung am examenstypischen Fall mit der Assoziationsmethode. Trainieren Sie unter professioneller Anleitung, was Sie im Examen erwartet und wie Sie bestmöglich mit dem Examensfall umgehen.

Nur wer die Dramaturgie eines Falles verstanden hat, ist in Klausur und Hausarbeit auf der sicheren Seite! Häufig hören wir von unseren Kursteilnehmenden: **„Erst jetzt hat Jura richtig Spaß gemacht“**.

Die Ergebnisse unserer Kursteilnehmerinnen und Kursteilnehmer geben uns Recht. Maßstab ist der Erfolg. Die Examensergebnisse zeigen, dass unsere Kursteilnehmenden überdurchschnittlich abschneiden.

Die Examensergebnisse unserer Kursteilnehmerinnen und Kursteilnehmer können auch Ansporn für Sie sein, intelligent zu lernen: Wer nur auf vier Punkte lernt, landet leicht bei drei.
Lassen Sie sich aber nicht von diesen Supernoten verschrecken, sehen Sie dieses Niveau als Ansporn für Ihre Ausbildung.

Wir hoffen, mit unserem Gesamtangebot bei der Konkretisierung des Rechts mitzuwirken und wünschen Ihnen **viel Spaß beim Durcharbeiten** unserer Skripten.

Wir würden uns freuen, mit Ihnen in unserem Hauptkurs und mit der **hemmer-Methode** gemeinsam Verständnis an der Juristerei zu trainieren. Nur wer erlernt, was ihn im Examen erwartet, lernt richtig!

So leicht ist es, uns kennenzulernen: Probehören ist jederzeit in den jeweiligen Kursorten möglich.

Karl-Edmund Hemmer & Achim Wüst

Deliktsrecht I

Hemmer/Wüst/d'Alquen

Hemmer/Wüst Verlagsgesellschaft

Hemmer/Wüst/d'Alquen, Deliktsrecht I

ISBN 978-3-96838-011-7

14. Auflage 2021

gedruckt auf chlorfrei gebleichtem Papier
von Schleunungdruck GmbH, Marktheidenfeld

Kommentare

Erman	Bürgerliches Gesetzbuch
Münchener Kommentar	Kommentar zum Bürgerlichen Gesetzbuch
Palandt	Kommentar zum Bürgerlichen Gesetzbuch
Soergel	Bürgerliches Gesetzbuch mit Einführungs- und Nebengesetzen
Staudinger	Kommentar zum Bürgerlichen Gesetzbuch

Lehrbücher

Brox	Allgemeines Schuldrecht
	Besonderes Schuldrecht
Diedrichsen/Wagner	Die BGB-Klausur
Kupisch/Krüger	Deliktsrecht, 1983 = Grundfälle zum Recht der unerlaubten Handlung in JuS: 1980, 270/422/574/727; 1981, 30/347/584/737
Larenz	Lehrbuch des Schuldrechts Band 1, Allgemeiner Teil
Larenz/Canaris	Lehrbuch des Schuldrechts Band II, Besonderer Teil
Medicus	Bürgerliches Recht

Weitere Nachweise (insbesondere auf Aufsätze) in den Fußnoten.

§ 1 EINFÜHRUNG

A) Aufgabe des Deliktsrechts

I. Schadensersatz außerhalb einer Sonderverbindung

Haftung außerhalb einer Sonderverbindung

Das Deliktsrecht bezweckt, unabhängig von rechtlichen Sonderverbindungen Ersatz von Schäden zu gewähren, die jemand durch einen widerrechtlichen Eingriff in seine rechtlich geschützten Interessen erleidet. Dies folgt aus dem allgemeinen Rechtsgrundsatz des „neminem laedere“: Niemand darf einem anderen einen Schaden zufügen. Dabei kommen den deliktischen Normen eine repressive und eine präventive Funktion zu. Die repressive Funktion besteht darin, dass der Schädiger den Schaden zu ersetzen hat. Es geht dabei aber nicht wie im Strafrecht um eine Sanktion für die rechtswidrige Zufügung eines Schadens.[1] Das Deliktsrecht bezweckt allein den wirtschaftlichen Ausgleich der widerrechtlich erlittenen Schädigung. Die Ersatzverpflichtung hat damit aber auch eine präventive Funktion, da sie von schadensverursachendem Verhalten abhalten soll. 1

II. Schadensersatz im Rahmen einer Sonderverbindung

Haftung des schuldrechtl. Verpflichteten

Tritt hingegen ein Schaden dadurch ein, dass der Schädiger Pflichten verletzt, die ihm aufgrund einer bestehenden schuldrechtlichen Sonderverbindung – in der Regel aufgrund eines Vertrages – obliegen, so kennt das Vertragsrecht noch zusätzlich eigene Anspruchsnormen für den Ersatz des entstandenen Schadens, wie z.B. §§ 280 ff. BGB, evtl. i.V.m. §§ 241 II, 311 II, III BGB. Grundlage für die Haftung ist in diesen Fällen die besondere vertragliche oder gesetzliche schuldrechtliche Beziehung zwischen den Beteiligten. Diese Ansprüche konkurrieren mit jenen aus dem Deliktsrecht. Aufgrund denkbarer Wechselwirkungen (Haftungsmaßstab, Haftungsprivilegierungen) sind Schadensersatzansprüche aus Sonderverbindungen stets vor jenen aus Deliktsrecht zu prüfen. 2

Dabei verdrängen vertragliche Schadensersatzansprüche solche aus dem Deliktsrecht nicht. Vielmehr muss im jeweiligen Kontext geklärt werden, ob eine vertragliche Wertung auf den deliktischen Anspruch übertragen wird.[2]

Anders stellt sich das Verhältnis zu Schadensersatzansprüchen aus EBV dar. Hier werden deliktische Ansprüche grundsätzlich verdrängt, um den Schutz des redlichen und unverklagten Besitzers zu gewährleisten, vgl. § 993 I BGB a.E.[3]

hemmer-Methode: Unsere Skriptenreihe versteht sich als „großer Fall“! Von der Rechtsfolge ausgehend, werden sämtliche Schadensersatzansprüche durchgecheckt. Dabei wird dem Umstand Rechnung getragen, dass herkömmlicherweise zwischen vertraglichen und außervertraglichen Schadensersatzansprüchen unterschieden wird.
Einen Überblick über die Haftung im Rahmen einer Sonderverbindung erhalten Sie, indem Sie die Inhaltsverzeichnisse der Skripten Hemmer/Wüst, Schuldrecht I - III überfliegen.

---

1 Einzig bei Verletzung des Allgemeinen Persönlichkeitsrechts spielt dieser Gedanke eine Rolle, s. dazu unten, Rn. 53 ff.

2 Vgl. dazu Rn. 7 f. Auch kann es Wechselwirkungen mit der GoA geben. So kann die berechtigte GoA als Rechtfertigungsgrund im Rahmen des § 823 I BGB fungieren. Auch kann sich die Frage stellen, ob die Haftungsprivilegierung des § 680 BGB auch auf einen konkurrierenden deliktischen Anspruch übertragbar ist.

3 Dazu und zu den Ausnahmen vgl. Rn. 9 ff.

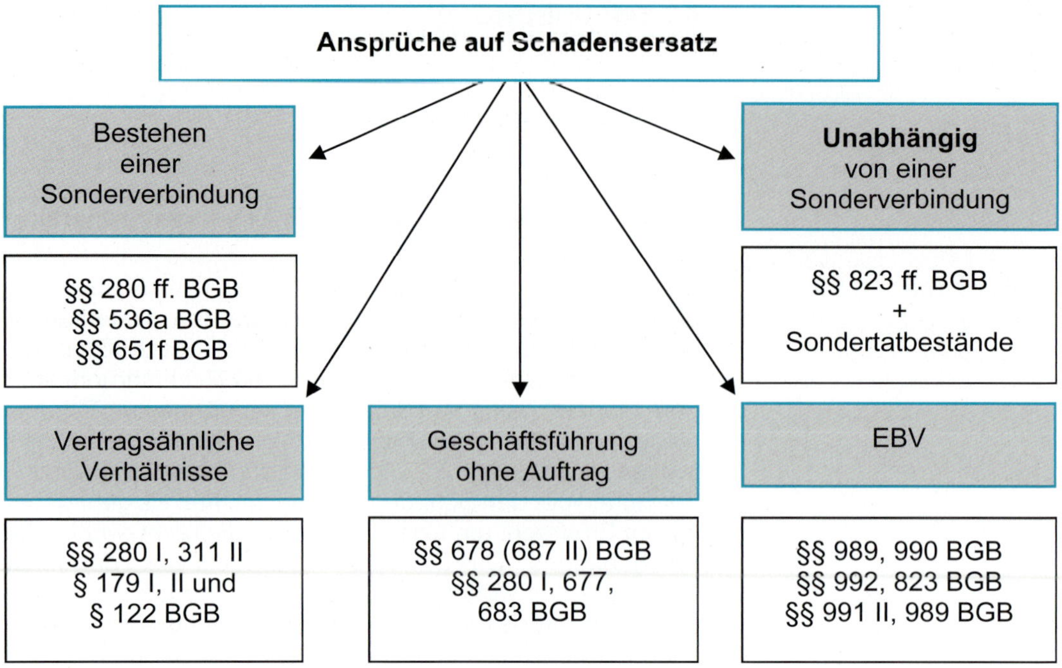

B) Das deliktische Haftungssystem

I. Haftungstatbestände

Das Deliktsrecht regelt die Frage der Verantwortlichkeit einer Person für einen Schaden, der unabhängig von einer Vertragsbeziehung entstanden ist. 3

1. Verschuldensprinzip

grundsätzlich gilt das Verschuldensprinzip

Den gesetzlichen Regelungen liegt das Verschuldensprinzip zugrunde. Rechtsethisch wird das Verschuldensprinzip aus den Prinzipien der Selbstverantwortung und der Selbstbestimmung abgeleitet. 4

Verantwortlich ist grundsätzlich nur derjenige, welcher einen Schaden rechtswidrig und schuldhaft verursacht hat. Dieses Erfordernis der Schadensersatzpflicht beruht auf dem Postulat, dass jeder Mensch, der die nötige Einsichtsfähigkeit besitzt (vgl. auch §§ 827, 828 BGB) und in der Lage ist, verantwortlich zu handeln, frei ist in seiner Entscheidung, das Gebot des „neminem laedere" zu beachten oder dagegen zu verstoßen.[4]

Die Beweislast trifft im Deliktsrecht grds. den Geschädigten als Anspruchsteller. Teilweise kehrt sich die Beweislast aber zu Lasten des Schädigers – und damit zugunsten des Geschädigten – um. Die wichtigsten Fälle sind die §§ 831 - 838 BGB und die deliktische Produzentenhaftung.

hemmer-Methode: Denken Sie daran: Im gesamten Schuldrecht wird grundsätzlich nur bei Verschulden gehaftet.[5] Achten Sie deshalb beim ersten Durchlesen des Sachverhalts auf Merkmale, die auf Verschulden hindeuten. Schöpfen Sie dabei den Sachverhalt vollständig aus. Häufig gibt es mehrere Momente, die für Verschulden sprechen.

4 Kupisch/Krüger, S. 7.

5 Dabei ist der im Vertragsrecht angesiedelte Begriff des Vertretenmüssens, § 276 BGB, nicht inhaltsgleich mit dem des Verschuldens. § 276 BGB kann daher nicht „1 zu 1" im Deliktsrecht angewendet werden. Lediglich die Definition der Fahrlässigkeit gem. § 276 II BGB kann auch im Deliktsrecht verwendet werden.

Sie finden die juristische Idealsprache wie „der Schädiger handelte schuldhaft“ nicht im Sachverhalt. Sie müssen demzufolge den Sachverhalt dekodieren und fragen, ob z.B. durch die entsprechende Verhaltensweise der objektive Fahrlässigkeitsmaßstab verletzt wurde.

2. Gefährdungshaftung

Ausnahme: Gefährdungshaftung

In bestimmten Ausnahmefällen ordnet das Gesetz eine Haftung ohne Verschulden an, die sog. Gefährdungshaftung.[6] Diesen Fällen ist gemeinsam, dass der Schädiger zwar eine erlaubte Tätigkeit ausführt, diese jedoch eine besondere Gefahrenlage schafft. Trotz Beachtung aller Sicherheitsvorkehrungen kann sich die Gefahrenlage verwirklichen, ohne dass ein Verschulden vorliegt. 5

Da meist ein allgemeines Interesse daran besteht, dass solche Tätigkeiten erlaubt bleiben, hat der Gesetzgeber hier – anstatt die Tätigkeit gänzlich zu verbieten – dem Handelnden die Pflicht aufgebürdet, auch ohne Verschulden Schäden zu ersetzen, die im Zuge der Verwirklichung dieser besonderen Gefahrenlage entstanden sind. So betraf beispielsweise die erste Gefährdungshaftung die Betreiber von Bahnanlagen durch das ReichshaftpflichtG von 1871.

hemmer-Methode: Wegen der Risikoübernahme setzt die Gefährdungshaftung kein Verschulden voraus. Verwirklicht sich das Risiko (was ggfs. genau zu prüfen ist), so reicht dies für die Haftung aus. Somit kommt es bei der Gefährdungshaftung auch nicht auf eine Verschuldens- oder Deliktsfähigkeit an. Mit anderen Worten: Die Frage nach der Rechtswidrigkeit oder nach einem Verschulden stellt sich bei der Gefährdungshaftung nicht. Ebenso wenig stellt sich die Frage nach der Adäquanz: Gehaftet wird für die Gefährlichkeit der „Anlage“.
Liegt ein schuldhaftes Fehlverhalten vor, haftet der Schädiger sowohl aus Gefährdungshaftung als auch aus den einschlägigen Verschuldenstatbeständen!
Wenn Sie nach der Auswertung des Sachverhalts die Gefährdungshaftung bejahen, denken Sie gleich daran, dass deliktische Ansprüche und Gefährdungshaftungstatbestände im Umfang unterschiedlich sein können, sodass die verschuldensabhängige Haftung i.d.R. im Ergebnis weiter geht! So gibt es im Bereich der Gefährdungshaftung mitunter Höchstbetragsgrenzen (z.B. §§ 10 ff. StVG) oder Selbstbeteiligungen (z.B. § 11 ProdHaftG).

6 Demgegenüber benennt man die verschuldensunabhängige Haftung im Rahmen vertraglicher Ansprüche als „Garantiehaftung“

II. Übersicht zu den Haftungsgründen

Nach obigen Darstellungen lassen sich somit verschiedene Gruppen von Haftungstatbeständen unterscheiden, deren Hauptnormen in der nachfolgenden Übersicht dargestellt werden. 6

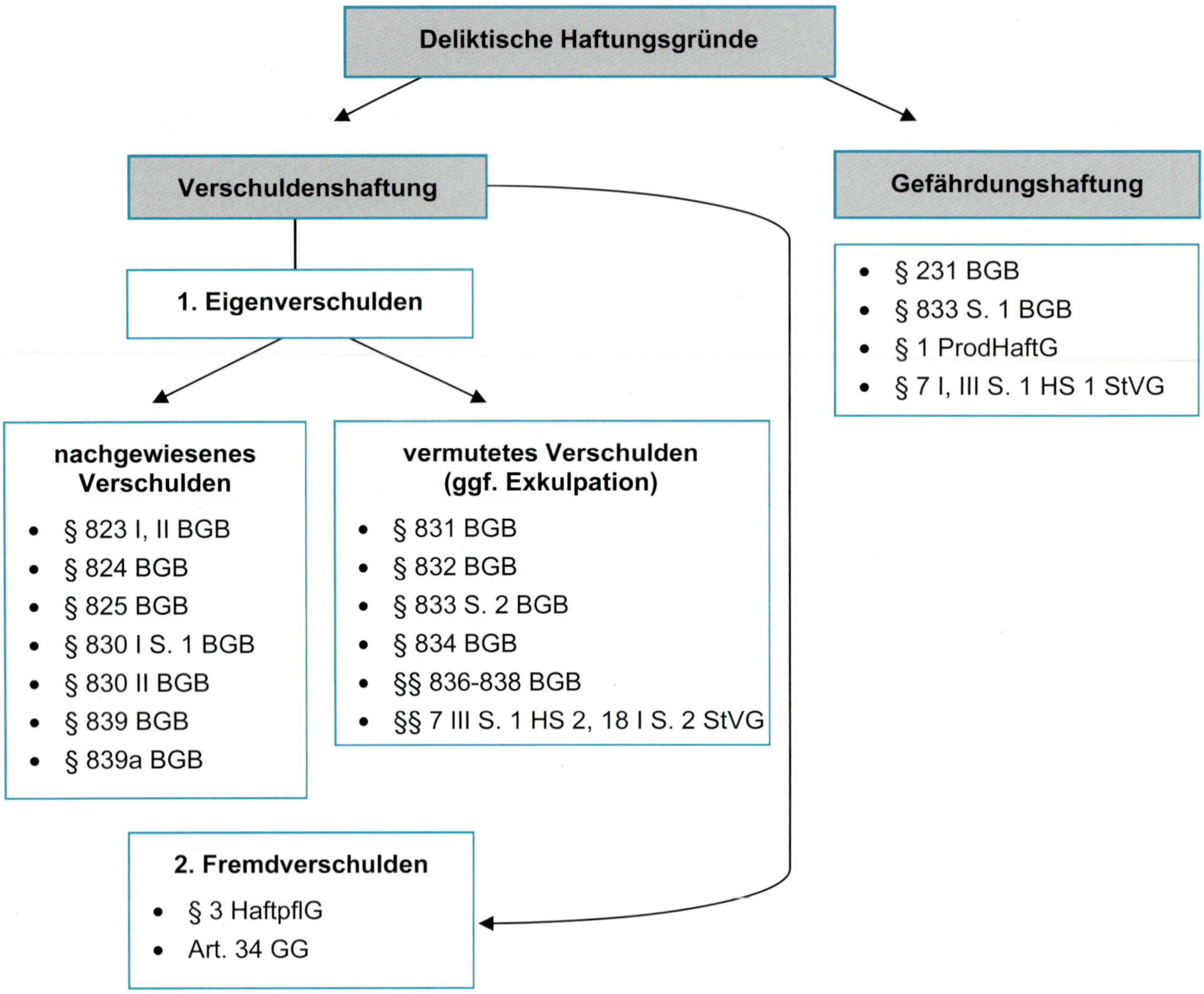

§ 830 I S. 2 BGB bei Verschuldens- oder Gefährdungshaftung (analog) und nicht feststellbarer Kausalität

C) Abgrenzung zu anderen Regelungen

I. Vertragsrecht

Vertragsrecht grds. spezieller

Die Schadensersatznormen des Vertragsrechts stellen grundsätzlich die spezielleren Regelungen dar und sind daher in der Klausur vor den deliktischen Ansprüchen zu prüfen.[7] Eine Beeinflussung der vertraglichen Schadensersatznormen durch das Deliktsrecht ist daher nicht möglich. Umgekehrt kann das Vertragsrecht die deliktische Haftung beeinflussen. 7

Dies gilt insbesondere für Haftungsmilderungen oder Verjährungsfristverkürzungen des Vertragsrechts, die ggf. im Deliktsrecht entsprechend zur Anwendung kommen. Grund dafür ist, dass das Deliktsrecht die vertragliche Haftung nicht aushöhlen darf.[8]

7 Medicus, BR, Rn. 639.

8 Palandt, Einf v § 823 BGB, Rn. 4 f.; BGHZ 96, 221.

Anspruchsgrundlagenkonkurrenz

Vertragliche und deliktische Schadensersatzhaftung bestehen grundsätzlich nebeneinander mit der Folge der Anspruchsgrundlagenkonkurrenz. *8*

Dies bedeutet, dass der Geschädigte seine Ansprüche auf Vertrag und Deliktsrecht stützen kann, der Schädiger den Schaden aber natürlich nur einmal zu ersetzen braucht.[9]

Für Sie stellt sich dann in der Klausur die Frage, wann eine vertragliche Regelung auf die deliktischen Ansprüche übertragen wird. Die h.M. differenziert danach, ob mit der vertraglichen Pflichtverletzung *typischerweise* auch die Verwirklichung eines deliktischen Tatbestandes einhergeht.

Bsp.1: *Mieter M beschädigt schuldhaft die Mietsache des V und gibt sie diesem nach Ablauf der Mietzeit in beschädigtem Zustand zurück. Erst 7 Monate später verlangt V von M Schadensersatz.*

Der gegen M bestehende vertragliche Anspruch aus §§ 280 I, 241 II Alt. 2 BGB ist gem. § 548 I BGB verjährt. Der ebenfalls bestehende Anspruch aus § 823 I BGB unterliegt grundsätzlich der Regelverjährung, §§ 195, 199 BGB. Da die Beschädigung der Mietsache typischerweise auch eine Rechtsgutsverletzung i.S.d. § 823 I BGB darstellt, wird die kurze Verjährungsfrist des § 548 I BGB auf den deliktischen Anspruch übertragen, da sie andernfalls faktisch leerliefe.[10]

Bsp.2: *Kaufmann V liefert an Kaufmann K eine mangelhafte Maschine. K untersucht die Maschine nicht auf etwaige Mängel. Infolge der Mangelhaftigkeit wird K durch die Maschine verletzt.*

Hier ist der vertragliche Schadensersatzanspruch aus §§ 437 Nr. 3, 280 I BGB gem. § 377 II HGB ausgeschlossen, da K seiner Untersuchungsobliegenheit nicht nachgekommen ist. Daneben besteht ein Anspruch auf Schadensersatz aus § 823 I BGB. Hier wendet die h.M. § 377 II HGB nicht (!) an, denn mit der Lieferung einer mangelhaften Sache geht nicht *typischerweise* auch die Verwirklichung eines deliktischen Tatbestandes einher. Dies ist vielmehr eine Besonderheit des vorliegenden Falles. § 377 HGB läuft auch nicht leer, wenn man ihn nicht auf den deliktischen Anspruch transferiert, denn der Käufer bleibt mit sämtlichen Mängelrechten präkludiert, auch wenn er Ausgleich für die Schäden verlangen kann, die ihm infolge der Gesundheitsverletzung entstanden sind.

P.: Konkurrenz zum Mängelrecht

Eine besondere Konkurrenzsituation besteht dann, wenn es um Schäden an dem Vertragsgegenstand selbst geht.

Wenn sich ein bei Gefahrübergang vorhandener Mangel im Laufe der Zeit auf die zunächst mangelfreie Restsache ausdehnt, spricht man von einem weiterfressenden Mangel. In diesen Fällen ist die Anwendung des Deliktsrechts umstritten, weil die Gefahr besteht, dass die Besonderheiten des Mängelrechts (Vorrang der Nacherfüllung, andere Verjährungsregelung) unterlaufen werden.[11]

hemmer-Methode: Für die Abgrenzung zum Mängelrecht sind die Begriffe „Mangelfolgeschaden" und „weiterfressender Mangel" unbedingt auseinanderzuhalten. Der Mangelfolgeschaden tritt an anderen Rechtsgütern des Käufers ein (wie in obigem Beispiel zu § 377 HGB). Hier liegt unproblematisch eine Eigentumsverletzung vor. § 823 I BGB ist anwendbar. Bei den weiterfressenden Mängeln geht es um Schäden an der gekauften Sache selbst. Inwieweit hier eine Eigentumsverletzung möglich ist, ist umstritten.

9 Kupisch/Krüger, S. 4; Palandt, Einf v § 823 BGB, Rn. 4 f.

10 Palandt, § 548, Rn. 7 m.w.N.

11 Vgl. dazu Rn. 34 ff. und ausführlich dazu **Hemmer/Wüst, Deliktsrecht II, Rn. 388 ff.**

Noch komplizierter ist die Abgrenzung im Werkvertragsrecht, da hier der Unternehmer typischerweise nach dem Inhalt des Vertrages auf die Rechtsgüter des Bestellers einwirken muss (Renovierung eines Hauses). Soweit am Bauwerk ein Schaden eintritt, besteht dann kein Anspruch aus § 823 I BGB, wenn dieser Schaden sich mit dem Mangelunwert der vertraglichen Leistung deckt. Das gilt nach BGH selbst dann, wenn die vertragliche Leistung den Schutz des beschädigten Bauwerks bezweckt.[12]

II. Eigentümer-Besitzer-Verhältnis

EBV ggü. Deliktsrecht grds. abschließend

§ 993 I HS 2 BGB regelt das Verhältnis der EBV-Vorschriften zu anderen Rechtsnormen. Danach ist nach h.M.[13] ein Schadensersatzanspruch aus anderen, insbesondere aus deliktischen Normen grundsätzlich ausgeschlossen. Bei Vorliegen eines Eigentümer-Besitzer-Verhältnisses kann Schadensersatz nur unter den Voraussetzungen der §§ 989, 990 BGB gewährt werden. 9

In drei Ausnahmefällen wird eine Deliktshaftung jedoch auch bei Vorliegen eines EBV zugelassen: 10

⇨ § 826 BGB ist generell neben dem EBV anwendbar. Die Besonderheit dieser Anspruchsgrundlage besteht darin, dass sich der Vorsatz auf die Schadenszufügung bezieht, also schon im Tatbestand zu prüfen ist, ob ein vorsätzlich herbeigeführter Schaden besteht. Ist dies der Fall, ist der Besitzer nicht schutzwürdig, und zwar unabhängig von der Frage, ob er bzgl. eines Rechts zum Besitz gut- oder bösgläubig ist. 11

– *Ausnahmen: § 992 BGB*

⇨ § 992 BGB erklärt die §§ 823 ff. BGB neben dem EBV für anwendbar, wenn sich der Besitzer die Sache durch verbotene Eigenmacht gem. § 858 BGB oder durch eine strafbare Handlung verschafft hat.[14]

Um die Wertung der §§ 992, 993 I HS 2 BGB nicht auszuhebeln, muss die verbotene Eigenmacht nach h.M. allerdings schuldhaft begangen worden sein, damit der Anwendungsbereich der §§ 823 ff. BGB eröffnet ist.[15]

– *Fremdbesitzerexzess*

⇨ Ferner finden die §§ 823 ff. BGB nach h.M.[16] auch im Falle des sog. Fremdbesitzerexzesses Anwendung. Grund dafür ist der sich aus § 991 II BGB ergebende allgemeine Grundsatz, nach dem der redliche, unrechtmäßige Fremdbesitzer, der sein vermeintliches Besitzrecht überschreitet, nicht besser stehen soll als ein rechtmäßiger Fremdbesitzer. Er soll dem Eigentümer wenigstens insoweit haften, wie er im Falle eines bestehenden Vertrages haften würde. 12

Bsp.: *Beschädigt jemand schuldhaft eine fremde Sache, die er aufgrund eines nichtigen Mietvertrages besitzt, so scheiden vertragliche Ersatzansprüche aus. Ansprüche aus §§ 989, 990 BGB entfallen wegen der Gutgläubigkeit des Besitzers, wenn er die Nichtigkeit des zum Besitz berechtigenden Vertrages nicht kennt. Eine Haftung aus § 823 BGB würde an sich grundsätzlich an § 993 I HS 2 BGB scheitern. Der Schädiger wäre somit nicht zum Schadensersatz verpflichtet. Eine Ersatzverpflichtung aus § 823 BGB lässt sich hier nur über die Figur des Fremdbesitzerexzesses als Ausnahme zu § 993 BGB bejahen, was aber nur billig ist, denn auch der vermeintliche Mieter kann nicht damit rechnen, fremde Sachen sanktionslos beschädigen zu dürfen.*[17]

---

12 Vgl. zu dieser sehr komplizierten Abgrenzung BGH, **Life&Law 2005, 368 ff.** **Unser Service-Angebot an Sie: kostenlos hemmer-club-Mitglied werden (www.hemmer-club.de) und Entscheidungen der Life&Law lesen und downloaden.**

13 JA 1973, ZR 202 (584).

14 Relevant ist die Anwendbarkeit des Deliktsrechts in diesem Fall insbesondere im Hinblick auf die Haftung für Vorenthaltungsschäden sowie für Zufall, § 848 BGB. Die deliktische Haftung geht also weiter. Innerhalb des EBV bestehen vergleichbare Vorteile nur im Falle des Verzugs des bösgläubigen Besitzers, § 990 II BGB (Haftung für Vorenthaltungsschäden gem. §§ 280 I, II, 286 BGB sowie für Zufall gem. § 287 S. 2 BGB).

15 H.M., vgl. Palandt, § 992, Rn. 2 m.w.N.

16 Vgl. Palandt, Vorb v § 987 BGB, Rn. 3.

17 Vgl. hierzu auch **Hemmer/Wüst, Sachenrecht I, Rn. 354 f.**

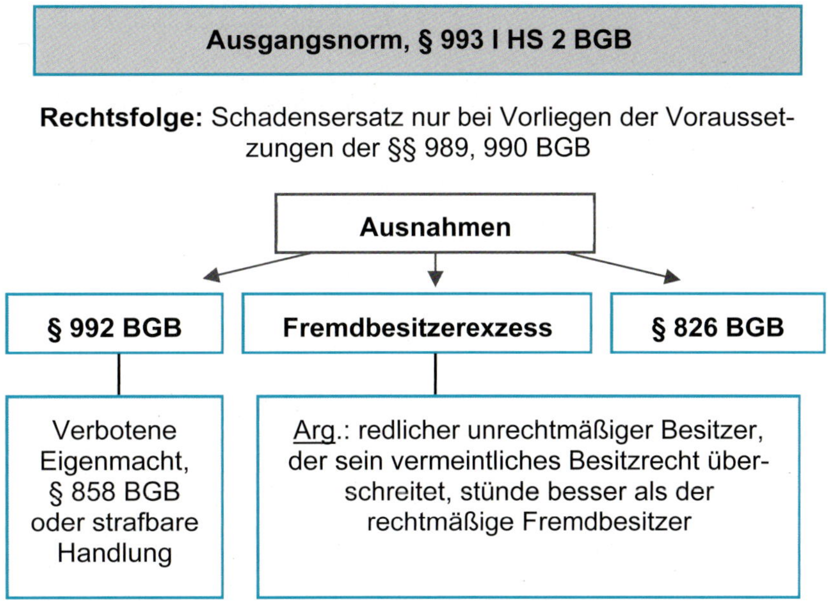

hemmer-Methode: Achten Sie bei der Prüfung der §§ 823 ff. BGB zuerst darauf, ob deren Anwendungsbereich überhaupt eröffnet ist. Die §§ 989 ff. BGB stellen eine Privilegierung des redlichen, unverklagten, aber unrechtmäßigen Besitzers dar.
Für die Klausur bedeutet dies, dass vor der Prüfung der §§ 823 ff. BGB immer kurz zu überlegen ist, ob im Zeitpunkt der Schädigung ein EBV vorlag. In diesem Fall könnten die §§ 823 ff. BGB durch § 993 I HS 2 BGB ausgeschlossen sein.
Die §§ 989 ff. BGB regeln nur das Verhältnis zwischen dem Eigentümer und dem unrechtmäßigen Besitzer. Der rechtmäßige Besitzer haftet i.d.R. aus §§ 823 ff. BGB, da hier kein EBV vorliegt und somit auch keine Konkurrenz.

III. Bereicherungsrecht

§§ 812 ff. BGB

Aufgabe des Bereicherungsrechts ist die Rückgängigmachung ungerechtfertigter Vermögensverschiebungen. Dies gilt insbesondere für Leistungen, die aufgrund fehlender schuldrechtlicher Grundlage ausgetauscht wurden. Die Bereicherung soll beim Bereicherten abgeschöpft werden. 13

Ziel des Deliktsrechts ist dagegen der Ausgleich widerrechtlich erlittener Beeinträchtigungen des Geschädigten durch den Schädiger.

nebeneinander anwendbar, da andere Zielrichtung

Aufgrund dieser unterschiedlichen Zielrichtungen scheidet eine Konkurrenz dieser Anspruchsgrundlagen aus. Ansprüche aus Bereicherungsrecht und aus Deliktsrecht stehen uneingeschränkt nebeneinander, so dass auch die Reihenfolge der Prüfung nicht vorbestimmt ist. 14

IV. Andere Deliktsnormen[18]

Deliktsnormen untereinander: Anspruchsgrundlagenkonkurrenz

Die einzelnen deliktischen Normen stehen ebenfalls in freier Anspruchsgrundlagenkonkurrenz uneingeschränkt nebeneinander. Ebenso steht die Gefährdungshaftung selbständig neben der Verschuldenshaftung. 15

Beantworten Sie die Wiederholungsfragen 1 - 6!

18 Vgl. zur Abgrenzung zu dem verschuldensunabhängigen Beseitigungsanspruch aus § 1004 I BGB BGH, **Life&Law 2005, 444**.

§ 2 DER HAFTUNGSGRUND DES § 823 I BGB

A) Einführung

I. Einordnung der Regelung des § 823 I BGB

§ 823 I BGB bildet neben § 823 II BGB und § 826 BGB einen der Grundtatbestände des Deliktsrechts.

Enumerationsprinzip: Schutz nur best. Rechte u. RGüter

Der Gesetzgeber hat in § 823 I BGB eine Verantwortlichkeit für jedwede Schadenszufügung abgelehnt und einer Regelung den Vorzug gegeben, welche sich darauf beschränkt, nur bestimmte Rechte und Rechtsgüter vor Verletzungen zu schützen.[19] 16

II. Prüfungsschema zu § 823 I BGB

Prüfungsschema 17

1. **Ggfs. Anwendbarkeit**: grds. Vorrang der §§ 987 ff. BGB, Arg. § 993 I BGB a.E.; vgl. aber § 992 BGB
2. **Rechts- bzw. Rechtsgutsverletzung**
3. **Verletzungshandlung**: positives Tun oder Unterlassen
4. Kausalität zwischen Verletzungshandlung und Rechts- bzw. Rechtsgutsverletzung (**haftungsbegründende Kausalität**)
5. **Rechtswidrigkeit**
6. **Verschulden**
7. **Schaden**
8. Kausalität zwischen Rechts- bzw. Rechtsgutsverletzung und Schaden (**haftungsausfüllende Kausalität**)
9. Evtl. **Mitverschulden**, § 254 BGB
10. **Verjährung**, §§ 195, 199 BGB

B) Verletzung eines durch § 823 I BGB absolut geschützten Rechtsguts oder Rechts

I. Übersicht

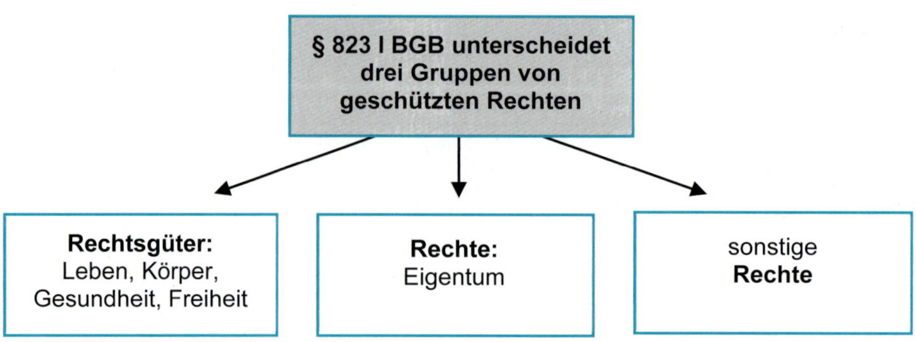

19 Kupisch/Krüger, S. 12.

Rechtsgüter ⇨ untrennbare Verbindung mit Inhaber

Die Rechtsgüter Leben, Körper, Gesundheit und Freiheit sind solche Rechte, die mit der Persönlichkeit des Inhabers untrennbar verbunden sind. Sie sind nicht Objekte besonderer Rechte, sondern Teile des Rechtssubjektes selbst.

Rechte ⇨ auf Dritte übertragbar

Das Eigentum lässt sich dagegen auf Dritte übertragen bzw. von Dritten erwerben.

II. Rechtsgut: Leben

„Leben": wichtig bzgl. §§ 844, 845 BGB

Verletzung des Rechtsguts Leben bedeutet Tötung. Da hier der Geschädigte mit Eintritt des Verletzungserfolges, also seinem Tod, die Rechtsfähigkeit verliert, kann er nicht selbst Inhaber eines Schadensersatzanspruches sein. Auch der Erbe kommt als Ersatzberechtigter nicht in Betracht, da Voraussetzung für einen gem. § 1922 BGB auf ihn übergehenden Anspruch ist, dass dieser zu Lebzeiten des Erblassers (= Getöteten) schon bestanden hat.[20] Wurde jedoch gleichzeitig durch die Verletzungshandlung auch eine Sache des Getöteten beschädigt, so steht den Erben gem. § 1922 BGB ein Anspruch aus Eigentumsverletzung gem. § 823 I BGB zu.[21] 19

Auch eine der Tötung regelmäßig vorausgehende Körperverletzung kann zu Ersatzansprüchen der Erben führen.[22] Hinsichtlich einer Ersatzpflicht aus § 823 I BGB spielt daher eine Verletzung des Rechtsgutes Leben keine Rolle. Bedeutung hat die Verletzung des Lebens jedoch bzgl. Ansprüchen Dritter nach §§ 844, 845 BGB.

hemmer-Methode: Machen Sie sich klar, dass es sich bei §§ 844, 845 BGB um Sondervorschriften handelt: Das Schadensrecht des BGB baut auf den Grundsatz auf, dass immer nur der Schaden zu ersetzen ist, der der verletzten Person selbst entstanden ist. Dritte können aus einem schädigenden Ereignis normalerweise keine Ansprüche herleiten, was die §§ 844, 845 BGB bei der Verletzung des Lebens aber ausnahmsweise zulassen.

III. Rechtsgut: Körper / Gesundheit

1. Definition

Körperverletzung = Substanzverletzung

Eine Körperverletzung liegt in jeder Beeinträchtigung der äußeren körperlichen Integrität einschließlich einer bloßen Schmerzzufügung. 20

Gesundheitsverletzung nur bzgl. innerer Integrität

Eine Gesundheitsverletzung ist jede medizinisch erhebliche Beeinträchtigung der inneren körperlichen Integrität,[23] also jeder Eingriff, der zu einer Störung der körperlichen, geistigen oder seelischen Lebensvorgänge führt[24] bzw. jedes Hervorrufen oder Steigern eines von den normalen körperlichen Funktionen nachteilig abweichenden Zustandes, auch ohne Schmerzen oder tiefgreifende Veränderung der Befindlichkeit.[25] Die Abgrenzung zwischen Körper und Gesundheit ist jedoch in der Praxis und in der Klausur weitgehend ohne Bedeutung. 21

20 Dazu Kupisch/Krüger, S. 14.

21 Palandt, § 844 BGB, Rn. 1. Sollte die Tötung bereits vor der Eigentumsverletzung stattgefunden haben, entsteht der Anspruch aus § 823 I BGB unmittelbar in der Person des Erben, da das Eigentum im Zeitpunkt des Todes ja auf ihn übergegangen war.

22 Vgl. hierzu **Hemmer/Wüst, Deliktsrecht II, Rn. 304a**.

23 Kupisch/Krüger, S. 15.

24 OLG Koblenz, NJW 1988, 2959 = **juris**byhemmer. (**Wenn dieses Logo hinter einer Fundstelle abgedruckt wird, finden Sie die Entscheidung online unter „juris by hemmer": www.hemmer.de**).

25 BGH, NJW 1991, 1948 = jurisbyhemmer.

hemmer-Methode: Achten Sie darauf: Auch ein nicht unerheblicher Schock stellt eine Gesundheitsbeeinträchtigung dar. Bei einem sog. Schockschaden stellen sich regelmäßig zwei Fragen:

1. **Liegt überhaupt eine Gesundheitsverletzung i.S.d. § 823 I BGB vor? (Frage der Rechtsgutverletzung)**
2. **Ist diese Gesundheitsverletzung dem Schädiger zuzurechnen? (Frage der Kausalität)**

Z.B.: Ehefrau F erleidet einen schweren Schock, der eine ärztliche Behandlung nötig macht, als sie von dem durch A fahrlässig verursachten Unfalltod ihres Mannes erfährt. Hier liegt eine beachtliche Gesundheitsverletzung in Form des „Schocks" vor, die einen eigenen Anspruch der F aus § 823 I BGB auslöst. Fraglich ist in diesen Fällen dann immer, ob dem Schädiger die Gesundheitsbeeinträchtigung zuzurechnen ist.[26]

2. Ärztlicher Eingriff

ärztlicher Eingriff ist grds. auch Verletzung

Auch ein lege artis zu Heilzwecken vorgenommener ärztlicher Eingriff stellt eine Verletzung von Körper und Gesundheit dar. Jedoch entfällt in der Regel eine Haftung des Arztes aus § 823 I BGB auf der Rechtswidrigkeitsebene aufgrund einer rechtfertigenden Einwilligung des Patienten, § 630d BGB. Die sich daraus ergebenden Probleme der Arzthaftung werden daher bei der Rechtswidrigkeit[27] behandelt. 22

ggf. auch durch Unterlassen

Auch im pflichtwidrigen Unterlassen eines Arztes kann eine Körperverletzungshandlung liegen,[28] z.B. Unterlassung einer ordnungsgemäßen Untersuchung oder Beratung.[29]

Körperverletzung durch Geburt eines ungewollten Kindes

Ferner kann auch die aufgrund eines ärztlichen Fehlers herbeigeführte ungewollte Schwangerschaft bzw. die Geburt eines Kindes eine Körperverletzung der Mutter darstellen:[30] 23

Bsp.: Fehlerhafte Sterilisation aufgrund ärztlichen Verschuldens führt zur Geburt eines ungewollten Kindes.

§§ 823, 253 II BGB (+)

Neben vertraglichen Ansprüchen aus § 280 I BGB (Pflichtverletzung i.R.d. des Behandlungsvertrages) hat die Mutter hier auch einen Anspruch aus § 823 I BGB auf Schadensersatz i.H.d. Unterhaltsaufwendung für das ungewollte Kind sowie aus §§ 823, 253 II BGB auf Schmerzensgeld. Die Herbeiführung einer Schwangerschaft und Geburt gegen den Willen der Mutter ist eine Körperverletzung i.S.d. § 823 I BGB, auch wenn es sich um einen normalen Ablauf ohne Komplikationen handelt.[31]

anders: Röteln-Fall

Anders entscheidet der BGH allerdings im Falle der Verkennung einer Röteln-Erkrankung der Mutter nach Eintritt der Schwangerschaft, die zur Unterlassung einer Abtreibung und daher zur Geburt eines schwerbehinderten Kindes führt.[32] Da die Schwangerschaft hier an sich auf einem freien Willensentschluss der Mutter beruht, kann Schmerzensgeld nur für die Schmerzen verlangt werden, die schadensbedingt über eine komplikationslose Geburt hinausgehen, z.B. wenn wegen der Behinderung des Kindes eine Kaiserschnitt-Entbindung erforderlich geworden ist.[33]

Unterhaltsaufwendungen werden vom BGH und vom 1. Senat des BVerfG (a.A. der 2. Senat in einem obiter dictum) mittlerweile zwar anerkannt. Dies gilt aber nur, wenn die Vermeidung derartiger Unterhaltspflichten vom Schutzzweck des jeweiligen Behandlungsvertrags ausdrücklich erfasst ist.[34]

26 Vgl. hierzu unten Rn. 75.

27 Dazu später unten Rn. 89.

28 Vgl. BGH, NJW 1987, 767; BGH, NJW 1985, 2208.

29 Die Rechtsprechung ist hier sehr einzelfallgeprägt, vgl. Sie bei Interesse exemplarisch **Life&Law 2011, 310 ff.**

30 Vgl. dazu Palandt, § 823 BGB, Rn. 141, § 249 BGB, Rn. 72 ff.

31 Vgl. BGH, NJW 1980, 1452 = **juris**byhemmer.

32 Vgl. BGH, NJW 1983, 1371 = **juris**byhemmer.

33 Zur Folgeproblematik „wrongful life" vgl. Rn. 28 ff.

34 Vgl. dazu BGH in **Life&Law 2000, 605 ff.** = NJW 2000, 1782 = **juris**byhemmer.

„Leben als Schaden"

Das ist dann nicht der Fall, wenn der Vorwurf lautet, der Arzt hätte den schwerkranken und nicht mehr heilbaren Patienten auch dahingehend beraten müssen, dass eine leidensverkürzende Behandlung in Betracht kommen kann. Das eigene Überleben kann nicht als Schaden aufgefasst werden, da die Beratung durch den Arzt nicht dem Zweck dient, monetäre Belastungen zu vermeiden.[35]

Beweislast: Berücksichtigung des § 630h BGB im Deliktsrecht!

Kommt es infolge ärztlicher Eingriffe zur Verursachung von Schäden, ist in der Klausur primär an eine Haftung aus Vertrag zu denken. Konkurrierend ist an einen Anspruch aus § 823 I BGB zu denken. Im Hinblick auf die Beweislast normiert § 630h BGB im Rahmen des ärztlichen Behandlungsvertrages eine Beweislastverteilung, die den Beweisschwierigkeiten Rechnung tragen soll, die ein Patient im Hinblick auf die Arzthaftung hat. Diese Regelung fußt in großem Umfang auf Rechtsprechung des BGH zur Beweislastverteilung vor Einführung der Regelungen zum Behandlungsvertrag. Sie hat primär Relevanz im Rahmen eines Anspruchs aus § 280 I BGB. Die Grundsätze sind jedoch auf die konkurrierende deliktische Haftung übertragbar. *24*

In der Regel ist es jedoch für den Patienten aufgrund der fehlenden medizinischen Sachkenntnis schwierig, den haftungsbegründenden Tatbestand gemäß § 286 ZPO zu beweisen. Eine Beweislastumkehr findet statt bei groben Behandlungsfehlern, die für den Eintritt eines derartigen Gesundheitsschadens geeignet sind, § 630h V S. 1 BGB.[36] Die Vorschrift hat Relevanz im Rahmen der haftungsbegründenden Kausalität, d.h. bei der Frage, ob eine Behandlung auch zu einer Gesundheitsbeeinträchtigung geführt hat.

Eine unzulängliche oder unrichtige ärztliche Dokumentation der Operation oder Behandlung begründet die Vermutung, dass der Arzt eine nicht dokumentierte Maßnahme auch nicht getroffen hat, § 630h III BGB.[37]

hemmer-Methode: Durch die Einführung des § 630h BGB hat sich für die Klausurbearbeitung vieles vereinfacht. Früher war die Kenntnis der Rechtsprechung zur Beweislastverteilung im Arzthaftungsrecht unabdingbar, um die Fälle befriedigend lösen zu können. Heute können Sie sich an der Norm des § 630h BGB orientieren, die – wie ausgeführt – auch im Deliktsrecht zur Anwendung kommt.
Zu der Frage, ob die Regelungen über die Beweislastverteilung auch beim tierärztlichen Behandlungsvertrag zur Anwendung kommen, lesen Sie bei Interesse BGH, Life&Law 2016, 690 ff.[38]

3. Krank geborenes Kind

a) Verletzung des nasciturus

Schadensersatzanspruch des Kindes

Wird der nasciturus durch ärztliches Verschulden im Mutterleib verletzt, stellt sich die Frage nach einem Schadensersatzanspruch des später geborenen Kindes aus § 823 I BGB. *25*

nasciturus ist grds. kein Rechtssubjekt i.S.v. §§ 1, 823 I BGB

§ 823 I BGB verlangt die Verletzung „eines anderen". Damit ist nach § 1 BGB grundsätzlich jeder rechtsfähige Mensch, also ein Mensch ab seiner Geburt, gemeint. Wird ein nasciturus im Mutterleib verletzt, liegt noch kein Rechtssubjekt vor, dem ein Anspruch aus § 823 I BGB zustehen könnte, obwohl zweifelsfrei eine Verletzung von Körper und Gesundheit gegeben ist.

---

35 Vgl. dazu BGH in **Life&Law 2019, 439 ff.** = **juris**byhemmer.

36 Siehe auch BGH, NJW 1988, 1531 / 2303 / 2948 ff.

37 Siehe auch BGH, NJW 1989, 2330.

38 Der BGH hat eine Beweislastumkehr auch bzgl. eines Hausnotrufvertrages angenommen. Bei diesem Vertrag wird bei Absenden eines Notrufs seitens des Verpflichteten zugesagt, eine angemessene Hilfeleistung zu vermitteln. Im konkreten Fall war das unterblieben, der Kunde erlitt einen Schlaganfall, von dem er behauptete, bei rechtzeitiger Organisation ärztlicher Hilfeleistung wäre er vermeidbar gewesen. Hier geht der BGH davon aus, dass der seine Pflichten grob Vernachlässigende die Nichtursächlichkeit beweisen muss, BGH, **Life&Law 2017, 665 ff.** = **juris**byhemmer.

Bsp.: Die schwangere G erhält im Krankenhaus S eine Bluttransfusion. Infolge eines Verschuldens des Arztes E wird das Spenderblut nicht auf den HIV-Virus untersucht. G wird durch die Transfusion infiziert. Das Kind K kommt ebenfalls infiziert auf die Welt. K verlangt nun vom Krankenhaus S Schadensersatz.[39]

Schutz des nasciturus

Die Tatsache, dass die Verletzung schon dem nasciturus zugefügt worden ist – und daher vor Beginn der Rechtsfähigkeit des Menschen stattfand –, ist nach der Rechtsprechung kein Hindernis für die Anwendung des § 823 BGB. 26

Das BGB zeigt in einer Fülle von Vorschriften, dass das Gesetz in besonderer Weise auf das Wohl des Ungeborenen bedacht und darum besorgt ist, ihm rechtliche Vorteile zukommen zu lassen und zu erhalten, vgl. z.B. §§ 844 II S. 2, 1923 II, 331 II BGB.[40] Nach ganz h.M.[41] erkennen auch Art. 1 I, 2 II GG dem Ungeborenen trotz Fehlens der zivilen Rechtsfähigkeit die „Würde des Menschen" und ein „Recht auf Leben und körperliche Unversehrtheit" zu.

Vor.: Lebendgeburt

Dies muss auch i.R.d. deliktischen Schutzes seinen Ausdruck finden. Der nasciturus ist dazu bestimmt, später als Mensch ins Leben zu treten. Verletzungen des nasciturus führen damit jedenfalls dann zu einem Schadensersatzanspruch aus § 823 I BGB, wenn das Kind später lebend geboren wird, da ab diesem Zeitpunkt auch eine Gesundheitsverletzung des Menschen vorliegt.[42]

Im Fall steht K somit ein Anspruch aus § 823 I BGB auf Ersatz des durch die Infektion entstandenen Schadens zu.

b) Verletzung der Mutter vor der Zeugung

Verletzung d. Mutter vor Zeugung

Wurde die Mutter vor der Zeugung verletzt und setzt sich diese Verletzung am nasciturus fort, stellt sich auch hier die Frage nach einem Schadensersatzanspruch des später geborenen Kindes. 27

Abwandlung: *Die Bluttransfusion fand schon vor der Zeugung des Kindes K statt. Kann nun K Schadensersatz verlangen?*[43]

Anspruch auch bzgl. nasciturus

Hier stellt sich das Problem, ob von einer Verletzung der Leibesfrucht gesprochen werden kann, da in diesem Fall nie eine unverletzte Leibesfrucht existiert hat. Wenn jedoch die Rechtsordnung dem werdenden Leben einen so weitgehenden Schutz angedeihen lässt, so muss sich dieser Schutz auch darauf erstrecken, dass werdendes Leben als unbeeinträchtigtes entstehen kann. Daher gewährt die Rspr.[44] auch in diesem Fall dem später lebend geborenen Kind einen Schadensersatzanspruch aus § 823 I BGB.

Somit steht K auch in der Abwandlung ein Anspruch auf Schadensersatz aus § 823 I BGB gegen das Krankenhaus zu.

Exkurs: „wrongful life"[45]

Verkennung der Gefahr einer Schwerstbehinderung

Etwas anders stellt sich die Problematik dar, die als „wrongful life" bezeichnet wird. Hier hat der Arzt die Behinderung des Kindes zwar nicht verursacht, aufgrund seines Verschuldens wurde jedoch die Gefahr einer Schwerstbehinderung nicht erkannt. 28

39 Nach BGHZ 58, 50.

40 Weitere Nachweise Kupisch/Krüger, S. 30, Fn. 73.

41 Kupisch/Krüger, S. 30 m.w.N.

42 BGHZ 58, 48 (51); BGHZ 93, 315; BGHZ 8, 243 = **juris**byhemmer.

43 Nach BGHZ 8, 243 = **juris**byhemmer.

44 Vgl. BGHZ 8, 243 = **juris**byhemmer.

45 Zusammenfassend zu dieser Problematik vgl. Müller, NJW 2003, 697 ff.

Bsp.:[46] *M und V sind die Eltern eines körperlich und geistig schwerbehinderten Kindes. Da der Verdacht auf eine genetisch bedingte Erbkrankheit besteht, machen sie die Zeugung eines weiteren Kindes von einem genetischen Gutachten abhängig, das der Arzt A erstellen soll. Dieser kommt schuldhaft zu dem fehlerhaften Ergebnis, dass eine genetische Störung äußerst unwahrscheinlich sei. Im Jahr darauf bringt die M das zweite Kind K mit den gleichen Behinderungen wie das erste zur Welt. Sowohl M und V als auch K verlangen von A Schadensersatz*

Ansprüche der Eltern

I. Ansprüche der Eltern M und V **28a**

1. § 280 I BGB, Pflichtverletzung i.R.d. Behandlungsvertrages, § 630a I BGB.

Unterhaltsaufwand der Eltern als Schaden

Die Eltern haben nach ständiger Rechtsprechung des BGH[47] Anspruch auf Ersatz der Unterhaltskosten für das Kind aus § 280 I BGB (V aufgrund Vertrages mit Schutzwirkung zugunsten Dritter[48]).

Kritik des BVerfG

Der 2. Senat des BVerfG[49] hat die diesbezügliche Rechtsprechung des BGH kritisiert: Die rechtliche Qualifikation eines Kindes als Schadensquelle komme von Verfassungs wegen (Art. 1 GG) nicht in Betracht. Die Verpflichtung aller staatlichen Gewalt, jeden Menschen in seinem Dasein um seiner selbst willen zu achten, verbiete es, die Unterhaltspflicht für ein Kind als Schaden zu begreifen. Die Rechtsprechung der Zivilgerichte bedürfe deshalb in dieser Hinsicht der Überprüfung.

aber: Festhalten des BGH an seiner Rechtsprechung

Der BGH hat jedoch auch nach dieser Überprüfung an seiner Rechtsprechung festgehalten und den Eltern weiterhin den Unterhaltsaufwand als Schaden zuerkannt.[50]

nicht Kind, sondern Unterhalt als Schaden

Begründung: Ist der Behandlungsvertrag auf ein von der Rechtsordnung erlaubtes Ziel gerichtet, so muss der Arzt auch für die Erfüllung der vertraglich übernommenen Verpflichtungen haftungsrechtlich einstehen. Die Betrachtungsweise „Kind als Schaden" verbietet sich zwar auch nach dem BGH. Der Schaden liege hier aber nicht in der Existenz des Kindes als solchem, sondern in der Unterhaltspflicht der Eltern.

hemmer-Methode: Die Ersatzpflicht tritt aber nur ein, wenn der Schutz vor solchen Belastungen Gegenstand des jeweiligen Behandlungsvertrages war.[51] Diese Prüfung hat beim Schutzzweck der Norm zu erfolgen. Im konkreten Fall hatte eine Mutter einen Hautarzt wegen eines Ausschlages aufgesucht und dabei eine mögliche Schwangerschaft erwähnt. Der Arzt übersah, dass es sich um Röteln handelte. Der BGH verneinte hier die Ersatzpflicht für den Unterhalt, da der Behandlungsvertrag nicht auf die Vermeidung von Unterhaltsansprüchen gerichtet gewesen sei. Vergleichen Sie dazu auch noch einmal die Problematik „Leben als Schaden" unter Rn. 23.

gesamter Unterhaltsbedarf

Der Schadensersatz sei dabei dem Umfang nach nicht auf den behinderungsbedingten Mehrbedarf beschränkt, da sich der Unterhaltsaufwand für ein Kind nicht aufteilen lasse in einen solchen, den ein hypothetisch gesundes Kind benötigt, und den vergleichsweisen Mehraufwand eines behinderten Kindes. Die Existenzsicherung eines Kindes sei vielmehr unteilbar.

nicht: Verdienstausfall

Der Schadensersatzanspruch umfasst dagegen nicht den Verdienstausfall, der den Eltern durch die Betreuung des behinderten Kindes entsteht, da der Arzt nur diejenigen wirtschaftlichen Belastungen übernehmen muss, die zur Existenzsicherung des Kindes erforderlich sind. Andernfalls würde dem Arzt eine unabsehbare Haftung für alle aus der Geburt eines Menschen herrührenden Konsequenzen auferlegt, die mit dem Zweck seiner Beauftragung schlechterdings nicht mehr in Einklang stünden.[52]

46 Nach BGH, NJW 1994, 788 = **juris**byhemmer.

47 BGH, NJW 1983, 1371 = **juris**byhemmer.

48 Vgl. dazu **Life&Law 2002, 575 ff., 723 ff.**; eine eigene vertragliche Anspruchsgrundlage scheitert meist an der fehlenden Einschlägigkeit des § 1357 BGB; s. aber BGHZ 116, 184 ff.

49 Vgl. BVerfG, NJW 1993, 1751 = **juris**byhemmer.

50 Vgl. BGH, NJW 1994, 788 = **juris**byhemmer.

51 Vgl. BGH, NJW 2005, 891 ff. = **Life&Law 2005, 273 ff.** mit ausführlicher Darstellung der Gesamtproblematik = **juris**byhemmer.

52 Vgl. NJW 1997, 1638.

Billigung des BVerfG

Der 1. Senat des BVerfG[53] hat diese Rechtsprechung des BGH gebilligt. Sie verstoße insbesondere nicht gegen Art. 1 I GG. Die Unterscheidung zwischen Dasein des Kindes und vermögensrechtlicher Unterhaltsverpflichtung der Eltern sei unbedenklich, da die personale Anerkennung eines Kindes nicht auf der Übernahme von Unterhaltspflichten durch die Eltern beruhe.[54]

hemmer-Methode: Die insoweit anders lautende Meinung des 2. Senats ist als „obiter dictum“ nicht von der Bindungswirkung des § 31 BVerfGG erfasst!

Ersatz des Unterhalts auch bei fehlgeschlagener Sterilisation

Diese Rechtsprechung zum Unterhaltsanspruch der Eltern bei fehlerhafter genetischer Beratung gilt nach BGH auch in Fällen einer fehlgeschlagenen Sterilisation.[55]

2. Ansprüche der Mutter aus § 823 I BGB **28b**

Ansprüche der Mutter aus §§ 823, 253 II BGB

Wie oben erörtert,[56] kommt ein Schadensersatzanspruch der Mutter aus §§ 823 I, 253 II BGB wegen Körperverletzung aufgrund der Schwangerschaft/Geburt unter den dort genannten Voraussetzungen in Betracht.

§§ 823, 253 II BGB analog (-)

Ein Schadensersatzanspruch in entsprechender Anwendung des § 253 II BGB aufgrund der seelischen Belastung der Mutter durch das bloße Haben eines behinderten Kindes ist der deutschen Rechtsordnung dagegen fremd und daher abzulehnen.

kein deliktsrechtlich geschütztes Recht auf Familienplanung

Es besteht ferner auch kein deliktsrechtlich geschütztes Recht auf Familienplanung, das vorliegend verletzt sein könnte.[57]

II. Ansprüche des Kindes **28c**

Ansprüche des Kindes selbst: Problematik des „wrongful life“

Ansprüche des Kindes aufgrund der ärztlichen Pflichtverletzung lehnt der BGH dagegen ab.[58] Der Anspruch des Kindes stellt nämlich die eigentliche Problematik des sog. „wrongful life“ dar:

vertragliche Ansprüche

1. Ansprüche aus § 280 I BGB des Behandlungsvertrages mit Schutzwirkung zugunsten des Kindes wären nur dann gegeben, wenn das Kind zu seinem eigenen Schutze hätte abgetrieben bzw. dessen Zeugung hätte unterlassen werden müssen.

Nach BGH ist hier aber die Grenze erreicht bzw. überschritten, innerhalb derer eine rechtliche Anspruchsregelung tragbar ist. Der Mensch habe grundsätzlich sein Leben so hinzunehmen, wie es von der Natur gestaltet ist, und habe keinen Anspruch auf seine Vernichtung durch andere. Letztlich existiert kein Anspruch des Kindes auf Nichtexistenz. Niemand ist in der Lage zu beurteilen, ob ein – wenn auch noch so beeinträchtigtes - Leben besser oder schlechter ist als die Nichtexistenz. Die Entscheidung über Existenz oder Nichtexistenz lässt sich nicht in juristischen Schadenskategorien erfassen.[59] Insbesondere vor dem Hintergrund der nationalsozialistischen Unrechtsherrschaft soll kein rechtlich relevantes Urteil über den Lebenswert fremden Lebens mehr gesprochen werden.[60]

deliktische Ansprüche

2. Auch ein Schadensersatzanspruch aus § 823 I BGB scheidet aus. Es gebe keine deliktsrechtliche Pflicht, die Geburt eines behinderten Kindes zu verhindern. Das menschliche Leben, das auch den nasciturus umfasst, ist ein höchstrangiges Rechtsgut und absolut erhaltungswürdig. Das Urteil über seinen Wert stehe keinem Dritten zu.

53 Vgl. BGH, NJW 1998, 519.

54 Kritisch hierzu: Laufs, „Schädliche Geburten – und kein Ende“, NJW 1998, 796.

55 Vgl. BGH, NJW 1980, 1452 = **juris**byhemmer.

56 Vgl. Rn. 23.

57 BGH, NJW 1983, 1371 = **juris**byhemmer.

58 BGH, NJW 1983, 1372; BGH, NJW 1994, 788 = **juris**byhemmer.

59 BGHZ 86, 241 (242) = **juris**byhemmer.

60 Nach a.A. scheitert der Anspruch des Kindes erst auf der Ebene der Pflichtverletzung, Spickhoff, JuS 2001, 670 (674).

hemmer-Methode: Auch wenn es Zustimmung verdient, ein Kind nicht als Schaden zu begreifen, hat die Rspr. des BGH das Argument für sich, dass der Schadensersatzanspruch ja dem Kind selbst zugutekommt. Wichtig ist in der Klausur aber v.a., dass Sie bei dieser Problematik immer strikt zwischen den Ansprüchen der Eltern und denen des Kindes unterscheiden! Das Kind selbst hat – sowohl nach BVerfG als auch nach BGH – keinen Schadensersatzanspruch. Die unterschiedliche Rechtsprechung des BVerfG und des BGH bezüglich der Unterhaltskosten („Kind als Schaden") wird also immer nur i.R.d. Schadensersatzansprüche der Eltern relevant!

Exkurs Ende

IV. Rechtsgut: Freiheit

„Freiheit": nur körperliche Bewegungsfreiheit

Verletzung des Rechtsguts Freiheit bedeutet Entzug der körperlichen Bewegungsfreiheit oder Nötigung zu einer Handlung durch Drohung, Zwang oder Täuschung.[61] Der Begriff der Freiheit in § 823 I BGB umfasst damit die körperliche Fortbewegungsfreiheit (vgl. § 239 StGB) und die Freiheit, eine bestimmte Handlung vorzunehmen oder zu unterlassen (vgl. § 240 StGB). Eine Verletzung der Freiheit bei einer bloßen Beeinträchtigung der allgemeinen Handlungsfreiheit liegt dagegen nicht vor.[62] 29

***Bsp.:** Einschließen einer Person; Wegnahme der Kleider eines Badenden.*

V. Rechte: Eigentum

1. Übersicht

„Eigentum": umfassende Herrschaftsmacht (§ 903 BGB)

Die Beeinträchtigung der dem Eigentümer durch § 903 BGB gewährten Befugnisse stellt eine Eigentumsverletzung dar. Es lassen sich dabei im Wesentlichen vier Gruppen der Eigentumsverletzung unterscheiden, die nachfolgend erörtert werden: 30

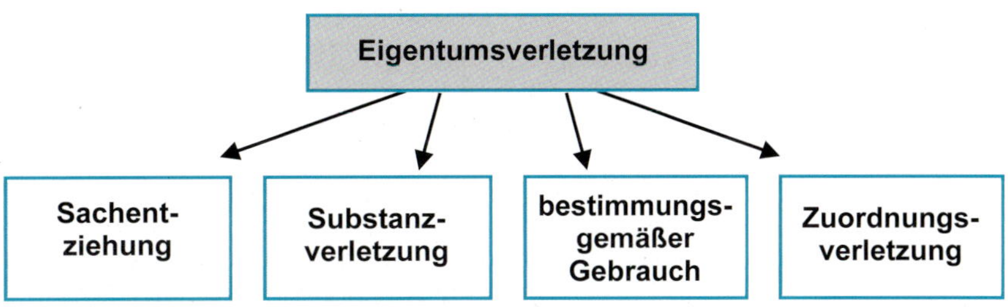

2. Sachentziehung

Sachentziehung insbes. bei §§ 242, 246 StGB

Teil der Herrschaftsmacht des Eigentümers ist der Besitz an der Sache. Eine dauernde oder vorübergehende Entziehung des Besitzes stellt somit eine Eigentumsverletzung dar. Eine Eigentumsverletzung liegt daher insbesondere vor, wenn dem Eigentümer die Sache durch Diebstahl, Unterschlagung oder eine andere rechtswidrige Maßnahme entzogen wird.[63] 31

61 Palandt, § 823 BGB, Rn. 6; RGZ 58, 24.

62 Palandt, § 823 BGB, Rn. 6.

63 Kupisch/Krüger, S. 19.

Keine Eigentumsverletzung ist dagegen gegeben, wenn der Eigentümer die Sache aus eigenem Entschluss - also freiwillig - aus der Hand gibt, auch wenn er dazu durch Drohung, Täuschung oder auf andere Weise veranlasst wurde.[64] *32*

hemmer-Methode: Hier müssen Sie schon in der Formulierung Ihres Obersatzes genau differenzieren. Da eine Verwechslungsgefahr besteht zwischen Verletzung des Eigentums durch Besitzentzug und Verletzung des Besitzes als sonstigem Recht, ist bei der Subsumtion darauf zu achten, welches Rechtsgut geprüft wird.[65] Was die Verletzung des Eigentums angeht, kann die Anwendung des § 823 I BGB durch § 993 I HS 2 BGB bei Vorliegen eines EBV ausgeschlossen sein![66] Das EBV ist für Schadensersatz und Nutzungen grundsätzlich die abschließende Regelung.

3. Substanzverletzung

a) Beschädigung / Zerstörung

Beschädigung

Eine Eigentumsverletzung liegt immer dann vor, wenn die Sache beschädigt oder zerstört wird. *33*

b) Weiterfressender Mangel[67]

weiterfressender Mangel als Eigentumsverletzung?

U.a. im Bereich der Produzentenhaftung[68] sind hier insbesondere die Fälle des sog. weiterfressenden Mangels problematisch. Unter diesem Stichwort werden die Fälle zusammengefasst, in denen die Mangelhaftigkeit eines geringfügigen Teils zur Beschädigung der Gesamtsache führt. *34*

Bsp. 1: *A kauft ein neues Auto, bei dem der Gaszug defekt ist. Aufgrund dieses Fehlers verursacht A einen Unfall, bei dem das Auto Totalschaden erleidet (sog. Gaszugfall).[69]*

Bsp. 2: *A kauft eine Reinigungsanlage im Wert von mehreren tausend Euro. Aufgrund eines defekten Schwimmerschalters im Wert von wenigen Euro kommt es zu einem Brand, bei dem die gesamte Anlage zerstört wird (sog. Schwimmerschalterfall).[70]*

Fraglich ist, ob in diesen Fällen eine Eigentumsverletzung überhaupt vorliegen kann, weil A ja von Anfang an nur mangelhaftes Eigentum erlangt hat.

Äquivalenz- und Integritätsinteresse

Die bloße Verschaffung mangelhaften Eigentums kann keine Eigentumsverletzung darstellen, da hierdurch nur das Äquivalenzinteresse des Käufers, d.h. dessen Interesse an Gleichwertigkeit von Leistung und Gegenleistung betroffen ist. Dieses wird nur über das Gewährleistungsrecht geschützt. Das Deliktsrecht schützt dagegen ausschließlich das Integritätsinteresse des Käufers, d.h. dessen Interesse am unbeeinträchtigten Fortbestand seiner sonstigen Rechtsgüter, insbesondere seines bereits vorhandenen Eigentums. *35*

64 Kupisch/Krüger, S. 19, Fn. 20; a.A. Brox, JZ 1965, 516 (518). Eine Eigentumsverletzung liegt aber wiederum dann vor, wenn die Sache nach der freiwilligen Weggabe zerstört, beschädigt oder veräußert wird. Dann muss nur wiederum darauf geachtet werden, ob dies bei Vorliegen einer Vindikationslage geschieht, so dass § 823 I BGB durch die Sperrwirkung des EBV verdrängt sein könnte.

65 S. unten Rn. 45.

66 S. dazu auch oben Rn. 9.

67 Vgl. ausführlich **Hemmer/Wüst, Deliktsrecht II, Rn. 388 ff.**

68 Zur Produkt- bzw. Produzentenhaftung vgl. ausführlich **Hemmer/Wüst, Deliktsrecht II, Rn. 347 ff.** und insbesondere **Rn. 388 bis 389b**.

69 BGHZ 1986, 256 ff.

70 BGHZ 1967, 359 ff.

Abgrenzungskriterium: Stoffgleichheit

Ob das Äquivalenz- oder Integritätsinteresse betroffen ist, entscheidet der BGH anhand des Kriteriums der sog. Stoffgleichheit. Stoffgleichheit liegt vor, wenn sich der geltend gemachte Schaden mit dem Unwert, welcher der Sache wegen ihrer Mangelhaftigkeit schon bei ihrem Erwerb anhaftete, deckt. 36

Ist Stoffgleichheit gegeben (Mangelunwert und Schaden identisch), so ist nur das Äquivalenzinteresse betroffen, sodass ein Anspruch aus § 823 I BGB ausscheidet. Ist dagegen der eingetretene Schaden an der Gesamtsache ungleich höher als der Mangelunwert bei Übereignung, liegt keine Stoffgleichheit vor, mit der Folge, dass das Integritätsinteresse des Käufers beeinträchtigt ist und eine Eigentumsverletzung i.S.d. § 823 I BGB vorliegt.

Der BGH hat in den oben genannten Beispielen eine Eigentumsverletzung i.S.d. § 823 I BGB angenommen, weil der Mangelunwert bei Übereignung und der später eingetretene Schaden nicht stoffgleich waren.[71]

hemmer-Methode: Zeigen Sie in diesen Fällen, dass Sie die Grundaussagen verstanden haben: Die §§ 434 ff. BGB schützen das Äquivalenzinteresse, d.h. das Interesse des Käufers an der Gleichwertigkeit von Leistung und Gegenleistung. 37
Die §§ 823 ff. BGB schützen dagegen das Integritätsinteresse, d.h. das Interesse des Käufers am unbeeinträchtigten Fortbestand seines vorhandenen Eigentums. Es geht also letztlich um die Abgrenzung: Wo endet das Gewährleistungsrecht und wo beginnt das Deliktsrecht? Die Einordnung des fehlerfreien Resteigentums in diese Kategorien ist der kritische Grenzfall, der den Klausurersteller reizt!
Da das Problem des weiterfressenden Mangels regelmäßig im Bereich der Produzentenhaftung auftritt, finden Sie eine ausführliche Darstellung des Rechtsprechungs- und Streitstandes im Kapitel „Produzentenhaftung" in Hemmer/Wüst, Deliktsrecht II, Rn. 389 ff.![72] Sofern es um die Haftung des Verkäufers geht, müssen Sie zunächst an einen vertraglichen Anspruch denken. Im Rahmen des Mängelrechts werden die Weiterfresserschäden nach h.M. statt der Leistung ersetzt, also gem. §§ 437 Nr. 3, 280 I, III, 281 I Alt. 2 BGB abhängig von einer vorherigen Fristsetzung. Hat diese Fristsetzung nicht stattgefunden, stellt sich die Frage, ob der Käufer Ersatz für die Behebung der Weiterfresserschäden aus § 823 I BGB verlangen kann. Selbst wenn man mit dem BGH von einer Eigentumsverletzung ausgeht, besteht die Gefahr, dass bei Zuerkennung eines deliktischen Anspruchs der Vorrang der Nacherfüllung unterlaufen wird. Die Frage wurde nach der Schuldrechtsreform vom BGH noch nicht geklärt.

4. Bestimmungsgemäßer Gebrauch

Gebrauchsbeeinträchtigung

Nach § 903 S. 1 BGB kann der Eigentümer nach Belieben mit seiner Sache verfahren und Dritte von jeder Einwirkung ausschließen. Somit gehört zum Eigentum auch der Gebrauch der Sache. Eine Eigentumsverletzung liegt damit auch dann vor, wenn der Eigentümer in dem bestimmungsgemäßen Gebrauch der Sache beeinträchtigt wird.[73] 38

Bsp. (Fleetfall):[74] *Schifffahrtsunternehmer S beliefert eine an einem Fleet liegende Mühle. Infolge eines Verschuldens der nicht hoheitlich wegeunterhaltspflichtigen Bundesrepublik stürzt eine Böschung ein und das Fleet wird unpassierbar. S verlangt nun von der Bundesrepublik Schadensersatz für ein bei der Mühle acht Monate eingesperrtes Schiff und dafür, dass seine anderen Schiffe die Mühle nicht mehr beliefern konnten.*

71 Lesenswert in diesem Zusammenhang auch BGH, NJW 1998, 1942 = **Life&Law 1998, 503**.

72 Eine präzise Darstellung des Meinungsstandes finden Sie auch in der ZGS 2005, 24 ff.; vgl. auch BGH, NJW 2004, 1032.

73 BGH, NJW 2004, 356.

74 BGHZ 55,153 ff. = **juris**byhemmer; kritisch dazu: Medicus, BR, Rn. 613; vgl. auch die „Neuauflage" des Fleetfalls in **Life&Law 2016, 854 f.** = **juris**byhemmer.

tatsächl. Einwirkung notw.

Nach der Rspr.[75] liegt eine Eigentumsverletzung bei einer Beeinträchtigung des bestimmungsgemäßen Gebrauches grundsätzlich nur vor, wenn auf die Sache selbst eingewirkt und dadurch der bestimmungsgemäße Gebrauch entzogen wurde. 39

Bsp. (Abschleppfall):[76] *A parkt sein Fahrzeug auf dem Supermarktparkplatz des B, ohne dort einzukaufen. Der A nimmt dem B das Recht, darüber zu entscheiden, ob sich auf seinem Grundstück ein Fahrzeug befindet oder nicht.*

Beeinträchtigung der Nutzungsmglk. reicht nicht

Nicht ausreichend ist dagegen die bloße Beeinträchtigung der wirtschaftlichen Nutzungsmöglichkeit. In solchen Fällen liegt eine reine Vermögensbeschädigung vor.[77]

Bsp.: *A möchte seinen Pkw an B vermieten. C behauptet gegenüber B, der A sei nicht zuverlässig, sodass B von dem Abschluss des Vertrages Abstand nimmt.*

Hier liegt keine Eigentumsverletzung vor, weil es nicht zum absolut geschützten Kern des Eigentums gehört, es jederzeit wirtschaftlich einsetzen zu können.

Im obigen Fleetfall bedeutet dies Folgendes:

S erhält zwar Schadensersatz für das eingesperrte Schiff, da hier eine tatsächliche Einwirkung auf die Sache selbst besteht, die nicht mehr ihrer Bestimmung gemäß als Transportmittel genutzt werden kann.

Die ausgesperrten Schiffe können dagegen weiterhin als Transportmittel benutzt werden, nur nicht für den Transport zu der Mühle. Darin liegt jedoch nur eine Einschränkung der wirtschaftlichen Nutzungsmöglichkeit.

Dieselbe Problematik ergibt sich beim Zuparken einer Garage. Bezüglich des Fahrzeugs, welches in der Garage „eingesperrt" ist, liegt eine Eigentumsverletzung vor. Es gehört aber nicht zum Eigentum am Pkw, ihn an bestimmten Plätzen abstellen zu können.

Immissionen i.S.v. § 906 BGB (+)

Nicht nach § 906 BGB zu duldende Immissionen stellen ebenfalls eine eigentumsrechtlich relevante Beeinträchtigung des bestimmungsgemäßen Gebrauchs dar. Immissionen i.S.d. § 906 BGB sind dabei unwägbare Einwirkungen, die sich entweder auf das Grundstück oder die dort befindlichen Sachen schädigend auswirken oder sich auf dem Grundstück aufhaltende Personen derart belästigen, dass ihr gesundheitliches Wohlbefinden gestört oder ein körperliches Unbehagen bei ihnen hervorgerufen wird.[78] 40

ideelle Immissionen str.

Die Rspr. und ein Teil der Literatur[79] verneinen eine Eigentumsverletzung bei ideellen (ästhetischen) Immissionen, da eine Ausweitung der Begriffe „unwägbarer Stoffe" und „ähnliche von einem anderen Grundstück ausgehende Einwirkungen" auf ideelle Immissionen zur uferlosen Ausdehnung des § 906 BGB führen würde. Die h.L.[80] hingegen bejaht eine Eigentumsverletzung bei schwerwiegenden ideellen Immissionen.

Bspe.: *Schrottplatz neben Hotel; Bordell in Wohngebiet; Baumateriallager in Wohngebiet; hässliche Stützmauer.*[81]

75 BGHZ 55,153 ff.; BGHZ 63,293 ff.; BGHZ 86, 152 = **juris**byhemmer.

76 BGH, **Life&Law 2009, 511 ff.; 2012, 853 ff.; 2014, 809 ff.** = **juris**byhemmer. Lässt sich der Falschparker nicht ermitteln, stellt sich die Frage, ob der Halter des Fahrzeugs für die Abschleppkosten aufkommen muss. Ein deliktisches Verhalten wird man ihm nicht vorwerfen können, so dass die §§ 823 ff. BGB nicht greifen. Allerdings ist er als Zustandsstörer für die Beseitigung des Fahrzeugs verantwortlich, so dass ein Anspruch aus §§ 677, 683, 670 BGB in Betracht kommt. Denn wegen der Beseitigungspflicht führt der Grundstückseigentümer mit dem Abschleppen auch ein Geschäft des Halters, vgl. BGH, **Life&Law 2016, 457 ff.** = **juris**byhemmer.

77 Auch Kupisch/Krüger, S. 22.

78 Palandt, § 906 BGB, Rn. 5 f.; BGHZ 51, 396.

79 BGHZ 51, 396; BGHZ 54, 56; BGH, JZ 1970, 782; OLG Frankfurt, NJW-RR 1989, 464; Palandt, § 903 BGB, Rn. 10 m.w.N. = **juris**byhemmer.

80 Baur, JZ 1969, 432; Baur, SR § 125 IV 2 b cc; Grunsky, JZ 1970, 785.

81 Vgl. Palandt, § 903 BGB, Rn. 10 m.w.N.

negative Emissionen (-)

Ebenfalls keine Eigentumsverletzung stellen die sog. negativen Emissionen dar. Negative Emissionen sind Handlungen auf eigenem Grundstück, welche natürliche Vorteile und Zuführungen von einem Nachbargrundstück abhalten oder Ableitungen von diesem verhindern.[82] *41*

> ***Bsp.:*** *Abschattung von Funkwellen; Entziehung von Grundwasser bzw. Sonnenlicht.*

5. Zuordnungsverletzung

Verletzung d. rechtlichen Zuordnung

Eine Eigentumsverletzung liegt auch in einem Eingriff in die rechtliche Sachherrschaft des Eigentümers. *42*

> ***Bspe.:*** *Nichtberechtigter veräußert Sache, der gutgläubige Erwerber haftet dagegen nicht;[83] Mitwirkender an einer Eigentumsentziehung;*
>
> *Veranlasser einer Pfändung und Versteigerung einer schuldnerfremden Sache; der Ersteigerer einer schuldnerfremden Sache haftet dagegen nicht, da hier das Eigentum durch Hoheitsakt originär erworben wird.[84]*

Bearbeiten Sie die Fragen 7 - 13!

VI. Sonstige Rechte

sonstige Rechte: Nutzungs- u. Ausschlussfunktion notw.

Aus der Stellung des Begriffs „sonstige Rechte" im Gesetz nach dem Eigentum ergibt sich nach ganz h.M.[85], dass unter sonstigen Rechten nur absolute, d.h. von jedermann zu beachtende Rechte zu verstehen sind. Sonstige Rechte müssen somit eigentumsähnlich sein. *43*

Dem sonstigen Recht muss ähnlich dem Herrschaftsrecht Eigentum eine Nutzungsfunktion (vgl. § 903 BGB) und eine Ausschlussfunktion (vgl. § 1004 I BGB) zukommen.[86] Nur Rechte, welche diese Funktionen erfüllen, können als eigentumsähnlich und damit als sonstige Rechte i.S.d. § 823 I BGB qualifiziert werden.

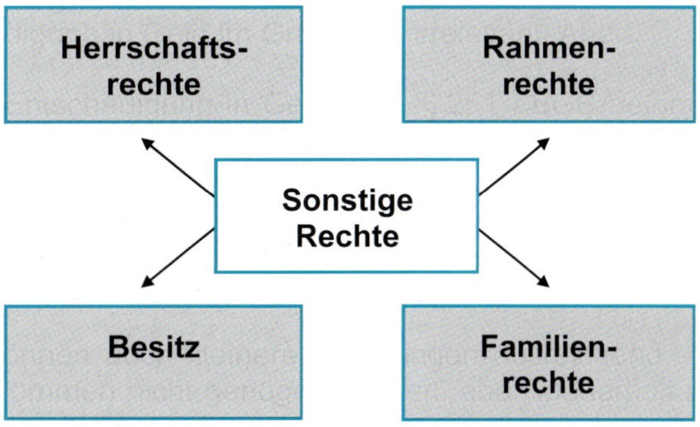

1. Herrschaftsrechte

z.B. Herrschaftsrechte

Aus obiger Definition lässt sich entnehmen, dass alle übrigen Herrschaftsrechte, die dem Berechtigten eine unmittelbare Herrschaftsmacht gewähren, unter den Begriff der sonstigen Rechte fallen. *44*

82 Vgl. Palandt, § 903 BGB, Rn. 9.

83 Palandt, § 823 BGB, Rn. 8.

84 BGHZ 55, 20 ff. = **juris**byhemmer.

85 Palandt, § 823 BGB, Rn. 11; Medicus, BR, Rn. 607; Kupisch/Krüger, S. 20.

86 Vgl. Medicus, BR, Rn. 607.

Dazu zählen im Einzelnen:[87]

dingliche Rechte

⇨ dingliche Rechte wie Erbbaurecht, Dienstbarkeit, dingliches Vorkaufsrecht, Reallast, Hypothek, Grundschuld, Rentenschuld, Pfandrecht

Anwartschaften

⇨ dingliche Anwartschaften wie z.B. aus der Sicherungsübereignung, dem Eigentumsvorbehalt, der Vormerkung

Aneignungsrechte

⇨ Aneignungs- und Gebrauchsrechte wie z.B. das Jagdrecht und das Fischereirecht[88]

ImmaterialgüterR

⇨ absolute Immaterialgüterrechte und gewerbliche Schutzrechte wie Patent-, Urheber-, Geschmacksmuster- oder Markenrechte

MitgliedschaftsR

⇨ Mitgliedschaftsrechte wie Aktien, Geschäftsanteile an einer GmbH

2. Rechte aus dem Bereich des Familienrechts

a) Recht zur ehelichen Lebensgemeinschaft

räumlich-gegenständlicher Bereich der Ehe

Umstritten ist, inwiefern das Recht zur ehelichen Lebensgemeinschaft gem. § 1353 I BGB ein absolutes Recht i.S.d. § 823 I BGB darstellt. *45*

Deliktsrechtliche Ansprüche hieraus bestehen nach BGH nur dann, wenn der räumlich-gegenständliche Bereich der Ehe verletzt wird, sodass der eine Ehegatte einen quasinegatorischen Beseitigungs- und Unterlassungsanspruch gegen den untreuen anderen Gatten und dessen Geliebte/n analog § 1004 I BGB hat.[89] Umstritten ist allerdings, inwiefern ein Schadensersatzanspruch wegen Ehebruchs gegen den anderen Ehegatten wie auch gegen den Dritten in Betracht kommt.[90]

b) Elterliches Sorgerecht

elterliches Sorgerecht

Ferner ist das elterliche Sorgerecht als absolutes Recht i.S.d. § 823 I BGB anerkannt. Dies ergibt sich nach BGH aus § 1632 BGB, wonach der Personensorgeberechtigte die Herausgabe des Kindes von jedem verlangen kann. *45a*

> ***Bsp.:***[91] *Die Ehegatten F und M leben getrennt. F wird das alleinige Sorgerecht für das gemeinsame Kind K übertragen. M flüchtet deshalb mit K ins Ausland, wodurch F erhebliche Detektivkosten aufwenden muss, um die beiden aufzufinden. Sie verlangt Ersatz dieser Kosten von M.*

Schadensersatzanspruch

> Der BGH hat F einen Schadensersatzanspruch gegen M aus § 823 I BGB wegen Verletzung des elterlichen Sorgerechts zugesprochen.

Schutzzweck der Norm

> Die entstandenen Detektivkosten fallen insbesondere auch in den deliktischen Schutzbereich des elterlichen Sorgerechts, da es gerade das „Essentielle" des Sorgerechts sei, dass der Sorgeberechtigte über den Aufenthalt des Kindes Bescheid weiß.[92]

---

87 Vgl. Palandt, § 823 BGB, Rn. 11 - 22.

88 BGH, NJW-RR 2007, 1319 ff. = **juris**byhemmer.

89 BGHZ 6, 360; vgl. zu den Voraussetzungen des quasinegatorischen Beseitigungs- und Unterlassungsanspruchs analog § 1004 BGB: **Hemmer/Wüst, Deliktsrecht II, Rn. 450 ff.** = **juris**byhemmer.

90 Vgl. hierzu **Hemmer/Wüst, FamR, Rn. 72 ff.**

91 Nach BGHZ 111, 168 = **juris**byhemmer.

92 Vgl. auch **Hemmer/Wüst, FamR, Rn. 359 ff.**

Ein Schadensersatzanspruch besteht ebenfalls, wenn dem umgangsberechtigten Elternteil durch den anderen der Umgang nicht in der vom Familiengericht vorgesehenen Art und Weise gewährt wird, und daraus Mehraufwendungen entstehen.[93]

hemmer-Methode: Achten Sie bei den „sonstigen Rechten" i.R.d. haftungsausfüllenden Kausalität besonders darauf, ob die eingetretenen Schäden vom Schutzzweck der Norm erfasst sind. Hierbei darf nämlich keinesfalls pauschal auf den Schutzzweck des § 823 I BGB abgestellt werden, sondern es ist danach zu fragen, welche Art von Schäden speziell durch den deliktsrechtlichen Schutz des als „sonstiges Recht" anerkannten Rechtsguts verhindert werden soll!

c) Totenfürsorgerecht

Ebenfalls anerkannt als sonstiges Recht ist das sog. Totenfürsorgerecht. *45b*

Das Totenfürsorgerecht umfasst unter anderem das Recht, für die Bestattung zu sorgen. Dies schließt die Bestimmung der Gestaltung und des Erscheinungsbildes einer Grabstätte ein. Das Totenfürsorgerecht beinhaltet darüber hinaus die Befugnis zu deren Pflege und Aufrechterhaltung deren Erscheinungsbildes.

Hinsichtlich der dogmatischen Herleitung ist umstritten, ob es sich um eine eigenständige, gewohnheitsrechtlich anerkannte Rechtsposition handelt, über die der Versterbende disponieren kann, oder ob es Bestandteil des postmortalen Schutzes des Allgemeinen Persönlichkeitsrechts ist.

Problematisch kann sein, wer nach dem Tod Inhaber dieses Rechts ist. Es ist anerkannt, dass der beherrschende Grundsatz des Totenfürsorgerechts die Maßgeblichkeit des Willens des Verstorbenen ist. Dieser kann nicht nur die Art und Weise seiner Bestattung sowie den Ort der letzten Ruhestätte, sondern auch diejenige Person, die er mit der Wahrnehmung dieser Belange betraut, bestimmen.[94]

Das Recht ist daher nicht zwingend mit der Erbfolge verknüpft. Auch dann, wenn eine Bestimmung durch den Verstorbenen fehlt, sind nicht primär die Erben berufen, das Totenfürsorgerecht wahrzunehmen. Vielmehr sollen dann die nächsten Angehörigen im Rang ihres Verhältnisses zum Verstorbenen berufen sein.[95] Das wird aus gewohnheitsrechtlichen Erwägungen in Anlehnung an die landesrechtlichen Bestattungsgesetze abgeleitet.

Hinsichtlich der Frage, wem das Totenfürsorgerecht zugewiesen wird, kommt es nicht nur auf ausdrückliche Willensbekundungen des Erblassers, etwa in einer letztwilligen Verfügung, an. Es genügt, wenn der Wille aus den Umständen mit Sicherheit geschlossen werden kann.[96]

3. Der Besitz

Besitz str.

Umstritten ist, unter welchen Voraussetzungen der Besitz als sonstiges Recht i.S.d. § 823 I BGB anzusehen ist. *46*

93 BGH, **Life&Law 2002, 800 ff.**

94 BGH, NJW 2012, 1651 ff. = **juris**byhemmer.

95 Zu Details vgl. Palandt, vor § 1922 BGB, Rn. 10.

96 BGH, **Life&Law 2019, 601 ff.** = **juris**byhemmer.

a) Berechtigter unmittelbarer Besitz

nach h.M. berechtigter unmittelbarer Besitz (+)

Nach ganz h.M.[97] fällt jedenfalls der berechtigte unmittelbare Besitz als sonstiges Recht unter den Schutz des § 823 I BGB. Hier liegt eine eigentumsähnliche Stellung vor. Dem berechtigten Besitzer stehen nicht nur Abwehrrechte (vgl. insbesondere §§ 861 ff. BGB), sondern auch positive Befugnisse zu.

Soll der berechtigte Besitz z.B. gerade dazu dienen, eine bestimmte Nutzung an der Sache zu ermöglichen, so stellt es eine Besitzverletzung i.S.d. § 823 I BGB dar, wenn der Besitzer an eben dieser Nutzung durch einen rechtswidrigen Eingriff in relevanter Weise gehindert wird.

Bsp.:[98] *Eine nicht nur kurzfristige Blockade des Einsatzes von Baumaschinen durch eine Protestdemonstration kann einen Eingriff in den berechtigten Besitz des Bauunternehmers darstellen, der zum Ersatz des durch den Ausfall der Nutzung der Baumaschinen entstandenen Schadens verpflichtet.*

Da hier also schon eine Besitzverletzung vorliegt, scheidet eine Verletzung des Schutzgutes des eingerichteten und ausgeübten Gewerbebetriebes als subsidiär aus.[99]

b) Unberechtigter unmittelbarer Besitz

unberechtigter unmittelbarer Besitz str.

Medicus[100] dehnt den Schutz auf den unberechtigten, unmittelbaren Besitzer aus, wenn diesem Besitz ebenfalls die Nutzungs- und Ausschlussfunktion zukommt. Dies ist beim entgeltlichen redlichen Besitzer vor Rechtshängigkeit der Fall, da er im Verhältnis zum Eigentümer die Nutzungen gemäß §§ 987, 988, 990, 993 I BGB behalten darf.

Bsp.: *Während der Räumungsfrist gem. §§ 721 I, 765a ZPO kann auch der bereits gekündigte Mieter (und damit unrechtmäßige Besitzer) die Räume weiterhin nutzen.*[101] *A.A. ist insoweit die Rechtsprechung.*[102] *§§ 721 I, 765a ZPO dienen nicht der Nutzung, sondern der Räumung der Wohnung.*

c) Mittelbarer Besitz

mittelbarer Besitz (+), nicht aber ggü. unmittelb. Besitzer

Nach der Rspr.[103] genießt auch der mittelbare Besitz den Schutz des § 823 I BGB als sonstiges Recht, da der mittelbare Besitz nach §§ 868, 869 BGB dem unmittelbaren Besitz gleichgestellt ist. 47

Dies gilt jedoch nicht im Verhältnis zwischen mittelbarem Besitzer und unmittelbarem Besitzer, weil hier auch nach §§ 861 I, 862 I BGB der mittelbare Besitzer sich nicht gegen Übergriffe des unmittelbaren Besitzers zur Wehr setzen kann.

Eine Ausschlussfunktion besteht nur im umgekehrten Verhältnis. Der mittelbare Besitzer kann daher nur aus dem schuldrechtlichen Besitzmittlungsverhältnis gegen den unmittelbaren Besitzer vorgehen.

97 Larenz II, § 72 I a.
98 Vgl. BGH, NJW 1998, 377 = **juris**byhemmer.
99 Vgl. hierzu unten Rn. 54 ff.
100 Vgl. Medicus, BR, Rn. 607.
101 Vgl. so Medicus, BR, Rn. 607.
102 BGHZ 79, 232 (238) = **juris**byhemmer.
103 BGHZ 32, 194 (205).

d) Mitbesitz

Mitbesitz (+)

Auch der berechtigte Mitbesitz stellt ein sonstiges Recht i.S.d. § 823 I BGB dar.[104] Dies gilt sowohl im Verhältnis Mitbesitzer - Dritte als auch im Verhältnis der Mitbesitzer untereinander. § 866 BGB schließt nur die possessorischen Besitzschutzansprüche gem. §§ 861, 862 BGB aus, nicht aber die petitorischen. Die §§ 823 ff. BGB werden damit uneingeschränkt auch gegenüber Mitbesitzern angewendet, ohne dass diese Ansprüche durch § 866 BGB relativiert werden.

hemmer-Methode: Geben Sie i.R.d. Schadensberechnung zu erkennen, dass Sie den Unterschied zwischen Besitz- und Eigentumsverletzung erkannt haben. Der Schaden an der Sache stellt den Schaden des Eigentümers, nicht des Besitzers dar! Der bloße Besitz gibt keine verlässliche Grundlage zur Berechnung des Schadens. Fraglich ist daher immer, was der Besitz wert ist. Nur bei Nutzungsberechtigung (etwa bei der Miete) besteht eine Berechnungsgrundlage. Schaden ist dann der Wert der gestörten Nutzungen. Nur dann ist eine Ähnlichkeit mit dem Eigentum gegeben und eine Berechenbarkeit möglich.[105] Ebenfalls zu ersetzen ist der sog. Haftungsschaden, also das, was der im Besitzrecht Verletzte dem Eigentümer ersetzen muss.

4. Rahmenrechte

Schutz v. Rahmenrechten

Die sog. Rahmenrechte - das allgemeine Persönlichkeitsrecht und 48
das Recht am eingerichteten und ausgeübten Gewerbebetrieb - werden ebenfalls unter den Begriff der sonstigen Rechte i.S.d. § 823 I BGB subsumiert.

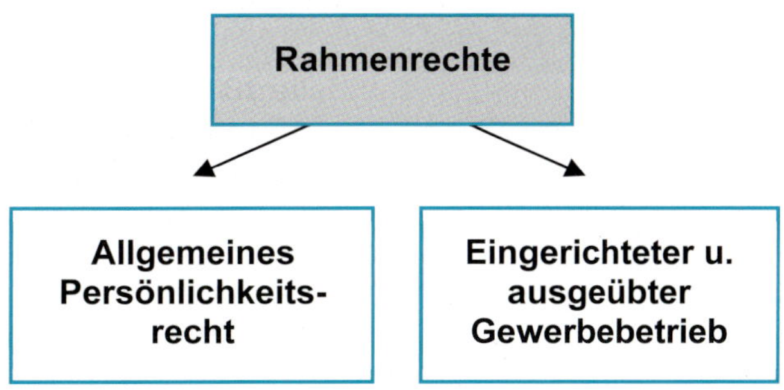

a) Allgemeines Persönlichkeitsrecht (APR)

Allgem. PersönlichkeitsR, Art. 1 I, 2 I GG

Aus der in Art. 1 I GG garantierten Unantastbarkeit der Menschenwürde und dem in Art. 2 I GG gewährleisteten Recht auf freie Entfaltung der Persönlichkeit haben Rspr. und h.L.[106] ein allgemeines Persönlichkeitsrecht abgeleitet und ihm in verfassungskonformer Auslegung der Generalklauseln den Schutz der absoluten Rechte zuerkannt, soweit nicht bereits durch spezielle Normen der gebotene Schutz gewährt wird. Das allgemeine Persönlichkeitsrecht ist als einheitliches, umfassendes subjektives Recht auf Achtung und Entfaltung der Persönlichkeit aufzufassen.[107]

hemmer-Methode: Die Herleitung aus Art. 1 I, 2 I GG beeinflusst auch den Prüfungsaufbau in der Klausur. Letztlich geht es nämlich um eine ganz normale Grundrechtsprüfung (1. Eingriff in den Schutzbereich, 2. Rechtswidrigkeit des Eingriffs).

104 Medicus, BR, Rn. 608; BGHZ 62, 243 (248).

105 Vgl. Medicus, BR, AcP 165, 143 ff.

106 BGHZ 13, 334; BVerfGE 34, 269; Larenz II, § 72 III; Medicus/Petersen, BR, Rn. 615; Palandt, § 823 BGB, Rn. 84 = **juris**byhemmer.

107 Palandt, § 823 BGB, Rn. 86; BGHZ 13, 334.

aa) Aufbauschema

Der Prüfungsaufbau hängt davon ab, ob die APR-Verletzung durch eine Wort- bzw. Textberichterstattung oder durch eine Bildberichterstattung erfolgt.

Hinsichtlich der Bildberichterstattung bestehen mit §§ 22, 23 KUG spezielle Normen, die - nach ständiger Rechtsprechung des BGH - den Prüfungsaufbau beeinflussen. Dabei geht es insbesondere um die Frage, wie die Rechtswidrigkeitsprüfung auszusehen hat, d.h. an welcher Stelle sie zu erfolgen hat und ob die Rechtswidrigkeit vermutet wird oder nicht.

Auch wenn die APR-Problematik durch sehr viele Differenzierungen gerade in der Rechtsprechung sehr unübersichtlich geworden ist, dürfen Sie in der Klausur zumindest hinsichtlich des Grobaufbaus keine Schwächen zeigen. Hinsichtlich der Begrifflichkeit sollten Sie zwischen „*Eingriff*" in das APR und „*Verletzung*" des APR unterscheiden. Beim Eingriff geht es um die Frage, ob der Schutzbereich des APR überhaupt betroffen ist. Erst wenn dies der Fall ist und der Eingriff auch rechtswidrig (unabhängig davon, wo und wie dies zu prüfen ist) war, dürfen Sie von einer Verletzung des APR sprechen.

Wegen der Differenzierung zwischen Wort- bzw. Textberichterstattung einerseits und Bildberichterstattung andererseits müssen Sie die zwei folgenden Prüfungsschemata verinnerlichen:

(1) Wortberichterstattung

1. Verletzung des APR
   a) Eröffnung des Schutzbereichs
   b) Eingriff, d.h. Handlung, die den Schutzbereich *kausal* betrifft
   c) Rechtswidrigkeit des Eingriffs (positive Feststellung)[108]
2. Verschulden
3. Schaden (Problem des Geldersatzes für immaterielle Schäden)
4. Haftungsausfüllende Kausalität

(2) Bildberichterstattung

1. Verletzung des Rechts am eigenen Bild, § 22 S. 1 KUG
   a) Eröffnung des Schutzbereichs (Eingriff durch Verbreitung oder öffentliche Zurschaustellung eines Bildnisses)
   b) Rechtswidrigkeit (wird vermutet, wenn Einwilligung fehlt, § 22 S. 1 KUG)[109]
2. Rechtfertigung insbesondere gem. § 23 I Nr. 1, II KUG (Beweislast beim Verletzer)
3. Verschulden
4. Schaden
5. Haftungsausfüllende Kausalität

108 BGH, Urteil vom 29.05.2018 (VI ZR 56/17): *„Der Eingriff in das Persönlichkeitsrecht durch einen veröffentlichten Text ist nur dann rechtswidrig, wenn das Schutzinteresse des Betroffenen die schutzwürdigen Belange der anderen Seite überwiegt".* Diese Prüfung erfolgt bereits auf Tatbestandsebene, d.h. im Rahmen der Verletzung des APR, so dass eine gesonderte Prüfung der Rechtswidrigkeit entfällt.

109 BGH, Urteil vom 29.05.2018 (VI ZR 56/17): *„Die Veröffentlichung des Bildes einer Person begründet grundsätzlich eine rechtfertigungsbedürftige Beschränkung ihres Allgemeinen Persönlichkeitsrechts".* Auch hier erfolgt sodann eine Abwägung der sich gegenüberstehenden Interessen. Diese erfolgt dann aber nicht mehr auf Tatbestandsebene, sondern auf der Ebene der Rechtfertigung und orientiert sich sodann an § 23 KUG mit der Besonderheit, dass der Schädiger dafür, dass seine Belange überwiegen, beweisbelastet ist!

Diese Differenzierung ist keine bloß dogmatische Spielerei, sondern von entscheidender Bedeutung. Wenn Sie die Schemata vergleichen, werden Sie feststellen, dass sich Unterschiede insbesondere hinsichtlich der Rechtswidrigkeitsprüfung ergeben.

Während die Rechtswidrigkeit bei der Wort- bzw. Textberichterstattung positiv festgestellt werden können muss, d.h. der Geschädigte diese nachzuweisen hat, wird bei der Bildberichterstattung aufgrund der Systematik der §§ 22, 23 KUG die Rechtswidrigkeit bei fehlender Einwilligung zunächst vermutet, so dass es Aufgabe des Verletzers ist, sich zu entlasten. Sie sprechen hier die Rechtswidrigkeit also zweimal an. Einmal im Tatbestand bei der Frage, ob überhaupt eine APR-Verletzung vorliegt, und sodann bei der Frage, ob der Schädiger sich für diese Verletzung rechtfertigen kann.

hemmer-Methode: Diese Differenzierung wirkt sich in der Praxis gravierend aus: Während Prozesse, die eine Wort- bzw. Textberichterstattung zum Gegenstand haben, in aller Regel mit einer Klageabweisung enden, liegt dies bei der Bildberichterstattung anders. Hier sind die Erfolgschancen aufgrund der Vermutungswirkung des § 22 S. 1 KUG größer! Letztlich basiert diese Differenzierung auf einer gesetzgeberischen Wertung, da es zur Bildberichterstattung Vorgaben für die Prüfung gibt (§§ 22, 23 KUG), an denen sich der BGH orientiert. Eine mustergültige Entscheidungsbesprechung, die diese Differenzierung aufgreift und anhand des quasinegatorischen Unterlassungsanspruchs gem. § 1004 I S.2, II BGB darstellt, finden Sie in der Life&Law 03/2021.

bb) Schutzbereich

Spezialregelungen zu beachten

Das allgemeine Persönlichkeitsrecht ist nur ein Auffang- bzw. Grundtatbestand. Es sind – wie bzgl. §§ 22, 23 KUG schon erwähnt[110] – stets spezielle Ausgestaltungen in gesetzlichen Vorgaben zu berücksichtigen. 49

Spezielle Ausprägungen des allgemeinen Persönlichkeitsrechtes finden sich im Übrigen z.B. in:[111]

- ⇨ § 12 BGB: Namensrecht
- ⇨ § 11 UrhG: Urheberpersönlichkeitsrecht
- ⇨ Auch das BDSG enthält spezielle Ausprägungen des APR.

110 Die §§ 22, 23 KUG wurden oben besonders erwähnt, weil sie den Prüfungsaufbau beeinflussen. Das ist bei den anderen gesetzlichen Ausprägungen nicht der Fall. Sie denen eher der Konkretisierung des Schutzbereichs und können insoweit in der Klausur hilfreich sein.

111 Vgl. Palandt, § 823 BGB, Rn. 85 m.w.N.

Die Rechtsprechung hat drei geschützte Sphären des allgemeinen Persönlichkeitsrechts entwickelt:

drei geschützte Sphären

Individualsphäre	**Privatsphäre**	**Intimsphäre**
die Individualsphäre schützt das Selbstbestimmungsrecht und bewahrt die persönliche Eigenart des Menschen in seinen Beziehungen zur Umwelt, insbes. in seinem öffentlichen und beruflichen Wirken	**die Privatsphäre** umfasst das Leben im häuslichen oder Familienkreis und das sonstige Privatleben	**die Intimsphäre** umfasst die innere Gedanken- und Gefühlswelt mit ihren äußeren Erscheinungsformen wie vertrauliche Briefe, Tagebücher, Sexualleben oder andere Angelegenheiten, für die ihrer Natur nach ein Anspruch auf Geheimhaltung besteht. Die Intimsphäre genießt grds. absoluten Persönlichkeitsschutz

cc) Fallgruppen

Die Rspr. hat innerhalb dieser Abstufung weitere besonders relevante 50
Gruppen gebildet, die in der Folge unter exemplarischer Nennung von Beispielen dargestellt werden sollen. Achten Sie aber stets darauf, zwischen der betroffenen Fallgruppe und der Art der Verletzung zu differenzieren (Wort- bzw. Text- oder Bildberichterstattung). So kann z.B. der unter (1) genannte Ehrenschutz durch das Wort, aber auch durch Bildberichterstattung (z.B. Fotomontagen) verletzt werden, was wiederum den Prüfungsaufbau beeinflusst. Das Recht am eigenen Bild als anerkannte Fallgruppe des APR kann demgegenüber denknotwendig nur durch Bildberichterstattung verletzt werden.

(1) Ehrenschutz:

wichtig: Ehrenschutz

Das Recht der persönlichen Ehre ist nach h.M. einer der wichtigsten 50a
Bereiche des allgemeinen Persönlichkeitsrechtes. Hier ist die Anerkennung des Einzelnen geschützt, insbesondere auch vor Äußerungen, die sich abträglich auf sein Bild in der Öffentlichkeit auswirken können.[112]

Bei Eingriffen in den Kernbereich der menschlichen Ehre liegt daher immer eine schwerwiegende Beeinträchtigung des allgemeinen Persönlichkeitsrechtes vor, welche in der Regel auch nicht durch die Ausübung eines anderen Grundrechtes gedeckt ist (z.B. Art. 5 III GG).

> ***Bsp.:*** *Der Professor P betreibt Forschungen über Ginsengwurzeln. S vertreibt ein Kräftigungsmittel, das Ginseng enthält. Für dieses wirbt er mit der angeblichen Aussage des P, dass Ginseng als sexuelles Kräftigungsmittel unter anderem bei Potenzschwäche aufbauend wirke.*
>
> Der BGH erkennt das aus Art. 1 I, 2 I GG abgeleitete Persönlichkeitsrecht in dieser Entscheidung als Schutzgut i.S.d. § 823 I BGB an. Gerechtfertigt wird diese richterliche Rechtsfortbildung damit, dass sich aus dem menschlichen Zusammenleben und der Entwicklung der modernen Technik die Gefahr des Eingriffs in die private Persönlichkeitssphäre vervielfältigt habe.

112 BVerfG, NJW 2004, 590; BGH, NJW 2004, 598 ff. = jurisbyhemmer.

Die starke Betonung der Menschenwürde durch Art. 1 I GG zwinge dazu, deren Verletzung mit einer wirksamen zivilrechtlichen Sanktion auszustatten.

hemmer-Methode: Zu den quasinegatorischen Beseitigungs- und Unterlassungsansprüchen im Bereich des Ehren- und Persönlichkeitsschutzes lesen Sie: Hemmer/Wüst, Deliktsrecht II, Rn. 450 ff.!

Weitere Beispiele aus der Rspr.:

- *„Fernsehansagerin", BGHZ 39, 124*
- *„Mephisto", BGHZ 50, 133",*
- *„Panorama", BGHZ 66, 182*
- *„Karikatur FJS" in „konkret", BVerfG, NJW 1987, 2661*
- *„Caroline von Monaco", BGH, NJW 1995, 861 und OLG Hamburg, NJW 1996, 2870*
- *„Susan Stahnke" (Harald Schmidt Show), LG Hamburg. NJW-RR 2000, 978*[113]
- *„Caroline von Monaco", BVerfG, NJW 2000, 2191 f. zum Schutz der Privatsphäre bei Kindern*

(2) Schutz des eigenen Namens (§ 12 BGB) bzw. der Firma (§ 37 HGB):

Namensrecht

Beispiele aus der Rspr.: **50b**

- *„Catarina Valente", BGHZ 30, 7*
- *„Carrera", BGHZ 81, 75*
- *„Lusthansa", OLG Frankfurt, NJW 1982, 648*
- *„Bumms Mal Wieder", BGHZ 98, 94*
- *„Google-Autocomplete", Life&Law 2013, 575 ff.*

Hier hat das APR mit § 12 BGB eine eigene Ausprägung erfahren.

Anerkannt ist in diesem Bereich seit „Catarina Valente", dass auch ein Künstlername vom Schutzbereich des § 12 BGB umfasst ist. Das setzt aber zumindest voraus, dass die entsprechende Person mit dem Künstlernamen identifiziert wird.[114]

Für eine Verletzung ist aber erforderlich, dass der Name nicht nur (beiläufig) genannt, sondern auch gebraucht wird. Es muss der Eindruck einer Zuordnungsverletzung erweckt werden.

Die „Firma" als eigener Name des Kaufmanns (§ 17 I HGB) wird speziell in § 37 HGB geschützt.

113 **Life&Law 2000, 690 ff.**

114 LG Düsseldorf, NJW 1987, 1413 zu „Heino" = **juris**byhemmer.

(3) Beispiele für den Schutz des eigenen Bildes, § 22 KUG:

Recht am eigenen Bild

Beispiele aus der Rspr.: 50c

- *„Schulbuch/Länderspiegel", BGH, NJW 1985, 1617*
- *„oben ohne", OLG Oldenburg, NJW 1989, 400*
- *„Video als Trunkenheitsbeweis", OLG Frankfurt, NJW 1987, 1087*
- *„Paul Dahlke", BGHZ 20, 345*
- *„Herrenreiter", BGHZ 26, 349*
- *„Tochter von C. von Monaco", Life&Law 2013, 798 ff.*
- *„Gaby Köster", Life&Law 2013, 20 ff.*

Vollzieht man die hier zitierten Entscheidungen nach, ergibt sich eine stetige Veränderung bzw. Fortentwicklung des Rechts am eigenen Bild in der Rechtsprechung. Insbesondere ist hier zu beachten, dass die Rechtswidrigkeit (zunächst) auf Tatbestandsebene vermutet wird und eine Verletzung sodann vom Schädiger gesondert gerechtfertigt werden muss.

gesetzlicher Schutz über §§ 22, 23 KUG

Ausgangspunkt ist dabei zunächst die gesetzliche Regelung des § 22 KUG, wonach Bildnisse nur mit Einwilligung des Abgebildeten verbreitet[115] werden dürfen (= Vermutung der Rechtswidrigkeit des Eingriffs). Allerdings hat dieser Vorbehalt Grenzen, insbesondere durch § 23 I Nr. 1 KUG. Sofern es sich um Bildnisse aus dem Bereich der Zeitgeschichte handelt, ist die Einwilligung verzichtbar (Beweislast beim Schädiger). Dabei ist jedoch bereits bei der Beurteilung, ob ein Bild dem Bereich der Zeitgeschichte zuzuordnen ist, eine Abwägung zwischen den Rechten des Abgebildeten aus Art. 2 I i.V.m. Art. 1 I GG, Art. 8 EMRK einerseits und den Rechten der Presse aus Art. 5 I GG, Art. 10 EMRK andererseits vorzunehmen. Kommt man zu dem Ergebnis, dass es sich um ein Bild aus dem Bereich der Zeitgeschichte handelt, ist wiederum die Grenze des § 23 II KUG zu beachten!

Differenzierung ursprünglich: relative und absolute Person der Zeitgeschichte

Die Rechtsprechung hat im Rahmen dieser Regelungen in den vergangenen Jahren eine Systematik entwickelt, die der starken Zunahme von Bildveröffentlichungen Rechnung trägt. Zunächst wurde differenziert zwischen absoluten und relativen Personen der Zeitgeschichte.

Relative Person der Zeitgeschichte ist dabei eine Person, die durch ein bestimmtes zeitgeschichtliches Ereignis das Interesse auf sich gezogen hat. Ohne Einwilligung dürfen diese Personen nur im Zusammenhang mit diesem Ereignis abgebildet werden.

hemmer-Methode: Das ist dann der Fall, wenn „normale" Menschen aufgrund für die Öffentlichkeit interessanter Ereignisse abgebildet werden, z.B. aufgrund Entführung.

Demgegenüber gilt als **absolute Person der Zeitgeschichte** eine Person, die aufgrund ihres Status und ihrer Bedeutung allgemein öffentliche Aufmerksamkeit findet, sodass sie selbst Gegenstand der Zeitgeschichte ist. Das nahm der BGH früher zum Anlass, die Abbildung ohne Einwilligung zuzulassen.

115 Für eine Verbreitung in diesem Sinne reicht ein Innehaben der Verfügungsgewalt jedoch nicht aus. Dann ist § 22 S. 1 KUG nicht betroffen. Sodann ist allerdings zu prüfen, ob das Allgemeine Persönlichkeitsrecht betroffen ist, weil dieses einen weitergehenden Bildnisschutz umfasst, BGH, **Life&Law 2016, 80 ff.** Im konkreten Fall hatte ein Fotograf im Rahmen einer Liebesbeziehung intime Aufnahmen getätigt. Nach Beendigung der Beziehung wollte die Ex-Partnerin die Löschung der entsprechenden Aufnahmen erwirken.

Dies galt natürlich nicht grenzenlos, weil auch absolute Personen in diesem Sinne ein Recht auf Privatsphäre haben. Zog sich die Person erkennbar zurück, muss § 23 I Nr. 1 KUG zurückstehen.[116]

Kehrtwende in der Rechtsprechung im Jahr 2004

Motiviert durch die Entscheidung des EGMR[117] hatte der BGH in der Folgezeit den Schutz der sog. absoluten Personen der Zeitgeschichte verbessert.[118]

Auch hier sei für die Zulässigkeit von Bildveröffentlichungen in jedem Einzelfall (!) bereits auf tatbestandlicher Ebene eine Abwägung zwischen dem Informationsinteresse der Öffentlichkeit (Art. 10 EMRK und Art. 5 I S. 2 GG) und dem Interesse des Abgebildeten an dem Schutz seiner Privatsphäre (Art. 8 EMRK und Art. 1 I, 2 I GG) vorzunehmen, um eine Zuordnung zum Bereich der Zeitgeschichte vornehmen zu können. Allein die Eigenschaft, absolute Person der Zeitgeschichte zu sein, reicht seitdem nicht mehr aus, um ohne Einwilligung eine Veröffentlichung zu legitimieren.

Dabei spielt sodann die begleitende Wortberichterstattung eine entscheidende Rolle. Enthält diese nicht einen zeitgeschichtlichen Kontext, ist die einwilligungslose Bildveröffentlichung unzulässig!

Grönemeyer-Entscheidung

Die Änderung dieser Rechtsprechung lässt sich sehr gut an der „Grönemeyer-Entscheidung“ des BGH verdeutlichen.[119] Herbert Grönemeyer saß mit seiner Lebensgefährtin in einem Londoner Café und wurde dort ungefragt mit ihr abgelichtet. Im Grundsatz hätte es nach der alten Rechtsprechung keiner Einwilligung bedurft, weil Herbert Grönemeyer absolute Person der Zeitgeschichte ist, seine Freundin relative. Aber sie wurde gerade im Zusammenhang mit Herbert Grönemeyer abgelichtet, sodass nur ein Ereignis der Zeitgeschichte eine Ablichtung rechtfertigen würde, wobei fraglich war, ob der Umstand, mit einer absoluten Person der Zeitgeschichte zusammenzusitzen, nicht schon genügt.

Der BGH entschied, dass das Ablichten mit einer absoluten Person der Zeitgeschichte für ein zeitgeschichtliches Interesse nicht genügen kann. Vielmehr muss ein Ereignis von zeitgeschichtlichem Interesse in Bezug auf die absolute Person vorliegen, damit (auch) die relative Person abgelichtet werden darf, d.h. das Erfordernis des zeitgeschichtlichen Geschehens gilt für beide!

Was in diesem Zusammenhang von zeitgeschichtlichem Interesse ist, unterliegt wiederum einer Wertung, welche durch Abwägung zwischen Pressefreiheit und Allgemeinem Persönlichkeitsrecht (APR) zu treffen ist.[120] Je größer der Informationswert für die Öffentlichkeit, desto mehr muss das Schutzinteresse des Einzelnen, über den berichtet wird, zurücktreten.

hemmer-Methode: Die Gefahr einer derartigen Abwägung besteht allerdings darin, dass eine Pressezensur durch die Hintertür eintreten könnte. Denn wenn die Gerichte bestimmen, was öffentlich interessant ist, hat die BILD-Zeitung schlechte Karten.

116 BGH, NJW 1996, 1128 („Caroline v. Monaco“). Das Verrichten persönlicher Bedürfnisse durch den Mann derselben würde grundsätzlich dazu gehören. Begab man sich dazu allerdings in die Öffentlichkeit, konnte sich auch die absolute Person der Zeitgeschichte nicht auf die Privatsphäre berufen (Stichwort: „EXPO-Pavillon“) = **juris**byhemmer.

117 NJW 2004, 2647 ff. = **juris**byhemmer.

118 BGH, NJW 2007, 1981 ff. = **juris**byhemmer.

119 BGH, **Life&Law 2008, 75 ff.** = **juris**byhemmer.

120 Vgl. auch BGH, **Life&Law 2008, 853 f.** („Sabine Christiansen“ sowie „Heide Simonis“). Im Rahmen dieser Abwägung gibt es auch keinen absoluten Minderjährigenschutz. Es kann also nicht generell beansprucht werden, die Veröffentlichung jeglicher Fotos, die einen bestimmten Minderjährigen zeigen, bis zu dessen Volljährigkeit zu unterlassen, vgl. BGH, **Life&Law 2010, 133 ff.**

Im BGH-Fall wurde in der begleitenden Wortberichterstattung über diverse Schicksalsschläge aus dem persönlichen Umfeld von Herrn Grönemeyer berichtet. Das genügt aber nicht für das Überwiegen der öffentlichen Interessen im Hinblick auf die Lebensgefährtin, da diese wiederum in einer rein privaten Situation (Cafe-Besuch) abgelichtet worden war.

Fraglich ist, wie sich das Recht am eigenen Bild nach dem Tod entwickelt. Gem. § 22 S. 3 KUG bedarf es bis zu zehn Jahre nach dem Tod des Abgebildeten der Einwilligung der Angehörigen.[121] Hinsichtlich des Schutzes wird sodann differenziert:

Die sog. ideellen Bestandteile des APR wirken trotz des Charakters als höchstpersönlichem Recht auch nach dem Tod als sog. postmortales Persönlichkeitsrecht weiter.

Die sog. vermögenswerten Bestandteile gehen nach der Rechtsprechung auf den Erben über.[122] Dieser kann aus eigenem Recht auf Unterlassung bzw. ggfs. auf Schadensersatz klagen, wobei die Grenze des § 22 S. 3 KUG analog herangezogen wird[123] und der Schutz nicht gegen den erklärten Willen des Erblassers geltend gemacht werden darf.

Anspruch auf Ersatz immaterieller Schäden nicht vererbbar

Von der hier diskutierten Frage, ob die Bestandteile des APR auf den Erben übergehen, ist diejenige zu trennen, ob ein Anspruch auf Ersatz immaterieller Schäden, welchen der Erblasser zu Lebzeiten noch selbst infolge einer APR-Verletzung erlangt hatte, auf den Erben übergeht (hier findet die APR-Verletzung also zu Lebzeiten statt, es geht nicht um den Übergang der APR-Bestandteile auf den Erben!).

Grund: Genugtuungsfunktion nicht mehr erreichbar

Nach Ansicht des BGH ist der Anspruch nicht vererblich. Dies folge aus der Genugtuungsfunktion dieses Anspruchs, welche sich nur in der Person des Verletzten realisieren lässt.[124]

auch im Falle der Rechtshängigkeit

Der BGH hat in dieser Entscheidung aus dem Jahr 2014 die Frage offengelassen, ob sich an der Betrachtung etwas ändert, wenn der Anspruch zu Lebzeiten des Verletzten bereits rechtshängig gemacht worden war, der Tod also nach Erhebung der Klage eingetreten ist. Diese Diskussion basiert auf § 847 S. 2 BGB a.F., der in seiner bis 1990 geltenden Version anordnete, dass ein Anspruch auf Schmerzensgeld nach Rechtshängigkeit vererblich war.

Diese Betrachtung findet jedoch nach Aufhebung des § 847 BGB keine Entsprechung in § 253 II BGB. Selbst wenn dies anders geregelt worden wäre, ließe sich daraus auch nicht zwingend ein allgemeiner Grundsatz ableiten, denn die billige Entschädigung in Geld wird bei Verletzung des APR ja gerade nicht auf § 253 II BGB analog gestützt.

In einer Entscheidung aus dem Jahr 2017 hat der BGH die Vererblichkeit des Anspruchs auch für den Fall verneint, dass dieser bereits vor dem Tod des Verletzten rechtshängig gemacht worden ist.[125]

erst nach Rechtskraft vererbbare Rechtsposition

Die nicht mehr erzielbare Genugtuungsfunktion führe dazu, dass der Anspruch auch nach Rechtshängigkeit nicht übergehen könne. Die Rechtshängigkeit allein reiche nicht aus, um von einer verfestigten Position auszugehen, die losgelöst von ihrem Anlass auf einen Erben übergehen kann.

121 Diese Einwilligung kann aber unter denselben Voraussetzungen wie bei Lebenden wiederum verzichtbar sein, vgl. BGH, NJW 1996, 593 („Willi-Brandt-Abschiedsmedaille").

122 BVerfG, NJW 2006, 3409 ff. = **juris**byhemmer.

123 BGH, **Life&Law 2007, 297 ff.** („Klaus-Kinski"); wobei die ideellen Bestandteile über diesen Zeitraum fortbestehen.

124 BGH, **Life&Law 2014, 492 ff.** - („Peter Alexander") = NJW 2013, 2890 = **juris**byhemmer.

125 BGH, **Life&Law 2017, 829 ff.** = NJW 2017, 3004 = **juris**byhemmer.

Dies ändert sich erst mit dem Eintritt der Rechtskraft. Hier verfügt der Kläger über einen titulierten Zahlungsanspruch, der nun losgelöst von seinem Rechtsgrund die Basis für die Zwangsvollstreckung bietet. Ein solcher Anspruch geht auf den Erben über.

(4) Schutz schriftlicher Äußerungen:

Briefgeheimnis

Briefe, Tagebücher und andere schriftliche, vertrauliche Äußerungen dürfen nur mit Zustimmung des Verfassers und nur in der gebilligten Weise veröffentlicht werden. **50d**

Beispiele aus der Rspr.:

- *„Leserbrief", BGHZ 13, 338*
- *„Cosima Wagner", BGHZ 15,249*

(5) Schutz des nicht öffentlich gesprochenen Wortes:

nicht öffentl. Wort

Jeder Mensch hat das Recht, selbst darüber zu entscheiden, wem seine Worte - ob nur einer Person, einem Personenkreis oder der Öffentlichkeit - zugänglich sein sollen.

Beispiele aus der Rspr.:

- *„heimliche Tonbandaufnahme", BGHZ 27, 284*
- *„Abhöraffäre", BGHZ 73, 120*

Bei öffentlichen Äußerungen muss natürlich mit einer Wiedergabe in Medien gerechnet werden, so dass eine APR-Verletzung grundsätzlich nicht in Betracht kommt.

Allerdings besteht natürlich ein Anspruch darauf, dass die Äußerungen nicht verfälscht wiedergegeben werden, weil es dadurch zu einer Herabsetzung der sozialen Wertgeltung des sich Äußernden kommen kann.[126]

(6) Schutz der Privat-/Familiensphäre vor Preisgabe von Informationen:

Privatsphäre

Beispiele aus der Rspr.: **50e**

- *„Wallraff", BVerfGE 66, 116*

Datenschutz

- *„Datenschutz", BGHZ 91, 233*
- *„Hochbegabte" – Schutz eines Kindes auf informationelle Selbstbestimmung und ungehinderte Entfaltung der Persönlichkeit im Hinblick auf die öffentliche Preisgabe schulischer Leistungen, BGH, Life&Law 2015, 886 ff.*

(7) Schutz der geschlechtlichen Identität

- *Auch die Achtung der geschlechtlichen Identität ist Ausprägung des APR. Keine Verletzung des APR konnte der BGH in einem Sparkassenformular sehen, welches neben dem Begriff „Kontoinhaber" keine feminine Form „Kontoinhaberin" auswies. Da die klagende Kundin im Anschreiben mit „Frau" angesprochen wurde, liege eine Verletzung nicht vor.*

126 BGH, **Life&Law 2011, 862 ff.** („Eva Herman"). Hier hat der BGH eine Verletzung des APR abgelehnt.

Das sog. generische Maskulinum erfasse auch Menschen, deren natürliches Geschlecht nicht männlich sei. Dieser Sprachgebrauch bringt keine Geringschätzung mit sich.[127]

dd) Rechtswidrigkeit

differenziere zwischen Wort- bzw. Textberichterstattung und Bildveröffentlichung

Bzgl. der Prüfung der Rechtswidrigkeit sei noch einmal in Erinnerung gerufen, dass sich fundamentale Unterschiede hinsichtlich der Prüfung ergeben, je nachdem, ob ein Eingriff durch Wort- bzw. Textberichterstattung oder durch Bildberichterstattung vorliegt. Bei der Bildberichterstattung gelten die Ausführungen unter Rn. 50c, d.h. auf Tatbestandsebene wird die Rechtswidrigkeit vermutet, so dass eine besonders zu prüfende Legitimation der APR-Verletzung vorliegen muss.

In den Fällen der Wort- bzw. Textberichterstattung gelten Besonderheiten auf Tatbestandsebene:

hemmer-Methode: Beachten Sie noch einmal, dass der klassische Aufbau für die Prüfung eines Anspruchs aus § 823 I BGB (Verletzungshandlung, Rechtsgutsverletzung, haftungsbegründende Kausalität, Rechtswidrigkeit, etc.) bei der APR-Verletzung nicht passt. Vielmehr ist die Rechtswidrigkeit schon Gegenstand der tatbestandlichen Frage, ob eine APR-Verletzung (= Verletzung eines sonstigen Rechts) überhaupt vorliegt!

Prüfung außerhalb der §§ 22, 23 KUG

Die in § 823 I BGB geschützten Rechtsgüter wie Leben, Körper, bzw. Rechte wie das Eigentum haben eine deutliche Festlegung, sodass regelmäßig die Rechtswidrigkeit indiziert wird, wenn ein Eingriff vorliegt. Das allgemeine Persönlichkeitsrecht dagegen hat einen sehr weiten Schutzbereich und ist in seiner Definition relativ unbestimmt. Um eine gewisse Eingrenzung der Ersatzpflicht zu erreichen, ist bei einem solchen sog. „offenen Tatbestand" (Rahmenrecht) die Rechtswidrigkeit nicht indiziert, sondern muss positiv festgestellt werden.[128] Nicht jede Beeinträchtigung verletzt somit auch das allgemeine Persönlichkeitsrecht, sondern nur eine rechtswidrige Beeinträchtigung. Die Rechtswidrigkeit der Beeinträchtigung ist dabei durch eine umfassende Güter- und Interessenabwägung zu ermitteln und vom Geschädigten zu beweisen. 51

Kriterien:

Bei der Abwägung[129] sind insbesondere folgende Umstände zu berücksichtigen:

(1) Aufseiten des Verletzten: 51a

(a) In welche Sphäre wurde eingegriffen:

Intimsphäre

⇨ Die Intimsphäre genießt absoluten Schutz. Eine öffentliche Darstellung ist unzulässig.

Privatsphäre

⇨ In die Privatsphäre darf nur eingegriffen werden, wenn zwingende Gründe vorliegen, z.B. wenn die wahrheitsgemäße Aufklärung über Umstände aus dem Privatleben einer Person aus besonderen Gründen für die Allgemeinheit von Bedeutung ist.

Wer aber die Veröffentlichung von Informationen über seine Privatsphäre duldet, ist hinsichtlich späterer Informationen weniger schutzwürdig.[130]

127 BGH, **Life&Law 2018, 249** = **juris**byhemmer.

128 Kupisch/Krüger, S. 28; BGHZ 24, 72.

129 Vgl. zum Ganzen: Palandt, § 823 BGB, Rn. 95 ff.; zur Abwägung zwischen Allgemeinem Persönlichkeitsrecht und Kunstfreiheit vgl. BGH, NJW 2005, 2844.

130 BGH, NJW 2005, 596, 598 = **juris**byhemmer.

Individualsphäre

⇨ Am wenigsten Schutz genießt die Individualsphäre, insbesondere die Betätigung im öffentlichen, speziell politischen Bereich.

(b) Die Schwere des Eingriffs und seiner Folgen

(c) Das eigene Verhalten des Verletzten, das dem Eingriff vorausging

(2) Aufseiten des Schädigers: 51b

Zweck

⇨ der Zweck des Eingriffs, insbesondere Grundrechte des Schädigers: Presse/Meinungsfreiheit, Kunstfreiheit, etc.

Die Meinungsfreiheit schützt dabei nicht nur Werturteile, sondern auch Tatsachenbehauptungen, wenn und soweit sie meinungsbezogen sind.[131] Der Schutzbereich der Pressefreiheit umfasst den gesamten Inhalt des Presseorgans ohne Rücksicht auf den Informationswert im Einzelfall.[132]

Art und Weise des Eingriffs

⇨ die Art und Weise des Eingriffs

ee) Geschützter Personenkreis

geschützt ist nur unmittelbar Verletzter

Geschützt ist nur der unmittelbar Verletzte, nicht auch noch mittelbar Verletzte, welche sich ebenfalls betroffen fühlen.[133] 52

hemmer-Methode: Vergleichen Sie aber dazu die Entscheidung des BVerfG in NJW 2000, 2191 f., in der die Verfassungsbeschwerde von Caroline von Monaco zwar nicht angenommen, aber Folgendes in Zukunft sicherlich Examensrelevantes klargestellt wurde:
„Das aus dem Recht des Kindes auf ungehinderte Entfaltung fließende Recht auf Entwicklung zur Persönlichkeit steht auch Kindern zu, deren Eltern Personen mit zeitgeschichtlicher Bedeutung sind. Das Schutzbedürfnis kann entfallen (und Eingriffe durch die Presse damit möglich werden) sofern sich die Kinder bewusst der Öffentlichkeit zuwenden".

Neben natürlichen Personen umfasst der Schutz auch juristische Personen, Parteien, Kapital- und Handelsgesellschaften, wenn und soweit ihr sozialer Geltungsbereich mit ihrem Aufgabenbereich betroffen ist.[134] Darüber hinaus existiert auch ein postmortaler Persönlichkeitsschutz,[135] da das Persönlichkeitsrecht über den Tod des einstigen Rechtsträgers hinauswirkt. Jedoch erfährt dieser postmortale Schutz zeitliche Begrenzungen entsprechend den Umständen des Einzelfalles, je nachdem, wie lange die betreffende Person der Allgemeinheit in Erinnerung bleibt. Grundsätzlich ist der Persönlichkeitsrechtsschutz aber vererblich (vgl. bereits oben, Rn. 50c).[136]

131 BVerfG, NJW 2003, 1856.

132 BGH, NJW 2004, 762 ff. = jurisbyhemmer.

133 Vgl. BGH, NJW 1998, 1790 = jurisbyhemmer.

134 Palandt, § 823 BGB, Rn. 92 f.; BGH, WM 2005, 1238 ff.

135 BGHZ 50, 133 („Mephisto"); BGHZ 107, 385 („Nolde"); BVerfG, NJW 2001, 2957; vgl. auch Pabst, NJW 2002, 999; eine Musterklausur dazu finden Sie in der JA 2005, 592 ff. = jurisbyhemmer.

136 Vgl. dazu das „Marlene Dietrich–Urteil I" des BGH in NJW 2000, 2195; auch JuS 2000, 1222.

ff) Rechtsfolgenseite

Beseitigung / Unterlassung aus § 1004 I BGB analog

Zunächst können die Beseitigung der Störung bzw. ihrer Folgen sowie die Unterlassung für die Zukunft verlangt werden. Dies ergibt sich aus dem quasinegatorischen Anspruch aus **§ 1004 BGB**, welcher von der Rechtsprechung als Analogie zu §§ 12, 862, 1004 über das Eigentum hinaus auf die übrigen von § 823 I BGB geschützten Rechtsgüter ausgedehnt wurde. 53

§ 249 I BGB

Aus § 823 I BGB i.V.m. § 249 I BGB kann zudem der Widerruf der getätigten Äußerung begehrt werden. 53a

hemmer-Methode: Verwechseln Sie den Anspruch auf Widerruf nicht mit dem sog. Gegendarstellungsanspruch. Der Widerruf ist darauf gerichtet, dass der *Schädiger* z.B. eine ehrverletzende Äußerung zurücknimmt. Demgegenüber gewährt der Gegendarstellungsanspruch dem *Geschädigten* die Möglichkeit, in Erwiderung auf aufgestellte Tatsachenbehauptungen durch Veröffentlichung einer eigenen Tatsachendarstellung (der sog. Gegendarstellung) an gleicher Stelle und mit entsprechendem Publizitätsgrad in dem Medium, das die Tatsachenbehauptung verbreitet hat, den Sachverhalt zu berichtigen. Anspruchsgrundlage dafür ist nicht § 823 I BGB. Vielmehr ist dieser Anspruch im Presse-, Rundfunk- und Mediengesetz geregelt, z.B. Art. 10 BayPrG.

Anforderungen an Widerruf

Die Veröffentlichung des Widerrufs muss nach der Rspr. des BGH im „Caroline de Monaco-Fall“[137] geeignet sein, die Beseitigung der Rechtsbeeinträchtigung des Betroffenen i.R.d. Möglichen zu erreichen. Dies verlangt, dass der Widerruf nach seiner optischen Wirkung geeignet ist, möglichst den Leserkreis zu erreichen, den die Erstmitteilung erreicht hat.

Überdies muss durch die Druckanordnung der Stellenwert des Widerrufs zum Ausdruck kommen; d.h. er muss geeignet sein, bei dem Leser nach Möglichkeit den Grad an Aufmerksamkeit zu erzeugen, den die unwahre Mitteilung beansprucht hat.

Danach muss jedenfalls in den Fällen, in denen die Veröffentlichung schon auf der Titelseite ihre rechtsbeeinträchtigende Wirkung entfaltet hat, der Widerruf grundsätzlich ebenfalls auf der Titelseite erfolgen. Er muss aber nicht in der gleichen Schriftgröße wie die Erstmitteilung erfolgen, vielmehr muss er ausreichend Raum für Hinweise auf andere Heftbeiträge lassen.

Bei einer Verletzung des Rechts am eigenen Bild gewähren die §§ 37, 38 KUG zudem einen Anspruch auf Vernichtung und Überlassung von Exemplaren und Kopiervorrichtungen.

Häufig wird die Naturalrestitution zur Entschädigung des Gläubigers nicht genügen. Für diesen Fall bestimmt § 251 I BGB die Möglichkeit, Ausgleich durch eine Entschädigung in Geld verlangen zu können.

§ 251 I BGB

Dabei ist im Ausgangspunkt zu differenzieren zwischen materiellen und immateriellen Schäden. 53b

Für die Berechnung des **materiellen** Schadens hat der Geschädigte die Wahl, ob er diesen konkret beziffert anhand eines Belegs des entgangenen Gewinns (wenn er z.B. selbst ein Bild hätte gewinnbringend verwerten können), eine fiktive Lizenzgebühr verlangt oder aber die Herausgabe eines nachzuweisenden erzielten „Verletzergewinns“ verlangt. Als Ergänzung zur letzten Variante besteht ein auf § 242 BGB gestützter Anspruch auf Auskunftserteilung und Rechnungslegung.

137 Vgl. BGHZ 128, 1 ff. = jurisbyhemmer.

hemmer-Methode: Denkbar ist auch ein Anspruch aus § 687 II BGB (Erlösherausgabe gem. §§ 681 S. 2, 667 BGB bzw. Schadensersatz gem. § 678 BGB), wenn eine angemaßte Verwertung von APR-Bestandteilen erfolgt. Auch kann bei einem Eingriff in den Zuweisungsgehalt des APR ein Erlös als „Erlangtes Etwas“ i.S.d. § 812 I S. 1 Alt. 2 BGB herausverlangt werden.

bei immateriellem Schaden § 253 II BGB analog (-)

Da §§ 823 ff. BGB i.V.m. § 253 II BGB nur bei Körper- bzw. Gesundheitsverletzungen und Freiheitsverletzungen einen Schmerzensgeldanspruch gewähren, wäre Geldersatz wegen des **immateriellen Schadens** des Verletzten nach § 253 I BGB eigentlich nicht möglich. 53c

aber:

Die Rechtsprechung erkennt dem Geschädigten aber dennoch für seine **immateriellen Schäden** eine Entschädigung in Geld zu.

Geldersatz entgegen § 253 II BGB möglich

Begründung: Die Anerkennung des allgemeinen Persönlichkeitsrechts als Schutzgut des § 823 I BGB ergibt sich aus dem hohen Rang, den das Grundgesetz diesem beimisst, Art. 1 I und 2 I GG. Der Persönlichkeitsschutz wäre jedoch lückenhaft und unzureichend, wenn eine Verletzung desselben keine Sanktion auslösen würde. Häufig fehlt es an einem messbaren materiellen Schaden, so dass die APR-Verletzung „verpuffen“ würde. Daher müsse dem Verletzten in schweren Fällen entgegen § 253 I BGB Geldersatz für den immateriellen Schaden zugesprochen werden.

Während dieses Ergebnis dogmatisch ursprünglich über eine analoge Anwendung des § 847 BGB (Vorgängernorm zu § 253 II BGB) erzielt wurde,[138] arbeitet die Rechtsprechung heute mit einer „Nichtanwendung“ des § 253 I BGB.[139] Dies lässt sich unmittelbar auf die Gesetzesbegründung des § 253 II BGB im Rahmen der Schadensersatzrechtsreform aus dem Jahr 2002 stützen. Obwohl dem Gesetzgeber die Analogiediskussion zur Vorgängernorm bekannt war, hat er das APR nicht in die Auflistung in § 253 II BGB aufgenommen. Damit wollte er nicht etwa ausdrücken, dass es keine Entschädigung in Geld für immaterielle Schäden geben soll, sondern dass als dogmatische Begründung eher eine verfassungskonforme Lesart des § 253 I BGB stattzufinden habe.[140] Danach soll diese die Entschädigung in Geld begrenzende Norm bei der APR-Verletzung nicht gelten, um das APR faktisch nicht zu entwerten. Daher ist bei der APR-Verletzung die Differenzierung zwischen materiellen und immateriellen Schäden für die Entschädigung in Geld im Grundsatz irrelevant. Aber:

zwei einschränkende Voraussetzungen

Für die Entschädigung in Geld gem. § 251 I BGB bei immateriellen Schäden bestehen allerdings zwei Voraussetzungen: Es muss sich um eine **schwere Verletzung** des Persönlichkeitsrechts handeln[141] und eine **anderweitige Genugtuung** durch Unterlassen, Gegendarstellung oder Widerruf **darf** nach Art der Verletzung **nicht ausreichen**.[142]

Dabei können auch kleinere Handlungen ausreichend sein, die für sich genommen nicht genügen würden, aber wiederholt und hartnäckig erfolgen.[143]

Höhe der Entschädigung: auch Gewinn als Bemessungsfaktor

Bei der Höhe der Entschädigung sind stets die Umstände des Einzelfalls abzuwägen. Dabei darf die Pressefreiheit nicht unverhältnismäßig eingeschränkt werden. Jedoch ist auch der aus der Verletzung erzielte Gewinn als Bemessungsfaktor heranzuziehen.

---

138 Vgl. BGHZ 26, 349.

139 BGH, NJW 2005, 215 = **juris**byhemmer.

140 BGH, NJW 2014, 2029 = **juris**byhemmer.

141 Dies ist z.B. bei Beleidigungen im rein persönlichen Umfeld abzulehnen, BGH, **Life&Law 2016, 539**. Maßgeblich ist insbesondere, ob eine Breitenwirkung in der Öffentlichkeit besteht. Daran dürfte es bei reinen Nachbarschaftsauseinandersetzungen regelmäßig fehlen.

142 Palandt, § 823 BGB, Rn. 124; BGH, NJW 2005, 215.

143 BGH, NJW 2005, 215 = **juris**byhemmer.

„Caroline de Monaco – Fall"

Eine neue Dimension hat das allgemeine Persönlichkeitsrecht durch die Rechtsprechung des BGH im „Caroline de Monaco – Fall" erreicht: 53d

> **Bsp.:** *Caroline de Monaco klagte gegen mehrere unwahre Veröffentlichungen über ihr Privatleben in verschiedenen Zeitschriften auf Beseitigung bzw. Unterlassung und Schadensersatz.*

Höhe der Entschädigung bei Zwangskommerzialisierung einer Persönlichkeit

Das OLG Hamburg hatte der Klägerin neben dem Beseitigungs- und Unterlassungsanspruch eine Geldentschädigung i.H.v. 30.000,- DM wegen schwerer Persönlichkeitsrechtsverletzung zugesprochen. Der BGH hob dieses Urteil auf.[144] Die Beklagten hätten die Persönlichkeit der Klägerin unter vorsätzlichem Rechtsbruch zur Auflagensteigerung und damit zur Verfolgung eigener kommerzieller Interessen eingesetzt. Ohne eine für die Beklagten fühlbare Geldentschädigung wäre die Klägerin einer solchen rücksichtslosen Zwangskommerzialisierung ihrer Persönlichkeit weitgehend schutzlos ausgeliefert.

Gewinnerzielungsabsicht als Bemessungsfaktor

Erfolgt der Eingriff in das Persönlichkeitsrecht des Betroffenen also vorsätzlich mit dem Ziel der Gewinnerzielung, dann gebietet der Gedanke der Prävention, die Gewinnerzielung als Bemessungsfaktor in die Entscheidung über die Höhe der Geldentschädigung einzubeziehen.

Daraufhin hat das OLG Hamburg der Klägerin 180.000,- DM zugesprochen.[145]

b) Recht am eingerichteten und ausgeübten Gewerbebetrieb

Aufbauschema

1. Subsidiarität
2. Eingriff in den Schutzbereich des eingerichteten und ausgeübten Gewerbebetriebes
3. Betriebsbezogenheit des Eingriffes
4. Haftungsbegründende Kausalität
5. Positive Feststellung der Rechtswidrigkeit: umfassende Interessen- und Güterabwägung
6. Verschulden
7. Schaden
8. Haftungsausfüllende Kausalität

aa) Abgrenzung

Gewerbebetrieb als sonstiges Recht

Bereits das Reichsgericht[146] hat das „Recht am eingerichteten und ausgeübten Gewerbebetrieb" als sonstiges Recht i.S.d. § 823 I BGB anerkannt. Während das Reichsgericht allerdings nur Bestandsschutz gewährte, schließt der BGH solche Eingriffe in den Schutzbereich ein, die sich nicht gegen den Bestand als solchen, sondern gegen eine der Erscheinungsformen richten, die dem Gewerbebetrieb spezifisch und als solchem eigen sind, z.B. Geschäftsverbindungen, Kundenkreis und Außenstände.[147] 54

Auffangtatbestand ⇨ subsidiär

Bei dem Recht am eingerichteten und ausgeübten Gewerbebetrieb handelt es sich um einen Auffangtatbestand, der eine sonst bestehende Lücke im Rechtsschutz, insbesondere im gewerblichen Bereich, schließen soll.[148]

---

144 Vgl. BGH, NJW 1995, 861 = **juris**byhemmer.

145 Vgl. OLG Hamburg, NJW 1996, 2870 = **juris**byhemmer.

146 Vgl. RGZ 58, 24.

147 Vgl. BGHZ 29, 65 = **juris**byhemmer.

148 Palandt, § 823 BGB, Rn. 126; BGHZ 45, 296 (307); BGHZ 43, 359.

Spezielle Regelungen aus UWG, GWG, etc. gehen also vor. Auch wenn bereits ein in § 823 I BGB benanntes Recht verletzt wurde, scheidet ein Eingriff in das Recht am eingerichteten und ausgeübten Gewerbebetrieb als subsidiär aus.

Bsp. (Stromkabelfall):[149] *Bei Bauarbeiten hat ein Bagger der Firma S die Stromversorgung der Brüterei G unterbrochen. Die bereits angebrüteten Eier verderben. Zudem entsteht ein nicht unerheblicher Verkaufsausfallschaden, weil G wegen der mehrtägigen Reparatur seine Brutanlagen nicht - wie gewohnt - benutzen kann. G verlangt nun von S Schadensersatz.* 55

Trennung: Schaden an den Eiern

Hinsichtlich der Eier ergibt sich hier ein Anspruch aus § 823 I BGB wegen Eigentumsverletzung. Eines Rückgriffes auf das Recht am eingerichteten und ausgeübten Gewerbebetrieb bedarf es insoweit nicht.

Hinsichtlich des Verkaufsausfallschadens liegt jedoch nur eine Beeinträchtigung der wirtschaftlichen Nutzungsmöglichkeit des Eigentums an den Brutanlagen vor, welche nicht mehr unter dem Gesichtspunkt einer Eigentumsverletzung geschützt wird. Zwar stellt die Entziehung der Nutzungsmöglichkeit eine Eigentumsverletzung dar. Damit sind aber i.d.R. Fälle gemeint, in denen keine Zugriffsmöglichkeit auf die Sache mehr besteht. Dies ist hier nicht der Fall.

Vermögensschaden aufgrund Produktionsausfalls

Abhilfe könnte daher nur das Recht am eingerichteten und ausgeübten Gewerbebetrieb leisten. Nach der Rspr.[150] fehlt es hier jedoch an der Betriebsbezogenheit, da das Recht auf Stromlieferung vom Gewerbebetrieb ohne weiteres getrennt werden kann, ohne dass dadurch das Wesen des Gewerbebetriebes als solches betroffen wird. Die Beschädigung des Stromkabels traf nur zufälligerweise den Betrieb des G, hätte aber genauso gut einen anderen Abnehmer treffen können. Somit hat G gegen S nur einen Anspruch auf Ersatz der verdorbenen Eier nach § 823 I BGB.[151]

hemmer-Methode: Bei den Stromkabelfällen ist Vorsicht geboten. Hier muss genau herausgearbeitet werden, welche Rechtsgutverletzung eigentlich in Betracht kommt. Wird eine Eigentumsverletzung bejaht, so scheidet das Recht am eingerichteten und ausgeübten Gewerbebetrieb schon aufgrund seiner Subsidiarität aus!

56

bb) Schutzbereich

Gegenstand des Rechtes am eingerichteten und ausgeübten Gewerbebetrieb ist der Schutz des Betriebsinhabers gegen Beeinträchtigungen. Die Fortsetzung der bisherigen Tätigkeit aufgrund der schon getroffenen Betriebsveranstaltungen soll gesichert werden.

Schutz v. allen wirtschaftl. Wertfaktoren d. Betriebs

Der Schutz umfasst alles, was in seiner Gesamtheit den wirtschaftlichen Wert des Betriebes ausmacht, also den Bestand, die Erscheinungsform, den Tätigkeitskreis, den Kundenstamm, die Organisationsstruktur, die Beteiligung an einer Kapitalgesellschaft oder die Verschwiegenheitspflicht der Arbeitnehmer.[152]

ggf. auch bei freien Berufen

Geschützt sind nicht nur Inhaber eines Gewerbebetriebes, sondern auch Angehörige freier Berufe, die kein Gewerbe i.S.d. Gewerberechtes betreiben.[153]

149 Nach BGHZ 41, 123 = **juris**byhemmer.

150 Auch BGHZ 29, 65 = **juris**byhemmer.

151 Vgl. dazu auch Kupisch/Krüger, Fall S. 21 - 23.

152 Dazu Palandt, § 823 BGB, Rn. 127.

153 Palandt, § 823 BGB, Rn. 127; OLG München, NJW 1977, 1106.

Einschränkung: betriebsbezogener Eingriff notw.

Auch hier ist der Schutzbereich, wie beim allgemeinen Persönlichkeitsrecht, sehr weit gefasst. Eine Einschränkung erfährt der Schutzbereich dadurch, dass nur sog. unmittelbare und betriebsbezogene Eingriffe[154] eine Rechtsverletzung auslösen können.

Erforderlich ist eine unmittelbare Beeinträchtigung des Gewerbebetriebs. Das Merkmal der Betriebsbezogenheit[155] tritt zusätzlich zu dem Merkmal der Unmittelbarkeit[156] des Eingriffes.

> **Bsp.:**[157] *Wird der Partner eines erfolgreichen und bekannten Eiskunstlaufpaares bei einem Unfall verletzt, so kann die Partnerin von dem Schädiger keinen Ersatz des Schadens verlangen, der ihr durch den zeitweiligen Ausfall des Partners entstanden ist; für einen Anspruch unter dem Gesichtspunkt eines Eingriffs in den eingerichteten und ausgeübten Gewerbebetrieb fehlt es in einem solchen Fall jedenfalls an einem betriebsbezogenen Eingriff.*

mittelbarer Eingriff nicht ausreichend

Betriebsbezogen ist ein Eingriff, wenn er sich gegen den Betrieb als solchen richtet, also spezifisch in den betrieblichen Organismus oder die unternehmerische Entscheidungsfreiheit eingreift.[158]

Nicht ausreichend ist ein Eingriff in vom Gewerbebetrieb ohne weiteres ablösbare Rechte oder Rechtsgüter, da ansonsten über das Recht am Gewerbebetrieb ein allgemeiner Vermögensschutz erreicht würde.[159] Damit würde dann aber der Grundsatz des § 823 I BGB (kein allgemeiner Vermögensschutz) unterlaufen werden.

hemmer-Methode: Der Schutz des Gewerbebetriebs dient im Wesentlichen der Schließung von Lücken. Der Gewerbebetrieb kann aber nicht wie das Eigentum in seinem Bestand geschützt sein. Ein genereller Bestandsschutz scheidet aus. So müssen Kunden, Umsatz- und Verdienstmöglichkeiten immer neu behauptet werden.[160] Geschützt ist der Gewerbebetrieb nur bei einem Verstoß gegen bestimmte Verhaltensweisen. Sind diese besonderen Verhaltensweisen, gegen die verstoßen wurde, in gesetzlichen Bestimmungen geschützt (z.B. UWG, GWG, oder der Mitbesitz als sonstiges Recht i.S.d. § 823 I BGB), entfällt der subsidiäre Schutz des Gewerbebetriebs über § 823 I BGB.
Die Kriterien der Unmittelbarkeit und der Betriebsbezogenheit bringen weitere Einschränkungen. Seien Sie deshalb in Klausur und Hausarbeit vorsichtig bei der Anwendung und besonders bei der Bejahung einer Verletzung des Rechts am eingerichteten und ausgeübten Gewerbebetrieb!
Außerdem: Das Recht auf Arbeit wurde, anders als im Sozialismus, als der Gewerbebetrieb i.R.d. § 823 I BGB erstmalig geschützt wurde, damals nicht in den Katalog des § 823 I BGB aufgenommen (sonst Sozialismus „durch die Hintertür"!).
Das Rechtsinstitut des Gewerbebetriebes als geschütztes Rechtsgut i.S.v. § 823 I BGB erschien deshalb teilweise als Verletzung der Kampfparität zugunsten der Arbeitgeber. Auch aus diesem rechtspolitischen Grund wird der Gewerbebetrieb nur subsidiär geschützt. In den meisten Fällen genügt der Eigentumsschutz des § 823 I BGB.
Umstritten ist jedenfalls, ob über den Gewerbebetrieb hinaus auch die berufliche Betätigung (Recht am Arbeitsplatz) i.R.d. Deliktsrechts geschützt wird. Der Grundsatz der „Waffengleichheit" zwischen Arbeitgeber und Arbeitnehmer spricht grds. für einen solchen Schutz.[161]

154 Palandt, § 823 BGB, Rn. 128; BGHZ 86, 152.

155 Kupisch/Krüger, S. 23; BGHZ 29, 65 (75).

156 RGZ 58, 24 (30).

157 Nach BGH, NJW 2003, 1040; **Life&Law 2003, 402 ff.** = **juris**byhemmer.

158 Palandt, § 823 BGB, Rn. 128.

159 BGH, NJW 2004, 356 = **juris**byhemmer.

160 Vgl. Medicus, BR, Rn. 611.

161 Vertiefend zu diesem Problemkreis auch Hemmer/Wüst, Arbeitsrecht, Rn. 459 ff.

cc) Fallgruppen

anerkannte Fallgruppen:

Wie beim allgemeinen Persönlichkeitsrecht hat die Rspr. auch hier verschiedene Fallgruppen entwickelt, in welchen ein rechtswidriger Eingriff in das Recht am eingerichteten und ausgeübten Gewerbebetrieb angenommen wurde: 57

(1) Unberechtigte Abmahnungen / Schutzrechtsverwarnungen:

unberecht. Abmahnung

Das Reichsgericht[162] hat das Recht am eingerichteten und ausgeübten Gewerbebetrieb aufgrund einer unberechtigten Schutzrechtsverwarnung entwickelt. Darunter wird die Forderung der Einstellung einer gewerblichen Tätigkeit wegen eines Verstoßes gegen ein angebliches gewerbliches Schutzrecht (z.B. Patent) verstanden.[163]

Beispiele aus der Rspr.:

- *„Kindernähmaschine", BGHZ 38, 200*
- *„Brombeerleuchte", BGH, NJW 1979, 916*

(2) Boykott von Geschäften / Blockade von Betrieben:[164]

Blockade/Boykott

Beispiele aus der Rspr.:

- *„Mietboykott Neue Heimat", BGH, NJW 1985, 1260*
- *„Bild-Zeitung", BGHZ 59, 30*
- *„Bauschutt vor Geschäft", OLG Düsseldorf, NJW 1961, 1925*

(3) Rechtswidriger Streik:[165]

rechtswidriger Streik

Beispiele aus der Rspr.:

- *„Blockade des Werktors", BAG, NJW 1989, 57*
- *„Blockade bei nichtstreikenden Unternehmen", BAG, NJW 1989, 61*
- *„Haftung der Gewerkschaft", BAG, NJW 1989, 57*
- *Betriebsbezogenheit betrifft grundsätzlich aber nur bestreikten Betrieb, nicht mittelbar betroffene Drittbetriebe, BAG, NJW 2016, 179*

Werturteile

(4) Schädigende Werturteile / abträgliche wahre Tatsachen:

§ 824 BGB bietet nur Schutz gegen unrichtige Tatsachenbehauptungen. Schädigende Werturteile werden nur über Spezialgesetze wie § 1 UWG geschützt.

Beispiele aus der Rspr.:

- *„Constanze", BGHZ 3, 270*
- *„Höllenfeuer", BGHZ 45, 296*

---

162 RGZ 58, 24.

163 Palandt, § 823 BGB, Rn. 132.

164 Vgl. Palandt, § 823 BGB, Rn. 131.

165 Vgl. Palandt, § 823 BGB, Rn. 130; BAG, NJW 1978, 2114; BAG, DB 1989, 2228.

dd) Rechtswidrigkeit

Rechtswidrigkeit: auch hier umfassende Abwägung notw.

Auch bei dem Recht am eingerichteten und ausgeübten Gewerbebetrieb handelt es sich um einen sog. „offenen Tatbestand", bei welchem die Rechtswidrigkeit nicht durch die Rechtsgutsverletzung indiziert ist.

Die Rechtswidrigkeit des Eingriffes ist daher auch hier im Einzelfall durch eine umfassende Güter- und Interessenabwägung zu ermitteln.[166] Dies gilt besonders für die Fälle, in denen das Grundrecht auf freie Meinungsäußerung und auf Information mit dem Schutzinteresse des gewerblichen Unternehmens kollidiert.[167]

ee) Rechtsfolgen

Zu ersetzen ist auch hier der eingetretene Vermögensschaden gem. §§ 249 ff. BGB.

hemmer-Methode: Der Anerkennung des Gewerbebetriebs als sonstiges Recht i.S.d. § 823 I BGB gegenüber generell ablehnend ist Canaris.[168] Dabei betont Canaris, dass es einen generellen Vermögensschutz nach der Wertung des Gesetzgebers im Deliktsrecht nicht gibt. Die vorgenommene Rechtsfortbildung sei insoweit „schlechter" als der im Gesetz vorgesehene Eigentumsschutz. Es fehle an der erforderlichen Klarheit und Festigkeit.
Die Konzeption des Gesetzes ist damit nach Canaris der Rechtsprechung weit überlegen. In der Klausur sollten Sie sich dennoch mit der Rspr. entscheiden. Seien Sie aber immer vorsichtig mit der Annahme des Gewerbebetriebs: In vielen Fällen verwirklicht sich der Schutz bereits über andere Vorschriften!

5. Keine sonstigen Rechte

kein Vermögensschutz durch § 823 I BGB

Kein sonstiges Recht i.S.d. § 823 I BGB ist nach ganz h.M.[169] das Vermögen an sich. Vermögensbeschädigungen, bei welchen kein Rechtsgut oder Recht des § 823 I BGB verletzt ist, können somit nur unter den Voraussetzungen der §§ 823 II, 824, 826, 839, 844 I, II BGB ersetzt werden. 58

hemmer-Methode: Zwar wird durch § 823 I BGB nach einhelliger Ansicht eine Verletzung des Vermögens als Rechtsgut nicht erfasst, jedoch muss als Voraussetzung des haftungsausfüllenden Tatbestandes ein Vermögensschaden vorliegen. Insoweit ist durchaus ein Vermögensschaden zu ersetzen, allerdings unter der Voraussetzung, dass ein absolut geschütztes Rechtsgut verletzt ist.
Wegen § 253 I BGB sind grundsätzlich nur Vermögensschäden (= materieller Schaden) ersatzfähig. Bei Nichtvermögensschäden (= immaterieller Schaden) kommt ein Geldersatzanspruch gem. § 253 I BGB nur dann in Betracht, wenn dies im Gesetz ausdrücklich angeordnet ist (z.B. § 253 II BGB).

Forderungsrechte (-), da keine absoluten Rechte

Ebenfalls keine sonstigen Rechte i.S.d. § 823 I BGB stellen nach ganz h.M.[170] Forderungsrechte dar. Forderungen verpflichten nur eine bestimmte Person gegenüber einer anderen und stellen somit relative und keine absoluten Rechte dar. Eine Verletzung des Arbeitnehmers führt daher beispielsweise zu keinem Anspruch des Arbeitgebers wegen der Verletzung seines Anspruchs auf Arbeitsleistung. 59

166 BGHZ 45, 296 (306) = **juris**byhemmer.

167 Vgl. dazu BGH, NJW 1999, 279 und die examenstypische Aufbereitung in **Life&Law 1999, 144 ff.** = **juris**byhemmer.

168 Larenz/Canaris, § 75 I 4 b, S. 359.

169 Palandt, § 823 BGB, Rn. 11; BGHZ 41, 127; BGH, NJW 1980, 1582; Kupisch/Krüger, S. 20/21.

170 Palandt, § 823 BGB, Rn. 11; Medicus, BR, Rn. 610; BGHZ 12, 317.

Forderungszuständigkeit str., nach h.M. (-)

Umstritten ist, ob ein Eingriff in die Forderungszuständigkeit einen Anspruch aus § 823 I BGB gewährt. Die h.M.[171] verneint dies, da die Forderung als relatives und damit nicht eigentumsähnliches Recht nicht von ihrer Zuständigkeit getrennt werden kann. Der Forderungsinhaber ist bei Eingriffen in seine Forderungszuständigkeit auf andere Weise ausreichend geschützt. *60*

Die bei einer Zession schuldnerbefreiende Leistung des Schuldners an den Zedenten, vgl. § 407 BGB, kann nicht über § 823 I BGB zugunsten des Zessionars ausgehebelt werden.

Bsp.:[172] *G hat seine Forderung gegen S an Z abgetreten. S zahlt ohne Kenntnis der Abtretung an den Altgläubiger G und wird deshalb nach § 407 BGB befreit. S hat also durch seine Leistung auf die Forderungszuständigkeit des Z eingewirkt, indem dessen Forderung gegen S erloschen ist. Nach § 823 I BGB müsste S dem Z schon bei leichter Fahrlässigkeit Schadensersatz leisten, obwohl er nach § 407 I BGB von seiner Schuld freigeworden ist.*

Damit würde der von § 407 BGB gewollte Schuldnerschutz untergraben werden. Z muss sich bezüglich des erlangten Geldes nach § 816 II BGB an G halten.

Gestaltungsrechte (-)

Ebenfalls nicht in den Bereich der sonstigen Rechte i.S.d. § 823 I BGB fallen nach h.M.[173] Gestaltungsrechte wie Anfechtung oder Kündigung, da ein Dritter in solche Rechte nicht eingreifen kann.

Recht am Arbeitsplatz

Wohl ebenfalls keine absolut geschützte Position ist der eigene Arbeitsplatz wegen der fehlenden Absolutheit.[174]

Bearbeiten Sie die Fragen 14 - 20!

C) Verletzungshandlung

Eine Verletzungshandlung stellt jedes Verhalten dar, das zu einer nachteiligen Beeinträchtigung der in § 823 I BGB genannten Rechtsgüter und Rechte führt. *61*

I. Begriff der Handlung

Verletzungshandlung ⇨ beherrschbares menschl. Handeln

Handlung ist dabei jedes menschliche Tun, das der Bewusstseinskontrolle und der Willenssteuerung unterliegt, also beherrschbar ist.[175] *61a*

Reflexbewegungen, Bewegungen im Zustand der Bewusstlosigkeit oder solche Bewegungen, die durch vis absoluta (= unwiderstehliche Gewalt) erzwungen worden sind, stellen damit keine zurechenbare Handlung dar.[176]

Ausnahmsweise wird im Fall des § 827 S. 2 BGB die Handlungsfähigkeit fingiert.

171 Vgl. Medicus, BR, Rn. 610; a.A. Larenz II, § 72 I a.

172 Nach Medicus, BR, Rn. 610.

173 Vgl. Larenz II, § 72 I a.

174 BAG, NZA 1988, 1113, offen gelassen von BAG, NZA 2007, 1169.

175 BGHZ 39, 103 (106); Larenz II, § 71 I a = **juris**byhemmer.

176 Kupisch/Krüger, S. 6.

II. Abgrenzung Tun/Unterlassen

auch Unterlassen mögl.

Eine Verletzungshandlung kann sowohl in einem positiven Tun (A schlägt B nieder) als auch in einem Unterlassen (A sieht, wie sein Sohn ertrinkt, unternimmt aber nichts) bestehen. Ausschlaggebend dafür, ob Tun oder Unterlassen vorliegt, ist der Schwerpunkt der Vorwerfbarkeit nach dem sozialen Sinngehalt der Handlung.[177] Diese Abgrenzung kann oftmals Schwierigkeiten bereiten: 61b

Bsp.: *Der bissige Hund des Bauern A beißt den Gast B bei einem Besuch auf dem Bauernhof.*

Als Verletzungshandlungen kommen einerseits das Halten eines bissigen Hundes (positives Tun) und andererseits das Nicht-Anlegen eines Maulkorbes (Unterlassen) in Betracht. Das Halten eines bissigen Hundes auf einem Bauernhof ist als sozialädquat anzusehen, sodass der Schwerpunkt der Vorwerfbarkeit hier im Nichtanlegen des Maulkorbes bei Besuch eines Fremden liegt.

⇨ Pflicht zum Handeln?

Die Abgrenzung zwischen Tun und Unterlassen ist deshalb wichtig, weil ein Unterlassen nur dann rechtserheblich ist, wenn eine Pflicht zum Handeln gerade gegenüber dem Geschädigten besteht (Garantenstellung).

III. Garantenstellung

Garantenstellung notw.

Das Vorliegen einer Garantenstellung bestimmt sich nach den gleichen Grundsätzen wie im Strafrecht, vgl. § 13 StGB. Dabei lassen sich folgende Garantenstellungen unterscheiden:[178] 62

1. Obhuts- oder Beschützergarant

Beschützergarant

Hierunter versteht man eine Garantenstellung aus einer unmittelbar auf das Recht bzw. Rechtsgut bezogenen Schutzpflicht durch: 62a

⇨ Gesetz, z.B. §§ 1353, 1626 BGB

⇨ freiwillige Übernahme, z.B. Vertrag

⇨ enge Gefahrengemeinschaft, z.B. Kletterpartie

⇨ Amts-/Organwalter

2. Sicherungs- oder Überwachungsgarant: 62b

Überwachungsgarant

Die Garantenstellung entsteht hier durch Eröffnung einer Gefahrenquelle oder Verantwortlichkeit für eine Gefahrenquelle durch:

⇨ Sachherrschaft über gefährliche Sachen

⇨ Ingerenz (vorangegangenes gefährliches Tun)

⇨ Aufsichtspflichten

3. Allgemeine Verkehrssicherungspflichten (VSP): 62c

Verkehrssicherungspflicht

Unter einer VSP versteht man die Pflicht desjenigen, der eine Gefahrenquelle schafft oder unterhält, alle notwendigen und zumutbaren Vorkehrungen zu treffen, um Schäden anderer zu vermeiden.

177 BGH, NJW 1953, 1924.

178 Gängig ist auch die Unterscheidung der Garantenpflichten nach Gesetz, Vertrag, Ingerenz und enger Lebensgemeinschaft.

Dabei lassen sich unterscheiden:

⇨ VSP aus Verkehrseröffnung: Wer einen Verkehr für Menschen eröffnet, muss dafür sorgen, dass diese nicht geschädigt werden.[179]

Bsp.: *Beleuchtungspflicht des Hauseigentümers im Treppenhaus*

⇨ VSP aus Beherrschung einer Gefahrenquelle: Wer gefährliche Gegenstände oder Anlagen gebraucht, muss andere vor Schäden bewahren, die aus dem Gebrauch der Gegenstände oder Anlage entstehen können.

Bsp.:[180] *Auf dem Grundstück des E wird ein Löschwasserteich angelegt. Da das Grundstück nicht umzäunt ist, nutzen die Nachbarskinder dieses als „Abenteuerspielplatz". Dabei fällt das Kind K von einem fünf Meter hohen Lärmschutzwall in den Teich und erleidet eine Stammhirnschädigung. K verlangt sowohl von E als auch vom Bauunternehmer U und vom Architekten A Schadensersatz aus § 823 I BGB.*

gesteigerte Anforderungen an Verkehrssicherungspflicht bzgl. Kindern möglich

Sowohl E als auch U oblag die deliktsrechtliche Verkehrssicherungspflicht, Dritte vor Schäden zu bewahren, die sich aus der Gefahrenquelle „Baustelle" ergeben konnten.

Dies gilt nach ständiger Rechtsprechung des BGH[181] v.a. in Bezug auf Kinder, bei denen aufgrund ihrer Unerfahrenheit und Unbesonnenheit sowie ihres Spieltriebs und Erforschungsdrangs in besonderer Weise damit zu rechnen ist, dass sie sich – wenn auch unbefugterweise – einer vom Sicherungspflichtigen geschaffenen Gefahrenquelle nähern. Demgemäß sind an die Pflicht zur Gefahrenabwehr umso strengere Anforderungen zu stellen, je größer der Anreiz ist, den die Gefahrenquelle auf Kinder ausübt, und je weniger diese selbst in der Lage sind, die für sie bestehenden Gefahren zu erkennen.

Das ungesicherte Grundstück übte wegen der Teichanlage einen besonderen Reiz auf Kinder aus, wobei der Lärmschutzwall am Ufer des Teiches gleichzeitig eine erhebliche Gefahrenquelle für diese darstellte. E und U haben damit für die Schäden des K aus § 823 I BGB einzustehen.

Der Architekt A, der die Baupläne für den Teich erstellt hat, haftet dagegen nur dann, wenn ihm ein schadensursächlicher Planungsfehler vorzuwerfen ist.

⇨ VSP aufgrund beruflicher Stellung: Aus einer gefährlichen beruflichen Tätigkeit kann sich die Pflicht ergeben, Vorsichtsmaßnahmen zur Abwehr von Schäden anderer zu treffen.

Bsp.: *Pflicht des Arztes, seine Patienten vor Infektionen zu schützen*[182]

⇨ VSP aus Produzentenhaftung: Derjenige, der ein Produkt in Verkehr bringt, muss die nötigen und zumutbaren Vorkehrungen treffen, um die vom Produkt ausgehenden Gefahren möglichst gering zu halten.[183]

einzelne Verkehrssicherungspflichten

Der Verkehrssicherungspflichtige muss alle erforderlichen und zumutbaren Maßnahmen zum Schutze Dritter treffen und dabei die im Verkehr erforderliche Sorgfalt beachten.[184]

179 Vgl. zuletzt **Life&Law 2001, 92 ff.** zu den Verkehrssicherungspflichten eines Reiseveranstalters.

180 Nach BGH, NJW 1997, 582 = **juris**byhemmer.

181 Vgl. auch BGH, NJW 1975, 108: Erblindung eines Kindes infolge des Spielens auf einem als Schrottplatz genutzten Geländes = **juris**byhemmer.

182 Vgl. Palandt, § 823 BGB, Rn. 134 ff.

183 Vgl. hierzu ausführlich **Hemmer/Wüst, Deliktsrecht II, Rn. 347 ff.**

184 BGHZ 5, 378 (380); BGHZ 62, 265 (270); Larenz II § 72 I d; ausführlich mit zahlreichen Einzelfällen Palandt, § 823 BGB, Rn. 185 ff. = **juris**byhemmer.

Wahrscheinlichkeitsurteil

Sicherungspflichten werden jedoch nicht schon durch jede rein theoretische Möglichkeit einer Gefährdung ausgelöst. Die Sicherungspflicht beschränkt sich vielmehr auf das Ergreifen zumutbarer Maßnahmen, die ein verständiger und umsichtiger, in vernünftigen Grenzen vorsichtiger Mensch für notwendig und ausreichend hält, um andere vor Schäden zu bewahren. Haftungsbegründend wird danach die Nichtabwendung einer Gefahr erst dann, wenn sich vorausschauend für ein sachkundiges Urteil die naheliegende Möglichkeit ergibt, dass Rechtsgüter anderer Personen verletzt werden können.[185]

So haftet der Einzelhändler nicht, wenn Schäden durch die Explosion einer Flasche Limonade hervorgerufen werden. Es besteht keine Verpflichtung, bei sommerlichen Temperaturen Trinkflaschen in Verkaufsräumen zu kühlen, um das Risiko einer Verletzung zu minimieren.[186]

Diese Grundsätze spielen v.a. auch dann eine Rolle, wenn vom Organisator einer Veranstaltung Schadensersatz wegen Schäden verlangt wird, die durch Teilnehmer der Veranstaltung verursacht wurden.

Bsp. 1: *Monica Seles wurde im Jahre 1993 während des Citizen Cups auf der Spielerbank von einem Attentäter niedergestochen.[187] Sie verlangt nun vom Veranstalter des Turniers Schadensersatz.*

Monica Seles-Fall

Bezüglich der Sicherheitsvorkehrungen bei Sportveranstaltungen[188] wurde im Fall Monica Seles eine Verletzung der deliktsrechtlichen Verkehrssicherungspflichten verneint. Das Gericht stellte fest, dass eine gesteigerte deliktsrechtliche Sicherungspflicht nur dann bestanden hätte, wenn die naheliegende Möglichkeit einer Verletzung gegeben gewesen wäre. Im Hinblick darauf, dass es bis April 1993 jedoch noch zu keinem Attentatsversuch auf Teilnehmer eines internationalen Tennisturniers gekommen war, war der Veranstalter des Turniers jedenfalls bis zu diesem Zeitpunkt deliktsrechtlich nicht zu Vorkehrungen gegen die Verwirklichung einer solchen Gefahr verpflichtet.

Bsp. 2: *S ist Veranstalter der „Generation Rave Party", einer Massenveranstaltung für Raver in Hamburg. Als der der Techno-Szene zugehörige Zug die Baustelle des G passiert, kommt es dort zu umfänglichen Sachbeschädigungen. G verlangt von S Schadensersatz aus § 823 I BGB.*

Das LG Hamburg[189] hat hier die naheliegende Möglichkeit einer Rechtsgutsverletzung bejaht. Massenveranstaltungen unterliegen demnach eigenen psychologischen Gesetzen. Hemmungen und Rücksichtnahmen, wie sie für den Einzelnen in der Regel selbstverständlich sind, können nahezu völlig ausgeschaltet werden.

Diesen Gefahren muss sich der Veranlasser einer Massenveranstaltung bewusst sein und ihnen i.R.d. Zumutbaren begegnen. Diese Sicherungspflicht bestehe v.a. gegenüber Außenstehenden.

Übertragung der VSP auf Dritte

Die Erfüllung der VSP kann grundsätzlich auch auf einen anderen übertragen werden. Dies bedarf aber einer klaren Absprache, die die Sicherung der Gefahr zuverlässig garantiert.[190]

Kommt es zur wirksamen Übertragung der VSP auf einen anderen, wird der Übernehmende selbst deliktsrechtlich verantwortlich, auch dem Delegierenden gegenüber. Die VSP des Delegierenden entfällt aber nicht, sondern verengt sich auf eine Kontroll- und Überwachungspflicht hinsichtlich des Übernehmenden.[191]

185 Vgl. BGH, NJW 1990, 1236 = **juris**byhemmer.

186 BGH, NJW 2007, 762 ff. = **juris**byhemmer.

187 Vgl. LG Hamburg, NJW 1997, 2606 = **juris**byhemmer.

188 Vgl. BGH, VersR 1990, 211; BGH, NJW 1980, 223; BGH, NJW 1984, 801 = **juris**byhemmer.

189 LG Hamburg, NJW 1998, 1411; vgl. auch die ausführliche Besprechung dieser Entscheidung in **Life&Law 1998, 367 ff.**

190 Vgl. BGH, NJW 1996, 2646 = **juris**byhemmer.

191 Vgl. BGH, NJW-RR 1989, 394 = **juris**byhemmer.

Bei Massenveranstaltungen kann sich der Veranlasser grundsätzlich auch dann nicht auf die Übertragung der VSP auf die Polizei berufen, wenn die Polizei im Vorfeld ihre Hilfe zugesagt hat. Besprechungen mit Sicherheitsbehörden im Vorfeld von Massenveranstaltungen haben allein das Ziel, diesen die Wahrnehmung ihrer öffentlichen Aufgaben zu erleichtern, nicht hingegen, den privaten Veranstalter haftungsrechtlich zu entlasten. Daher wird z.B. bezogen auf die Haftungsfragen bei der Love-Parade in Duisburg der Veranstalter sich jedenfalls nicht damit herausreden können, die Polizei habe ja vor Ort den Zugang zum Veranstaltungsgelände geregelt und überwacht.

hemmer-Methode: Die größten Probleme bereitet die Frage, an welcher Stelle die VSPen zu prüfen sind, da diese nicht nur i.R.d. Unterlassens, sondern auch bei der Rechtswidrigkeit[192] und dem Verschulden[193] relevant werden können. Zum Vorgehen in der Klausur lesen Sie die „hemmer-Methode" in Rn. 100!

abschließendes Beispiel

Abschließend zu den Verkehrssicherungspflichten folgender Fall:[194]

Sachverhalt: *Der neunjährige S besuchte gemeinsam mit seiner Mutter und Bekannten das Hallenbad der beklagten H in G.*

Im Außenbereich dieses Bades befindet sich eine Wasserrutsche in Form einer geschlossenen Röhre. Der Zugang erfolgt über eine in einem Rutschenturm gelegene Treppe. Der Auslauf mündet in den Innenbereich des Bades. Am unteren Eingang zum Rutschenturm und oben etwa vier Meter vor dem Einstieg zur Rutsche befinden sich Tafeln mit Benutzungshinweisen.

Für im Eingangsbereich der Rutsche stehende Badegäste ist der weitere Rutschenbereich nicht einsehbar. Die Rutsche ist mit einer sensorgesteuerten Ampelanlage ausgestattet. Der Benutzer passiert unmittelbar nach dem Start eine Lichtschranke und schaltet damit die am Rutscheneingang installierte Ampel von Grün auf Rot. Kurz vor dem Ende der Rutsche befindet sich eine zweite Lichtschranke, bei deren Passieren die Ampel wieder auf Grün geschaltet wird. Der Einstieg und der Auslauf der Rutsche können von der Bademeisterzentrale aus über eine Video-Überwachungsanlage eingesehen werden, die wahlweise Bilder des Rutscheneinstiegs, des Ausstiegs oder anderer Überwachungskameras zeigt. Die Bademeister können den Bereich der Rutsche persönlich aufsuchen oder mit Lautsprecherdurchsagen erreichen.

S, der die Rutsche nach seiner Behauptung bei Grün betreten und ordnungsgemäß benutzt hat, kollidierte innerhalb der Röhre mit B, einer älteren Dame. Er schlug nach dem Aufprall mit dem Gesicht auf der Rutsche auf. Dabei wurden zwei seiner bleibenden Schneidezähne mit den Wurzeln herausgerissen. Ein weiterer Schneidezahn brach ab.

S begehrt nun Zahlung seiner Heilungskosten in Höhe von 7.000,- € und Zahlung eines angemessenen Schmerzensgeldes von mindestens 8.000,- €. Ist dieses Verlangen begründet?

Lösung:

§§ 280 I, 241 II BGB bzw. § 823 I BGB

S könnte Anspruch auf Ersatz seines materiellen und immateriellen Schadens haben, wenn H seine Schutzpflichten aus dem Nutzungsvertrag mit S schuldhaft verletzt hat und daraus dem S der geltend gemachte Schaden entstanden ist. Da S noch nicht unbeschränkt geschäftsfähig ist, machen seine Eltern als gesetzliche Vertreter die Ansprüche geltend, §§ 1626, 1629 BGB.

Im Prozess ist der Minderjährige zwar parteifähig, § 50 I ZPO. Die Prozessfähigkeit bestimmt sich jedoch nach materiellem Recht, § 51 ZPO, sodass eine Vertretung durch die Eltern erforderlich ist.

192 Vgl. unten Rn. 82.

193 Vgl. unten Rn. 100.

194 Nach BGH, NJW 2004, 1449 ff. = **juris**byhemmer.

hemmer-Methode: Nachdem inzwischen auch für vertragliche Schadensersatzansprüche in § 253 II BGB ein Schmerzensgeld geregelt wurde, muss zu dessen Geltendmachung nicht mehr auf das Deliktsrecht abgestellt werden.
Innerhalb eines Vertragsverhältnisses wird die Verkehrssicherungspflicht zu einer Vertragspflicht, sodass als Anspruchsgrundlage das Vertrags- und auch das Deliktsrecht in Betracht kommen. Im Ergebnis wirkt sich dies jedoch nicht aus, da es auch hier entscheidend auf die Frage der Verletzung einer Verkehrssicherungspflicht ankommt.[195]

Problem: Pflichtverletzung

Problematisch ist vorliegend, ob H seine Pflichten aus dem Nutzungsvertrag verletzt hat. Zwar spricht hier vieles für einen gemischten Vertrag, einer genauen Typisierung des Nutzungsvertrags bedarf es jedoch nicht, da vorliegend allein eine Nebenpflichtverletzung aufgrund einer Schutzpflichtverletzung in Frage steht, §§ 241 II, 280 I BGB.

H könnte hier seine Verkehrssicherungspflicht verletzt haben, die zum einen von § 823 BGB abgedeckt wird, zum anderen aber innerhalb eines Vertragsverhältnisses zugleich eine Vertragspflicht ist.

Definition: Verkehrssicherungspflicht

Es gilt die allgemeine Rechtspflicht, im Verkehr Rücksicht auf die Rechtsgüter anderer zu nehmen.

Deshalb muss derjenige, der eine Gefahrenlage schafft, die notwendigen und zumutbaren Vorkehrungen treffen, um eine Schädigung anderer möglichst zu verhindern.

Die rechtlich gebotene Verkehrssicherung umfasst danach diejenigen Maßnahmen, die ein umsichtiger und verständiger, in vernünftigen Grenzen vorsichtiger Mensch für notwendig und ausreichend hält, um andere vor Schäden zu bewahren.

Haftungsbegründend wird eine Gefahr daher erst dann, wenn sich vorausschauend für ein sachkundiges Urteil die naheliegende Gefahr ergibt, dass Rechtsgüter anderer verletzt werden können.

Maßstab

Da eine Sicherung, die jeden Unfall ausschließt, nicht erreichbar ist, muss nicht für alle denkbaren, entfernten Möglichkeiten eines Schadenseintritts Vorsorge getroffen werden.

Vielmehr ist hierfür auf die Sicherheitserwartungen des jeweiligen Verkehrs abzustellen. Es müssen die Vorkehrungen getroffen werden, die unter Beachtung des wirtschaftlich Zumutbaren geeignet sind, Gefahren von Dritten abzuwenden, die bei bestimmungsgemäßer oder bei nicht ganz fernliegender bestimmungswidriger Benutzung drohen.

Es sind stets die Besonderheiten des jeweiligen Verkehrs zu beachten, so ist auch gegenüber Kindern wegen ihrer Unerfahrenheit und Unbesonnenheit ein strengerer Sicherheitsmaßstab anzulegen.

Beachtung der DIN-Vorschriften nicht unbedingt ausreichend

Da H hier Gewerbetreibender ist, sind die technischen Regelungswerke wie die DIN-Vorschriften geeignet, seine speziellen Verkehrssicherungspflichten zu konkretisieren.

Auch wenn es sich bei DIN-Normen nicht um drittwirkende Normen im Sinne hoheitlicher Rechtssetzung, sondern um auf freiwillige Anwendung ausgerichtete Empfehlungen des „DIN Deutschen Instituts für Normung e.V.“ handelt, so spiegeln sie doch den Stand der für die betroffenen Kreise geltenden anerkannten Regeln der Technik wider und sind somit zur Bestimmung des nach der Verkehrsauffassung zur Sicherheit Gebotenen in besonderer Weise geeignet.

195 So hatte der BGH über die Streupflicht des Vermieters gegenüber seinen Mietern zu entscheiden. In dieser Entscheidung hat der BGH zum einen klargestellt, dass die Streupflicht räumlich nicht über die Grundstücksgrenze der Liegenschaft hinausreicht, auf welchem sich das vermietete Haus/die vermietete Wohnung befindet (wenn nicht eine Übertragung der Streupflicht durch die öffentliche Hand stattgefunden haben sollte). Zum anderen gibt der BGH zu verstehen, dass die vertragliche Diskussion, die im Rahmen des § 241 II BGB zu führen ist, sich nicht von jener im Rahmen des § 823 I BGB unterscheidet, **Life&Law 2018, 448 ff.** = **juris**byhemmer.

Vorliegend entspricht die Anlage der Rutsche den Anforderungen der hier maßgeblichen DIN-Norm. Damit ist allerdings die Frage noch nicht geklärt, ob H alle erforderlichen Maßnahmen zum Schutz der Badegäste getroffen hat. Anerkannt ist nämlich, dass Bestimmungen wie Unfallverhütungsvorschriften der Berufsgenossenschaften oder DIN-Normen im Allgemeinen keine abschließenden Verhaltensanforderungen gegenüber den Schutzgütern enthalten.

entscheidender Zeitpunkt

Zu beachten ist auch: Das Maß der im Streitfall erforderlichen Verkehrssicherheit bestimmt sich generell nicht nach dem heute Möglichen und eventuell Zumutbaren, sondern richtet sich nach den Verhältnissen zum Zeitpunkt der Schädigung.

Anforderungen im Schwimmbad

Diese allgemeinen Grundsätze sind damit auf den vorliegenden Fall zu übertragen. Die Anlagen einer Badeanstalt müssen so beschaffen sein, dass die Benutzer vor vermeidbaren Gefahren bewahrt bleiben. Das bedeutet, dass die Badegäste vor den Gefahren zu schützen sind, die über das übliche Risiko bei der Anlagenbenutzung hinausgehen, von ihnen nicht vorhersehbar und nicht ohne weiteres erkennbar sind, und deswegen nicht mehr dem allgemeinen Lebensrisiko zuzuordnen sind.[196]

Dem Betreiber eines Schwimmbades obliegt damit sowohl eine Verpflichtung zur Erfüllung der von den Besuchern abgeschlossenen Benutzungsverträge als auch die deliktische Garantenpflicht, dafür zu sorgen, dass keiner der Besucher beim Badebetrieb durch solche Risiken zu Schaden kommt.

Welche Maßnahmen erforderlich sind, hängt stets von den tatsächlichen Umständen des Einzelfalls ab. So richten sich Art und Umfang der gebotenen Sicherungsvorkehrungen u.a. nach der Größe und der Lage des Bades, der Überschaubarkeit der Anlage, dem Einsatz technischer Hilfsmittel (z.B. Videokameras), der Anzahl der Besucher und der hierdurch bedingten „Spitzenbelastungen".

Besonderheiten bei Kindern

Wird das Schwimmbad nicht nur von Erwachsenen besucht, ist für den Umfang der erforderlichen Sicherheitsvorkehrungen zudem in Betracht zu ziehen, dass insbesondere Kinder und Jugendliche dazu neigen, Vorschriften und Anordnungen nicht zu beachten und sich unbesonnen zu verhalten; daher kann die Verkehrssicherungspflicht auch die Vorbeugung gegenüber solchem missbräuchlichen Verhalten umfassen.

Anforderungen an eine Rutsche

Der Betrieb einer Wasserrutsche bringt vielfältige Gefahren mit sich. Neben Stürzen aus nach oben offenen Röhrenrutschen kommt es im Bereich der Wasserrutschen immer wieder dadurch zu Unfällen, dass Badegäste die Rutsche in falscher Körperlage benutzen oder aber in der Rutsche selbst oder am Rutschenauslauf mit anderen Benutzern zusammenstoßen.

Ursächlich hierfür können unterschiedliche Rutschtechniken und die damit einhergehenden voneinander abweichenden Rutschgeschwindigkeiten sein. Begünstigt werden Kollisionen häufig aber auch durch einen zu geringen Abstand zum Vordermann zu Beginn des Rutschvorgangs.

größere Gefahren bei Röhrenrutsche

Von einer besonderen Einrichtung wie hier der Röhrenrutsche gehen dabei gesteigerte Gefahren aus, weil ihre Benutzer beim Betreten den weiteren Rutschenverlauf nicht einsehen können.

Für den in die Rutsche einsteigenden Badegast ist deshalb die Gefahr eines Zusammenstoßes mit einem noch in der Rutsche befindlichen anderen Badegast nicht vorhersehbar und auch nicht beherrschbar, weil er den Vordermann gegebenenfalls erst unmittelbar vor der Kollision bemerkt; zu diesem Zeitpunkt ist ihm im Allgemeinen ein Abbremsen nicht oder kaum mehr möglich, weil er in der Rutsche keinen Halt findet. Für den zuerst eingestiegenen Badegast ist die Gefahr eines Aufpralls des Hintermannes erst recht nicht vorhersehbar und kontrollierbar. Dieses Gefahrenpotential erfordert besondere Sicherungsvorkehrungen.

196 Ähnlich hat der BGH für den Betreiber einer Trampolinanlage argumentiert. Ein allgemeiner Hinweis auf die Gefährlichkeit reicht nicht aus. Es muss insbesondere auf die Gefahren hingewiesen werden, die einem nicht geübten Nutzer nicht bekannt sind, BGH, **Life&Law 2008, 594 ff.** = **juris**byhemmer.

getroffene Maßnahmen

H hat eine Vielzahl von Maßnahmen ergriffen, um der besonderen Verkehrssicherungspflicht im Bereich der Wasserrutsche zu genügen. Die sowohl am unteren Eingang zum Rutschenturm als auch oben etwa vier Meter vor dem Einstieg ausgehängte Rutschanleitung enthält eine Reihe von Verhaltensaufforderungen.

So signalisiert eines der auf den Tafeln zu sehenden Piktogramme das Gebot, beim Rutschen Abstand zu halten. Kindern im Alter bis zu sechs Jahren ist die Benutzung untersagt. Ein weiteres Piktogramm fordert zusammen mit einem entsprechenden Text dazu auf, den Bereich des Rutschenauslaufs nach dem Rutschen unverzüglich zu verlassen.

Neben der Anordnung von Verhaltensmaßregeln hat die Beklagte technische Vorkehrungen getroffen, die es den Schwimmmeistern ermöglichen, von ihrer Zentrale aus den Rutscheneinstieg mittels einer Video-Kamera zu beobachten und die sich dort aufhaltenden Badegäste über Lautsprecher anzusprechen.

Ampelanlage

Um die Verkehrssicherheit noch weiter zu erhöhen und einen zeitlichen und räumlichen Abstand zwischen den Benutzern der Rutsche zu gewährleisten, hat H diese mit einer sensorgesteuerten Ampelanlage ausgestattet, die so angelegt ist, dass die Freigabe (bei ordnungsgemäßer Benutzung) jeweils dann erfolgt, wenn der jeweilige Benutzer den Rutschenauslauf erreicht. Damit wird zum einen dem Umstand Rechnung getragen, dass die am Rutscheneingang wartenden Benutzer den weiteren Verlauf der Röhre nicht einsehen können und deshalb für die Einhaltung eines ausreichenden Rutschabstandes ohne Ampel auf eine bloße Schätzung der seit dem Einstieg des Vordermannes verstrichenen Zeit angewiesen wären. Zum anderen werden mit dieser Technik - im Unterschied zu zeitgesteuerten Signalanlagen - die für den Zeitpunkt der Freigabe der Rutsche bedeutsamen unterschiedlichen Rutschgeschwindigkeiten der Badegäste berücksichtigt.

denkbare Ursachen für Unfälle

Die vorhandenen Sicherungsvorkehrungen gewährleisten im Zusammenwirken ein relativ hohes Maß an Verkehrssicherheit. Sie können Unfälle durch Zusammenstöße in der Rutsche allerdings nicht gänzlich verhindern.

hemmer-Methode: Die nun folgenden Ausführungen gehören sicherlich nicht mehr zum Standardwissen, das von Ihnen erwartet werden würde. Der BGH hat sich jedoch so ausführlich mit einem Rutschvorgang eines Badegastes beschäftigt, dass wir Ihnen seine Gedankengänge hierzu nicht vorenthalten wollten.

Wenn ein Badegast bei Rot in die Rutsche einsteigt, wird nicht nur der erforderliche Sicherheitsabstand zu dessen Vordermann unterschritten, sondern gleichzeitig auch die Funktion der Signalgebung aufgehoben, denn die Ampel schaltet in diesem Fall schon in dem Moment auf Grün, in dem der Vordermann den Rutschenauslauf erreicht. Tatsächlich ist die Rutsche zu diesem Zeitpunkt aber noch nicht frei, weil sich der „Rotlichtsünder“ noch in der Röhre befindet. Der nächste Badegast läuft deshalb Gefahr, in der Rutsche mit dem „Rotlichtsünder“ zu kollidieren. Betritt er die Rutsche zudem sehr schnell nach Aufleuchten des Grünlichts, und zwar bevor der „Rotlichtsünder“ den Rutschenauslauf erreicht, kommt es ein weiteres Mal zu einer irreführenden Wirkung der Ampel, weil diese schon in dem Moment wieder auf Grün umschaltet, in dem der „Rotlichtsünder“ die Lichtschranke am Rutschenauslauf passiert, während der nachfolgende Badegast sich noch in der Röhre befindet. Auf diese Weise kann bei einer entsprechend raschen Folge der Rutschenden das sinnvolle Funktionieren der Signalanlage infolge eines einzigen Rotlichtverstoßes theoretisch auf Dauer beeinträchtigt sein. Dazu bedarf es allerdings einer Verkettung unglücklicher Umstände.

Ob H Vorkehrungen zur Abwehr einer solchen doch eher fernliegenden Gefahr zu treffen hat, steht nicht fest. Es ist aber auch nicht erforderlich, denn nicht jeder abstrakten Gefahr muss durch vorbeugende Maßnahmen begegnet werden, da ein gewisses Restrisiko dem allgemeinen Lebensrisiko zuzuordnen ist. Ein allgemeines Verbot, andere zu gefährden, wäre unrealistisch.

Darüber hinaus kam es in diesem Fall nur zu einer einmaligen Fehlfunktion. Die Gefahr, dass es dazu kommt, ist weniger fernliegend, denn hierzu bedarf es lediglich eines einzigen Rotlichtverstoßes. Mit der Möglichkeit, dass irgendwann einmal ein Badegast das Signal der Ampel missachtet und zu früh in die Rutsche einsteigt, kann und muss der Verkehrssicherungspflichtige rechnen.

Grenzen: geeignete und zumutbare Möglichkeit der Gefahrenabwehr

Die Verkehrssicherungspflicht gebietet es, i.R.d. Möglichen und Zumutbaren Vorkehrungen dagegen zu treffen, dass ein Badegast bei Rotlicht in die Rutsche einsteigt und auf diese Weise sich und andere gefährdet. Demnach ist zu prüfen, ob es geeignetere Sicherheitsmaßnahmen gäbe.

mechanische Sperre besser?

In Betracht käme die Installation einer mechanisch wirkenden Sperre, jedoch ist diese nicht sachdienlich. Eine höhere Sicherheit wird dadurch nicht gewährleistet, da eine solche Einrichtung ihrerseits neue Unfallgefahren mit sich bringen würde. Es liegt zum Beispiel nicht fern, dass Kinder versuchen könnten, die Sperre zu überwinden. Dabei könnten sie sich an der Sperre klemmen oder sich z.B. durch Quetschungen verletzen, womit die Unfallgefahr im Ergebnis lediglich verlagert würde.

persönliche Beaufsichtigung nicht zumutbar

Eine geeignete Maßnahme, mit der sich Unfälle im Bereich der Rutsche weitgehend verhindern ließen, könnte eine lückenlose Beaufsichtigung der Badegäste am Rutscheneinstieg durch einen dort präsenten Bademeister sein. Die Gewährleistung einer solchen ununterbrochenen direkten Aufsicht „vor Ort" ist H aber nicht zumutbar. Eine lückenlose Aufsicht in Schwimmbädern ist nicht üblich und nach ständiger Rechtsprechung auch nicht erforderlich.

Dieser für die allgemeine Badeaufsicht entwickelte Grundsatz gilt auch für die Aufsicht an besonderen Einrichtungen des Bades, wie Sprungbrettern, Sprungtürmen und Wasserrutschen. In Schwimmbädern drohen an vielen Stellen Gefahren. Ihnen durch eine allgegenwärtige Aufsicht zu begegnen, ist weder geboten noch möglich. Die im Verkehr erforderliche Sorgfalt umfasst nicht jede denkmögliche Sicherheitsmaßnahme. Ihr ist vielmehr genügt, wenn im Ergebnis derjenige Sicherheitsgrad erreicht ist, den die in dem entsprechenden Bereich herrschende Verkehrsauffassung für erforderlich erachtet. Der Besucher eines Schwimmbades kann eine Badeaufsicht, aber keine lückenlose „Rundum-Kontrolle" erwarten. Sie wird deshalb auch nicht geschuldet.

Rutsche mit „Gedächtnis"

Eventuell wäre es heute möglich, die Ampelanlage mit einem „Gedächtnis" auszustatten. Damit würde sichergestellt, dass sie nur auf Grün schaltet, wenn ebenso viele Personen, wie oben eingestiegen sind, unten aus der Röhre herausgekommen sind.

Ob dies technisch möglich und mit zumutbarem Aufwand zu bewerkstelligen wäre, kann hier jedoch dahinstehen. Es fehlen Hinweise, dass zum Zeitpunkt des Unfalls des S, also im Jahre 1999, diese Technik zur Verfügung gestanden hätte, bzw. dass H ein Nachrüsten der Signalanlage mit einer solchen „intelligenten" Technik seinerzeit finanziell zumutbar gewesen wäre. Das Maß der im Streitfall erforderlichen Verkehrssicherheit bestimmt sich nicht nach dem heute Möglichen und eventuell Zumutbaren, sondern richtet sich nach den Verhältnissen zum Zeitpunkt der Schädigung.

Ergebnis:

S hat keinen Anspruch gegenüber H aus § 280 I BGB. Aus den gleichen Gründen scheitert auch ein deliktischer Schadensersatzanspruch nach § 823 I oder II BGB i.V.m. § 229 StGB.

4. Sonstige Voraussetzungen der Garantenstellung

räuml. Beschränkung mögl., z.B. Verbotsschilder

Die Garantenstellung muss gerade gegenüber dem Geschädigten bestanden haben. So kann z.B. der Verkehrssicherungspflichtige durch entsprechende Maßnahmen, wie z.B. Verbotsschilder oder Absperrungen, seinen Herrschaftsbereich, und damit seine Verkehrssicherungspflicht, räumlich beschränken. Gegenüber von ihm nicht zum Verkehr zugelassenen, „unbefugten" Personen ist er somit nicht mehr verpflichtet.[197] 63

197 BGH, NJW 1987, 2671 (2672) m.w.N.

Bsp. (1): *Herr S bewahrt in seiner Vorratskammer Salzsäure in einer ungekennzeichneten Limonade-Flasche auf. Maler G verwechselt während seiner Arbeit die Flasche mit seiner Limonade und verätzt sich schwer.*

Abwandlung: *Wie ist es, wenn sich der Einbrecher E an der Flasche vergreift?*

Hier besteht seitens des Wohnungsinhabers S eine Garantenpflicht aus einer Verkehrssicherungspflicht (Unterhalten einer Gefahrenquelle). S hätte die Flasche vor den Malerarbeiten wegräumen müssen. G hat somit einen Anspruch aus § 823 I BGB gegen S.

Etwas anderes gilt jedoch in der Abwandlung gegenüber dem Einbrecher E, der sich bei seinem nächtlichen Raubzug mit der vermeintlichen Limonade erfrischen will. Hier handelt es sich um eine Person, die von S nicht zum Verkehr zugelassen worden war und somit unbefugt ist. Gegenüber E besteht keine Verkehrssicherungspflicht. Ein Anspruch des E scheidet daher aus.[198]

Bsp. (2): *Die Beschränkung der Verkehrssicherungspflicht muss jedoch hinreichend deutlich erfolgen und darf ihrerseits nicht eine Verletzung der Verkehrssicherungspflicht darstellen. Möchte jemand deutlich machen, dass ein Weg von Kfz nicht passiert werden soll, darf er das entsprechende Schild nicht an quer über die Straße gespanntem Stacheldraht befestigen, der selbst nicht sichtbar ist. Im entsprechenden Fall war ein Fahrradfahrer in den Stacheldraht geraten und hatte sich bei dem Sturz schwer verletzt.*[199]

hemmer-Methode: Ein Schadensersatzanspruch wegen Unterlassens setzt also immer Folgendes voraus:
1. Rechtlich relevantes Unterlassen
2. Garantenstellung
3. Gegenüber dem Geschädigten
Schon beim ersten Lesen des Sachverhalts ist an die Unterscheidung zwischen aktivem Tun und Unterlassen zu denken. Denken Sie dabei an das Echo-Prinzip: Formulierungen wie „hat vergessen", „nicht bedacht", etc. sprechen häufig dafür, dass der Klausurersteller die Annahme eines Unterlassens gewollt hat. Diese schafft außerdem weitere Prüfungspunkte und damit die Möglichkeit der Notendifferenzierung: Neben der Verletzungshandlung ist das Unterlassen dann noch bei der Rechtswidrigkeit und beim Verschulden zu erörtern. Im Zweifel ist daher aus klausurtaktischen Gründen („Probleme schaffen, nicht wegschaffen") in der Klausur bzw. Hausarbeit eher Unterlassen als aktives Tun anzunehmen. Bei der Abgrenzung nach dem Schwerpunkt der Vorwerfbarkeit ist dann Ihr Argumentationsvermögen gefragt!

Bearbeiten Sie die Fragen 21 – 24!

D) Haftungsbegründende Kausalität

hemmer-Methode: Vergleichen Sie zu diesem Problemkomplex auch die ausführliche Darstellung der Zurechnungsfragen i.R.d. Schadensersatzansprüche in Hemmer/Wüst, Schadensersatzrecht III, Rn. 34 ff.!

I. Übersicht

haftungsbegr. Kausalität

Der Kausalzusammenhang als solcher stellt Grund und Grenze der zivilrechtlichen Haftung dar.[200] Die haftungsbegründende Kausalität betrifft den Zusammenhang zwischen Verletzungshandlung und Rechtsgutverletzung.[201] *64*

198 Beispiele nach BGH, NJW 1968, 1182 und BGH, NJW 1966, 1456.

199 BGH, **Life&Law 2020, 538 ff.** = **juris**byhemmer.

200 Palandt, Vorb v § 249 BGB, Rn. 24.

201 Vgl. Palandt, Vorb v § 249 BGB, Rn. 24.

Sie ist streng zu unterscheiden von der haftungsausfüllenden Kausalität zwischen Rechtsgutverletzung und Schaden.

> **Bsp.:** *S tötet den Ehemann M der F bei einem Verkehrsunfall. Diese erleidet bei der Nachricht vom Tode des M einen schweren Schock und muss ins Krankenhaus.*

Bei der haftungsbegründenden Kausalität geht es um die Frage, ob die Rechtsgutverletzung (Körperverletzung aufgrund des Schocks) mit der Handlung (Verursachung des Verkehrsunfalls durch S) in einem kausalen Zusammenhang steht. Erst wenn diese Frage bejaht wird, ist i.R.d. haftungsausfüllenden Kausalität zu prüfen, ob die aus der Rechtsgutverletzung entstandenen Schäden (z.B. Krankenhauskosten) zu ersetzen sind.

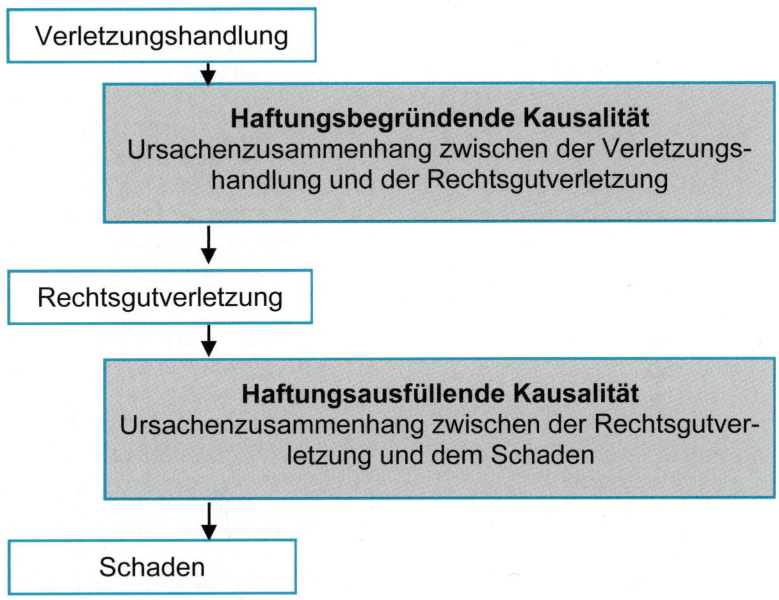

Drei-Stufen-Prüfung

Nach heute h.M.[202] ist die haftungsbegründende Kausalität in drei Stufen zu prüfen:

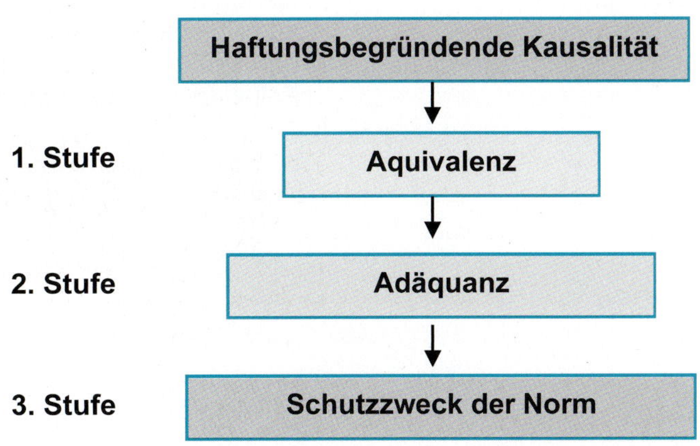

Die nachfolgenden Ausführungen gelten zunächst für die Kausalität im Falle positiven Tuns.

202 Vgl. BGHZ 7, 198 (204); Palandt, v. § 249, Rn. 24 ff. m.w.N.

II. Äquivalenztheorie / conditio sine qua non / Bedingungstheorie

Äquivalenztheorie: jede Bedingung ist kausal

Die conditio-sine-qua-non-Formel legt das Mindestkausalitätserfordernis fest. Kausal ist danach jedes Ereignis, das nicht hinweggedacht werden kann, ohne dass der Erfolg entfiele.[203] Dabei sind alle Ereignisse oder Bedingungen gleichwertig, daher der Name äquivalente Kausalität. 65

Zur Feststellung des Ursachenzusammenhangs muss die pflichtwidrige Handlung hinweggedacht, aber nicht eine andere Handlung hinzugedacht werden.[204]

⇨ auch Gesamtkausalität

Kausal i.S.d. conditio sine qua non ist es auch, wenn die Handlung des Schädigers den Erfolg nicht allein, sondern nur im Zusammenwirken mit dem Handeln eines anderen herbeiführen konnte.[205] In diesen Fällen sog. Gesamtkausalität oder kumulativer Kausalität ist jede einzelne Ursache jeweils für den gesamten Erfolg kausal. 66

> ***Bsp.:*** *A und B vergiften unabhängig voneinander jeweils das Futter des verhassten Hundes des Nachbarn N. Die Giftmenge von A oder B allein reicht jedoch nicht aus, um den Hund zu töten. Erst beide Giftdosen zusammen bewirken den von A und B jeweils beabsichtigten Tod des Hundes. Hier ist das Verhalten von A und B kausal für den Tod des Hundes. Somit hat N gegen A und B einen Anspruch aus § 823 I BGB.*

Im Fall vorsätzlichen Zusammenwirkens (Mittäter, Gehilfen oder Anstifter) ist gem. § 830 I S. 1, II BGB jeder für den Schaden verantwortlich.

bei alternativer Kausalität gilt § 830 I S. 2 BGB

Entsprechendes gilt nach § 830 I S. 2 BGB auch für den Fall der alternativen Kausalität, wenn sich nicht mehr ermitteln lässt, wer von mehreren Beteiligten den Erfolg durch seine Handlung verursacht hat.[206] Dabei muss die Beteiligung des in Anspruch Genommenen aber feststehen. Das bloße Dabeisein reicht nicht aus.

hemmer-Methode: Ein schwerer Fehler in der Klausur ist es, § 830 BGB i.R.d. Kausalität als Beweiserleichterung bei § 823 BGB zu prüfen (so die nicht mehr vertretene, frühere Auffassung zu § 830 BGB)! Bei § 830 I S. 1 u. 2 BGB und § 830 II BGB handelt es sich um selbstständige, eigene Anspruchsgrundlagen![207]

Doppelkausalität

Haben mehrere Ereignisse, die zwar jedes für sich, nicht aber insgesamt hinweggedacht werden können, ohne dass der Erfolg entfiele, den Erfolg verursacht, dann ist jedes der Ereignisse kausal.[208] Dieser Fall wird als konkurrierende oder Doppelkausalität bezeichnet.

> ***Bsp.:*** *Wenn im obigen Hundefall sowohl die Dosis des A als auch die des B allein für den Tod des Hundes ausgereicht hätte, so sind ebenfalls beide Handlungen kausal. E kann von A und von B Schadensersatz nach § 823 I BGB verlangen.*

203 Zum Ganzen Palandt, Vorb v § 249 BGB, Rn. 25.

204 BGHZ 96, 172; Palandt, Vorb v § 249 BGB, Rn. 25.

205 Palandt, Vorb v § 249 BGB, Rn. 34; BGH, NJW 1990, 2884; RGZ 69, 58; RGZ 73, 290.

206 Palandt, Vorb v § 249 BGB, Rn. 34.

207 Unten Rn. 156 ff.

208 Vgl. Palandt, Vorbem. v. § 249 BGB, Rn. 86.

III. Adäquanztheorie

nach h.M. Einschränkung durch Adäquanztheorie

Die conditio sine qua non ist ein notwendiges, allein aber nicht ausreichendes Kriterium der Erfolgszurechnung. Um eine unerträgliche Ausweitung der Schadensersatzpflicht zu verhindern, bedarf sie einer Eingrenzung durch weitere Zurechnungskriterien. Durch die sog. Adäquanztheorie werden daher all diejenigen Folgen ausgeschieden, die dem Schädiger billigerweise nicht mehr zuzurechnen sind. Hierzu zählen insbesondere solche Folgen, die einem gänzlich unwahrscheinlichen Kausalverlauf entspringen. Die Adäquanztheorie nimmt damit eine erste rechtliche Wertung vor. 67

jedes Ereignis, das nach der Lebenserfahrung geeignet ist, den Erfolg herbeizuführen

Die Adäquanztheorie kann negativ oder positiv formuliert werden. Zusammengefasst lässt sie sich folgendermaßen beschreiben: Adäquat kausal ist jedes Ereignis, das im Allgemeinen und nicht nur unter besonders eigenartigen, unwahrscheinlichen und nach dem gewöhnlichen Verlauf der Dinge außer Betracht zu lassenden Umständen geeignet ist, den Erfolg in der eingetretenen Art allein oder im Zusammenwirken mit weiteren Umständen herbeizuführen.[209]

obj.-nachträgl. Prognose

Auszugehen ist dabei grundsätzlich von einer objektiv-nachträglichen Prognose vom Standpunkt eines optimalen Betrachters.[210] Larenz[211] will dagegen auf einen erfahrenen Beobachter abstellen, da bei einem optimalen, allwissenden Beobachter, der praktisch alle Kausalverläufe vorhersehen könnte, das Kriterium der Adäquanz kaum noch zur Eingrenzung geeignet wäre. 68

> ***Bsp.:** Adäquanz ist noch zu bejahen, wenn jemand aufgrund einer beigebrachten Schürfwunde stirbt, weil er Bluter ist; zu verneinen dagegen, wenn jemand wegen einer geringfügigen Ehrverletzung eine Gehirnblutung erleidet.*[212]

hemmer-Methode: Fassen Sie sich bei der Adäquanz kurz, wenn sie unproblematisch ist. Denken Sie an den genervten Korrektor, der keine auswendig gelernten Definitionen lesen will. Stellen Sie bei der haftungsbegründenden Kausalität dann nur fest, dass es nicht außerhalb der Wahrscheinlichkeit liegt, dass die konkrete Handlung den Verletzungserfolg herbeigeführt hat.

a.A.: Adäquanztheorie nur bei haftungsausfüllender Kausalität

Die h.M.[213] wendet die Adäquanztheorie nicht nur im Bereich der haftungsausfüllenden, sondern bereits im Bereich der haftungsbegründenden Kausalität an. 69

Nach a.A.[214] genügt im Bereich der haftungsbegründenden Kausalität die conditio sine qua non. Eine genügende Einschränkung der Haftung ergebe sich spätestens bei der Rechtswidrigkeit, dem Verschulden oder der haftungsausfüllenden Kausalität. Ein erheblicher Teil des Schrifttums[215] vertritt dagegen die Ansicht, dass die Adäquanztheorie vollständig aufgegeben werden muss und bei der Beurteilung des Zurechnungszusammenhangs allein auf den Schutzzweck der Norm abzustellen ist. Richtigerweise[216] ist die Lehre vom Schutzzweck der Norm jedoch als weiteres Korrektiv neben der Adäquanztheorie anzuwenden.

209 Dazu sowie zu weiteren positiven und negativen Formeln Palandt, Vorb v § 249 BGB, Rn. 26.

210 BGHZ 3, 261 (267); OLG Bamberg, VersR 1990, 1015; Kupisch/Krüger, S. 17/51.

211 Vgl. Larenz I, § 27 II b 1; Kupisch/Krüger, S. 17/51.

212 Weitere Beispiele in Palandt, Vorb v § 249 BGB, Rn. 26 ff.

213 Vgl. BGHZ 7, 198 (204); BGHZ 57, 27 m.w.N.; BGHZ 57, 137 (141).

214 Deutsch, JZ 1967, 641; Huber, JZ 1969, 677 (680).

215 MüKo vor § 249 BGB, Rn. 42, 43; v. Caemmerer, Das Problem des Kausalzusammenhangs im Privatrecht, 1956, S. 16 ff./406 ff.; Palandt, v. § 249 BGB, Rn. 28.

216 Vgl. Palandt, Vorb v § 249 BGB, Rn. 28 f.; Larenz I, § 27 III b 2; Kupisch/Krüger, S. 52.

hemmer-Methode: Unterscheiden Sie bei der Kausalität zwischen Tatsachen- und Wertungsebene! Mit der Äquivalenztheorie wird lediglich nach tatsächlichen Kriterien der Zusammenhang zwischen Ursache und Erfolg festgestellt, ähnlich wie bei den Naturwissenschaften. Bei der Adäquanztheorie beginnt bereits die Wertung. Allerdings nur eine „leichte", da die meisten Ereignisse i.R.d. Wahrscheinlichkeit liegen. Die Einzelfallbetrachtung unter normativen Gesichtspunkten beginnt eigentlich erst auf der dritten Stufe beim Schutzbereich der Norm. Es handelt sich hierbei um die eigentliche Wertungsebene. Punkten Sie in der Klausur durch saubere Unterscheidung dieser Ebenen.

IV. Schutzzweck der Norm / Rechtswidrigkeitszusammenhang / Gefahrbereichs- oder Risikoverteilung

Schutzzweck der Norm, wertende Betrachtung

Auch die Adäquanztheorie führt nicht in allen Fällen zu einer sachgerechten Begrenzung zurechenbarer Folgen und befriedigenden Ergebnissen bzgl. der Beschränkung der deliktischen Haftung, da sie von einer Wahrscheinlichkeitsbetrachtung und einem optimalen Beobachter ausgeht. Die h.M.[217] ergänzt daher die Adäquanztheorie durch eine wertende Beurteilung. 70

Nach dieser Lehre vom Schutzzweck der Norm erfolgt eine Zurechnung nur dann, wenn der konkret eingetretene Verletzungserfolg in den Schutzzweck der verletzten Norm fällt. Dies ist der Fall, wenn die Vorschrift nicht nur als Reflexwirkung eine Person wie den Verletzten (persönlicher Schutzbereich) vor einer Verletzung wie der erlittenen (sachlicher Schutzbereich) schützen will. Anders ausgedrückt: Entscheidend ist, dass Nachteile entstanden sind, die aus dem Bereich der Gefahren stammen, zu deren Abwendung die verletzte Norm erlassen ist.[218]

Entwickelt wurde die Lehre vom Schutzzweck der Norm ursprünglich für Vertragsverletzungen. Sie wurde später im Deliktsrecht für Schutzgesetzverletzungen i.R.d. § 823 II BGB übernommen. 71

Nunmehr ist sie jedoch nach der h.M.[219] für Schadensersatzansprüche aller Art anerkannt, so z.B. bzgl. §§ 823 I, 826, 839, 990, 989 BGB, § 7 StVG oder § 717 II ZPO.[220] Im Rahmen des Deliktsrechts findet die Lehre vom Schutzzweck der Norm sowohl im haftungsbegründenden als auch im haftungsausfüllenden Tatbestand Anwendung.[221]

Die eigentliche Bedeutung dieser Theorie liegt bei der haftungsausfüllenden Kausalität. Bei der haftungsbegründenden Kausalität können aber mit Hilfe dieser Theorie solche Rechtsgutverletzungen ausgeschieden werden, die sich als bloße Verwirklichung des allgemeinen Lebensrisikos darstellen. Diese sind nämlich nicht vom Schutzzweck des § 823 I BGB erfasst.

hemmer-Methode: Der Schutzbereich der Norm hat also auch im Vertragsrecht Bedeutung. Die Fragestellung ist dann z.B. bei den §§ 280 I, 282, 241 II BGB, ob es Sinn und Zweck der verletzten Vertragspflicht ist, speziell vor den eingetretenen Schäden zu schützen. Anders als bei § 823 I BGB (wo diese Frage auch bei der haftungsbegründenden Kausalität Bedeutung hat) ist diese Frage bei den §§ 311 II, III, 241 II, 280 BGB oder den §§ 280 I, 282, 241 II BGB aber ausschließlich bei der haftungsausfüllenden Kausalität zu diskutieren, da es eine „haftungsbegründende Kausalität" bei diesen Rechtsinstituten gar nicht gibt. Vielmehr ist der Haftungstatbestand hier bereits durch die Pflichtverletzung gegeben.

---

217 Palandt, Vorb v § 249 BGB, Rn. 29; BGHZ 27, 140; BGHZ 35, 315; BGHZ 57, 256; Kupisch/Krüger, S. 52; Larenz I, § 27 III b 2.

218 Palandt, Vorb v § 249 BGB, Rn. 29.

219 Palandt, Vorb v § 249 BGB, Rn. 30; Larenz I, § 27 III b 2.

220 Weitere Nachweise Palandt, Vorb v § 249 BGB, Rn. 30.

221 Vgl. Palandt, Vorb v § 249 BGB, Rn. 29 f.

Die Lehre vom Schutzzweck der Norm wird in der Literatur bisweilen auch unter den Begriffen „Rechtswidrigkeitszusammenhang“ oder „Gefahrbereichs- oder Risikoverteilung“ behandelt.[222] In der Klausur leiten Sie den Problemkomplex am besten mit den Worten ein: „Fraglich ist, ob dem Schädiger der Verletzungserfolg (bzw. Schaden) zugerechnet werden kann.“ Mit dem Hinweis auf die Zurechenbarkeit geben Sie dem Korrektor zu erkennen, dass Sie die Problemstellung richtig erkannt haben! Die Lösung des Falles hängt dann stets von den Umständen des Einzelfalls ab.[223]

typische Anwendungsfälle

I.R.d. haftungsbegründenden Kausalität findet die Lehre vom Schutzzweck der Norm typischerweise in folgenden Fallgruppen Anwendung:[224]

1. Willensentschlüsse des Verletzten oder Dritter („Herausforderungsfälle“)

Verfolgerfälle

Beruht der Nachteil auf einem Willensentschluss des Geschädigten selbst oder eines Dritten, so kann eine Ersatzpflicht unter bestimmten Voraussetzungen gegeben sein. Allerdings soll § 823 I BGB nur vor Fremdschädigungen, nicht aber vor Selbstschädigungen schützen. 72

> *Bsp.: Die Polizisten G und D wollen den Straftäter S in dessen Wohnung festnehmen. S flüchtet durch ein Fenster. G will S verfolgen und fällt, da er die örtlichen Verhältnisse nicht kennt, in einen unter dem Fenster befindlichen Schacht und bricht sich dabei das Bein. Auch D verfolgt S. Dabei rutscht D auf dem nassen Rasen vor dem Haus aus und verstaucht sich den Knöchel.*[225]

Schutzzweck d. Norm maßgebl.

In den Verfolgerfällen liegt die äquivalente und adäquate Kausalität grds. vor. Zum Teil wurde in der älteren Lit. und Rspr.[226] eine Unterbrechung des Kausalzusammenhangs diskutiert. Das Dazwischentreten des Verletzten oder eines Dritten unterbricht jedoch den Kausalzusammenhang nicht, sofern der Eingriff nicht zur Inadäquanz des Ursachenzusammenhangs führt. Eine Einschränkung muss jedoch auf der Ebene des Schutzzwecks der Norm erfolgen. Nach der Rspr.[227] wird der Verletzungserfolg nur unter folgenden Voraussetzungen vom Schutzzweck der Norm erfasst:

obj. + subj. Herausforderung

⇨ Der Verfolgte muss das Verhalten des Verfolgers herausgefordert haben. Durch das Weglaufen muss der Verfolgte ein erhöhtes Risiko für die Rechtsgüter des Verletzten geschaffen haben, obwohl diese Gefährdung vermeidbar war. Der Verfolger muss sich zudem durch das Verhalten des Verfolgten herausgefordert gefühlt haben und sich auch herausgefordert gefühlt haben dürfen, seine Handlung darf sich nicht als ungewöhnliche Reaktion darstellen.

Vorhersehbarkeit der Verfolgung

⇨ Die subjektive Seite der Haftung setzt voraus, dass der Fliehende damit rechnen musste, verfolgt zu werden, und dass er auch voraussehen konnte, dass sein Verfolger möglicherweise zu Schaden kommen würde. Dass der Fliehende die Verfolgung tatsächlich wahrgenommen hat, ist dagegen nicht erforderlich.[228]

---

222 Vgl. Palandt, Vorb v § 249 BGB, Rn. 29; Larenz I, § 27 III b 2; Kupisch/Krüger, S. 52.

223 Vgl. exemplarisch **Life&Law 2004, 440 ff.**, inwieweit dem Verursacher eines Unfalls auch ein Zweitunfall zugerechnet werden kann.

224 Weitere Einzelfälle vgl. Palandt, Vorb v § 249 BGB, Rn. 33 ff. „Einzelprobleme der Schadenszurechnung“; Kupisch/Krüger, S. 48 ff.

225 Nach BGHZ 63, 189 und BGH, NJW 1971, 1982 = **juris**byhemmer.

226 BGHZ 58, 162 (165 f.); BGH, NJW 1986, 2367 = **juris**byhemmer.

227 Palandt, Vorb v § 249 BGB, Rn. 43/45; BGHZ 63, 189 (191 ff.).

228 BGH, NJW 1996, 1533 = **juris**byhemmer.

keine unverhältnismäßigen Risiken

⇨ Der Zweck der Verfolgung muss zu den damit verbundenen Risiken in einem angemessenen Verhältnis stehen (Zweck-Mittel-Relation). Das heißt, die Risiken der Verfolgung dürfen nicht unverhältnismäßig groß sein.[229]

Schaden als kausale Folge d. Risikos

⇨ Der Verletzungserfolg muss Folge der mit der Verfolgung verbundenen, gesteigerten Risiken sein. Es muss sich also das herausforderungstypische Risiko realisiert haben. Nicht ausreichend ist die bloße Verwirklichung des allgemeinen Lebensrisikos.

Im obigen Polizistenbeispiel wurde danach eine Ersatzpflicht des S gegenüber G bejaht. Dieser durfte sich als Polizist durch die Flucht des S herausgefordert fühlen.

Auch stand der Verfolgungszweck in einem angemessenen Verhältnis zum Verletzungsrisiko. Der Verletzungserfolg war Folge gerade dieses Risikos, da aufgrund der besonderen örtlichen Lage und der Unkenntnis des G der S mit einem Sturz des G in den Schacht rechnen musste. War die Verletzungsgefahr für G erkennbar, so kommt allerdings eine Schadensteilung nach § 254 BGB in Betracht.

Bei D dagegen fehlt es nach dem BGH an dieser letzten Voraussetzung, da sich in dem Ausrutschen auf dem Rasen nur das allgemeine Lebensrisiko verwirklicht. Mit eigener Begründung ist ein anderes Ergebnis aber sicher vertretbar.

Mitverschulden des Geschädigten: § 254 BGB

Beachten Sie: Durfte sich der Geschädigte zu Recht herausgefordert fühlen, so führt ein Mitverschulden seinerseits nicht schon im Grundsatz zum Ausschluss der Haftung des Schädigers. Damit würde nämlich ein nicht sachgerechtes „Alles-oder-Nichts"-Prinzip geschaffen und eine differenzierte Abwägung im Einzelfall verhindert. Eine befriedigende Lösung lässt sich also nicht über eine Verneinung der Haftung schon im Grundsatz, sondern nur über eine Korrektur des Ergebnisses über § 254 BGB erreichen.[230]

hemmer-Methode: Auch hier ist das Ergebnis in der Klausur nicht der entscheidende Punkt. Stellen Sie vielmehr die maßgeblichen Wertungsaspekte dar. So erzielen Sie in der Regel ein vertretbares Ergebnis.
Letztlich soll der Entschluss des Geschädigten, die Verfolgung aufzunehmen, auf seine „Vernünftigkeit" kontrolliert werden.[231] Für die Folgen eines unvernünftigen Verfolgungsentschlusses muss der Schädiger nicht mehr einstehen. Der Grundsatz der Verhältnismäßigkeit gilt so auch im bürgerlichen Recht.
Lernen Sie, die Herausforderungsfälle, die häufig Examensthema sind, zu erkennen. Immer wenn der Geschädigte etwas freiwillig macht und damit freiwillig die Kausalität verlängert, z.B. hinterherrennt oder -fährt, ein Abschleppunternehmen beauftragt, um einen vor seiner Garage stehenden Pkw abschleppen zu lassen, und durch das eigene Tun ein Verletzungserfolg (haftungsbegründende Kausalität) oder ein Schaden (haftungsausfüllende Kausalität) entstanden ist, kommt die Herausforderungsvariante in Betracht. Damit ist jeder Examensfall zu „strecken".

ebenso bei Nothilfefällen

Die für die Verfolgerfälle dargestellten Grundsätze gelten auch in anderen Fällen psychisch vermittelter Kausalität, wie z.B. den Nothilfefällen.[232] 73

229 BGH, **Life&Law 2012, 478 ff.** = **juris**byhemmer; hier wurde ein Fliehender von Polizeifahrzeugen vorsätzlich von der Straße gedrängt, was aufgrund der Besonderheiten des Falles und der besonderen Gefahrenlage zugerechnet wurde. Im Rahmen der StVG-Haftung ging der BGH übrigens von einem „unabwendbaren Ereignis aus rechtlichen Gründen" aus, § 17 III S. 1 StVG.

230 Vgl. BGH, NJW 1996, 1533; allerdings kein Mitverschulden der Polizeibeamten, wenn diese zur Erfüllung ihrer hoheitlichen Aufgaben ein fliehendes Fahrzeug verfolgen und es bei der Verfolgung zu einer Kollision zwischen den beteiligten Kfz kommt, vgl. **Life&Law 1998, 567 ff.**; vgl. auch **Life&Law 2001, 84 ff.** = **juris**byhemmer.

231 Medicus, BR, Rn. 653.

232 Zum Ganzen ausführlich Palandt, Vorb v § 249 BGB, Rn. 42 ff.

Bsp.: So hat ein Schädiger für Rechtsgutverletzungen einzustehen, die Dritte bei einem mit einer Risikoerhöhung verbundenen Rettungsversuch, z.B. nach einem Verkehrsunfall, erleiden.

Ebenfalls kausal ist der Schaden einer Mutter, die zur Rettung ihres Kindes eine Niere spendet, weil die einzige Niere des Kindes aufgrund eines Arztfehlers entfernt wurde.[233]

Unterläuft einem vorbehandelnden Arzt beim Ersteingriff ein Behandlungsfehler, kann eine Einstandspflicht auch für die Folgen eines Zweiteingriffs durch einen nachbehandelnden Arzt gegeben sein, wenn die zweite Behandlung infolge des Behandlungsfehlers erforderlich wird.[234]

bei mittelb. Schädigung Haftung nicht in allen Fällen billig

Bei der mittelbaren Schädigung ist der durch die Handlung äquivalent und adäquat kausal verursachte Verletzungserfolg erst nach einigen Zwischenursachen, eben mittelbar, eingetreten. Aufgrund der Entfernung von schädigender Handlung und Verletzungserfolg erscheint eine Zurechnung i.R.d. Schutzzwecks der Norm nicht in allen Fällen billig. 74

Wird der Verletzungserfolg nur mittelbar durch eine (fahrlässig) schädigende Handlung verursacht, so findet daher eine Zurechnung nur statt, wenn der Handelnde die in einem Schutzgesetz aufgestellte Verhaltenspflicht oder die allgemeine Verkehrssicherungspflicht objektiv verletzt hat.[235]

Bspe.: Wasserschaden am Mobiliar eines Mieters aufgrund Planungsfehlers eines Architekten; Haftung eines Drogisten wegen Verkaufs eines Pflanzenschutzmittels an einen Minderjährigen, der sich durch selbstgebastelten Sprengkörper verletzt;[236] *Sturz des Geschädigten über ein Warndreieck nach der Unfallaufnahme.*[237]

Zum Abschluss soll folgende prüfungsrelevante Entscheidung des BGH[238] die Problematik noch einmal verdeutlichen:

Bsp.: B und E leben getrennt. E ging zwischenzeitlich eine neue Beziehung mit G ein, den B jedoch nicht kannte. Eines Abends hielt sich E mit L, dem Bruder des G, in der Wohnung des G auf. B, der mittlerweile von der Beziehung erfahren hatte, kam zur Wohnung des G und begehrte lautstark Einlass, da er seine Frau sprechen wollte. Nachdem niemand öffnete, trat B sowohl die Wohnungstür, als auch die Tür zum Wohnzimmer ein, in dem sich L und E aufhielten. In diesem Moment riss L das Fenster auf und sprang aus dem Fenster ca. zehn Meter in die Tiefe. Anspruch des L gegen B auf Ersatz der Heilbehandlungskosten?

Problematisch ist i.R.d. § 823 I BGB der haftungsbegründende Tatbestand. Die Verletzungen des L müssten auf einer Handlung des B beruhen bzw. diesem zurechenbar sein.

Äquivalenz (+)

Ein Kausalzusammenhang i.S.d. Äquivalenztheorie besteht. Ohne das Eintreten der Tür wäre L nicht aus dem Fenster gesprungen und hätte sich demnach keine Verletzungen zugezogen.

Adäquanz (+), da keine unwahrscheinlichen Umstände

Die Adäquanztheorie fragt einschränkend danach, ob die Verletzungshandlung ganz allgemein und nicht nur unter unwahrscheinlichen Umständen geeignet ist, den Verletzungserfolg herbeizuführen. Außerhalb der Wahrscheinlichkeit liegende Umstände sollen aus der deliktischen Verantwortlichkeit herausgefiltert werden.[239] Der BGH bejahte im vorliegenden Fall die Verantwortlichkeit:

233 Palandt, Vorb v § 249 BGB, Rn. 42; BGHZ 101, 215 zum Organspendefall.

234 BGH, **Life&Law 2012, 547 ff.** = **juris**byhemmer.

235 BGH, NJW 1973, 615 (616); Larenz II, § 72 I c; Larenz I, § 27 III b; von Bar, JuS 1988, 169 (170) = **juris**byhemmer.

236 BGH, NJW 1973, 615. = **juris**byhemmer.

237 Vgl. Palandt, Vorb v § 249 BGB, Rn. 52 mit weiteren Beispielen.

238 BGH, **Life&Law 2002, 663 ff.**

239 BGHZ 137, 11 (19).

Das Eintreten der Wohnzimmertür war geeignet, Personen, die sich im Wohnzimmer aufhielten, im Allgemeinen und nicht nur unter besonders eigenartigen Umständen zu verängstigen und zum Sprung aus dem Fenster zu veranlassen.

Ob in dem Zeitpunkt des Sprunges bereits ein Angriff auf die Gesundheit des L unmittelbar bevorgestanden hatte, ist nicht relevant. Das vorausgegangene Verhalten des B hat Anlass zu der Befürchtung gegeben, ein Angriff stehe unmittelbar bevor. Dies insbesondere deshalb, da B, der G nicht kannte, L selbst für den neuen Partner der E halten konnte.

P.: Zurechnung (Schutzzweck der Norm)

Allerdings könnte der deliktischen Verantwortlichkeit des B entgegenstehen, dass die Verletzungen auf einem eigenen Willensentschluss des L beruhen und er diese damit selbst mit herbeigeführt hat.

Gleichwohl scheidet eine Zurechnung an denjenigen, der die Kausalkette in Gang gesetzt hat, dann nicht aus, wenn für die Handlung des Geschädigten ein rechtfertigender Anlass bestand oder die Handlung durch den Schädiger herausgefordert wurde.

Das Verhalten des Schädigers erhöht in diesen Fällen das Risiko des Verletzungseintritts, wenn der Willensentschluss des Geschädigten zumindest im Ansatz auf einer billigenswerten Motivation beruht.

Im vorliegenden Fall handelt es sich nicht um eine sog. Verfolgervariante (dazu ausführlich oben). Die eben genannten Grundsätze gelten jedoch im Rahmen einer wertenden Betrachtung ganz allgemein. Der BGH bejaht das Vorliegen dieser Grundsätze im vorliegenden Fall.

B hat mit seinem Verhalten in vorwerfbarer Weise eine gesteigerte Gefahrenlage für L geschaffen. L musste und durfte davon ausgehen, dass B ihn körperlich angreifen würde. Der Sprung aus dem Fenster erfolgte vor diesem Hintergrund, weil L einem solchen Angriff von vorneherein entgehen wollte. Diese Reaktion war verständlich und billigenswert und stellt daher eine zurechenbare Folge des Verhaltens des B dar.

hemmer-Methode: Der BGH hat im Folgenden noch diskutiert, ob B auch schuldhaft gehandelt hat. Dieser hatte sich darauf berufen, die für die Bejahung der Fahrlässigkeit erforderliche Vorhersehbarkeit habe gefehlt. Er (der B) habe nicht damit rechnen müssen, gerade bei L, den er nicht kannte und von dessen Anwesenheit in der Wohnung er nichts gewusst habe, eine solche Reaktion auszulösen. Der BGH tritt dieser Argumentation überzeugend entgegen: Es kommt nicht darauf an, dass der Schädiger die Verletzung einer bestimmten Person in Betracht ziehen musste. Eine Verwechslung des Tatopfers ist unbeachtlich. Ausreichend für den Fahrlässigkeitsvorwurf ist daher allein, dass bei dem Vorgehen des B für diesen vorhersehbar eine Person zu Schaden kommen konnte.
Die Entscheidung bringt im Ergebnis nichts Neues. Sie ist aber ein gutes Beispiel dafür, wie wichtig es ist, die Wertungsgrundsätze der Zurechnung zu beherrschen. Dann nämlich ist eine Anwendung auf den atypischen (= examenstypischen) Fall mit guter Argumentation möglich. Lernen Sie daher die Entscheidung nicht auswendig, sondern versuchen Sie, die zugrundeliegenden Wertungen nachzuvollziehen und zu verstehen.

2. Schockschaden

Schockschäden i.d.R. allgem. Lebensrisiko

Ein „Schockschaden“, den ein **Dritter** durch Tod oder Verletzung eines anderen erleidet, ist grundsätzlich dem allgemeinen Lebensrisiko zuzuordnen und somit nach der Lehre vom Schutzzweck der Norm nicht zurechenbar.[240] 75

240 Palandt, Vorb v § 249 BGB, Rn. 40.

Die äquivalente und adäquate Kausalität hingegen liegt vor. Aber hier wird der Verletzungserfolg nur mittelbar durch den Schädiger verursacht und führt damit grundsätzlich nicht zu einer Haftung. Ausnahmsweise besteht in diesem Fall jedoch nach dem Schutzzweck der Norm ein kausaler Verletzungserfolg, wenn nachfolgende Voraussetzungen gegeben sind:[241]

Ausnahme: Schock ist Körperverletzung

Der Schock muss eine Körperverletzung i.S.d. § 823 I BGB darstellen. Dazu muss die Gesundheitsbeschädigung nach Art und Schwere deutlich über das hinausgehen, was Nahestehende als mittelbar Betroffene in derartigen Fällen erfahrungsgemäß als Beeinträchtigungen erleiden.[242]

Dies ist regelmäßig der Fall, wenn eine ärztliche Behandlung erforderlich wird.

hemmer-Methode: Diese Frage gehört also systematisch zur Rechtsgutverletzung, nicht zur Zurechenbarkeit. Die Anforderungen an die Ersatzpflicht sind also hoch. Dies hat der Gesetzgeber zum Anlass genommen, § 844 BGB um einen Absatz 3 zu erweitern, durch welchen ein Anspruch auf eine angemessene Entschädigung für das im Zusammenhang mit dem Tod erlittene seelische Leid zugunsten der Hinterbliebenen geschaffen wird. Gleiches findet sich in § 10 III StVG, § 7 III ProdHaftG.[243]

nahe Angehörige

⇨ Der Anspruch steht nur nahen Angehörigen zu. Darunter fallen auch Verlobte oder Partner einer nichtehelichen Lebensgemeinschaft. Ebenfalls geschützt ist der nasciturus im Falle einer durch den Schock ausgelösten Frühgeburt. Nicht als „naher Angehöriger" gehört ein Tier desjenigen, der den Schock erlitten hat.

verständlicher Anlass

⇨ Der Schock muss im Hinblick auf seinen Anlass verständlich sein. Bei Tod oder schwerer Verletzung eines nahen Angehörigen braucht dabei der Schock nicht durch Beobachtung des schädigenden Ereignisses ausgelöst worden sein. Es genügt bereits die Mitteilung des Todes oder der Verletzung. Nicht ausreichend ist jedoch ein Schock durch die Nachricht von einem unbedeutenden Sachschaden, dem Tod eines Hundes oder durch polizeiliche Ermittlungen aufgrund einer falschen Verdächtigung.

dann erst gesteigertes Lebensrisiko gegeben

Unter diesen Voraussetzungen besteht aufgrund der engen persönlichen Bindung ein gesteigertes Lebensrisiko, das vom Schutzzweck der Norm erfasst wird. Sinn und Zweck des § 823 I BGB ist es dann, in diesem Fall auch den Schock als Gesundheitsbeeinträchtigung dem Schutz des § 823 I BGB zu unterstellen.

Bsp.: *Zeuge Z sieht, wie das Kind K vom Autofahrer S an einem Fußgängerüberweg schuldhaft überfahren wird und erleidet dabei einen behandlungsbedürftigen Schock.*

Auch die Mutter G erleidet bei der Nachricht vom Tod ihres Kindes einen schweren Schock, der eine ärztliche Behandlung erforderlich macht.

Z und G verlangen von S den Ersatz der Heilungskosten.

Hier ist der von S verursachte Unfall äquivalent und adäquat kausal für die Gesundheitsverletzungen bei Z und G. Fraglich ist nur die Zurechnung i.R.d. Schutzzwecks der Norm. Zwar liegt bei Z ein Schock vor, der eine ärztliche Behandlung erfordert, jedoch ist Z kein naher Angehöriger von K.

241 Dazu im einzelnen Palandt, Vorb v § 249 BGB, Rn. 40.

242 Zur Konkretisierung der Anforderungen vgl. exemplarisch BGH, **Life&Law 2015, 325 ff.** = **juris**byhemmer. Hier stellt der BGH auch klar, dass ein Miterleben des Unfalls an der Unfallstelle keine notwendige Voraussetzung für den Ersatzanspruch darstellt.

243 Ausführlich zu den Neuerungen Tyroller, **Life&Law 2017, 644 ff.**

Im Gegensatz zur Mutter G fehlt es daher bei Z am Schutzzweck der Norm. Bzgl. der G ist der Schock durch die Todesnachricht auch verständlich, sodass ein Schadensersatzanspruch der Mutter aus § 823 I BGB besteht.[244]

hemmer-Methode: Der vorliegende Fall des Schockschadens darf nicht verwechselt werden mit dem Fall, in welchem ein Unfallbeteiligter selbst einen Schock erleidet.[245] Beim Unfallbeteiligten stellt sich primär die Frage, ob der Schock eine Gesundheitsbeschädigung darstellt; die Frage der Kausalität ist, da im Regelfall zu bejahen, nebensächlich.[246]
Auch wenn durch eine (vor-)vertragliche Pflichtverletzung ein Schock verursacht wird, stellt sich das Zurechnungsproblem nicht. Der (potenzielle) Vertragspartner ist völlig unproblematisch auch vor dem Erleiden eines Schocks geschützt. Sofern dadurch materielle Schäden entstehen, werden diese über § 249 BGB ersetzt. Immaterielle Schäden werden hingegen auch hier nur unter den Voraussetzungen des § 253 II BGB ersetzt, also nur unter der zusätzlichen Voraussetzung der Körperverletzung. Für den Ersatz materieller Schäden muss also weder die Zurechnung vertieft, noch eine Gesundheitsbeeinträchtigung geprüft werden. Maßgeblich ist allein der durch die vertragliche Pflichtverletzung verursachte Schaden. Anders wiederum, wenn durch die vertragliche Pflichtverletzung ein Dritter einen Schock erleidet: Die zum Schockschaden entwickelten Grundsätze sind auch in dem Fall anzuwenden, in dem das haftungsbegründende Ereignis kein Unfallereignis im eigentlichen Sinne, sondern eine fehlerhafte ärztliche Behandlung ist. Eine Rechtfertigung dafür, die Ersatzfähigkeit von „Schockschäden" im Falle ärztlicher Behandlungsfehler weiter einzuschränken als im Fall von Unfallereignissen, besteht grundsätzlich nicht.[247]

3. Schadensanlagen

grds. auch bei Schadensneigung

Eine Zurechnung i.R.d. Schutzzwecks der Norm besteht grundsätzlich auch dann, wenn der Verletzungserfolg bzw. der Schaden durch eine zum Schaden neigende Konstitution des Geschädigten ermöglicht oder wesentlich erhöht worden ist.[248] 76

Wer einen Kranken oder Geschwächten verletzt, kann nicht verlangen, so gestellt zu werden, als hätte er einen Gesunden verletzt.[249] Setzt sich ein Geschwächter/Kranker bewusst einer vermeidbaren Gefahr aus, kann jedoch die Haftung des Schädigers dem Umfang nach gemäß § 254 BGB beschränkt sein.[250]

Nach dem Schutzzweck der Norm ist jedoch ausnahmsweise eine andere Beurteilung geboten, wenn es sich um ganz ungewöhnliche, keinesfalls zu erwartende Kausalverläufe handelt.

***Bsp.:** Ersetzt werden müssen z.B. die erhöhten Heilungskosten bei Verletzung eines Bluters.[251] Ein völlig ungewöhnlicher Verlauf liegt dagegen vor, wenn ein Tritt auf den Fuß eine Oberschenkelamputation erforderlich macht.[252]*

244 Nach BGHZ 56, 163 = **juris**byhemmer.

245 Dazu schon oben Rn. 20 zum Rechtsgut Körper/Gesundheit.

246 Diese Differenzierung zwischen unmittelbarer und nur mittelbarer Beteiligung hat der BGH auch vorgenommen in einem Fall, in dem ein Amokläufer von einem Sondereinsatzkommando der Polizei gestoppt wurde und ein Polizist ein geringfügiges posttraumatisches Belastungssyndrom erlitt. Der Polizist sei unmittelbar von dem Amoklauf betroffen und könne ohne Einschränkungen Ersatz seiner erlittenen Schäden verlangen, BGH, **Life&Law 2018, 536 ff.** = **juris**byhemmer. In dieser Entscheidung hat der BGH auch deutlich gemacht, dass eine Einschränkung der Ersatzfähigkeit jedenfalls bei unmittelbarer Beteiligung nicht mit der Argumentation erfolgen kann, es handele sich um ein berufstypisches Risiko, derartigen Ereignissen ausgesetzt zu sein. Denkbar wäre dies allenfalls, wenn ein Polizeibeamter (oder Rettungskräfte) zu einer Unfallstelle gerufen werden und dort als nur mittelbar Beteiligte gesundheitliche Beeinträchtigungen erleiden.

247 BGH, **Life&Law 2019, 513 ff.** = **juris**byhemmer.

248 BGH, NJW 1996, 2425 = **juris**byhemmer.

249 Palandt, Vorb v § 249 BGB, Rn. 35; BGHZ 20, 139.

250 Vgl. Palandt, Vorb v § 249 BGB, Rn. 37.

251 Palandt, Vorb v § 249 BGB, Rn. 35.

252 OLG Karlsruhe, VersR 66, 741 = **juris**byhemmer.

Berücksichtigung aber i.R.d. Schmerzensgeldanspruches

Bei der Bemessung der Höhe des Schmerzensgeldes kann es nach Ansicht des BGH dagegen durchaus geboten sein, zu berücksichtigen, dass die zum Schaden führende Handlung des Schädigers nur eine bereits vorhandene Schadensbereitschaft in der Konstitution des Geschädigten ausgelöst hat und die Gesundheitsbeeinträchtigungen Auswirkungen dieser Schadensanfälligkeit sind, da der Verletzte nur Anspruch auf ein „angemessenes Schmerzensgeld" hat.[253]

hemmer-Methode: Unterscheiden Sie diese Fälle von den Anlagefällen, die unter Rn. 108 geschildert sind. Dort geht es darum, ob der (selbe) Schaden auch ohne die schädigende Handlung eingetreten wäre (sog. „sowieso-Schäden"). Hier bedarf es der Verletzungshandlung, jedoch fällt die Gesundheitsbeeinträchtigung besonders extrem aus, weil eine innewohnende (schlummernde) Schadensanlage besteht.

V. Kausalität bei Unterlassen

Unterlassen ⇨ hyp. Betrachtung notw.

Auch ein Unterlassen kann für den Verletzungserfolg kausal gewesen sein. Hierzu gelten prinzipiell die gleichen Grundsätze wie für die Kausalität des Handelns, also Äquivalenztheorie, Adäquanztheorie und Schutzzweck der Norm. Abgestellt wird dabei auf das unterlassene pflichtgemäße Handeln. 77

Zu fragen ist, ob - in einer hypothetischen Situation bei Hinzudenken des pflichtgemäßen Handelns - dieses Handeln den Eintritt des Verletzungserfolges verhindert hätte.

Da bei einer hypothetischen Betrachtung ein absolut sicheres Urteil nicht getroffen werden kann, ist auf die Wahrscheinlichkeit des Erfolgseintrittes abzustellen.

bloße Möglichkeit der Erfolgsverhinderung nicht ausr.

I.S.d. conditio sine qua non ist daher das Unterlassen kausal, wenn ein pflichtgemäßes Handeln den Eintritt des schädigenden Ereignisses mit an Sicherheit grenzender Wahrscheinlichkeit verhindert hätte.[254] 78

Nicht ausreichend ist die bloße Möglichkeit oder eine gewisse Wahrscheinlichkeit der Erfolgsverhinderung.[255]

Adäquanztheorie ⇨ typischerweise geeignete Bedingung?

Adäquat kausal ist das Unterlassen, wenn sich die Verletzung den Umständen nach so zugetragen hat, dass die Vornahme der pflichtgemäßen Handlung als adäquate, typischerweise geeignete Bedingung des Nichteintritts der Verletzung angenommen werden kann.[256]

hemmer-Methode: Zur Wiederholung: Merken Sie, warum das Unterlassen so viele Stolpersteine für die Examensarbeit bietet und damit so prüfungsrelevant ist?

Bearbeiten Sie die Fragen 25 - 29!

253 Vgl. BGH, NJW 1997, 455 = **juris**byhemmer.

254 BGHZ 34, 206 (215).

255 Vgl. BGHZ 34, 206 (215).

256 Vgl. Kupisch/Krüger, S. 40.

E) Rechtswidrigkeit

rechtswidrige Verletzung notwendig

§ 823 I BGB setzt eine „widerrechtliche“ Verletzung eines der genannten Rechte bzw. Rechtsgüter voraus. Das Rechtswidrigkeitsurteil hat dabei die Aufgabe, über die Normwidrigkeit des schädigenden Verhaltens zu befinden.[257] Der Schadensersatzanspruch knüpft somit an den objektiven Unwertgehalt des schädigenden Verhaltens an. Dieser Unwertgehalt wird über die Ge- und Verbote der Rechtsordnung definiert. 79

I. Theorienstreit zur Rechtswidrigkeit

Umstritten ist, ob die Rechtswidrigkeit auf die Verhaltensweise (Handlungsunrecht) oder auf den Erfolg (Erfolgsunrecht) zu beziehen ist.[258] Im Wesentlichen werden dazu drei Meinungen vertreten. 80

1. Lehre vom Erfolgsunrecht

h.M.: Lehre v. Erfolgsunrecht TB indiziert Rw.

Ebenso wie im Strafrecht geht das Gesetz in § 823 I BGB davon aus, dass jede Verletzung eines der genannten Rechte bzw. Rechtsgüter im Regelfall rechtswidrig ist. Dies liegt im Wesen der geschützten Rechte bzw. Rechtsgüter. 81

Ausgangspunkt der Rechtswidrigkeit ist bei dieser klassischen Lehre vom Erfolgsunrecht somit der Verletzungserfolg. Die herrschende Lehre vom Erfolgsunrecht[259] geht daher sowohl bei vorsätzlicher als auch bei fahrlässiger Begehung davon aus, dass der Verletzungserfolg die Rechtswidrigkeit indiziert. Die Rechtswidrigkeit fehlt nur ausnahmsweise, wenn ein Rechtfertigungsgrund vorliegt, wofür der Schädiger darlegungs- und beweispflichtig ist.[260]

anders bei Rahmenrechten

Nur bei den offenen Tatbeständen der Rahmenrechte (Recht am eingerichteten und ausgeübten Gewerbebetrieb, allgemeines Persönlichkeitsrecht) muss die Rechtswidrigkeit positiv festgestellt werden. Hier muss bereits das schadensursächliche Verhalten rechtswidrig sein.[261]

2. Lehre vom Handlungsunrecht

a.A.: Handlungsunrecht ⇨ Verstoß gg. Verhaltensmaßregel

Die in der Literatur[262] vertretene Lehre vom Handlungsunrecht knüpft ihr Rechtswidrigkeitsurteil dagegen an die zum Erfolg führende Handlung an. Eine Rechtsgutverletzung ist danach nur rechtswidrig, wenn der Handelnde gegen eine von der Rechtsordnung aufgestellte spezielle Verhaltensregel (Ge- oder Verbotsnorm) verstoßen oder - subsidiär - die zur Vermeidung des Schadenseintritts generell erforderliche Sorgfalt verletzt hat (Verkehrssicherungspflichten). Eine Handlung, die sich i.R.d. Gesetze hält, kann trotz Kausalität nicht rechtswidrig sein. 82

Streit nur bei Fahrlässigkeit bedeutsam

Praktische Auswirkungen zeigt diese Lehre nur im Bereich der fahrlässigen Begehung. Bei vorsätzlicher Begehung liegt auch hier automatisch ein Verstoß gegen die Gesetze vor, da die Rechtsordnung das vorsätzliche Herbeiführen von Verletzungen schlechthin missbilligt.[263] Nur bei einer fahrlässigen Begehung muss die Rechtswidrigkeit positiv festgestellt werden.

---

257 Vgl. Palandt, § 823 BGB, Rn. 23.

258 Palandt, § 823 BGB, Rn. 24.

259 Palandt, § 823 BGB, Rn. 24.

260 Kupisch/Krüger, S. 33; BGHZ 24, 21 ff.

261 Vgl. Palandt, § 823 BGB, Rn. 25; sowie oben Rn. 48 ff.

262 Nipperdey, NJW 1957, 1777; Wiethölter, Der Rechtfertigungsgrund des verkehrsrichtigen Verhaltens, 1960; Palandt, § 823 BGB, Rn. 24; Kupisch/Krüger, S. 34.

263 Kupisch/Krüger, S. 34 m.w.N.

für h.M.:

- *keine Vermischung von Rw. u. Schuld*

Die Lehre vom Handlungsunrecht steht in Widerspruch zur Terminologie des § 823 I BGB. Dieser setzt nach seinem Wortlaut sowohl Rechtswidrigkeit als auch Verschulden voraus. Der klassische dreistufige Aufbau (Tatbestand, Rechtswidrigkeit, Verschulden) ist klarer. Die Lehre vom Handlungsunrecht verlagert innere Elemente des sozialadäquaten (verkehrsgerechten) Verhaltens auf die Ebene der Rechtswidrigkeit. Nach der Lehre vom Handlungsunrecht wird damit dem Grunde nach das Verschulden bereits in der Rechtswidrigkeit geprüft.[264]

- *einheitlicher Begriff d. Rechtswidrigkeit im BGB*

Außerdem würde man bei konsequenter Anwendung der Lehre vom Handlungsunrecht bei Anspruchsgrundlagen, bei denen nur Rechtswidrigkeit erforderlich ist, wie z.B. bei Unterlassungs- und Beseitigungsklagen (§ 1004 BGB) und bei Haftung für den Verrichtungsgehilfen (dieser muss nur rechtswidrig handeln), Verschuldensmomente prüfen, obwohl dies nach dem Wortlaut nicht gewollt ist.

3. Differenzierende Lehre nach Art der Verletzung

a.A.: Lehre v. d. Eingriffsqualität

Die von Larenz[265] begründete Lehre von der Eingriffsqualität differenziert nach der Art der Verursachung der Verletzung, nämlich zwischen unmittelbarer und mittelbarer Verursachung. 83

bei unmittelb. Verletzung ⇨ TB indiziert Rw.

Bei unmittelbaren Verletzungen begründet die verletzte Norm als gesetzlich normierter Schutz für das verletzte Rechtsgut das Unrecht. Die Rechtswidrigkeit ist daher - wie bei der Lehre vom Erfolgsunrecht - indiziert, unabhängig davon, ob die Verletzung vorsätzlich oder fahrlässig erfolgte. Unmittelbar ist jede Verletzung, die gewollt ist oder i.R.d. Handlungsablaufes selbst erfolgt.

bei mittelbarer Verletzung ⇨ Feststellg. d. Rw. notw.

Mittelbar ist eine Verletzung, die außerhalb des Handlungsverlaufes liegt und nur eine durch Zwischenursachen vermittelte, entfernte Folge der eigentlichen Verletzungshandlung darstellt. Auch hier ist die Rechtswidrigkeit bei vorsätzlichem Handeln indiziert, da die Rechtsordnung eine vorsätzliche Verletzung in jedem Fall missbilligt.

Bei fahrlässiger Begehung ist dagegen - wie bei der Lehre vom Handlungsunrecht - eine positive Feststellung der Rechtswidrigkeit durch Verstoß gegen eine Ge- oder Verbotsnorm erforderlich.

4. Rechtsprechung

Rspr. folgt grds. d. Lehre vom Erfolgsunrecht

Die Rechtsprechung[266] folgt grundsätzlich der Lehre vom Erfolgsunrecht. In einigen Fällen der mittelbaren Verletzungshandlung, wie z.B. in den Verfolgerfällen bzw. i.R.d. Produzentenhaftung, wurden jedoch auch von der Rechtsprechung ohne Erwähnung der Lehre vom Handlungsunrecht eine objektive Pflichtverletzung bzw. besondere Umstände verlangt, um die Rechtswidrigkeit zu indizieren.[267] 84

Z.T. wird vom Schrifttum[268] die Entscheidung über das verkehrsrichtige Verhalten im Straßenverkehr[269] als Annäherung an die Lehre vom Handlungsunrecht gewertet. Dann fehlt es bei verkehrsrichtigem Verhalten an der Rechtswidrigkeit.

---

264 Vgl. Palandt, § 823 BGB, Rn. 24.

265 Larenz II, § 72 I c; von Bar, JuS 1988, 169 ff.

266 BGHZ 24, 21 ff.; BGHZ 79, 9; Palandt, § 823 BGB, Rn. 24.

267 OLG Köln, OLGZ 1987, 363 ff.

268 Medicus, BR, Rn. 606.

269 Vgl. Rn. 88.

Für die Hinwendung der Rechtsprechung zum Handlungsunrecht besteht aber kein Bedürfnis, denn bei verkehrsrichtigem Verhalten fehlt es jedenfalls an dem von § 823 I BGB geforderten Verschulden, sodass auch die Lehre vom Erfolgsunrecht in diesen Fällen zu keinem anderen Ergebnis gelangt.[270]

hemmer-Methode: „Probleme schaffen, nicht wegschaffen!" Im Regelfall wird der Streit in der Klausur nicht entscheidend sein. Stellen Sie ihn aber trotzdem kurz dar! Führen Sie eine Scheindiskussion und entscheiden Sie sich wertkonservativ für die Lehre vom Erfolgsunrecht! Im Ergebnis greift folgende einfache Formulierung: „Die Rechtswidrigkeit wird nach der Lehre vom Erfolgsunrecht indiziert. Rechtfertigungsgründe greifen nicht ein". 85
Aus diesem Regel-Ausnahme-Prinzip ergibt sich auch die zugrunde liegende Darlegungs- und Beweislastverteilung. Wenn ausnahmsweise ein Rechtfertigungsgrund eingreift, trägt der Schädiger die Beweislast für dessen Vorliegen auch dann, wenn die Beweislastverteilung im Vertragsrecht anders geregelt ist.[271] Im entsprechenden BGH-Fall wurde ein Gärtner mit dem Schreddern von Pflanzen beauftragt. Im Nachgang entstand Streit über den Umfang des Auftrags.
Bestimmte Pflanzen hätten nach Ansicht des Auftraggebers nicht geschreddert werden sollen. Für diese verlangte er Schadensersatz. Der Inhalt des mündlichen Vertrages war zwischen den Parteien streitig. Ein vertraglicher Anspruch scheiterte in dieser Konsequenz, weil der Auftraggeber dem Auftragnehmer keine Pflichtverletzung nachweisen konnte. Bei dem Anspruch aus § 823 I BGB hätte aber der Auftragnehmer beweisen können müssen, dass die Zerstörung der Pflanzen nicht rechtswidrig war. Das konnte er nicht und wurde dementsprechend verurteilt, weil die Rechtswidrigkeit indiziert wird.

5. Rechtswidrigkeit bei Unterlassen

Rw. bei Unterlassen ⇨ Rechtspflicht z. Handeln missachtet?

Die Verletzung eines geschützten Rechts bzw. Rechtsgutes durch Unterlassen ist nur dann rechtswidrig, wenn der Schädiger gegen eine Rechtspflicht zum Handeln verstoßen hat.[272] 86

Zur Rechtspflicht zum Handeln gelten die Ausführungen zur Garantenstellung.[273] Besondere Bedeutung gewinnen hier erneut die Verkehrssicherungspflichten.

II. Rechtfertigungsgründe

1. Übersicht über die Rechtfertigungsgründe

anerkannte Rechtfertigungsgründe

Nach allen vertretenen Ansichten zur Rechtswidrigkeit scheidet dieselbe aus, wenn ein anerkannter Rechtfertigungsgrund eingreift. 87

Als Rechtfertigungsgründe allgemein anerkannt sind:[274]

⇨ § 227 I BGB, Notwehr

⇨ § 228 BGB, Verteidigungsnotstand

⇨ §§ 683, 677 BGB, berechtigte GoA

⇨ § 904 BGB, Angriffsnotstand

⇨ § 229 BGB, Selbsthilferecht

270 Zu dieser Problematik auch Rn. 88.

271 Vgl. BGH in **Life&Law 2005, 162 ff.**

272 Vgl. Palandt, § 823 BGB, Rn. 26; Kupisch/Krüger, S. 40 ff.

273 Oben Rn. 62 f.

274 Auch Palandt, § 823 BGB, Rn. 28 - 35.

- ⇨ § 193 StGB, Wahrnehmung berechtigter Interessen
- ⇨ übergesetzlicher Notstand, Schutz des höherwertigen Rechts bei Konflikt mehrerer Rechtsgüter
- ⇨ § 906 BGB, erlaubte Emission (analog bei Verletzung beweglichen Eigentums[275])
- ⇨ Eingriffsermächtigung aus Gesetz bzw. Gewohnheitsrecht: z.B. elterliches Züchtigungsrecht, Festnahme (§ 127 StPO), polizeilicher Waffengebrauch, Befugnisse des Gerichtsvollziehers (ZPO)
- ⇨ verkehrsrichtiges Verhalten[276]
- ⇨ Einwilligung bei disponiblen Rechtsgütern
- ⇨ mutmaßliche Einwilligung

2. Einzelfragen

a) Verkehrsrichtiges Verhalten

verkehrsrichtiges Verhalten nach Rspr. rechtfertigend

Verhält sich jemand im Straßenverkehr den Anforderungen der StVO entsprechend, kommt eine Haftung nicht in Betracht. Z.T. wird angenommen, dass „jedenfalls" ein Verschuldensvorwurf fehle.[277] 88

Der BGH behandelt das verkehrsrichtige Verhalten als Rechtfertigungsgrund, da er dem Schädiger die Beweislast für die Verkehrsrichtigkeit aufbürdet.[278] Die Rechtswidrigkeit wird also indiziert, der Schädiger muss sich entlasten.

> ***Bsp.:*** *Nachdem sich der Schaffner überzeugt hatte, dass niemand mehr einsteigen wollte, und er das Klingelzeichen gegeben hatte, fuhr der Straßenbahnfahrer S an. In diesem Augenblick entschloss sich G mitzufahren und sprang auf die anfahrende Bahn auf. Dabei rutschte er ab und wurde schwer verletzt.*
>
> Hier lehnte der BGH[279] eine Haftung des Straßenbahnfahrers ab, da dieser aufgrund seines verkehrsrichtigen Verhaltens **gerechtfertigt** war. S hatte alles objektiv Erforderliche getan, um einen Unfall zu vermeiden. Die Reaktion des G war nicht vorhersehbar.

b) Einwilligung des Verletzten / ärztlicher Heileingriff

Einwilligung nur bei disponiblen RGütern

Die Einwilligung des Verletzten schließt die Rechtswidrigkeit aus, wenn sie nicht gegen ein gesetzliches Verbot oder die guten Sitten verstößt.[280] Es gelten hier dieselben Grundsätze wie im Strafrecht. Eine Einwilligung in die Verletzung ist danach nur bei disponiblen Rechtsgütern/Rechten möglich, d.h. es darf kein Verstoß gegen ein gesetzliches Einwilligungsverbot oder die guten Sitten vorliegen (z.B. keine Einwilligung in die Tötung aus dem Rechtsgedanken des § 216 StGB). 89

Für die Einwilligung genügt die Einsichts- und Urteilsfähigkeit, sodass auch ein Minderjähriger wirksam einwilligen kann. Die Geschäftsfähigkeit ist nicht erforderlich.

275 BGHZ 92, 148 f.; Marburger/Herrmann, JuS 1986, 354 ff. = **juris**byhemmer.

276 Vgl. Rn. 88.

277 Vgl. Medicus, BR, Rn. 606.

278 Vgl. BGHZ 24, 21.

279 Beispiel nach BGHZ 24, 21 = **juris**byhemmer.

280 Palandt, § 823 BGB, Rn. 38.

hemmer-Methode: Daher kann ein Minderjähriger unter bestimmten Voraussetzungen auch ein Veto gegen die Einwilligung der gesetzlichen Vertreter einlegen, wenn er über eine ausreichende Urteilsfähigkeit verfügt.[281]

Die Einwilligung muss darüber hinaus freiwillig erfolgen. Möglich ist auch eine mutmaßliche Einwilligung, sofern die Einwilligung z.B. wegen Bewusstlosigkeit des Rechtsgutinhabers nicht einholbar und sonstige Einwilligungsberechtigte, z.B. Verwandte, nicht greifbar sind.

bei ärztl. Heileingriff umfassende Aufklärung notw.

Auch der ärztliche Heileingriff stellt eine Gesundheits- und Körperverletzung dar. Dieser Eingriff kann jedoch über eine Einwilligung gerechtfertigt sein, vgl. § 630d BGB. Erforderlich ist zusätzlich zu den bereits genannten Voraussetzungen eine umfassende Aufklärung seitens des Arztes über das Wesen, die Bedeutung und die Tragweite des ärztlichen Eingriffs, § 630e BGB.[282] Andernfalls ist die Einwilligung unwirksam, § 630d II BGB.

Der Inhalt und Umfang dieser Aufklärungspflicht ergibt sich aus dem Einzelfall.[283] Der Patient kann aber nur in die Risiken einwilligen, die er kennt.

Fehlt eine umfassende Aufklärung vor einer Operation, so führt eine Verletzung, die nicht von der Einwilligung umfasst wird, auch dann zu Ersatzansprüchen, wenn dem Arzt kein Behandlungsfehler nachzuweisen ist.[284] Die Aufklärung hat durch ein persönliches Gespräch zwischen Patient und Arzt zu erfolgen, vgl. § 630e II BGB. Ein sog. Einwilligungsformular kann dieses Gespräch nicht ersetzen, sondern allenfalls die Beweislast umkehren.

Ist der Patient bewusstlos, so behilft man sich mit der vermuteten Einwilligung. Diese stützte man ursprünglich auf § 683 BGB analog. Mittlerweile gibt es dazu die gesetzliche Regelung des § 630d I S. 4 BGB. Der medizinische Eingriff ist deshalb dann gerechtfertigt, wenn er im objektiv verstandenen Interesse liegt und subjektiv dem mutmaßlichen Willen des Patienten entspricht.[285]

c) Handeln auf eigene Gefahr

Handeln auf eigene Gefahr: Rechtfertigung (-); § 254 BGB

Der von der Rspr. und Lehre[286] entwickelte Tatbestand des Handelns auf eigene Gefahr ist erfüllt, wenn sich jemand bewusst in eine Situation drohender Eigengefährdung begibt. Umstritten war die Einordnung des Problems. Nach der früheren Rspr.[287] lag in dem Handeln auf eigene Gefahr eine konkludente Einwilligung in eine mögliche Schädigung. Die heute ganz h.M.[288] geht dagegen von einer schuldhaften Selbstgefährdung aus, die i.R.d. § 254 BGB als Mitverschulden zu berücksichtigen ist und im Extremfall zum Wegfall der Ersatzpflicht des Schädigers führen kann. 90

Im Falle der Gefährdungshaftung kann das Handeln auf eigene Gefahr auch Haftungsausschlussgrund sein.[289] Der BGH hat diese Frage zuletzt im Falle der Tierhalterhaftung diskutiert.[290]

281 BGH, NJW 2007, 217 ff. = **juris**byhemmer.

282 Palandt, § 823 BGB, Rn. 151 ff.; BGH, NJW 1984, 1395; BGH, NJW 1987, 1481.

283 Dazu ausführlich Palandt, § 823 BGB, Rn. 155.

284 BGH, **Life&Law 2017, 168 ff.**

285 Siehe auch BGHZ 2, 163; BGHZ 34, 358 zur ursprünglichen Entwicklung des Instituts der hypothetischen Einwilligung.

286 Vgl. Deutsch, Rn. 180.

287 RGZ 141, 265; BGHZ 2, 162.

288 Vgl. Palandt, § 254 BGB, Rn. 32; BGHZ 34, 363; BGHZ 43, 77.

289 Vgl. Palandt, § 254 BGB, Rn. 32.

290 NJW-RR 2006, 813 ff.

Der Geschädigte saß als Beifahrer auf einer von zwei Pferden gezogenen Kutsche, welche in einer Kurve umstürzte. Die Vorinstanz ist von einem stillschweigenden Haftungsausschluss ausgegangen.

Der BGH ist dieser Ansicht entgegengetreten und hat mit den Grundsätzen des Handels auf eigene Gefahr wie folgt argumentiert. Eine vollständige Haftungsfreistellung komme nur dann in Betracht, wenn sich der Geschädigte bewusst einer besonderen Gefahr aussetzt, die über die normalerweise mit dem Reiten verbundenen Gefahren hinausgeht.[291]

Das Bewusstsein der besonderen Gefährdung ist mithin stets Voraussetzung, um ein Handeln auf eigene Gefahr annehmen zu können. Ob dann eine Haftung komplett entfallen kann, ist abhängig von allen Umständen des Einzelfalls zu bestimmen.

Beispiele:

- *Mitfahrt mit Fahrer ohne Führerschein*
- *Mitfahrt mit alkoholisiertem Fahrer*
- *Mitfahrt in nicht zugelassenem Kfz*[292]

d) Sportverletzungen

bes. gefährliche Sportarten/Kampfsportarten: Einwilligung

Bei Sportverletzungen ist zu unterscheiden:[293] Wer an einer besonders gefährlichen Sportart, insbesondere an Kampfsportarten (Boxen, Ringen, Judo, etc.) teilnimmt, willigt in die bei Kämpfen dieser Art üblichen Verletzungen ein.[294] *91*

Kampfspiele: § 242 BGB

Bei sog. Kampfspielen (Fußball, Handball, Eishockey, etc.) verneint der BGH dagegen eine konkludente Einwilligung und stellt stattdessen auf das aus § 242 BGB abgeleitete Verbot des venire contra factum proprium ab: Wer für eine Verletzung Schadensersatz verlangt, die trotz Einhaltung der sportlichen Regeln unvermeidbar war, verstößt demnach gegen Treu und Glauben.[295]

Dies gilt auch bei geringfügigen Regelverstößen, z.B. aus Spieleifer, technischer Überlegenheit oder Übermüdung.[296] Selbst wenn in diesen Fällen ein objektiver Regelverstoß vorliegt, wird ein Anspruch in der Regel am fehlenden Verschulden scheitern. Denn ein objektiver Regelverstoß indiziert nicht ohne weiteres ein schuldhaftes Verhalten.

Wenn allerdings die gebotene Härte und damit die Grenze zur Unfairness überschritten werden, besteht eine Haftung auf Schadensersatz.[297]

Diese Grundsätze gelten nach Ansicht des BGH auch für Sportveranstaltungen im Bereich des Motorsports, welche Wettkampfcharakter haben. Es ist allerdings zu berücksichtigen, dass ein Haftungsausschluss aufgrund widersprüchlichen Verhaltens dann nicht greift, wenn für den Schaden Versicherungsschutz besteht.[298]

---

291 Dazu auch BGH, NJW-RR 2006, 672 f. für die Teilnahme an einem „Rempeltanz".

292 Weitere Beispiele aus der Rspr. vgl. Palandt, § 254 BGB, Rn. 32 ff.

293 Vgl. zum Ganzen: Palandt, § 254 BGB, Rn. 33.

294 BGHZ 63, 140 = **juris**byhemmer.

295 BGHZ 63, 140 = **juris**byhemmer.

296 BGHZ 63, 140 = **juris**byhemmer.

297 Für die sog. „Blutgrätsche" vgl. OLG Hamm, NJW-RR 2005, 1477.

298 BGH, **Life&Law 2008, 376 ff.**; aber Achtung: Besteht eine Regressmöglichkeit der Versicherung gegen den Schädiger, kann dies wiederum anders sein! Vgl. dazu OLG Frankfurt, **Life&Law 2006, 443 ff.**

hemmer-Methode: Betrachtet man diese Abgrenzung einmal praktisch, wird deutlich, dass es sich stets um Einzelfallentscheidungen handeln wird, bei denen insbesondere das Überschreiten der Grenze zur Unfairness bzw. das Verschulden schwierig zu beweisen sein wird.

anders, wenn Spiel unerlaubt

Diese Grundsätze gelten jedoch nicht, wenn das Spiel wegen seiner Gefährlichkeit als solches bereits unerlaubt war, z.B. Gotcha-Spiel ohne waffenrechtliche Erlaubnis. Schadensersatzansprüche sind hier auch bei Einhaltung der vereinbarten Regeln gegeben. In der Regel wird bei solchen Sportarten aber ein Mitverschulden des Verletzten gegeben sein.[299]

Bearbeiten Sie die Fragen 30 - 34!

F) Verschulden

Verschulden bzgl. Verletzungshandlung

Neben der Rechtswidrigkeit des Verhaltens setzt § 823 I BGB auch ein Verschulden (persönliche Verantwortung des Schädigers) i.R.d. haftungsbegründenden Tatbestandes voraus. Das Verschulden muss sich auf die Verletzungshandlung beziehen, nicht auf den eingetretenen Schaden.[300] Das Verschulden bestimmt sich nach § 276 BGB. Danach ist das Verschulden zweistufig zu prüfen: 93

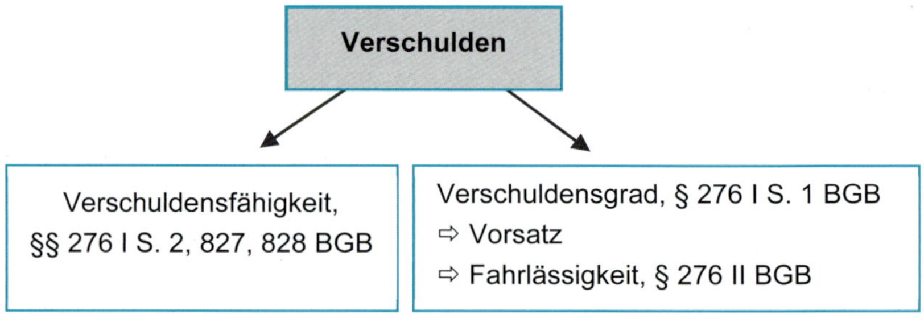

I. Verschuldensfähigkeit, §§ 276 I S. 2, 827, 828 BGB[301]

Verschuldensfähigkeit notw.

Ein Schuldvorwurf ist nur möglich, wenn der Betreffende auch verschuldensfähig ist.

Die Verschuldensfähigkeit richtet sich nach den §§ 827, 828 BGB, auf die § 276 I S. 2 BGB auch außerhalb der deliktischen Haftung verweist.

§ 828 BGB ist durch das am 01.08.2002 in Kraft getretene Gesetz zur Änderung schadensersatzrechtlicher Vorschriften sehr stark modifiziert worden.

Verschuldensunfähigkeit gem. §§ 828 I, 827 BGB

Verschuldensunfähig sind nach § 828 I BGB alle Personen, welche das siebente Lebensjahr noch nicht vollendet haben. Nach § 827 S. 1 BGB sind ebenfalls alle Personen verschuldensunfähig, welche sich im Zeitpunkt der Tat im Zustand der Bewusstlosigkeit oder in einem die freie Willensbestimmung ausschließenden Zustand krankhafter Störung der Geistestätigkeit befunden haben. 94

299 Vgl. BGH, NJW 1997, 949.

300 Anders im Arbeitsrecht bei der Haftung des AN gegenüber dem AG. Im Rahmen des innerbetrieblichen Schadensausgleichs haftet der AN hier nur, wenn sich das Verschulden auch auf den eingetretenen Schaden bezieht, BAG, NJW 2003, 377 ff.; vgl. auch Rn. 101d.

301 Vgl. dazu auch Tyroller, **Life&Law 2006, 358 (364 f.)**.

Letzteres gilt nach § 827 S. 2 BGB allerdings nicht, wenn dieser Zustand durch den Schädiger selbst mittels „geistiger Getränke oder ähnlicher Mittel" herbeigeführt worden ist. In diesem Fall ist dem Schädiger Fahrlässigkeit vorzuwerfen. Diese Verantwortlichkeit tritt jedoch nach § 827 S. 2 letzter HS BGB nicht ein, wenn der Schädiger ohne Verschulden in diesen Zustand geraten ist.

hemmer-Methode: § 827 S. 2 BGB ähnelt sehr stark der Figur der actio libera in causa (a.l.i.c.) im Strafrecht!

keine Verschuldensfähigkeit bis Vollendung des zehnten Lebensjahres im Straßenverkehr, § 828 II BGB

Verschuldensunfähig sind des Weiteren Personen, die zwar das siebte, aber noch nicht das zehnte Lebensjahr vollendet haben. Dies jedoch nur dann, wenn der Schaden bei einem Unfall mit einem Kraftfahrzeug, einer Schienenbahn oder einer Schwebebahn einem anderen zugefügt wurde, § 828 II S. 1 BGB.

Dies rechtfertigt sich dadurch, dass nach neuesten Erkenntnissen Kinder in diesem Alter aufgrund ihrer physischen und psychischen Fähigkeiten regelmäßig nicht in der Lage sind, die besonderen Gefahren des Straßenverkehrs zu erkennen und sich den erkannten Gefahren entsprechend zu verhalten.

Das Gesagte gilt jedoch nicht, wenn der Minderjährige vorsätzlich gehandelt hat, § 828 II S. 2 BGB. Dann richtet sich die Haftung nach der Einsichtsfähigkeit, § 828 III BGB.[302]

Die Privilegierung des § 828 II S. 1 BGB greift aber nur ein, wenn sich bei der gegebenen Fallkonstellation eine typische Überforderungssituation des Kindes durch die spezifischen Gefahren des motorisierten Verkehrs realisiert hat. Daher greift § 828 III BGB, wenn ein parkendes Fahrzeug von einem neunjährigen Kind beschädigt wird.[303]

Für das Nichteingreifen des § 828 II S. 1 BGB trägt der Geschädigte nach allgemeinen Grundsätzen die Beweispflicht, weil es eine für ihn günstige Tatsache darstellt.[304]

Ein Fall von § 828 II BGB ist – anders als im Beispiel zuvor – aber wiederum gegeben, wenn sich das Kfz im Straßenverkehr bewegt und in der Situation des Zusammenstoßes nicht in Bewegung ist. Im entsprechenden Fall hielt das Kfz an einer Kreuzung. Der Minderjährige kam aus einer Seitenstraße, kam von der Spur ab und fuhr in das Kfz. Hier hat der BGH § 828 II S. 1 BGB angewendet. Die Gefahrensituation verlange nicht nach einer konkreten Bewegung. Vielmehr haben Kinder auch Probleme damit, richtig einzuschätzen, ob bzw. wann sich ein Kfz wieder in Bewegung setze. Das gehöre zu den typischen Gefahren des Straßenverkehrs.[305]

hemmer-Methode: Mit der Privilegierung der Kinder gem. § 828 II S. 1 BGB geht keine Verschärfung der Aufsichtspflichten der Eltern einher. Deren Haftung wird daher nicht durch die Neuregelung verschärft.[306]

beschr. Verschuldensfähigkeit gem. § 828 III BGB

Nach § 828 III BGB sind beschränkt verschuldensfähig alle Personen, welche das achtzehnte Lebensjahr noch nicht vollendet haben, sofern sich nicht aus den Absätzen 1 und 2 etwas anderes ergibt. 95

302 Ebenso ändert die Neufassung des § 828 II BGB nichts an der u.U. eingreifenden Billigkeitshaftung nach § 829 BGB.

303 Vgl. BGH, Urteil in **Life&Law 2005, 159 ff.**; so zuvor schon AG Sinsheim, NJW 2004, 453.

304 BGH, **Life&Law 2009, 809 ff.**

305 BGH, **Life&Law 2007, 594 ff.**

306 Heß, in NJW-Spezial 2005, S. 15 (16); OLG Oldenburg, ZGS 2004, 33 ff.

hemmer-Methode: Hauptgrund für die Änderung des § 828 II BGB war nicht etwa die Befürchtung, Kinder zwischen sieben und zehn Jahren würden allzu oft Unfälle verursachen (Haftungsbegründung) und dadurch mit unangemessenen Ansprüchen überzogen werden. Es ging dem Gesetzgeber vielmehr darum, i.R.d. Mitverschuldens (§ 9 StVG, § 254 BGB) eine Reduzierung der Verantwortlichkeit zu normieren. Einem z.B. Achtjährigen kann daher nicht mehr entgegengehalten werden, er sei z.T. für die Entstehung des Schadens mitverantwortlich. Komplettiert wird der Schutz über § 7 II StVG, der i.R.d. Gefährdungshaftung die Voraussetzungen für den Ausschluss der Haftung durch die Anknüpfung an höhere Gewalt weitestgehend unmöglich macht.
Die Neufassung beseitigt jedoch nicht alle Probleme im Zusammenhang mit der Haftung Minderjähriger. Zu beachten ist nämlich der eingeschränkte sachliche Anwendungsbereich. Das OLG Celle[307] hielt bereits die alte Fassung des § 828 BGB für verfassungswidrig, da das Grundgesetz eine unbeschränkte Haftung Minderjähriger nicht trage.
Damals hat sich das BVerfG noch mit dem Argument aus der Affäre gezogen, § 828 BGB sei vorkonstitutionell und damit nicht überprüfbar.[308] Würde heute ein Fall vorgelegt, etwa die fahrlässige Brandstiftung eines einsichtsfähigen Siebzehnjährigen, so müsste sich das BVerfG in der Sache äußern, da der Gesetzgeber durch die Änderung der Vorschrift deutlich gemacht hat, dass er diese in seinen Willen aufgenommen hat. Hier scheint also das letzte Wort noch nicht gesprochen![309]

Nach § 828 III BGB scheidet eine Verantwortlichkeit aus, wenn der Betreffende bei der Begehung der schädigenden Handlung nicht die zur Erkenntnis der Verantwortlichkeit erforderliche Einsicht hatte. Die erforderliche Einsichtsfähigkeit umfasst die Erkenntnis eines Unwertgehaltes in der Handlung sowie das in irgendeiner Weise Einstehenmüssen für die sich daraus ergebenden Folgen.

Ausschlaggebend ist die intellektuelle Fähigkeit, nicht die individuelle Steuerungsfähigkeit in einer bestimmten Situation.[310] Abzustellen ist bzgl. der Einsichtsfähigkeit auf den Einzelfall.[311]

sonst jeder verschuldensfähig

Alle übrigen Personen sind uneingeschränkt verschuldensfähig.

hemmer-Methode: Die Bedeutung des § 828 III BGB geht weit über das Deliktsrecht hinaus. So ist im Bereicherungsrecht für die Anwendung des § 819 I BGB zu fragen, ob es analog § 166 I BGB auf die Kenntnis der Eltern oder nach § 828 III BGB auf die Einsichtsfähigkeit des Minderjährigen ankommt.[312]
Eine ähnliche Problematik besteht im Eigentümer-Besitzer-Verhältnis, wenn der Minderjährige auf Schadensersatz in Anspruch genommen wird: Hier wird i.R.d. §§ 989, 990 BGB zur Begründung der Bösgläubigkeit wegen der Deliktsähnlichkeit § 828 III BGB entsprechend herangezogen, wenn der Minderjährige sich den Besitz durch Eingriff verschafft hat.[313]

II. Grad des Verschuldens

Verschulden, § 276 I S. 1 BGB

§ 276 I S. 1 BGB unterscheidet nach dem Grad des Verschuldens zwischen Vorsatz und Fahrlässigkeit. § 276 III BGB lässt erkennen, dass der Vorsatz die stärkere Verschuldensform ist. 96

307 OLG Celle, JZ 1990, 294; dazu Canaris in JZ 1990, 679 = **juris**byhemmer.

308 BVerfG, NJW 1998, 3557 = **juris**byhemmer.

309 Gegen die Verfassungswidrigkeit könnte man anfügen, dass es nun mit dem Privatinsolvenzverfahren eine Möglichkeit bei (nicht auf vorsätzlichem Handeln basierende, § 302 Nr. 1 InsO) Schadensersatzforderungen gegen Minderjährige gibt, die Folgen der Inanspruchnahme abzumildern.

310 BGH, NJW 1984, 1958; Palandt, § 828 BGB, Rn. 6.

311 Palandt, § 828 BGB, Rn. 6.

312 Dazu **Hemmer/Wüst, Bereicherungsrecht, Rn. 509 ff.**

313 **Hemmer/Wüst, Sachenrecht I, Rn. 345 ff.**

1. Vorsatz

Vorsatz

Der Vorsatz umfasst sowohl den direkten Vorsatz (dolus directus) als auch den bedingten Vorsatz (dolus eventualis). 97

e.A.: Schuldtheorie
⇨ Wissen u. Wollen d. Tat

Nach der (im Strafrecht herrschenden) Schuldtheorie ist der Vorsatz als Wissen und Wollen der Tat vom Schuldvorwurf zu trennen. Fehlt das rechtliche Unrechtsbewusstsein, kann der Vorsatz bestehen bleiben, obwohl der Schuldvorwurf entfällt.

h.M.: Vorsatztheorie
⇨ Wissen u. Wollen d. rw. Erfolges

Im Zivilrecht ganz herrschend ist jedoch die sog. Vorsatztheorie.[314] Danach ist Vorsatz das Wissen und Wollen des rechtswidrigen Erfolges. Zum Vorsatz zählt auch das Bewusstsein der Rechtswidrigkeit, sodass ein Irrtum über die tatsächlichen Umstände des Vorliegens eines Rechtfertigungsgrundes, aber auch ein Rechtsirrtum den Vorsatz ausschließt.[315]

2. Fahrlässigkeit

einfache Fahrlässigkeit
⇨ obj. Maßstab

Fahrlässig handelt nach § 276 II BGB, wer die im Verkehr erforderliche Sorgfalt außer Acht lässt. Dabei haftet der Schädiger grundsätzlich für jede Form der Fahrlässigkeit (leicht, mittel oder grob). 98

Abweichend vom Strafrecht gilt im Zivilrecht kein individueller, sondern ein auf die allgemeinen Verkehrsbedürfnisse ausgerichteter objektiver (typisierter) Sorgfaltsmaßstab.[316]

Fahrlässigkeit liegt danach vor, wenn der Schädiger diejenige Sorgfalt außer Acht gelassen hat, welche von einem Angehörigen seiner Personengruppe (z.B. Berufsgruppe) in der jeweiligen konkreten Situation erwartet wird.[317] Abzustellen ist also auf:

⇨ die typischen Kenntnisse und Fähigkeiten der Personengruppe, welcher der Schädiger angehört,

⇨ den objektiven Einfluss der konkreten Situation auf den Verletzten und

⇨ die subjektiven Kenntnisse und Fähigkeiten des Schädigers, sofern diese die typischen Kenntnisse/Fähigkeiten übersteigen.

hemmer-Methode: Erkennen Sie die examenstypischen Problemfelder! Im Verhältnis Kind-Eltern oder zwischen Ehegatten sind die §§ 1664, 1359 BGB zu beachten! Wegen § 277 BGB haften diese Personen einander regelmäßig nur für Vorsatz und grobe Fahrlässigkeit, wenn die Sorgfalt, die in eigenen Angelegenheiten anzuwenden gepflegt wird, beachtet wurde. Bei leichter Fahrlässigkeit kann also ein Haftungsausschluss vorliegen! Ist noch ein Dritter an der Schädigung beteiligt, so kann es im Innenverhältnis zum gestörten Gesamtschuldnerausgleich kommen. (Vergleichen Sie hierzu: Hemmer/Wüst, Schadensersatzrecht III, Rn. 267 ff.!) Wer dieses Problem nicht kennt, läuft Gefahr, an der Musterlösung vorbeizuschreiben.

VSP als Maßstab

I.R.d. objektiven Sorgfaltsmaßstabes spielen wiederum die Verkehrssicherungspflichten eine Rolle.[318] Sie können den objektiven Maßstab für die Fahrlässigkeitsschuld bilden. Es ist hier zu prüfen, aus welchen subjektiven Gründen die Verkehrssicherungspflichten als das objektiv Erforderliche nicht eingehalten wurden. 99

314 Palandt, § 823 BGB, Rn. 41; § 276 BGB, Rn. 10; RGZ 72, 4; BGHZ 69, 128.

315 Palandt, § 276 BGB, Rn. 11; RGZ 72, 6.

316 Vgl. Palandt, § 276 BGB, Rn. 15; BGHZ 39, 283; Kupisch/Krüger, S. 45.

317 Vgl. BGH, NJW 1997, 2756; aufbereitet in **Life&Law 1998, 2 ff.** = **juris**byhemmer.

318 Vgl. hierzu oben Rn. 62c.

Bsp.: Der Hersteller hat seinen Betrieb so einzurichten, dass Konstruktions-, Fabrikations- und Instruktionsfehler weitestmöglich ausgeschaltet werden. Um daraus i.R.d. Produzentenhaftung einen effektiven deliktischen Schutz zu erreichen, muss für den Bereich der Konstruktions- und Fabrikationsfehler eine Beweislastumkehr zu Lasten des Herstellers gelten, da dem Verbraucher mangels Einblicks in den Produktionsablauf ein Verschuldensnachweis kaum gelingen könnte.

hemmer-Methode: Lassen Sie sich nicht verwirren! Die Verkehrssicherungspflichten werden in der Rechtsprechung und der Literatur an verschiedenen Stellen diskutiert. Für die Klausur wird folgende Prüfungsreihenfolge vorgeschlagen: 100

1. **Liegt bei der Verletzungshandlung ein Unterlassen vor, muss man zur Begründung der Garantenstellung i.d.R. die VSPen heranziehen. Die VSPen begründen nämlich eine Pflicht zum Handeln.**
2. **Die Rechtswidrigkeit ergibt sich (nach h.M.) nicht erst aus dem Verstoß gegen eine VSP, sondern sie ist gemäß der Grundregel bei Erfüllung des objektiven Tatbestandes indiziert. Die VSPen müssen hier also grds. nicht erwähnt werden (Ausnahme: Unterlassen).**
3. **Die VSPen sind nochmals bei der Prüfung des Verschuldens heranzuziehen. Die VSPen bilden nämlich einen Maßstab für die anzuwendende Sorgfalt (§ 276 II BGB). Hat man die VSP bereits bei der Verletzungshandlung zur Begründung der Garantenstellung herangezogen, so kann im Wesentlichen nach oben verwiesen werden. Beim Verschulden muss aber zusätzlich noch geprüft werden, ob die Verletzung der VSP subjektiv vorwerfbar ist.**

3. Billigkeitshaftung nach § 829 BGB

Billigkeitshaftung, § 829 BGB

In bestimmten Fällen kommt trotz fehlender Verantwortlichkeit nach §§ 823 - 826 BGB eine Haftung aus Billigkeitsgründen in Betracht, wenn folgende Voraussetzungen vorliegen: 101

⇨ Schädiger nicht schuldfähig, §§ 827, 828 BGB

⇨ Der Schädiger wäre aus §§ 823 - 826 BGB haftbar, jedoch entfällt eine Haftung mangels Verschuldensfähigkeit nach §§ 827, 828 BGB.

Nach der Rspr.[319] ist § 829 BGB entsprechend anzuwenden, wenn ein Jugendlicher über sieben Jahren nur aus altersgruppenbedingten Gründen nicht haftet, sofern er konkret die erforderliche Einsicht besitzt. Auch im Fall des § 827 S. 1 BGB, in dem begriffstechnisch keine Verletzungshandlung vorliegen kann, kommt u.U. eine Billigkeitshaftung nach § 829 BGB in Betracht.

Bsp.: Ein Autofahrer verursacht nach einem Herzanfall im Zustand der Bewusstlosigkeit einen Unfall. Eine Haftung nach § 823 BGB scheidet mangels Verschuldensfähigkeit nach § 827 S. 1 BGB aus. Hier kommt eine Billigkeitshaftung nach § 829 BGB ist Betracht.

⇨ kein Aufsichtspflichtiger

⇨ Ein Ersatz des Schadens kann auch nicht von einem aufsichtspflichtigen Dritten - etwa nach § 832 BGB - verlangt werden.

⇨ Schadloshaltung d. Verletzten erforderlich

⇨ Die Billigkeit muss unter Berücksichtigung aller Umstände eine Schadloshaltung des Geschädigten erfordern, nicht nur erlauben.[320]

Dabei dürfen dem Schädiger aber nicht Mittel entzogen werden, deren er zum angemessenen Unterhalt sowie zur Erfüllung seiner gesetzlichen Unterhaltspflichten bedarf.

319 BGHZ 39, 281 = jurisbyhemmer.

320 Palandt, § 829 BGB, Rn. 4; BGH, NJW 1969, 1762.

Zu berücksichtigen sind dabei alle Umstände, wie z.B. die wirtschaftliche Lage oder die Verhältnisse der Beteiligten. Nach der Rspr.[321] kann das Bestehen einer Pflichtversicherung oder einer Berufshaftpflichtversicherung einen Billigkeitsanspruch begründen, nicht aber eine private Haftpflichtversicherung.

Daran ändert sich auch nach der Neufassung des § 828 BGB nichts.[322] Die daraus resultierende Besserstellung von Kindern darf nicht dadurch wieder ausgehebelt werden, dass der Anwendungsbereich des § 829 BGB erweitert wird, nur weil eine private Haftpflichtversicherung besteht.

Die h.L.[323] will dagegen bei Bestehen einer Haftpflichtversicherung generell eine Billigkeitshaftung annehmen.

hemmer-Methode: Besteht keine zivilrechtliche Verantwortlichkeit des Schädigers, kann auch die akzessorisch haftende Versicherung nicht in Anspruch genommen werden. Wenn die Haftung aus § 829 BGB bejaht wird, steht dahinter also oft die Wertung, dem Geschädigten einen Zugriff auf die solvente Versicherung zu ermöglichen.

4. Gemilderter Verschuldensmaßstab

hemmer-Methode: Lesen Sie zu den vertraglichen und gesetzlichen Haftungsbeschränkungen auch Hemmer/Wüst, Schadensersatzrecht III, Rn. 10 ff.!

a) Vertragliche Haftungsbeschränkung

aus Vertrag

Eine Haftungsbeschränkung aus Vertrag kann sich auch auf §§ 823 ff. BGB erstrecken, wenn andernfalls der Sinn und Zweck der Haftungsmilderung leer laufen würde. Der Schuldmaßstab bei unerlaubten Handlungen darf in den Grenzen des § 276 III BGB vertraglich eingeschränkt werden. Ein solcher Enthaftungsvertrag kann ausdrücklich oder konkludent geschlossen werden.[324] *101a*

Dies erfolgt in der Regel durch Freizeichnung, welche dann auch eine unerlaubte Handlung umfassen muss, die gleichzeitig eine Vertragsverletzung darstellt.

Grenzen dieser vertraglichen Freizeichnung können sich aus §§ 309, 307 I, II BGB[325] und § 138 BGB ergeben.

b) Gesetzliche Haftungsbeschränkung

aus Gesetz

Haftungsbeschränkungen können sich auch aus Gesetz ergeben: *101b*

BGB-Gesellschaft

⇨ So haftet z.B. der Gesellschafter bei der Erfüllung der ihm obliegenden Verpflichtung nur für diejenige Sorgfalt, die er in eigenen Angelegenheiten anzuwenden pflegt, §§ 708, 277 BGB.

Wichtigste vertragliche Anspruchsgrundlage bei einer Schlechtleistung eines Gesellschafters ist § 280 I BGB, da gesetzliche Gewährleistungsbestimmungen bei der BGB-Gesellschaft fehlen.

---

321 Vgl. BGHZ 76, 279; bestätigt durch BGH, **Life&Law 2017, 309 ff.** = **juris**byhemmer.

322 Unter Berufung auf die BGH-Rechtsprechung: LG Heilbronn, NJW 2004, 2391.

323 Vgl. Böhmer, MDR 1963, 22.

324 Vgl. auch OLG Frankfurt zum stillschweigenden Haftungsverzicht bei Gefälligkeitsvertrag in **Life&Law 1998, 573 ff.**

325 Palandt, § 309 BGB, Rn. 40 ff.

I.R.d. § 280 I BGB wird dann der Haftungsmaßstab gem. § 708 BGB gemildert. Der Grundsatz der Normenangleichung gilt auch für die unerlaubte Handlung.

Eheleute

⇨ Bei Eheleuten gilt § 1359 BGB auch i.R.d. unerlaubten Handlung.

Eltern

⇨ Bei Eltern im Verhältnis zu ihren Kindern gilt § 1664 BGB.

Vorerbe

⇨ **Beachten Sie** auch § 2131 BGB im Verhältnis Vorerbe zum Nacherben (vgl. aber §§ 2136, 2137 BGB).

nicht im Straßenverkehr

Achtung: Nach Ansicht der Rspr. gelten die Haftungsbeschränkungen auf diese sog. „diligentia quam in suis" allerdings nicht im Straßenverkehr, dort sei kein Raum für „individuelle Sorglosigkeit" (str.). Begründung:

Fehlverhalten im Straßenverkehr betreffe typischerweise auch andere, daher gebe es dort keine „eigenen Angelegenheiten". Nach Medicus[326] ist aber eine zivilrechtliche Beschränkung der Haftung im Verhältnis zu bestimmten Personen sehr wohl mit der durch das Verkehrsstrafrecht sanktionierten Pflicht zur Anwendung aller Sorgfalt vereinbar.

hemmer-Methode: Immer wenn ein Gemeinschaftsverhältnis in Betracht kommt, ist daran zu denken, dass wegen der persönlichen Verbundenheit und ständigen Nähe keine uneingeschränkte Haftung besteht. Letztlich will der Gesetzgeber nicht den „Krieg". Außerdem: Wer sich für eine so enge Gemeinschaft entscheidet, muss auch die „Schwächen" des anderen in bestimmten Grenzen hinnehmen. Deshalb: „Drum prüfe, wer sich ewig bindet"!
Für die Frage der Anwendbarkeit der Haftungsmilderung im Straßenverkehr gilt: Gehen Sie damit flexibel um. Für die Ansicht von Medicus spricht, dass man anderenfalls jeden Haftungsverzicht, auch den vereinbarten, im Straßenverkehr für unwirksam halten müsste. Ist neben dem möglicherweise privilegiert haftenden Schädiger noch ein Zweitschädiger vorhanden, so führt nur die Ansicht von Medicus zur Folgeproblematik des „gestörten Gesamtschuldnerausgleichs". Wiederum gilt: „Probleme schaffen, nicht wegschaffen!"
Erkennen Sie in diesen Fällen die examenstypischen Problemfelder! So müssen Sie im Verhältnis Kind-Eltern oder zwischen Ehegatten die §§ 1664, 1359 BGB beachten! Wegen § 277 BGB haften diese Personen einander regelmäßig nur für Vorsatz und grobe Fahrlässigkeit. Bei leichter Fahrlässigkeit kann also ein Haftungsausschluss vorliegen!
Merken Sie sich: Nur leichte Fahrlässigkeit führt zur Regressbehinderung und damit zum Folgeproblem. Im Zweifel also klausurtaktisch denken und grobe Fahrlässigkeit ablehnen!

„Uneigennützigkeit"

Achten Sie auch auf Haftungsmilderungen bei uneigennütziger Tätigkeit, vgl. §§ 521, 599, 968, 680, 690 BGB. Wiederum gilt der Grundsatz der Normenangleichung. Der Haftungsmaßstab des Vertragsverhältnisses gilt auch für die unerlaubte Handlung.

Grund: Der selbstlos Handelnde darf nicht über das Deliktsrecht entgegen der gesetzlichen Wertung bestraft werden. Die Haftungsmilderungen würden ansonsten ihren Sinn verlieren.

c) Gefälligkeitsverhältnisse

Rechtsprechung: grds. keine Haftungsmilderung

Bei Gefälligkeitsverhältnissen (z.B. Mitnahme im Pkw) genügt die Uneigennützigkeit nach der Rechtsprechung allein nicht für die analoge Anwendung der §§ 521, 599, 690, 968 BGB. Auch der Beauftragte, der ja ebenfalls unentgeltlich tätig ist, haftet nicht privilegiert.[327] 101c

326 Medicus, BR, Rn. 930.

327 BGH, **Life&Law 2017, 591 ff.** = **juris**byhemmer.

Gerade das Auftragsrecht zeigt daher, dass es eben auch Gefälligkeitsverträge gibt, bei denen eine volle Haftung besteht. Der fehlende Rechtsbindungswille kann daher allein eine Haftungsprivilegierung nicht begründen.

a.A.: Literatur

Einen anderen Ausgangspunkt nimmt die Literatur, die aus der gesetzlichen Wertung der Privilegierung gemeinnützig Handelnder schließt, dass bei Gefälligkeitsverhältnissen ohne Treuhandcharakter die Haftungsprivilegierung ebenfalls gelten soll.

Die unbegrenzte Haftung des Auftragsrechts passt nicht für unentgeltliche Tätigkeiten ohne Treuhandcharakter, also insbesondere nicht für die Gefälligkeiten des täglichen Lebens.[328]

stillschweigender Haftungsausschluss möglich

Die Rechtsprechung kommt aber in unbilligen Fällen über die Figur des „stillschweigenden Haftungsausschlusses“ zum selben Ergebnis, obwohl die Annahme eines solchen im Ergebnis auf eine bloße Fiktion hinausläuft.

Voraussetzung ist jedoch auch nach der Rechtsprechung des BGH, dass der Schädiger, wäre die Rechtslage vorher zur Sprache gekommen, einen Haftungsverzicht gefordert hätte und sich der Geschädigte dem ausdrücklichen Ansinnen einer solchen Abmachung billigerweise nicht hätte versagen dürfen. Daran fehlt es regelmäßig, wenn der Schädiger gegen Haftpflicht versichert ist. Denn eine Haftungsbeschränkung, die nicht den Schädiger, sondern den Haftpflichtversicherer entlastet, entspricht in der Regel nicht dem Willen der Beteiligten.[329]

d) Arbeitsverhältnisse

§§ 104, 105 SGB VII

aa) Besonderheiten ergeben sich auch aus §§ 104, 105 SGB VII. *101d*

Da der Arbeitgeber alleine in die Unfallversicherung zahlt und es unbillig wäre, ihn bei Schädigung des Arbeitnehmers ein zweites Mal zu belasten, kommt ihm die gesetzliche Haftungsfreistellung des § 104 SGB VII zugute. Er haftet damit für einen betrieblich veranlassten Personenschaden seines Arbeitnehmers nur, wenn er entweder vorsätzlich gehandelt hat oder wenn der Arbeitsunfall auf einem nach § 8 II Nr. 1 - 4 SGB VII versicherten Weg eingetreten ist.

Dies gilt entsprechend, wenn ein Arbeitnehmer einen anderen Arbeitskollegen verletzt, vgl. § 105 SGB VII, da sonst die Gefahr bestünde, dass der Arbeitgeber über den Umweg eines Rückgriffs belastet würde.

hemmer-Methode: Häufiges examenstypisches Problem in der Klausur ist, dass neben dem Personenschaden ein Sachschaden (z.B. Uhr des Geschädigten) vorliegt. Für Sachschäden gilt die Haftungsprivilegierung nicht, da solche Schäden nicht von der Unfallversicherung umfasst sind. Allerdings kann der in Anspruch genommene Arbeitskollege häufig Freistellung durch den Arbeitgeber nach den Grundsätzen des innerbetrieblichen Schadensausgleichs (s.u.) verlangen, §§ 670 analog, 257 BGB.

Der Haftungsausschluss gilt auch für den Anspruch auf Schmerzensgeld nach § 253 II BGB, auch wenn die Unfallversicherung dafür nicht aufkommt. Der AN bekommt also bei einem Arbeitsunfall kein Schmerzensgeld. Diese vermeintliche Ungerechtigkeit rechtfertigt sich aus der Überlegung, dass der AN mit der Unfallversicherung einen solventen Anspruchsgegner für die materiellen Schäden hat. Ob eine Inanspruchnahme des schädigenden AN diesbezüglich erfolgreich verliefe, wäre nicht zuletzt wegen der hohen Pfändungsgrenzen beim Arbeitseinkommen nach § 850c ZPO sehr fraglich.

328 Vgl. zur Haftung im Gefälligkeitsverhältnis auch OLG Frankfurt, NJW 1998, 1232 = §§ 104, 105 SGB VII, in **Life&Law 1998, 573 ff.**

329 BGH, a.a.O.

Achtung: Klausurtaktisch kann es sinnvoll sein, einen Haftungsausschluss nicht unmittelbar beim Prüfungspunkt „Verschulden“ anzusprechen. Sollten sich im weiteren Tatbestand des § 823 I BGB noch Probleme ergeben (etwa bei der haftungsausfüllenden Kausalität), sollte man den Tatbestand komplett durchprüfen und am Ende formulieren: *„Möglicherweise besteht aber trotz Verwirklichung des Tatbestandes keine Haftung. Das wäre dann der Fall, wenn zugunsten des Schädigers eine Haftungsprivilegierung eingreift .... “*

bb) Schädigt ein **AN den AG,** greifen bei Sachschäden die Grundsätze über den innerbetrieblichen Schadensausgleich. Danach ist die Haftung des AN unter bestimmten Voraussetzungen reduziert bzw. entfällt vollständig.

hemmer-Methode: Für Personenschäden gilt auch in diesem Verhältnis der Haftungsausschluss des § 105 I SGB VII; das gilt selbst dann, wenn der AG selbst nicht versichert ist, § 105 II S. 1 SGB VII. Ein Anspruch gegen die Berufsgenossenschaft als Träger der gesetzlichen Unfallversicherung besteht dann insoweit, als der AN nach den Grundsätzen des innerbetrieblichen Schadensausgleichs verantwortlich wäre, § 105 II S. 2 SGB VII.

früher: „gefahrgeneigte Arbeit“

Eine Haftungsbeschränkung fand ursprünglich nur nach den Grundsätzen der sog. „gefahrgeneigten Arbeit“ statt. Danach haftete der Arbeitnehmer für Vorsatz und grobe Fahrlässigkeit voll, bei geringer Schuld (leichte Fahrlässigkeit) schied dagegen eine Haftung aus. Bei mittlerer Fahrlässigkeit fand zwar eine Haftung statt, allerdings war der Schaden in der Regel quotal zu verteilen.[330]

Diese Haftungsbeschränkung findet nun bei jeder betrieblich veranlassten Tätigkeit Anwendung[331] und ist damit nicht mehr auf die gefahrgeneigte Arbeit bzw. Tätigkeit beschränkt.

Dies ist eine Weiterentwicklung der richterrechtlich entwickelten Haftungsmilderung. Sie gilt aber nur für Ansprüche des Arbeitgebers gegenüber dem Arbeitnehmer (sog. innerbetrieblicher Schadensausgleich), nicht aber für Ansprüche Dritter. Im letzteren Fall kommt lediglich ein Freistellungsanspruch gegen den Arbeitgeber in Betracht.

Eine betriebliche Tätigkeit liegt immer schon dann vor, wenn sie arbeitsvertraglich übernommen oder im Interesse des Arbeitgebers ausgeführt wurde. Ausreichend ist indes nicht, dass ein zeitlicher und räumlicher Zusammenhang zur Arbeitsleistung besteht. Auch am Arbeitsplatz ist während der Arbeitszeit eine private Veranlassung denkbar.[332]

In welchem Umfang die Haftung beschränkt ist, hängt von der Abwägung der Schadensrisiken ab. Hierbei sind auch subjektive Umstände (wie z.B. Unerfahrenheit, Übermüdung, Jugendlichkeit) zu berücksichtigen. Im Einzelfall kann ein völliger Fortfall des Schadensersatzanspruchs erfolgen.

hemmer-Methode: Der innerbetriebliche Schadensausgleich (bzw. früher die gefahrgeneigte Arbeit) ist ein „Examensklassiker“, der auch in Zukunft hohe Examensrelevanz besitzen wird! Arbeiten Sie, um in der Klausur optimal vorbereitet zu sein, die Ausführungen in Hemmer/Wüst, Arbeitsrecht, Rn. 580 ff. durch!
Achtung: Prüfungsstandort für diese Problematik ist aber nicht das Verschulden, sondern die Haftungsverteilung nach § 254 BGB analog unter dem Stichwort „Betriebsrisiko“!

330 Palandt, § 611 BGB, Rn. 152 ff.

331 BAG, NJW 1995, 210 = jurisbyhemmer.

332 BAG, NJW 2003, 377 ff.

5. Verschärfter Verschuldensmaßstab

Haftungsverschärfungen

Haftungsverschärfungen können auch auf Gesetz oder (was häufiger ist) auf Vertrag beruhen. 101e

Gesetz

So haftet derjenige, der einem anderen eine Sache durch unerlaubte Handlung entzieht, für jede weitere, auch zufällig eintretende Beeinträchtigung von Eigentum und Besitz, vgl. § 848 BGB. Dabei ist ausnahmsweise der hypothetische Kausalverlauf zu berücksichtigen, vgl. § 848 BGB a.E.

Vertrag

Durch Vertrag können Haftungsprivilegierungen beseitigt oder die Haftung auch für Zufall begründet werden, z.B. § 287 S. 2 BGB. Denken Sie dabei aber an unabdingbare Schutzvorschriften (z.B. § 619 BGB) sowie an die allgemeinen Vorschriften der §§ 134, 138, 242 BGB).

6. Beweislast

Beweislast

Grundsätzlich hat das Verschulden der Geschädigte zu beweisen. In Ausnahmefällen kehrt sich die Beweislast um, so z.B. bei der Produzentenhaftung.[333] 101f

hemmer-Methode: I.R.d. § 277 BGB gilt: Die Beweislast dafür, dass der Haftende in eigenen Angelegenheiten nicht sorgfältiger zu verfahren pflegt, als im konkreten Fall geschehen, obliegt dem Privilegierten.[334]

Eine i.R.d. §§ 823 ff. BGB beachtliche Beweislastumkehr kann sich auch durch die Erklärung der Anerkennung einer Schuld nach einem Unfall ergeben. Die Erklärung, an einem Unfall allein schuldig zu sein, ist häufig eine Beweislastverbesserung, teilweise wird aber auch eine Beweislastumkehr angenommen.[335]

Bearbeiten Sie die Fragen 35 - 42!

G) Schaden

hemmer-Methode: Lesen Sie hierzu die ausführliche Darstellung in Hemmer/Wüst, Schadensersatzrecht III, Rn. 85 ff.!

Es muss ein ersatzfähiger Schaden eingetreten sein. Ersatzfähig sind nur diejenigen Vermögenseinbußen, welche kausal aus dem Verletzungserfolg entstanden sind. 102

Schadensermittlung durch Differenzhypothese

Das Vorliegen eines Vermögensschadens bestimmt sich grundsätzlich nach der von Mommsen begründeten Differenzhypothese. Maßgebend ist der Vergleich zweier Vermögenslagen, nämlich der durch das Schadensereignis tatsächlich geschaffenen mit der unter Ausschaltung dieses Ereignisses gedachten.[336]

Ein Vermögensschaden ist gegeben, wenn der jetzige tatsächliche Wert des Vermögens geringer ist als der Wert, den das Vermögen ohne das die Ersatzpflicht begründende Ereignis haben würde.[337]

hemmer-Methode: Es geht also nicht einfach um einen Vergleich „vorher ⇔ nachher", maßgebend ist vielmehr die hypothetische Gegenwart.

333 Vgl. **Hemmer/Wüst, Deliktsrecht II, Rn. 376**.

334 Palandt, § 277 BGB, Rn. 3.

335 Vgl. **Hemmer/Wüst, BGB AT I, Rn. 96 ff.**

336 Vgl. Palandt, Vorb v § 249 BGB, Rn. 10.

337 Vgl. Palandt, Vorb v § 249 BGB, Rn. 10; BGHZ 27, 183; BGHZ 75, 371; BGH, NJW 1986, 2038.

Von der Differenzhypothese wurden i.R.d. Rechtsfortbildung zahlreiche Ausnahmen gemacht (vgl. Kommerzialisierungsgedanke, Lehre vom normativen Schaden, Rechtsprechung zum Ersatz von Gebrauchsvorteilen oder Nutzungsausfall in Hemmer/Wüst, Schadensersatzrecht III, Rn. 131 ff.).

H) Haftungsausfüllende Kausalität

hemmer-Methode: Lesen Sie auch hierzu die ausführliche Darstellung der Schadenszurechnung in Hemmer/Wüst, Schadensersatzrecht III, Rn. 34 ff.!

I. Allgemeines

haftungsausfüllende Kausalität

Der Vermögensschaden muss kausal durch die Rechtsgutverletzung verursacht worden sein, sog. haftungsausfüllende Kausalität. Es muss sich also um „Folgeschäden" der Verletzung handeln. Dabei muss sich das Verschulden des Schädigers jedoch nicht auf den eingetretenen Schaden beziehen, sondern auf den Haftungstatbestand.[338] 103

⇨ dreistufige Prüfung

Um eine angemessene Begrenzung des zuzurechnenden Schadens zu erreichen, wird auch hier die Kausalität in drei Stufen geprüft (Äquivalenz/Adäquanz/Schutzzweck der Norm). 104

Insoweit kann auf die Ausführungen zur haftungsbegründenden Kausalität verwiesen werden.[339] Die größte Klausurrelevanz kommt auch hier wiederum dem Schutzzweck der Norm zu.

hemmer-Methode: Setzen Sie bei Ihrer Examensvorbereitung die Schwerpunkte richtig! Die Kausalität ist in fast jedem Examenstermin Prüfungsstoff. Hier können Sie nicht „auf Lücke" setzen. Häufig stellt sich wie bei der haftungsbegründenden auch bei der haftungsausfüllenden Kausalität nach Bejahung der Adäquanz i.R.d. Schutzbereichs der Norm die Frage, ob es Sinn und Zweck des § 823 I BGB ist, vor Schäden wie dem eingetretenen zu schützen.
Denken Sie in diesem Zusammenhang, wie oben erwähnt, an die Herausforderungsfälle. Ist z.B. die Garage zugeparkt, und wollte der Eigentümer des eingesperrten Pkw lediglich eine Spazierfahrt unternehmen, und lässt er gleichwohl abschleppen (freiwillig, Herausforderungsfall!), so ist der Anspruch des Abschleppunternehmers trotzdem ein zurechenbarer Schaden i.R.d. Schutzzwecks der Norm des § 823 I BGB, da der Besitzer sich verbotener Eigenmacht gem. § 859 BGB mit Gewalt erwehren kann.[340] Denken Sie an den Korrektor, er erwartet die richtige Einordnung der Problematik durch genaue Anwendung der Begriffe „Herausforderung/freiwillig".
Eine ähnliche Problematik ergibt sich, wenn im obigen Fall der Eigentümer des eingesperrten Pkw seinem Freund versprochen hat, ihn zum Flughafen zu bringen. Wegen der Bedeutung des Versprechens handelt es sich um einen Gefälligkeitsvertrag und nicht nur um ein bloßes Gefälligkeitsverhältnis.
Der Eigentümer lässt den Pkw abschleppen; trotzdem wird das Flugzeug nicht mehr rechtzeitig erreicht. Wenn nun der Eigentümer den Freund, da andere Verkehrsmöglichkeiten wegen des dringenden Termins nicht mehr bestehen, mit seinem Pkw an sein Ziel fährt, so stellt sich die Frage, ob die erbrachten Aufwendungen, wie z.B. die Benzinkosten, ersetzbar sind.

338 Zu den Besonderheiten im Arbeitsrecht siehe oben, Rn. 93

339 Vgl oben Rn. 64 ff.

340 **BGH, Life&Law 2009, 511 ff.** (wichtig!). Gleichwohl müssen Sie an einen Verstoß gegen die Schadensminderungsobliegenheit gem. § 254 II S. 1 BGB denken, wenn das Abschleppen nicht verhältnismäßig war. Es gilt nach BGH das Gebot der schonendsten Sanktion. Sollte es sich bei dem Falschparker z.B. um den Nachbarn handeln, von dem man weiß, dass er zu Hause ist, wäre das Abschleppen (lassen) nicht verhältnismäßig.

I.R.d. Schutzbereichs der Norm ist dann eine umfassende Güterabwägung zu treffen: Zuerst ist dann festzustellen, ob der fahrende Freund aus Gefälligkeitsvertrag verpflichtet war. Dies ist wohl abzulehnen. Gleichwohl ist zu bedenken, dass ähnliche Gesichtspunkte wie bei der Drittschadensliquidation i.R.d. Zurechenbarkeit des Schadens zu berücksichtigen sind. Hätte der Eigentümer des eingesperrten Pkw selbst einen Termin wahrnehmen müssen, wären die Aufwendungen sicher ersatzfähig. Zufälligerweise war es hier ein anderer, dem die Nutzungen aus dem Pkw zugutekommen sollten. Es würde aber zu einer unbilligen Entlastung des Schädigers führen, wenn diese zufällige Verlagerung der Nutznießung nicht mehr in den Schutzbereich der Norm fällt.
Zur Wiederholung: Außerhalb der Wahrscheinlichkeit liegt die Freundesfahrt nicht (gering/Wertung). Ist es Sinn und Zweck des § 823 I BGB, auch vor solchen Schäden zu schützen? Dies ist die maßgebliche Frage!
Wenn sich die Frage nach dem Schutzbereich der Norm stellt, handelt es sich um ein wichtiges Problem der Examensarbeit. Denken Sie an den Ersteller der Klausur als imaginären Gegner. Jetzt müssen Sie Farbe bekennen! Gehen Sie flexibel mit dem vorliegenden Problemkreis um. Punkten Sie, indem Sie die maßgeblichen Wertungsaspekte (tatsächliche und rechtliche) zur Sprache bringen. Wie Sie sich letztlich entscheiden, ist häufig nicht so maßgebend. Entscheidend aber ist die Klausurtaktik: Am Ende des Anspruchs öffnen sich die Entscheidungsmöglichkeiten, da die wesentlichen Punkte bereits „abgehakt" sind. Auch bei §§ 823 ff. BGB gilt, wie immer, fallen Sie nicht am Anfang aus der Musterlösung der Klausur heraus.

II. Einzelfälle i.R.d. Schutzzwecks der Norm

Schutzzweck der Norm

Dabei ergeben sich auch hier i.R.d. Schutzzwecks der Norm einige prüfungsrelevante, typische Fallgestaltungen: 105

1. Seelische Reaktionen/psychische Folgeschäden

Der Zurechnungszusammenhang erstreckt sich grundsätzlich auch auf seelische Reaktionen des Verletzten, selbst wenn diese durch eine psychische Labilität wesentlich mitbestimmt sind und hirnorganische Ursachen für die Ausfälle nicht festgestellt werden können.[341]

bei seelischen Reaktionen Zurechnungszusammenhang (+)

Der Grundsatz, dass eine besondere Schadensanfälligkeit des Verletzten dem Schädiger haftungsrechtlich zuzurechnen ist,[342] gilt nämlich grundsätzlich auch für psychische Schäden, die aus einer besonderen Labilität des Betroffenen erwachsen.[343] Das ist bei auftretenden Depressionen, Wesensveränderungen des Verletzten und Neurosen anerkannt. 106

Bei einzelnen neurotischen Krankheiten ist jedoch bzgl. der Ersatzfähigkeit zu differenzieren:[344]

bei Aktualneurose (+)

⇨ Eine Aktualneurose bezeichnet ein neurotisches Verhalten, das unmittelbar aus den Geschehnissen des Unfalls resultiert, z.B. seelische Erschütterungen aufgrund der schrecklichen Unfallfolgen. Diese wird grundsätzlich von der Ersatzpflicht erfasst.[345]

bei Angstneurosen (+)

⇨ Auch Angstneurosen begründen eine Ersatzpflicht.[346]

341 Palandt, Vorb v § 249 BGB, Rn. 37.

342 Vgl. oben, Rn. 76.

343 BGH, NJW 1996, 2425.

344 BGH, NJW 1986, 777 = **juris**byhemmer.

345 BGH, VersR 1968, 397; Palandt, Vorb v § 249 BGB, Rn. 37 = **juris**byhemmer.

346 Vgl. BGH, VersR 1970, 272; Palandt, Vorb. v § 249 BGB, Rn. 37.

bei Konversionsneurose (+), ggf. § 254 BGB

⇨ Bei einer Konversionsneurose brechen bestehende Konflikte aus Anlass des Unfalls hervor. Die Neurose ist aber nicht auf die Aufgabe der Erwerbstätigkeit gerichtet. Auch hier ist der Schädiger ersatzpflichtig.[347]

In allen Fällen ist jedoch gemäß § 254 BGB zu prüfen, ob die Fehlhaltung durch einen zumutbaren Willensakt oder durch Rehabilitationsmaßnahmen überwunden werden kann.[348] Steht die neurotische Fehlhaltung in einem groben Missverhältnis zum schädigenden Ereignis, ist sie also Ausdruck einer offensichtlich unangemessenen Erlebnisverarbeitung, entfällt eine Ersatzpflicht.[349]

Der BGH hat der haftungsrechtlichen Zurechnung psychischer Folgeschäden in der Vergangenheit verstärkt Grenzen gesetzt:

sog. Bagatellschäden

⇨ So scheidet eine Zurechnung nach BGH z.B. bei einem sog. Bagatellschaden[350] aus. Ein solcher liegt vor, wenn es sich um ein ganz geringfügiges schädigendes Ereignis handelt und die psychische Reaktion des Geschädigten hierauf in grobem Missverhältnis steht und daher nicht mehr verständlich ist. Allerdings sind an die Annahme eines Bagatellfalles strenge Anforderungen zu stellen, da es sich um eine Ausnahme von der grundsätzlichen Schadenszurechnung handelt. Entscheidend für die Beurteilung als Bagatellfall ist die vom Geschädigten erlittene Primärverletzung. Ein Bagatellschaden kann nur bei vorübergehenden, im Alltagsleben typischen und häufig auch aus anderen Gründen als einem besonderen Schadensfall entstehenden Beeinträchtigungen angenommen werden.

Anders kann der Fall allerdings zu beurteilen sein, wenn die Primärverletzung beim Geschädigten nach den eben dargestellten Grundsätzen zwar eine Bagatelle ist, das schädigende Ereignis aber gerade eine spezielle Schadensanlage des Geschädigten trifft. Trotz Vorliegens eines Bagatellschadens ist die haftungsrechtliche Zurechnung eines psychischen Folgeschadens bei entsprechender Schadensanlage dann gerechtfertigt.[351]

bei Rentenneurose aber (-)

⇨ Die Zurechnung psychischer Folgeschäden scheidet nach der Rechtsprechung des BGH auch dann aus, wenn beim Geschädigten eine **sog. Renten- oder Begehrensneurose** vorliegt. In einem solchen Fall wird das Unfallgeschehen als äußerer Anlass genommen, sich wegen eines bereits innerlich bestehenden Konfliktes der Verantwortlichkeit für die eigenständige Lebensführung zu entziehen, z.B. wenn der Verletzte meint, sich aufgrund einer ihm zugesprochenen Unfallrente dem Erwerbsleben nicht mehr stellen zu müssen.[352] Hier entsteht keine Ersatzpflicht, da es dem Zweck des Schadensersatzes widerspricht, wenn gerade durch die Tatsache, dass ein anderer Schadensersatz zu leisten hat, die Wiedereingliederung des Verletzten in den sozialen Lebens- oder Pflichtenkreis erschwert oder unmöglich gemacht wird.[353] Eine Ausnahme gilt nur für Rentenneurosen, welche auf nationalsozialistische Gewaltmaßnahmen zurückzuführen sind.[354]

347 Vgl. BGH, NJW 1997, 805.

348 Palandt, Vorb v § 249 BGB, Rn. 37.

349 Palandt, Vorb v § 249 BGB, Rn. 38; BGH, VersR 1970, 283; einschränkend BGH, NJW 1991, 2348.

350 BGH, NJW 1998, 810; vgl. auch die ausführliche Darstellung der Entscheidung in **Life&Law 1998, 216 ff.** = **juris**byhemmer.

351 BGH, NJW 1998, 810 ff., 812 = **juris**byhemmer.

352 Vgl. BGH, NJW 1997, 1640 = **juris**byhemmer.

353 Palandt, Vorb v § 249 BGB, Rn. 39; BGHZ 20, 142.

354 Vgl. Palandt, Vorb v § 249 BGB, Rn. 39; BGHZ 39, 316.

2. Hypothetische / überholende Kausalität

hypothetische Kausalität Problem d. Zurechnung

Bei der hypothetischen oder überholenden Kausalität geht es um das Problem, ob sich der Schädiger darauf berufen kann, dass der von ihm verursachte Schaden aufgrund eines anderen Ereignisses (sog. Reserveursache) ohnehin eingetreten wäre. Systematisch handelt es sich nicht um ein Problem der Kausalität, sondern der Schadenszurechnung.[355] 107

Das Gesetz bietet hierzu keine Lösung. Auch Rechtsprechung und Lehre haben sich bisher noch nicht auf eine allgemein anerkannte Lösung einigen können. Es lassen sich auch hier verschiedene Fallgruppen unterscheiden:

a) Anlagefälle

Anlagefälle: Ersatz nur des sog. Verfrühungsschadens

In der Fallgruppe der Anlagefälle bestand bei Eintritt des schädigenden Ereignisses bereits eine der geschädigten Person bzw. Sache innewohnende Schadensanlage, die zu dem gleichen Schaden geführt hätte. Hier beschränkt sich nach allgemeiner Meinung[356] die Ersatzpflicht auf die durch den früheren Schadenseintritt bedingten Nachteile. Stand die Sache aufgrund ihrer Anlage bereits kurz vor der Vernichtung, besteht keine bzw. nur eine stark verminderte Ersatzpflicht. 108

Bsp. 1: *Bei einem Autounfall zerstört S einen Schuppen, der ohnehin in einem Jahr hätte erneuert werden müssen.*

Hier beschränkt sich die Ersatzpflicht auf den Ausfall der Nutzung des Schuppens für ein Jahr.

Bsp. 2: *Bei einem Autounfall wird G von S schwer verletzt. Bei der notwendigen Operation wird eine Arteriosklerose entdeckt, die innerhalb kurzer Zeit zur Frühpensionierung des G geführt hätte.*

Hier verwirklicht sich in der zufälligen früheren Entdeckung der Krankheit nur das allgemeine Lebensrisiko, sodass dem S die frühere Pensionierung nicht zur Last gelegt werden kann.

hemmer-Methode: Verwechseln Sie in der Klausur nicht den Fall der schadensgeneigten Konstitution[357] (z.B. Bluterfall) mit den Fällen der innewohnenden Schadensanlage i.R.d. hypothetischen Kausalität. 109

Der Gedanke der Anrechnung lässt sich zudem stützen auf den Wortlaut des § 844 II BGB. Diese Vorschrift normiert, dass Ersatz für entgangenen Unterhalt nur verlangt werden kann, als Unterhalt während der mutmaßlichen Dauer des Lebens des Getöteten von diesem hätte verlangt werden können.

b) Hypothetische Verantwortlichkeit eines Dritten

Die Reserveursache entlastet den Schädiger nicht, wenn sie einen Ersatzanspruch gegen einen Dritten verursacht hätte und dieser dem Geschädigten durch das Schadensereignis entzogen wurde.

Bsp.: *S zerschlägt die Fensterscheibe des G, die durch eine durch U verursachte Explosion ohnehin wenig später zerstört worden wäre.*

355 Dazu Palandt, Vorb v § 249 BGB, Rn. 55.

356 Palandt, Vorb v § 249 BGB, Rn. 57; RGZ 156, 191; BGHZ 20, 280.

357 Vgl. oben Rn. 76 f.

Dritter als Reserveursache (-)

G scheint hier keinen messbaren Schaden erlitten zu haben, da die Scheibe (hypothetisch) auch ohne das Handeln des S zerstört worden wäre. 110

Ein Schaden liegt aber jedenfalls dann vor, wenn die hypothetische Zerstörung der Scheibe durch die Explosion einen Ersatzanspruch des G gegen U verursacht hätte.

In einem solchen Fall muss die Reserveursache unbeachtlich bleiben, denn der Schädiger haftet für den vom ihm verursachten Schaden und nicht für das Nichtentstehen des Anspruches gegen den Dritten. Daher kann er sich auch nicht darauf berufen, dass der Anspruch gegen den Dritten summenmäßig beschränkt oder gar nicht durchsetzbar gewesen wäre. Der Geschädigte würde sonst mit einem doppelten Insolvenzrisiko belastet.[358]

c) Verbleibende Fälle

verbleibende Fälle str.

In allen übrigen Fällen ist die Lösung umstritten:

BGH: Trennen v. Objekt- u. Folgeschäden

Die Rechtsprechung[359] differenziert nach **Objektschaden** und **Vermögensfolgeschaden**. Der sog. Objektschaden,[360] also der unmittelbar durch das schädigende Ereignis am Rechtsgut entstandene Schaden, ist ersatzfähig, ohne dass spätere Ereignisse zu berücksichtigen wären, die gleichfalls eine Schädigung verursacht hätten. Der Geschädigte erwirbt im Zeitpunkt der Schädigung einen Schadensersatzanspruch gegen den Schädiger, welcher Teil seines Vermögens wird. Dieser entfällt nicht deshalb wieder, weil der Schaden später auf andere Weise eingetreten wäre. 111

Vermögensfolgeschäden,[361] also mittelbare Schäden, die erst im Laufe der Zeit entstehen, sind nur bis zum Eintritt des späteren (hypothetisch schadensstiftenden) Ereignisses ersatzfähig. Insoweit ist die Reserveursache zu berücksichtigen. Entscheidend für die Differenzierung ist der Zeitfaktor. Denn der Vermögensfolgeschaden erhöht sich im Laufe der Zeit. Dann müssen auch Ereignisse Berücksichtigung finden, die sich in diesem Zeitraum schadensmindernd auswirken können.

> ***Bsp.:*** *Bei einem Verkehrsunfall erleidet eine Taxe Totalschaden. Sie wäre drei Tage später bei einem Garagenbrand zerstört worden.*
>
> Der Objektschaden wird ersetzt, der Nutzungsausfallschaden nur für drei Tage.

a.A.: auch bei Objektschaden Reserveursache beachtlich

Die Gegenansicht[362] tritt hingegen für die generelle Beachtlichkeit von Reserveursachen ein. Unter Berufung auf den Ausgleichsgedanken soll die Reserveursache auch bei Objektschäden berücksichtigt werden. 112

dagegen: bestehender Anspruch erlischt nicht

Gegen diese Ansicht spricht, dass sie nicht aufzeigen kann, wieso der einmal entstandene Schadensersatzanspruch wieder erlöschen soll.[363]

---

358 Zum Ganzen Palandt, Vorb v § 249 BGB, Rn. 58; Medicus, BR, Rn. 848.

359 Vgl. Palandt, Vorb v § 249 BGB, Rn. 60 f.

360 Vgl. Palandt, Vorb v § 249 BGB, Rn. 61.

361 Palandt, Vorb v § 249 BGB, Rn. 626.

362 Palandt, Vorb v § 249 BGB, Rn. 56, 60 ff.

363 Palandt, Vorb v § 249 BGB, Rn. 56, 61 f.

Generell gilt jedoch, dass eine Reserveursache dann nicht mehr zu berücksichtigen ist, wenn der Schadensersatzanspruch gegen den Schädiger bereits durch Erfüllung erloschen ist. Entsprechendes gilt, wenn der Anspruch durch ein Urteil oder in einem Vergleich bereits festgestellt wurde.[364]

d) Rechtmäßiges Alternativverhalten

bei rechtm. Alternativverhalten nach h.M. (+)

Im Falle des rechtmäßigen Alternativverhaltens wendet der Schädiger ein, dass der Schaden durch ihn selbst auch dann entstanden wäre, wenn er sich rechtmäßig verhalten hätte.[365] Dieser Einwand des rechtmäßigen Alternativverhaltens ist nach der nunmehr h.M.[366] grundsätzlich beachtlich. Ein Schaden fällt dann nicht mehr unter den Schutzzweck der Norm, wenn er auch bei einem rechtmäßigen Verhalten des Schädigers eingetreten wäre. 113

Jedoch trägt dafür der Schädiger die Beweislast. Entscheidend ist also, ob die verletzte Norm gerade den eingetretenen Schaden verhindern sollte. Fehlt dieser Pflichtwidrigkeitszusammenhang, hat die Berufung auf das rechtmäßige Alternativverhalten Erfolg.[367]

Maßgeblich ist also eine Schutzzweckbetrachtung.

> **Bsp.:** *Erteilt ein Patient dem Chefarzt einer Klinik eine Einwilligung für einen operativen Eingriff und wird die OP dann aber vom Oberarzt durchgeführt, stellt sich die Frage, ob der Patient auch mit der Operation durch den Oberarzt einverstanden gewesen wäre, wenn man ihn vorher ausdrücklich danach gefragt hätte, so dass es ebenfalls zum Eingriff in die körperliche Integrität gekommen wäre. Das lässt der BGH nicht gelten, weil es mit dem Sinn und Zweck des Einwilligungserfordernisses nicht vereinbar wäre. Denn sich darauf berufen zu können, gäbe Ärzten faktisch einen Freibrief in der Auswahl des Operateurs, wenn die Einwilligung zuvor nur für einen konkreten Arzt erteilt wurde.*[368]

3. Vorhaltekosten

> **Bsp.:** *Ein Verkehrsunternehmen hält neben den eingesetzten Bussen weitere Ersatzbusse in Bereitschaft. Diese dienen dazu, bei etwaiger Beschädigung der eingesetzten Busse den Betrieb aufrecht zu erhalten. A beschädigt bei einem von ihm verschuldeten Verkehrsunfall einen Linienbus. Das Verkehrsunternehmen verlangt neben den Reparaturkosten anteiligen Ersatz für die Bereithaltung der Ersatzbusse. Zu Recht?*

P.: kausale Verknüpfung (-)

Das Problem des Ersatzes von Vorhaltekosten liegt darin begründet, dass diese Kosten bereits vor Eintritt des schädigenden Ereignisses tatsächlich entstanden sind, es an einer kausalen Verknüpfung daher eigentlich fehlt. Denkt man sich das schädigende Ereignis weg, bleibt es bei den entstandenen Kosten. Zu einem Ersatzanspruch kann man daher nur durch eine wertende Betrachtung gelangen.

> Der BGH hat einen Anspruch bejaht, soweit die Reservehaltungskosten mit Rücksicht auf fremdverschuldete Ausfälle messbar erhöht sind.[369] Der BGH legt dabei die Erwägung zugrunde, welche Schäden ohne die Vorsorgemaßnahme entstanden wären. Ein Ersatzanspruch wegen entgangener Gebrauchsvorteile entfällt dann jedoch.

---

364 Dazu Palandt, Vorb v § 249 BGB, Rn. 63.

365 Palandt, Vorb v § 249 BGB, Rn. 64; Medicus, BR, Rn. 852.

366 Palandt, Vorb v § 249 BGB, Rn. 66.

367 Vgl. Medicus, BR, Rn. 852.

368 BGH, **Life&Law 2017, 168 ff.** = **juris**byhemmer.

369 BGHZ 70, 201.

keine Geltung für Vorhaltekosten bei Ladendiebstählen

Diese Erwägungen scheinen auf den ersten Blick auch auf die Konstellation übertragbar zu sein, in denen ein Ladeninhaber zur besseren Aufklärung von (bzw. zur besseren Abschreckung vor) Ladendiebstählen Überwachungs- und Sicherungsmaßnahmen ergreift. Hier steht der BGH jedoch auf dem Standpunkt, dass allgemeine und **ohne Bezug zum konkreten Schadensfall** getroffene Vorkehrungen zur Verhinderung von Rechtsverletzungen von demjenigen getragen werden müssen, der sie zu seinem Schutz freiwillig auf sich nimmt.[370]

hemmer-Methode: Als maßgebliches Unterscheidungskriterium zieht der BGH die Frage heran, ob die Maßnahmen schadensmindernd sind, also letztlich dem Schädiger zugutekommen. Dann soll eine Ersatzfähigkeit gegeben sein. Bei Ladendiebstählen ist das gerade nicht der Fall. Die ergriffenen Maßnahmen sollen den Zugriff Dritter auf das Eigentum verhindern, während der Einsatz eines Ersatzbusses eine Aufwendung darstellt, die infolge einer vom bereits Geschädigten selbst vorgenommenen erlaubten Restitution entstehen (§ 249 BGB). Daher ist dieses Problem untrennbar im Zusammenhang mit dem Umfang des Schadens (dazu unten) zu betrachten.

4. Fangprämien

Einen „echten" Fall der Kausalität stellt demgegenüber die Frage nach der Ersatzfähigkeit sog. Fangprämien dar. Diese erhält ein eingesetzter Ladendetektiv dann, wenn er einen Ladendieb ergreift. Hier liegt Kausalität i.S.d. Äquivalenztheorie vor.

Ohne den Diebstahl wäre die Prämie nicht angefallen, auch wenn sie auf der Vereinbarung mit dem Ladeninhaber beruht. Auch die Adäquanz solcher Prämien wird bei der heutzutage sehr verbreiteten Regelung nicht mehr ernstlich bestritten.

Also ist i.R.d. Schutzzwecks der Norm die Frage nach der Ersatzfähigkeit zu beantworten. Nach h.M. dienen die Prämien dazu, den bereits entstandenen Schaden wiedergutzumachen, sie haben also eine gewisse Rechtsverfolgungsfunktion.

Allerdings wird ein ertappter Ladendieb, der beispielsweise nur einen geringwertigen Gegenstand gestohlen hat, einwenden, die Prämie sei im Verhältnis zum drohenden Ausfall mit der Forderung aus § 823 BGB zu hoch angesetzt. Rechtsverfolgungskosten dienen nämlich der Sicherung und Durchsetzung eines **konkreten** Schadensersatzanspruchs.

Nach Auffassung des BGH müssen sich die Prämien – soweit sie ersetzt werden sollen – daher in einem angemessenen Rahmen halten.[371] Die Beurteilung richtet sich nach dem jeweiligen Einzelfall. Eine Rechtsverfolgungspauschale lehnt der BGH daher ab.

I) Art / Inhalt / Umfang des Schadens

Art/Inhalt/Umfang: §§ 249 ff., 842 ff. BGB

Art, Inhalt und Umfang des ersatzfähigen Schadens bestimmen sich nach den Regelungen der §§ 249 - 254 BGB.[372] Diese werden im Deliktsrecht ergänzt durch die Sondervorschriften der §§ 842, 843 BGB, die im Verhältnis zu den §§ 249 ff. BGB, insbesondere zu § 252 BGB, nur klarstellende Funktion haben. 114

370 BGH, NJW 1973, 96.

371 BGHZ 30, 154; 75, 238 beurteilt allerdings auch bei geringwertigen Sachen eine Prämie von (ehemals) 50,- DM als angemessen.

372 Vgl. dazu **Hemmer/Wüst, Schadensersatzrecht III, Rn. 85 ff.**

§ 842 BGB: auch mittelbarer Schaden

Nach § 842 BGB erstreckt sich der Umfang der Ersatzpflicht auf „die Nachteile, welche die Handlung für den Erwerb oder das Fortkommen des Verletzten herbeiführt“. Damit wird klargestellt, dass neben dem Vermögensschaden, der unmittelbar aus der Verletzung der Person herrührt, auch der mittelbare Vermögensschaden ersatzfähig ist, soweit er kausal durch den Verletzungserfolg verursacht worden ist.

Zu den Nachteilen für das Fortkommen zählen auch Erwerbsaussichten.

Zu berücksichtigen sind die in Zukunft mit Wahrscheinlichkeit zu erwartenden Einnahmen aus der Berufs- und Erwerbstätigkeit. Die Regelung entspricht weitgehend dem § 252 BGB, nach welchem auch der entgangene Gewinn zu ersetzen ist.

§ 843 BGB: Geldrente, Höhe gem. § 287 ZPO

§ 843 BGB regelt die Art des Schadensersatzes bei Aufhebung oder Minderung der Erwerbsfähigkeit durch Verletzung des Körpers oder der Gesundheit. Danach ist dem Verletzten grundsätzlich eine Geldrente zu gewähren (§ 843 I BGB). Die Bestimmung der Erwerbsminderung kann für die Zukunft nur hypothetisch erfolgen. 115

Da ein Beweis der Schadenshöhe nicht möglich ist, wird die Rente vom Gericht nach freiem Ermessen gemäß § 287 ZPO festgesetzt.[373] Ausnahmsweise kann bei wichtigem Grund statt der Geldrente eine Abfindung in Kapital verlangt werden (§ 843 III BGB).

Gemäß § 843 IV BGB wird der Ersatzanspruch nicht dadurch ausgeschlossen, dass ein Dritter dem Verletzten Unterhalt zu gewähren hat. § 843 IV BGB ist Ausdruck des allgemeinen Rechtsgedankens, dass bei Schadensersatzleistungen die Unterhaltsgewährung durch einen Dritten unberücksichtigt bleibt, und muss daher weit ausgelegt werden.[374]

(Zu den §§ 249 ff. BGB und insbesondere den mit dem Schadensbegriff verbundenen Problemen wird auf das gesonderte Skript Hemmer/Wüst, Schadensersatzrecht III verwiesen!)

hemmer-Methode: Hingewiesen sei an dieser Stelle kurz auf eine Änderung i.R.d. § 249 BGB. Nach dessen Abs. 2 (= § 249 S. 2 BGB a.F.) können Reparaturkosten auch fiktiv abgerechnet werden, soweit diese den Wiederbeschaffungswert nicht um mehr als 30 % übersteigen. Die Neufassung des § 249 II BGB stellt klar, dass die in diesen 30 % enthaltene Umsatzsteuer in Zukunft nur noch abgesetzt werden kann, wenn und soweit sie tatsächlich angefallen ist.
Entgegen einem weit verbreiteten Irrtum hat der Gesetzgeber damit nicht die Möglichkeit der fiktiven Abrechnung insgesamt gestrichen, sondern nur in der Höhe beschränkt.

J) Mitverschulden, § 254 BGB

Mitverschulden, § 254 BGB

Eine Einschränkung erfährt der Umfang der Haftung des Schädigers durch ein Mitverschulden des Geschädigten gemäß § 254 BGB.[375] 116

373 Lesenswert in diesem Zusammenhang BGH, NJW 98, 1633.

374 Larenz II, § 72 I.

375 Ein nur gesetzlich vermutetes Verschulden (hier: § 832 BGB) darf im Rahmen des § 254 BGB nur berücksichtigt werden, wenn es nachgewiesen ist, BGH, **Life&Law 2012, 553 ff.** = **juris**byhemmer.

Der Schadensersatzanspruch eines Radfahrers, der im Straßenverkehr bei einem Verkehrsunfall Kopfverletzungen erlitten hat, die durch das Tragen eines Schutzhelms zwar nicht verhindert, wohl aber hätten gemildert werden können, ist nicht wegen Mitverschuldens gemindert, §§ 9 StVG, 254 I BGB. Das hat der BGH jedenfalls für Unfälle bis 2011 entschieden.[376] Es mag jedoch sein, dass sich in Zukunft unabhängig von einer gesetzlich normierten Helmpflicht daran etwas ändert. Das hat der BGH für den Fall angedeutet, dass das Helmtragen Bestandteil des allgemeinen Verkehrsbewusstseins wird, so dass sich auch eine ungeschriebene Rechtspflicht ergeben kann, bei deren Verletzung eine Anspruchskürzung stattfindet.

hemmer-Methode: Im Klausuraufbau ist das Mitverschulden erst am Ende der Prüfung festzustellen und der bestehende Schadensersatzanspruch anteilig zu kürzen. Ein grober Fehler ist eine Prüfung des § 254 BGB i.R.d. Verschuldens!
Zu den Einzelheiten wird auf Hemmer/Wüst, Schadensersatzrecht III, Rn. 241 ff. verwiesen!

Bearbeiten Sie die Fragen 43 - 48!

376 BGH, **Life&Law 2014, 719 ff.** = **juris**byhemmer.

§ 3 DER HAFTUNGSGRUND DES § 823 II BGB

A) Einführung

I. Einordnung der Regelung des § 823 II BGB

§ 823 II BGB i.V.m. Schutzgesetz

§ 823 II BGB bildet den zweiten Grundtatbestand des Deliktsrechts. Ebenso wenig wie § 823 I BGB stellt § 823 II BGB eine deliktsrechtliche Generalklausel dar. 117

Auch hier werden nur bestimmte Rechtsgüter geschützt, die sich jedoch im Gegensatz zu den enumerativ aufgezählten Rechtsgütern und Rechten in § 823 I BGB aus besonderen, dem Schutz des einzelnen dienenden Gesetzen ergeben, auf welche § 823 II BGB generell Bezug nimmt. Regelmäßig sieht das betroffene Schutzgesetz nicht selbst eine Schadensersatzverpflichtung vor, sondern dient der Sanktion eines gesetzwidrigen Verhaltens in sonstiger Hinsicht.

Erst in Verbindung mit § 823 II BGB ergibt sich eine Schadensersatzpflicht. § 823 II BGB ist somit eine schadensersatzbegründende Norm, die hinsichtlich ihrer Voraussetzungen im Einzelnen auf den Verstoß gegen ein anderes Gesetz - das Schutzgesetz - verweist.[377]

wichtig bei Vermögensschäden, da hier § 823 I BGB (-)

§ 823 II BGB i.V.m. einem Schutzgesetz bildet eine selbstständige Anspruchsgrundlage und tritt neben den Anspruch aus § 823 I BGB in Anspruchskonkurrenz.[378] Häufig bildet § 823 II BGB nur eine zu § 823 I BGB hinzutretende Haftungsnorm. Eigenständige Bedeutung entfaltet § 823 II BGB jedoch in den Fällen, in welchen kein Rechtsgut oder Recht des § 823 I BGB verletzt ist. Da der Kreis der durch Schutzgesetze geschützten Rechtspositionen größer ist, wird insoweit die deliktische Haftung durch § 823 II BGB erweitert.[379] Von besonderer Bedeutung ist dies in den Fällen der reinen Vermögensschädigung. Das Vermögen als solches wird nämlich durch § 823 I BGB gerade nicht geschützt.[380] 118

> **Bsp.:** *Autohändler G verkauft S einen gebrauchten Pkw. G sichert S wider besseren Wissens zu, dass der Wagen unfallfrei sei. Bei einer durch einen Sachverständigen durchgeführten Untersuchung wird ein Unfallschaden festgestellt, welcher den Wert gegenüber einem unfallfreien Fahrzeug um 1000,- € mindert.*
>
> Neben vertraglichen Schadenersatzansprüchen aus § 437 Nr. 3, 311a II BGB; §§ 280 I, 241 II, 311 II BGB steht hier dem S auch ein Schadensersatzanspruch aus § 823 II BGB i.V.m. § 263 StGB zu. Ein Anspruch aus § 823 I BGB entfällt hingegen, da nur das Vermögen des S, nicht aber ein Recht/Rechtsgut i.S.d. § 823 I BGB, insbesondere nicht das Eigentum, verletzt ist.

II. Aufbauschema

Aufbauschema

1. Vorliegen eines Schutzgesetzes 119
2. Verstoß gegen das Schutzgesetz
3. Haftungsbegründende Kausalität
4. Rechtswidrigkeit

377 Zum Ganzen Kupisch/Krüger, S. 64.

378 Kupisch/Krüger, S. 64.

379 Kupisch/Krüger, S. 64.

380 Vgl. oben Rn. 58.

5. Verschulden, §§ 823 II S. 2, 276 BGB
6. Schaden
7. Haftungsausfüllende Kausalität
8. Evtl. Mitverschulden, § 254 BGB

B) Verletzung eines Schutzgesetzes

I. Übersicht

Für das Vorliegen einer Schutzgesetzverletzung empfiehlt sich folgende Prüfung: 120

Prüfungsschema

1. Vorliegen einer Ge- oder Verbotsnorm im materiellen Sinn mit Individualschutzzweck (sog. Schutzgesetz)
2. Persönlicher Schutzbereich
3. Sachlicher Schutzbereich
4. Voraussetzungen des Schutzgesetzes selbst

hemmer-Methode: Die angebotenen Schemata sind nur Prüfungsvorschläge und dienen der Orientierung. In der Klausur sind regelmäßig nur die problematischen Punkte innerhalb eines Schemas auszuführen. Ein stures Durchprüfen aller Punkte führt dagegen zu Punktabzügen, da regelmäßig - aus Zeitgründen - die eigentlichen Probleme nicht entsprechend behandelt werden (Verkennung der Schwerpunkte der Arbeit!).

II. Im Einzelnen

1. Vorliegen eines Schutzgesetzes[381]

Schutzgesetz ⇨ auch Schutz des Einzelnen bezweckt

Ein Schutzgesetz i.S.d. § 823 II BGB stellt jede Rechtsnorm im materiellen Sinn dar, die nach ihrem Zweck zumindest auch den Schutz eines Einzelnen verfolgt. Zudem muss das Gesetz zum Zeitpunkt des Verstoßes bestanden haben.[382] 121

a) Jede Rechtsnorm

jede Rechtsnorm, nicht aber Handelsbrauch

Ein Schutzgesetz kann jede Rechtsnorm in materiellem Sinne sein, Art. 2 EGBGB. Es muss kein Gesetz im formellen Sinn vorliegen.[383] Auch Rechtsnormen ohne Gesetzescharakter, wie z.B. Verordnungen, Satzungen oder Gewohnheitsrecht, können Schutznormen darstellen,[384] sofern sie ein Ge- oder Verbot enthalten. 122

381 Vgl. die Zusammenstellung der Schutzgesetze in Palandt, § 823 BGB, Rn. 61 ff.

382 Deutsch, Rn. 112.

383 Palandt, § 823 BGB, Rn. 56a.

384 Vgl. Honsell, JA 1983, 101 (102 f.); Palandt, § 823 BGB, Rn. 56a.

Keine Schutznorm hingegen sind mangels spezieller staatlicher Ermächtigung z.B. bloße Vereinssatzungen oder Handelsbräuche.[385] Die Schutznorm kann aus dem Zivilrecht, dem öffentlichen Recht oder dem Strafrecht stammen. Auch kommt es nicht darauf an, wie die Sanktion der Schutznorm beschaffen ist oder ob die Norm überhaupt eine Sanktion aufweist.[386]

VSP als Schutznorm str.; nach h.M. (-)

Umstritten ist, ob auch die allgemeinen Verkehrssicherungspflichten als Schutznormen i.S.d. § 823 II BGB anzusehen sind. Dies wird von einer Mindermeinung[387] bejaht, von der h.M.[388] jedoch zu Recht abgelehnt:

Andernfalls würde der Tatbestand des § 823 II BGB aufgrund der Weite der Verkehrssicherungspflichten zu einer deliktischen Generalklausel ausgedehnt.

b) Individualschutz

gezielter Individualschutz ⇨ Schutzzweck d. Norm

Den Schutz eines anderen bezweckt die Norm nur, wenn ihr Inhalt nach dem Willen des Gesetzgebers in Form eines bestimmten Ge- oder Verbotes zumindest neben anderen Zwecken - wie dem Schutz der Allgemeinheit - auch einem gezielten Individualschutz dient und gegen eine näher bestimmte Art der Schädigung eines im Gesetz festgelegten Rechtsgutes oder Individualinteresses gerichtet ist.[389] Dieser Individualschutz darf nicht bloß als Reflex des Schutzes der Allgemeinheit bestehen.[390] 123

Wesentlich für das Vorliegen eines Schutzgesetzes ist, dass es der Intention des Schutzgesetzes entspricht, dem Geschädigten über § 823 II BGB einen Schadensersatzanspruch zu gewähren.[391] Dies gilt auch für den Fall, dass dem Schutzgesetz eine Sanktionsanordnung völlig fehlt.

Im Einzelnen ist das Vorliegen eines Schutzgesetzes mit Hilfe der Lehre vom Schutzzweck der Norm - also mit einer wertenden, umfassenden Würdigung der Norm sowie des Regelungszusammenhangs - zu ermitteln.[392]

Einzelfälle

Ein Individualschutz wurde von der Rspr. in folgenden Fällen angenommen bzw. abgelehnt:[393] 124

§ 315b StGB (+)

⇨ § 315b StGB schützt neben der Sicherheit des Straßenverkehrs auch den einzelnen Verkehrsteilnehmer vor Verletzungen von Körper, Gesundheit und Leben sowie vor Verletzungen des Eigentums (letzteres erst ab einem bestimmten Wert der Sache).[394]

§ 323c StGB (-)

⇨ Kein Schutzgesetz stellt hingegen § 323c StGB dar, der lediglich die öffentliche Sicherheit und die humanitäre Solidarität schützen will.[395]

§ 264 StGB (+)

⇨ Der in § 264 StGB sanktionierte Subventionsbetrug will nach BGH[396] nicht nur die staatliche Planungs- und Dispositionsfreiheit schützen, sondern auch das staatliche Vermögen.

385 Vgl. Kupisch/Krüger, S. 66, Fn. 12.
386 Kupisch/Krüger, S. 66.
387 Mertens, AcP 178, 227 (230).
388 Vgl. Larenz II, § 72 I d; Honsell, JA 1983, 101 (103).
389 Definition nach Palandt, § 823 BGB, Rn. 57.
390 Vgl. Kupisch/Krüger, S. 65/66.
391 Palandt, § 823 BGB, Rn. 57.
392 BGH, NJW 1980, 1792; Larenz II, § 72 II; Honsell, JA 1983, 101 (103) = **juris**byhemmer.
393 Auch Palandt, § 823 BGB, Rn. 69.
394 Honsell, JA 1983, 101 (103).
395 Dütz, NJW 1970, 1825; Kupisch/Krüger, S. 66, Fn. 14.
396 BGHZ 106, 204 = **juris**byhemmer.

§ 267 StGB (-)

⇨ Kein Schutzgesetz ist die in § 267 StGB bestrafte Urkundenfälschung. Hier soll nur die Sicherheit und Zuverlässigkeit des Rechtsverkehrs geschützt werden,[397] nicht aber das Vermögen des Einzelnen.

§§ 153 ff. StGB (+)

⇨ Anders dagegen die Aussagedelikte, die nach BGH[398] nicht nur die Rechtspflege, sondern auch das Vermögen des Einzelnen schützen.

StVO (+)

⇨ Das Verbot des Parkens auf Gehwegen nach der StVO dient auch dem Schutz der Fußgänger vor Verletzungen durch ein parkendes Fahrzeug.[399]

§ 20 I StVO ist ein Schutzgesetz für alle Fußgänger, die im räumlichen Bereich eines an einer Haltestelle haltenden Linienomnibusses, einer Straßenbahn oder eines gekennzeichneten Schulbusses unachtsam die Fahrbahn überqueren.[400]

bei § 858 BGB str.

⇨ Nach BGH[401] ist auch § 858 BGB Schutzgesetz i.S.d. § 823 II BGB (str.). Problematisch ist dies insbesondere deshalb, weil bei § 823 I BGB nur der berechtigte Besitz als sonstiges, eigentümerähnliches Recht anerkannt ist. Da über § 858 BGB die tatsächliche Sachherrschaft geschützt wird, wird die Differenzierung im Rahmen des § 823 I BGB insoweit teilweise aus den Angeln gehoben.

c) Persönlicher und sachlicher Schutzbereich

persönlicher u. sachlicher Schutz

Weiter muss das Schutzgesetz gerade eine Person wie den Verletzten (persönlicher Schutzbereich) vor Schäden wie dem erlittenen (sachlicher Schutzbereich) schützen.[402] Diese Voraussetzungen sind zusätzlich neben dem generellen Individualschutz des „Gesetzes“ zu prüfen.[403] 125

Bsp.: *So stellt § 248b StGB, der den unbefugten Gebrauch eines Fahrzeuges sanktioniert, nur ein Schutzgesetz zugunsten des Fahrzeughalters bzw. berechtigten Fahrers, nicht aber zugunsten anderer Verkehrsteilnehmer dar, die bei einem Unfall zu Schaden gekommen sind.*[404]

Auch muss der erlittene Schaden dem Interesse entsprechen, welches von der Norm geschützt werden soll (sachlicher Schutzbereich).[405]

Bspe.: *§ 319 StGB (Baugefährdung) dient dem Schutz von Leib und Leben von Passanten, nicht aber des Vermögens oder des Eigentums des Bauherrn.*[406]

Halteverbote im Rahmen von Baustellen (§§ 12, 45 StVO) schützen nicht das Vermögen eines Bauunternehmers oder eines von diesem beauftragten weiteren Unternehmens.[407]

397 BGHZ 100, 13 = **juris**byhemmer.

398 Vgl. BGH, LM § 823 BGB Nr. 8.

399 LG Karlsruhe, NJW-RR 1987, 479 = **juris**byhemmer.

400 BGH, NJW 2006, 2110 = **juris**byhemmer.

401 BGHZ 79, 232; **Life&Law 2009, 511 ff.**

402 Medicus, BR, Rn. 622.

403 Kupisch/Krüger, S. 67.

404 Vgl. BGHZ 22, 293 (296); Honsell, JA 1983, 101 (105).

405 Kupisch/Krüger, S. 69.

406 BGHZ 39, 366 (267 f.) = **juris**byhemmer.

407 BGH, NJW 2004, 356 = **juris**byhemmer.

Kündigt AN aufgrund Beleidigungen seiner Kollegen (§ 185 StGB), kann er nicht den Verdienstausfall geltend machen, weil dies nicht vom Schutzbereich des Beleidigungstatbestandes gedeckt ist.[408] Dazu würde allenfalls ein Schmerzensgeld wegen Ehrverletzungen gehören.

2. Verletzung des Schutzgesetzes

bzgl. TB, Rw. u. Schuld Schutzgesetz beachten

Die Schadensersatzpflicht nach § 823 II BGB wird nur ausgelöst, wenn sämtliche Voraussetzungen des Schutzgesetzes erfüllt sind. So müssen z.B. bei einem Schutzgesetz aus dem Strafgesetzbuch Tatbestand, Rechtswidrigkeit und Schuld gegeben sein. Dagegen spielt das eventuelle Erfordernis eines Strafantrags keine Rolle. 126

C) Rechtswidrigkeit

Rechtswidrigkeit nach h.M. durch TB indiziert

Wie auch bei § 823 I BGB führt nur eine rechtswidrige Schutzgesetzverletzung zu einer deliktischen Haftung i.S.d. § 823 II BGB. Die Rechtswidrigkeit folgt bei § 823 II BGB schon aus dem objektiven Verstoß gegen das Schutzgesetz, sofern nicht ein Rechtfertigungsgrund vorliegt.[409] Die Rechtswidrigkeit wird also auch hier nach ganz h.M.[410] indiziert. 127

D) Verschulden

Verschulden:

- *§§ 827 ff. BGB, nicht aber JGG*

Voraussetzung ist auch bei § 823 II BGB eine schuldhafte Verletzung des Schutzgesetzes. Das Verschulden richtet sich nach den §§ 276, 827, 828 BGB. Insoweit kann grds. auf die Ausführungen zu § 823 I BGB verwiesen werden.[411] 128

Wichtig ist dies vor allem in Hinblick auf die Verletzung strafrechtlicher Schutznormen, wie z.B. § 223 StGB, da dann bzgl. der deliktischen Haftung nach § 823 II BGB i.V.m. § 223 StGB für die Frage des Verschuldens nicht das JGG gilt,[412] sondern die §§ 827, 828 BGB.

- *nur bzgl. Verletzung v. Schutzgut, bzgl. Schaden (-)*

Das Verschulden muss sich nach h.M.[413] nur auf die Schutzgesetzverletzung beziehen, nicht aber auf den Eintritt des Schadens bzw. der Folgeschäden.

- *Maßstab ist Schutznorm ⇨ ggf. Vorsatz notw.*

Der Grad des Verschuldens bemisst sich nach dem verletzten Schutzgesetz.[414] So kann ein Schadensersatz wegen Sachbeschädigung über § 823 II BGB i.V.m. § 303 StGB nur bei einer vorsätzlichen Beschädigung gewährt werden. Bei § 263 StGB als Schutzgesetz muss zusätzlich die Bereicherungsabsicht gegeben sein.

aber mind. Fahrlässigkeit notw., § 823 II S. 2 BGB

Setzt das Schutzgesetz - wie etwa § 858 BGB - überhaupt kein Verschulden voraus, so muss gemäß § 823 II S. 2 BGB i.V.m. § 276 I BGB dennoch wenigstens ein fahrlässiger Verstoß vorliegen, um eine deliktische Haftung nach § 823 II BGB zu begründen.[415]

408 BAG, NZA 2007, 1167 = **juris**byhemmer.

409 Kupisch/Krüger, S. 67.

410 Honsell, JA 1983, 101 (107).

411 Vgl. oben Rn. 93.

412 Hierzu das Skript, **Hemmer/Wüst, Strafrecht AT**.

413 Vgl. BGH, NJW-RR 1987, 1311; BGHZ 34, 381; a.A.: Kupisch/Krüger, S. 68/69.

414 So h.M.: Kupisch/Krüger, S. 68.

415 Zur Beweislast diesbezüglich vgl. Palandt, § 823 BGB, Rn. 60.

E) Haftungsausfüllender Tatbestand

haftungsausfüllende Kausalität

Hier gelten im Wesentlichen die Ausführungen zu § 823 I BGB. Ersatzfähig sind auch hier grundsätzlich nur Vermögensschäden. Art, Inhalt und Umfang des Schadens bestimmen sich nach den §§ 249 ff., 842, 843 BGB. 129

für Schaden kausale Schutzgesetzverletzung

Der eingetretene Schaden muss kausal durch die Schutzgesetzverletzung verursacht worden sein (haftungsausfüllende Kausalität). Auch hier gelten die Äquivalenz- und Adäquanztheorie sowie die Lehre vom Schutzzweck der Norm. Unter die Schadensersatzverpflichtung gemäß § 823 II BGB fallen nur Schäden, die an einer durch das Schutzgesetz geschützten Rechtsposition eingetreten sind, deren Eintritt also nach Sinn und Zweck des Schutzgesetzes gerade verhindert werden sollte. 130

hemmer-Methode: Wenn § 823 II BGB i.V.m. einem Schutzgesetz in Betracht kommt, ist wiederum an das Korrektiv des Schutzbereichs der Norm zu denken. Es gelten dabei ähnliche Überlegungen wie beim sachlichen Schutzbereich des Schutzgesetzes.
Beispielhaft für die Problematik des Schutzbereichs des § 263 StGB ist die Fallkonstellation, dass der Käufer eines Gebrauchtwagens, nachdem er diesen bei einem von ihm verschuldeten Unfall zerstört hat, von dem arglistigen Verkäufer den Kaufpreis über § 823 II BGB i.V.m. § 263 StGB zurückverlangt. Der BGH[416] lässt die bloße Adäquanz genügen und lässt den Anspruch nicht am fehlenden Rechtswidrigkeitszusammenhang scheitern.
Dagegen spricht aber, dass es nicht Sinn und Zweck des § 263 StGB ist, vor verschuldeten Unfällen zu schützen, die mit der arglistigen Täuschung in keinerlei Zusammenhang stehen.[417]

§ 254 BGB bei Mitverschulden

Auch hier kommt eine Minderung oder ein Ausschluss des Schadensersatzanspruches aufgrund Mitverschuldens des Verletzten nach § 254 BGB in Betracht.

Bearbeiten Sie die Fragen 49 - 55!

416 BGHZ 57, 137 = jurisbyhemmer.

417 In diesem Sinne Medicus, BR, Rn. 230.

§ 4 DIE HAFTUNGSGRÜNDE DER §§ 824 - 826 BGB

A) Kreditgefährdung, § 824 BGB

I. Einführung

1. Einordnung der Regelung des § 824 BGB

§ 824 BGB kein Spezialgesetz

§ 824 BGB stellt gegenüber §§ 823 I, 826, 823 II BGB i.V.m. §§ 185 ff. StGB keine Spezialregelung dar.[418] Alle genannten Anspruchsgrundlagen sind nebeneinander anwendbar (Anspruchskonkurrenz). So kann z.B. eine vorsätzliche Kreditgefährdung zugleich einen Eingriff in das allgemeine Persönlichkeitsrecht i.S.v. § 823 I BGB darstellen. 131

Schutz d. Geschäftsehre u. wirtschaftl. Wertschätzung

§ 824 BGB schützt die wirtschaftliche Wertschätzung von Personen und Unternehmen vor unmittelbaren Beeinträchtigungen, die durch die Verbreitung unwahrer Behauptungen über sie herbeigeführt werden.[419] Er bildet somit eine wesentliche Ausdehnung des Schutzes der Geschäftsehre und der wirtschaftlichen Wertschätzung.[420]

bei Gewerbebetrieb ist § 823 I BGB subsidiär

Bzgl. unwahrer Tatsachen verdrängt § 824 BGB das nur subsidiär eingreifende Recht am eingerichteten und ausgeübten Gewerbebetrieb i.R.d. § 823 I BGB. Das Recht am eingerichteten und ausgeübten Gewerbebetrieb kann nur bei abträglichen Werturteilen oder der Veröffentlichung von wahren Tatsachen ohne ausreichenden Grund betroffen sein, da dann § 824 BGB tatbestandlich nicht eingreift.

hemmer-Methode: Vergessen Sie nicht, dass das Recht am eingerichteten und ausgeübten Gewerbebetrieb i.R.d. § 823 I BGB nur subsidiär eingreift! Der Schutz des allgemeinen Persönlichkeitsrechts über § 823 I BGB wird jedoch nicht vom Eingreifen des § 824 BGB verdrängt. Hier kommt allenfalls eine Subsidiarität zu spezielleren Regelungen (§ 12 BGB, §§ 22 ff. KUrhG, UrhG, BDSG) in Betracht. 132

2. Aufbauschema

Aufbauschema

133

1. Behaupten oder Verbreiten einer unwahren Tatsache
2. Objektive Geeignetheit zur Herbeiführung von Nachteilen für Kredit, Erwerb oder Fortkommen eines anderen
3. Haftungsbegründende Kausalität
4. Rechtswidrigkeit
5. Verschulden
6. Schaden
7. Haftungsausfüllende Kausalität

418 Palandt, § 824 BGB, Rn. 1.

419 Palandt, § 824 BGB, Rn. 1; BGH, NJW 1978, 2151.

420 Palandt, § 824 BGB, Rn. 1.

II. Voraussetzungen des § 824 I BGB

1. Unwahre Tatsachen

Behauptung unwahrer Tatsachen, Abgrenzung zu Werturteil

§ 824 BGB fordert die Behauptung unwahrer Tatsachen. Gegensatz zur Tatsache ist ein Werturteil. Die Abgrenzung zwischen Tatsache und Werturteil richtet sich danach, ob die Äußerung einer objektiven Klärung zugänglich ist und als etwas Geschehenes grundsätzlich dem Beweis offen steht. Eine Tatsachenbehauptung kann wahr oder unwahr sein und ist dem Wahrheitsbeweis daher in vollem Umfang zugänglich. Ein Werturteil kann dagegen je nach Betrachter nur als falsch abgelehnt oder als richtig akzeptiert werden.[421] Werturteil und Tatsachenbehauptung können allerdings auch in einer Äußerung zusammentreffen. In diesem Fall ist der Schwerpunkt nach dem Inhalt der Äußerung, wie die angesprochenen Verkehrskreise ihn nach dem Gesamtzusammenhang verstehen, zu ermitteln.[422] Eine Tatsachenbehauptung kann bereits in der Äußerung eines Verdachts, einer Vermutung, einer Möglichkeit oder einer Frage liegen.[423] *134*

Unwahrheit: Sicht d. durchschnittlichen Empfängers

Die Unwahrheit einer Tatsachenbehauptung beurteilt sich aus der Sicht des durchschnittlichen Empfängers.[424] Werden unwahre und wahre Tatsachen vermischt, kommt es darauf an, ob der Kern des Berichts zu einem falschen Bild über die betroffene Person führt.[425] *135*

2. Kreditgefährdung

Gefährdung wirtschaftl. Interessen

Die Tatsachenbehauptung muss geeignet sein, den Kredit eines anderen zu gefährden oder sonstige erhebliche Nachteile für den Erwerb oder das Fortkommen herbeizuführen. Geschützt ist insoweit nur die Gefährdung und unmittelbare Beeinträchtigung wirtschaftlicher Interessen.[426] Die Ehrenrührigkeit der Tatsache ist nicht erforderlich, wohl aber eine Beeinträchtigung der wirtschaftlichen Wertschätzung. *136*

konkreter Angriff notw.

Geschützt ist die Kreditgefährdung eines Anderen. Dieser Andere muss dabei konkret angegriffen worden sein, wobei allerdings auch ein konkludenter Angriff genügen kann. Erforderlich ist somit eine erkennbare Beziehung zur Person des Geschädigten, seinem Betrieb, seinen Geschäftsmethoden oder seinen gewerblichen Erzeugnissen.[427] Nicht ausreichend ist daher ein sog. allgemeiner Systemvergleich.

> ***Bsp.:***[428] *In einem Leserbrief behauptet S, dass einige Gemeinden mit den neuen Elektronenorgeln nicht zufrieden seien und diese im Vergleich zu herkömmlichen Pfeifenorgeln weniger brauchbar seien. G, Hersteller von Elektronenorgeln, verweist auf zahlreiche zufriedene Kunden und verlangt von S Schadensersatz aufgrund seines Umsatzrückganges nach dem Leserbrief.*
>
> Hier scheitert ein Anspruch aus § 824 BGB, da S seine Aussage nur allgemein auf Elektronenorgeln bezog, nicht aber speziell auf die der Firma G.

421 Dazu Palandt, § 824 BGB, Rn. 2.

422 Palandt, § 824 BGB, Rn. 4; BGH, NJW 1988, 1589.

423 Vgl. Palandt, § 824 BGB, Rn. 4, 5; BGH, NJW 1988, 1589; BGH, NJW 1979, 102.

424 Palandt, § 824 BGB, Rn. 7; BGH, VersR 1988, 1181 (1183).

425 Palandt, § 824 BGB, Rn. 4; BGH, NJW 1987, 1403.; 2016, 1584.

426 Palandt, § 824 BGB, Rn. 8.

427 Vgl. BGH, JZ 1964, 509; Larenz II, § 73 I.

428 Nach BGH, JZ 1964, 509.

Kausalität d. Angriffs für Schaden

Die Geeignetheit einer Äußerung zur Kreditgefährdung liegt vor, wenn die Äußerung kausal für die Kreditgefährdung ist. Hierzu gelten die allgemeinen Regeln.

3. Rechtswidrigkeit

Rechtswidrigkeit

Die Äußerung muss auch rechtswidrig gewesen sein. Hierzu gelten die Ausführungen zu § 823 I BGB.[429] 137

§ 824 II BGB lässt nicht bloß die Rechtswidrigkeit entfallen, sondern den Anspruch als solchen.

4. Verschulden

Vorsatz o. Fahrlässigkeit

Die Kreditgefährdung kann vorsätzlich oder fahrlässig i.S.d. § 276 I BGB begangen werden. Nach dem Wortlaut des § 824 BGB genügt bereits die fahrlässige Unkenntnis der Unwahrheit der Tatsache. 138

5. § 824 II BGB

§ 824 II BGB ⇨ berechtigtes Interesse; Abwägung notw.

§ 824 II BGB lässt die Ersatzpflicht entfallen, wenn dem Mitteilenden die Unwahrheit der Mitteilung unbekannt ist und er oder der Empfänger an der Mitteilung ein berechtigtes Interesse haben. Hier ist eine Interessenabwägung zwischen dem Interesse an der Mitteilung und der Schutzwürdigkeit des angegriffenen Rechtsgutes erforderlich, wobei auch das Verhalten des Angegriffenen vor dem Angriff zu berücksichtigen ist.[430] 139

B) Bestimmung zu sexuellen Handlungen, § 825 BGB

I. Einführung

§ 825 BGB, Bestimmung zur Beiwohnung

Die Bestimmung zu sexuellen Handlungen nach § 825 BGB ist in der Praxis und auch in der Klausur weitgehend bedeutungslos, weil der Tatbestand meist auch unter § 823 I BGB (allgemeines Persönlichkeitsrecht) und/oder § 823 II BGB i.V.m. §§ 177 ff. StGB fällt. Es besteht dann Anspruchskonkurrenz mit § 823 I BGB. An dieser geringen Bedeutung werden auch die Änderungen in der Formulierung durch das Schadensersatzrechtsreformgesetz nichts ändern. 140

II. Aufbauschema

1. Bestimmung einer anderen Person zur Vornahme oder Duldung sexueller Handlungen durch
   - **a)** Hinterlist oder
   - **b)** Drohung
   - **c)** oder unter Missbrauch eines Abhängigkeitsverhältnisses
2. Haftungsbegründende Kausalität (Vornahme/Duldung sexueller Handlungen)
3. Schaden (wichtig: § 253 II BGB)
4. Haftungsausfüllende Kausalität (Vornahme/Duldung sexueller Handlungen)

429 Vgl. oben Rn. 79 ff.

430 Palandt, § 824 BGB, Rn. 9; BGHZ 31, 308.

III. Voraussetzungen

Unbescholtenheit nicht notw.

Nicht erforderlich ist die Unbescholtenheit des/der Geschädigten. Auch Alter oder Familienstand sind unerheblich. Es genügt jede Einwirkung auf die Willensbildung auch ohne Gewaltanwendung.[431] 141

Hinterlist

Hinterlist bedeutet ein vorbedachtes, die wahre Absicht verdeckendes Handeln zu dem Zweck, den unvorbereiteten Zustand des Opfers zur Verwirklichung des Vorhabens zu benutzen, z.B. durch Verabreichung berauschender Getränke.[432]

Drohung

Eine Drohung liegt in jedem Inaussichtstellen eines Übels, das zur Willensbeeinflussung geeignet ist.[433]

Abhängigkeit: Ausnutzen v. Überlegenheit

Das bloße Bestehen eines Abhängigkeitsverhältnisses genügt nicht. Erforderlich sind die Ausnutzung der auf wirtschaftlichen oder anderen Gründen beruhenden tatsächlichen Überlegenheit zum Zweck der Willensbeeinflussung des Opfers und der ursächliche Zusammenhang zwischen Abhängigkeitsverhältnis und Gestattung der Beiwohnung.[434]

§ 253 II BGB

Der Schadensersatzanspruch umfasst sowohl den Vermögensschaden als auch über § 253 II BGB den Nichtvermögensschaden unter dessen Voraussetzungen. Da § 253 II BGB ausdrücklich die sexuelle Selbstbestimmung nennt, kann daher Schmerzensgeld auch unterhalb der Schwelle zur Körperverletzung verlangt werden.

C) Sittenwidrige vorsätzliche Schädigung, § 826 BGB

I. Einführung

1. Einordnung

§ 826 BGB ist AuffangTB

§ 826 BGB bildet neben §§ 823 I, II, 824 BGB den dritten Grundtatbestand der deliktischen Haftung. Er bildet eine wichtige Ergänzung zu den beschränkten Tatbeständen der §§ 823, 824 BGB und ist deshalb von großer praktischer Bedeutung.[435] Im Gegensatz zu den §§ 823, 824 BGB dient § 826 BGB nicht dem Schutz bestimmter, individuell bezeichneter Rechtsgüter, sondern stellt einen Auffangtatbestand, eine Generalklausel dar. 142

auch Vermögen geschützt

Sanktioniert wird jedwede vorsätzlich erfolgte, sittenwidrige Schädigung eines anderen, egal an welchem Rechtsgut, sodass auch eine Beschädigung des Vermögens als solchem unter den Voraussetzungen des § 826 BGB ersatzfähig ist.[436]

Neben §§ 242, 226 BGB stellt § 826 BGB den Ausgangspunkt allgemeiner Rechtseinrichtungen, wie z.B. dem Einwand unzulässiger Rechtsausübung dar.[437]

§ 138 BGB vor § 826 BGB prüfen

In der Klausur ist § 138 BGB regelmäßig vor § 826 BGB zu prüfen, wenn der Schaden gerade in dem Vorhandensein eines Vertrages besteht. Scheitert dieser Vertrag nämlich an § 138 BGB, fehlt es für § 826 BGB möglicherweise an einem ersatzfähigen Schaden.

431 Dazu näher Palandt, § 825 BGB, Rn. 2, 3.
432 Vgl. Palandt, § 825 BGB, Rn. 4.
433 Vgl. Palandt, § 825 BGB, Rn. 5.
434 Palandt, § 825 BGB, Rn. 6.
435 Vgl. Palandt, § 826 BGB, Rn. 1.
436 Palandt, § 826 BGB, Rn. 3.
437 Palandt, § 826 BGB, Rn. 1; RGZ 166, 117.

Davon abgesehen steht der Anwendbarkeit des § 826 BGB aber grds. nicht entgegen, dass das anstößige Rechtsgeschäft unwirksam, schikanös oder treuwidrig ist, §§ 226, 242 BGB.[438]

hemmer-Methode: Ein guter Klausuraufbau ist kein Formalismus, sondern hilft, Fehler zu vermeiden. Prüfen Sie immer zuerst vertragliche Ansprüche, dann vertragsähnliche Ansprüche (GoA, §§ 311 II, III, 241 II, 280 BGB) und schließlich Ansprüche aus dem Eigentum. Danach können Sie ohne zwingende Reihenfolge Bereicherungs- und Deliktsansprüche prüfen. Dann ergibt es sich ganz automatisch, dass § 138 BGB vor § 826 BGB zu prüfen ist. 143

Gehen Sie vor jeder Examensarbeit gedanklich die Prüfungsreihenfolge durch!

2. Aufbauschema

Aufbauschema

1. Sittenwidrige Schädigungshandlung 144

2. Schaden

3. Kausalität Handlung/Schaden

4. Vorsatz bzgl. Sittenwidrigkeit und Schaden

5. Art/Umfang des Schadens, §§ 249 ff. BGB

6. Evtl. Mitverschulden, § 254 BGB

II. Voraussetzungen

1. Sittenwidrige Schädigung

Sittenwidrigkeit: nicht nur vorsätzl. Schädigung

Der Schaden muss in einer gegen die guten Sitten verstoßenden Weise herbeigeführt worden sein. Nicht schon jede vorsätzliche Schadenszufügung ist als solche sittenwidrig. Hinzukommen müssen weitere Umstände, welche das vorsätzliche schädigende Verhalten als moralisch verwerflich erscheinen lassen.[439] 145

Begriff entspricht dem in § 138 BGB

Maßstab für das Vorliegen einer sittenwidrigen Schädigungshandlung ist das Anstandsgefühl aller billig und gerecht Denkenden.[440] Insoweit entspricht der Begriff der Sittenwidrigkeit in § 826 BGB dem in § 138 BGB.[441]

Entscheidend sind dabei die Moralgrundsätze des Durchschnittsmenschen, nicht die Durchsetzung besonders hoher moralischer Anforderungen oder laxer Moralvorstellungen.[442]

zeitgemäße Moralvorstellungen

Dabei ist es Aufgabe der Gerichte, die im Laufe der Zeit sich ändernden Moralvorstellungen mit zu steuern.[443]

Der Begriff der Sittenwidrigkeit ist somit aufgrund der sich wandelnden Moralvorstellungen flexibel.

Sittenwidrigkeit wegen Zweck, Mittel o. Folgen

Die Sittenwidrigkeit kann sich aus dem mit der Handlung verfolgten Zweck, dem zur Durchsetzung verwendeten Mittel, der dabei gezeigten Gesinnung oder den entstandenen Folgen ergeben.[444]

---

438 Palandt, § 826 BGB, Rn. 3.

439 Kupisch/Krüger, S. 71.

440 Palandt, § 826 BGB, Rn. 4.

441 Palandt, § 826 BGB, Rn. 4.

442 Kupisch/Krüger, S. 71 f.

443 Kupisch/Krüger, S. 72.

444 Larenz II, § 72 IV; Palandt, § 826 BGB, Rn. 4 ff.

Bsp.: *H hat einen großen Posten Stahlträger, den er gerne komplett veräußern würde. G ist an den Stahlträgern interessiert, kann aber nur ein Drittel der vorhandenen Menge übernehmen. H ist damit einverstanden. G will die Träger am nächsten Morgen abholen.*

Wenige Stunden später kommt S zu H und ist bereit, den ganzen Posten zu einem höheren Preis zu erwerben. S braucht die Träger dringend und bietet H in Kenntnis des Vertrages mit G an, eventuelle Schadensersatzansprüche des G gegen H zu übernehmen. H ist einverstanden. S nimmt die Träger sofort mit.

G kann hier von S Schadensersatz nach § 826 BGB verlangen. Dieser kann - und wird regelmäßig - in Geld bestehen. Bei § 826 BGB ist aber gem. § 249 BGB auch Naturalrestitution möglich, sodass G dann Übereignung eines Drittels der Träger verlangen könnte.

hemmer-Methode: Denken Sie in Problemfeldern! Die Verleitung zum Vertragsbruch ist auch das Hauptargument für die Sittenwidrigkeit einer Globalzession des Geldkreditgebers (Bank) nach § 138 BGB beim Zusammentreffen mit einem verlängerten Eigentumsvorbehalt des Warenkreditgebers. An sich geht wegen des Prioritätsprinzips die im verlängerten Eigentumsvorbehalt enthaltene Vorausabtretung der Forderung aus dem Warenverkauf ins Leere, weil diese schon an die Bank abgetreten wurde. Die Globalzession ist aber nach § 138 BGB nichtig, wenn die Bank weiß, dass die Vereinbarung eines verlängerten Eigentumsvorbehalts branchenüblich ist, und den Darlehensnehmer auf diese Weise zwingt, die Vorausabtretung gegenüber dem Warenlieferanten zu verheimlichen. Verhindert werden kann diese Sittenwidrigkeit nur durch eine dingliche Verzichtsklausel! *150*

3. Verweigerung der Aufnahme in einen Verein

Verein bzgl. Aufnahme grds. autonom

Grundsätzlich kann ein Verein Zweck und Aufgabe selbst bestimmen und frei über die Aufnahme von Mitgliedern entscheiden. In bestimmten Fällen stellt jedoch die Verweigerung der Aufnahme als Mitglied eine sittenwidrige Schädigung i.S.d. § 826 BGB dar, sodass das abgewiesene Mitglied über § 249 BGB seine Aufnahme verlangen kann.[458] *151*

Ausnahme bei Monopolstellung Anspruch auf Aufnahme aus § 826 BGB

Ausnahmsweise liegt ein solcher Aufnahmeanspruch bei Idealvereinen mit Monopolstellung vor.[459] Hat der Verband zwar keine echte Monopolstellung, aber eine erhebliche wirtschaftliche oder soziale Machtstellung, kann er ebenfalls zur Aufnahme eines Bewerbers verpflichtet werden, wenn dieser die Aufnahmebedingungen erfüllt und zur Verfolgung oder zur Wahrung wesentlicher Interessen auf die Mitgliedschaft angewiesen ist.[460]

4. Durchbrechung der Rechtskraft

Durchbrechung d. Rechtskraft mögl.

Zur Aufhebung der Rechtskraft eines Urteils bietet die ZPO verschiedene Möglichkeiten an: Abänderungsklage (§ 323 ZPO), Nichtigkeitsklage (§ 579 ZPO) und Restitutionsklage (§ 580 ZPO). Diese Möglichkeiten betreffen jedoch nur bestimmte Spezialfälle. *152*

Auch die Vollstreckungsabwehrklage schafft nicht in allen Fällen Abhilfe, insbesondere dann nicht, wenn eine Einwendung des Schuldners bereits im Erkenntnisverfahren hätte berücksichtigt werden können, § 767 II ZPO. Die ZPO gewährleistet daher nicht in jedem Fall, dass aus einem materiell unrichtigen Titel keine Zwangsvollstreckung mehr stattfindet.

458 Medicus, BR, Rn. 627.

459 Vgl. Palandt, § 826 BGB, Rn. 49, sowie § 25 BGB, Rn. 11; BGH, NJW 1969, 316.

460 Palandt, § 25 BGB, Rn. 11; Medicus, BR, Rn. 627; BGH, NJW 1998, 2818 = **Life&Law 1998, 777 ff.**

Gerade im Mahnverfahren besteht die Gefahr, dass der Gläubiger unter Ausnutzung der Unerfahrenheit des Schuldners schnell zu einem rechtskräftigen Vollstreckungsbescheid gelangt.[461]

z.B. bei Urteilsmissbrauch Anspruch aus §§ 826, 249 BGB

Die Rspr.[462] hat daher den Urteilsmissbrauch als sittenwidriges Verhalten i.S.d. § 826 BGB anerkannt. Der Urteilsmissbrauch kann in zwei Konstellationen auftreten: einmal als sittenwidriges Erschleichen eines unrichtigen Titels, zum anderen als sittenwidriges Ausnutzen eines später als unrichtig erkannten Titels. In diesen Fällen kann der Vollstreckungsschuldner aufgrund von § 826 BGB Leistungsklage auf Unterlassung der Vollstreckung aus dem Titel erheben. Der Schadensersatzanspruch umfasst dabei nach § 249 BGB die Rückgabe bzw. das Nichtausnutzen des unrichtigen Titels.

aber nur in extremen Ausnahmefällen

Um die materielle Rechtskraft als eine der tragenden Grundsätze des Zivilrechts nicht auszuhöhlen, muss diese Durchbrechung der Rechtskraft über § 826 BGB jedoch auf krasse Ausnahmefälle beschränkt bleiben. 153

Voraussetzungen für einen Anspruch aus § 826 BGB sind:[463]

1. Unrichtiger Titel
2. Kenntnis der Unrichtigkeit durch den, der von dem Urteil Gebrauch macht
3. Besondere Umstände, welche die Sittenwidrigkeit begründen

z.B. bei Erschleichen v. Titel (Bestechung etc.)

Im Fall des Erschleichens eines Titels liegen diese besonderen Umstände in der Herbeiführung eines Urteils oder der Rechtskraft durch eine rechts- oder sittenwidrige Handlung im Bewusstsein der Unrichtigkeit, z.B. durch Bestechung eines Zeugen oder gezielte, missbräuchliche Anwendung des Mahnverfahrens.[464] 154

ggf. bei Ausnutzen v. unrichtigem Titel

Wird ein erst später als unrichtig erkannter Titel dennoch ausgenutzt, liegt Sittenwidrigkeit nur dann vor, wenn es mit dem Gerechtigkeitsgedanken schlechthin unvereinbar wäre, dass der Vollstreckungsgläubiger seine formelle Rechtsstellung unter Missachtung der materiellen Rechtslage zu Lasten des Schuldners ausnutzt.

Die Kasuistik der Rspr. in diesem Bereich ist umfangreich.[465]

hemmer-Methode: Die Literatur kritisiert diese Rechtsprechung wegen der entstehenden Rechtsunsicherheit. Die materielle Rechtskraft hat gerade den Zweck, eine sichere, unumstößliche Rechtslage zu gewährleisten. Zudem seien die Rechtsbehelfe der ZPO ausreichend. Insbesondere könnte auch eine Analogie zu § 580 ZPO Abhilfe schaffen. 155

5. „VW-Skandal“

Der in letzter Zeit wohl „berühmteste“ Fall zu § 826 BGB ist jener zu der Frage, ob die VW-AG für die Veräußerung von sog. Schummeldiesel-PKW gegenüber den einzelnen Käufern haftet. Neben der Frage nach der Mängelhaftung der Verkäufer ist dies von besonderem Interesse für betroffene Käufer, da nur so ein Zugriff auf VW selbst erfolgen kann.

461 Vgl. allerdings § 688 II Nr. 1 ZPO, der die Durchsetzung eines sittenwidrigen Ratenkredits verhindern soll.

462 Palandt, § 826 BGB, Rn. 52 ff. m.w.N.; OLG Düsseldorf, NJW 1985, 153.

463 Auch Braun, JuS 1992, 177 (182).

464 Weitere Beispiele s. Palandt, § 826 BGB, Rn. 53.

465 Palandt, § 826 BGB, Rn. 52 ff.

Mit seinem vielbeachteten Urteil vom 25.05.2020 hat der BGH die Haftung aus § 826 BGB grundsätzlich bejaht. Aufgrund der hohen Bedeutung sollen die wichtigen Leitsätze hier wiedergegeben werden.[466]

1. Einer unmittelbaren arglistigen Täuschung der Fahrzeugkäufer steht es gleich, wenn ein Fahrzeughersteller im Rahmen einer von ihm bei der Motorentwicklung getroffenen strategischen Entscheidung, die Typengenehmigungen der Fahrzeuge durch arglistige Täuschung des KBA zu erschleichen und die derart bemakelten Fahrzeuge alsdann in Verkehr zu bringen, die Arglosigkeit und das Vertrauen der Fahrzeugkäufer gezielt ausnutzt.

2. Bestehen hinreichende Anhaltspunkte für die Kenntnis eines vormaligen Mitglieds des Vorstands von der getroffenen strategischen Entscheidung, trägt der beklagte Hersteller die sekundäre Darlegungslast für die Behauptung, eine solche Kenntnis habe nicht vorgelegen. Darauf, ob die vormaligen Mitglieder des Vorstands vom Kläger als Zeugen benannt werden könnten, kommt es nicht an.

3. Wird jemand durch ein haftungsbegründendes Verhalten zum Abschluss eines Vertrages gebracht, den er sonst nicht geschlossen hätte, kann er auch bei objektiver Werthaltigkeit von Leistung und Gegenleistung dadurch einen Vermögensschaden erleiden, dass die Leistung für seine Zwecke nicht nur aus rein subjektiv willkürlicher Sicht als Schaden angesehen wird, sondern dass auch die Verkehrsanschauung bei Berücksichtigung der obwaltenden Umstände den Vertragsschluss als unvernünftig, den konkreten Vermögensinteressen nicht angemessen und damit als nachteilig ansieht.

Wichtig ist insbesondere der 3. Leitsatz. Wie oben bereits erwähnt, besteht die Besonderheit bei § 826 BGB darin, dass schon auf Tatbestandsebene das Vorliegen eines Schadens geprüft werden muss. Hier muss zwingend ein Vermögensschaden vorliegen, der sich aber auch auf Basis einer wertenden Betrachtung ergeben kann.

Vorteilsanrechnung hinsichtlich gefahrener Kilometer

Der BGH hat in dem Urteil auch klargestellt, dass etwaige Nutzungen in Form gefahrener Kilometer im Wege der Vorteilsanrechnung abzuziehen sind.

In einer weiteren Entscheidung hat der BGH zudem Stellung zu der Frage der Verzinsungspflicht hinsichtlich des gezahlten Kaufpreises genommen.

BGH: keine Deliktszinsen

Ein Anspruch auf sog. Deliktszinsen gem. § 849 BGB ab Zahlung des Kaufpreises bestehe nicht. Zwar erfasst diese Vorschrift grundsätzlich jeden Sachverlust durch Delikt, auch den Verlust von Geld in jeder Form. Dies gilt auch dann, wenn dieser Verlust – wie hier – mit Willen des Geschädigten durch Weggabe erfolgt. Vorliegend stehe der Anwendung der Norm aber jedenfalls der Umstand entgegen, dass der Kunde als Gegenleistung für die Hingabe des Kaufpreises ein in tatsächlicher Hinsicht voll nutzbares Fahrzeug erhalten hat; die tatsächliche Möglichkeit, das Fahrzeug zu nutzen, kompensierte den Verlust der Nutzungsmöglichkeit des Geldes. Eine Verzinsung gem. § 849 BGB entspricht in einem solchen Fall nicht dem Zweck der Vorschrift, mit einem pauschalierten Mindestbetrag den Verlust der Nutzbarkeit einer entzogenen oder beschädigten Sache auszugleichen.[467]

466 Vertiefend sei verwiesen auf die Entscheidungsbesprechung in **Life&Law 2020, 445 ff.** = **juris**byhemmer.

467 BGH, Urteil vom 30. Juli 2020, AZ VI ZR 354/19 = **juris**byhemmer.

hemmer-Methode: Das kann man sicher auch anders sehen. Faktisch berücksichtigt der BGH den Nutzungsvorteil zu Lasten des Kunden nämlich doppelt: einmal, indem im Rahmen der Schadensersatzforderung im Zuge der Vorteilsanrechnung ein Abzug für gefahrene Kilometer erfolgt, und noch einmal als Kompensation für die fehlende Nutzbarkeit des Geldes. Ist der Gebrauchsvorteil durch Abzug der gefahrenen Kilometer nicht bereits „verbraucht"? Wäre es nicht angemessen gewesen, gerade im Fall des § 826 BGB auch eine spürbare Sanktionierung über § 849 BGB eintreten zulassen? Faktisch ergibt sich nämlich bei Fahrzeugen mit hoher Laufleistung, dass die Rückzahlung des Kaufpreises vollständig durch die gefahrenen Kilometer aufgezehrt wird. Insoweit hat sich die Taktik von VW, die Dinge auszusitzen, also ausgezahlt. Da hätte man sich vom BGH ein anderes Ergebnis gewünscht!

Bearbeiten Sie die Fragen 56 - 63!

§ 5 MITTÄTER, TEILNEHMER UND BETEILIGTE, § 830 BGB

A) Einführung

I. Einordnung der Regelung des § 830 BGB

§ 830 BGB behandelt drei Fälle der Beteiligung mehrerer an einer unerlaubten Handlung.[468] Über § 830 BGB haftet jeder der Betroffenen, ohne dass festgestellt zu werden braucht, ob gerade er durch sein Verhalten den Schaden verursacht hat.[469] 156

§ 830 BGB, drei Fallgruppen

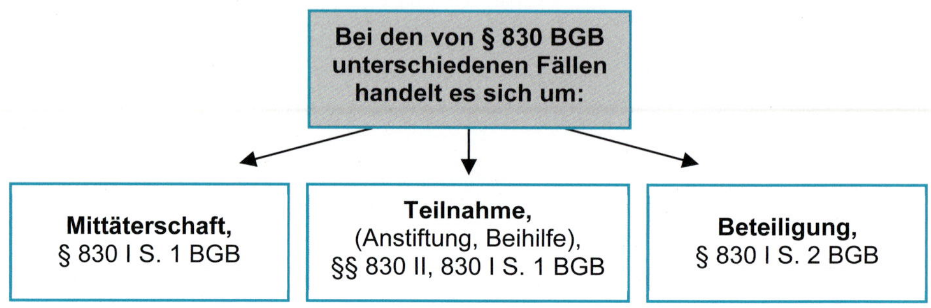

nach h.M. selbstständige Anspruchsgrundlagen

Nach inzwischen ganz h.M.[470] handelt es sich bei § 830 BGB in allen drei Fallgruppen um selbstständige Anspruchsgrundlagen. Dies gilt insbesondere für § 830 I S. 2 BGB, der von der früheren Rspr.[471] als bloße prozessuale Beweisregel bezeichnet wurde.

hemmer-Methode: Häufiger Klausurfehler ist es, § 830 I S. 2 BGB i.R.d. haftungsbegründenden oder haftungsausfüllenden Kausalität zu prüfen. Mit Hilfe von § 830 I S. 2 BGB können zwar Zweifel sowohl bei der haftungsbegründenden als auch bei der haftungsausfüllenden Kausalität überwunden werden.[472] Jedoch handelt es sich nicht um eine Beweislastregel für die Kausalität, sondern um eine eigenständige Anspruchsgrundlage! 157
Merken Sie sich aber: § 830 I S. 2 BGB greift nicht ein, wenn schon nicht nachweisbar ist, dass eine Handlung vorliegt, die zum Verletzungserfolg geführt hat.

grds. gilt Verursachungsprinzip; Ausnahme: § 830 I S. 2 BGB

Die deliktische Haftung folgt grundsätzlich dem Verursachungsprinzip, d.h. es muss die Kausalität sowohl zwischen Handlung und Erfolgseintritt als auch zwischen Erfolgseintritt und Schaden vorliegen, um die Haftung des Schädigers zu begründen. In Ausnahme dazu verzichtet § 830 I S. 2 BGB unter seinen Voraussetzungen aber gerade auf den Nachweis der Kausalität.[473] 158

Anders dagegen § 830 I S. 1 BGB: Hier wird nicht auf den Nachweis der Kausalität des Verhaltens eines Mittäters verzichtet, sondern die Haftung beruht darauf, dass das Verhalten eines Mittäters dem anderen zugerechnet wird. Verzichtet wird hier nur auf den Nachweis, wessen Verhalten im Einzelnen zu dem Schadenseintritt geführt hat.[474]

468 Palandt, § 830 BGB, Rn. 1.
469 BGHZ 72, 355.
470 Palandt, § 830 BGB, Rn. 1.
471 MüKo, § 830 BGB, Rn. 2.
472 Vgl. Kupisch/Krüger, S. 127 f.
473 Vgl. Kupisch/Krüger, S. 124.
474 Kupisch/Krüger, S. 123; a.A.: MüKo, § 830 BGB, Rn. 3, 8.

II. Aufbauschema

insgesamt drei Anspruchsgrundlagen

§ 830 BGB enthält insgesamt drei Anspruchsgrundlagen, die alle zur selben Rechtsfolge führen. 159

Aufbauschema

Aufbauschema für § 830 I S. 1, II BGB

1. Verletzungserfolg (RG-Verletzung bzw. Schutzgesetzverletzung, § 823 I, II BGB)

2. Unerlaubte Handlung

a) als Mittäter, § 830 I S. 1 BGB, oder

b) als Anstifter/Gehilfe, § 830 II BGB

3. Kausalität

Aufbauschema für § 830 I S. 2 BGB

1. Verletzungserfolg (RG-Verletzung bzw. Schutzgesetzverletzung, § 823 I, II BGB)

2. Unerlaubte Handlung als Beteiligte

a) selbstständige Beteiligung
⇨ Haftung mit Ausnahme der Kausalität

b) Rechtsgutverletzung mit Sicherheit durch einen der Beteiligten verursacht oder durch alle

c) bei keinem der Beteiligten lässt sich die haftungsbegründende oder -ausfüllende Kausalität nachweisen

stets Gesamtschuldner, § 840 BGB

In allen Fällen haften die Mittäter, Teilnehmer oder Beteiligten gem. § 840 BGB als Gesamtschuldner, d.h. der Geschädigte kann von jedem Schädiger den vollen Betrag fordern, insgesamt aber natürlich nur einmal. Der Innenausgleich zwischen den Schädigern erfolgt nach § 426 BGB.

B) Die Haftung von Mittätern und Teilnehmern, § 830 I S. 1, II BGB

I. Mittäterschaft, § 830 I S. 1 BGB

§ 830 I S. 1 BGB: jeder Schädiger verpflichtet

Nach § 830 I S. 1 BGB ist von mehreren in Betracht kommenden Schädigern jeder einzelne zum Schadensersatz verpflichtet, wenn der Schaden auf einer gemeinschaftlich begangenen unerlaubten Handlung beruht. 160

gemeinschaftliches Zusammenwirken notw.

Gemeinschaftliche Begehung i.S.d. § 830 I S. 1 BGB hat dabei dieselbe Bedeutung wie die Mittäterschaft gemäß § 25 II StGB im Strafrecht.[475] Voraussetzung ist ein bewusstes und gewolltes, also vorsätzliches Zusammenwirken mehrerer zur Herbeiführung eines bestimmten Erfolges.[476] Neben der Kenntnis der Tatumstände muss daher der Wille des Einzelnen gegeben sein, die Tat als Mittäter auszuführen. Darüber hinaus ist auch eine Beteiligung an der Tatausführung erforderlich.

475 Palandt, § 830 BGB, Rn. 3; Kupisch/Krüger, S. 120.

476 Palandt, § 830 BGB, Rn. 3; BGH, NJW 1972, 40; vgl. dazu auch die Entscheidung in **Life&Law 1999, 356 ff.**

Zurechnung ohne weitere Kausalitätsprüfung

Nach § 830 I S. 1 BGB haften die Mittäter dem Geschädigten auf Schadensersatz ohne Rücksicht darauf, ob ein bestimmtes Verhalten des jeweils in Anspruch Genommenen als Ursache für den eingetretenen Verletzungserfolg gegeben ist bzw. nachgewiesen werden kann.[477] Ebenso wie im Strafrecht wird die i.R.d. gemeinsamen Tatplans liegende Handlung eines Mittäters dem anderen zugerechnet. Diese Regelung rechtfertigt sich aus dem Gedanken, dass jeder Mittäter die Handlung des anderen in seinen Willen aufgenommen hat.[478]

⇨ Kausalität (+), nur Nachweis nicht notw.

§ 830 I S. 1 BGB wird teilweise[479] als Ausnahme zum Verursachungsprinzip angesehen. Dies ist jedoch zu Recht[480] abzulehnen. § 830 I S. 1 BGB verzichtet nicht auf das Erfordernis der Kausalität zwischen Handlung und Verletzungserfolg bzw. Verletzungserfolg und Schaden. Verzichtet wird lediglich auf den Nachweis, welcher der Beteiligten konkret durch seine Handlung den Verletzungserfolg bzw. Schaden herbeigeführt hat, da die Handlung eines Mittäters dem anderen zugerechnet wird. Er hilft somit dem Geschädigten, dem kein Nachteil daraus entstehen darf, dass er durch mehrere Täter geschädigt wurde. 161

⇨ keine eigenhändige Begehung notw.

Für die Haftung des Einzelnen ist es unerheblich, ob er den Schaden eigenhändig verursacht und wie viel er selbst zum entstandenen Schaden beigetragen hat. Dies gilt auch für das Schmerzensgeld.[481]

bei Demonstration aber i.d.R. Rollenverteilung (-)

Die schlichte Teilnahme an einer gewalttätigen Demonstration macht noch nicht haftbar. Hinzukommen muss der auf eine Rechtsgutsverletzung gerichtete Wille des Demonstrationsteilnehmers, der auch als solcher erkennbar geworden sein muss.[482] Der Teilnehmer muss dabei schadensstiftende Ausschreitungen zumindest billigend in Kauf nehmen.[483] Der einzelne Teilnehmer muss wissen, dass neben ihm andere unter dem gleichen Bewusstsein des gemeinsamen einverständlichen Handelns aktiv sind (sog. übereinstimmende Rollenverteilung).[484] 162

anders bei Förderung in Entschluss u. Tat

Ausreichend in diesem Zusammenhang ist bereits eine psychische oder intellektuelle Mittäterschaft, weil die Gewaltanwendung bei Demonstrationen nicht mehr durch Art. 5, 8 I GG gedeckt ist.[485] Dies kann z.B. durch Solidarisierung mit gewalttätigen Demonstranten an Ort und Stelle geschehen, sofern das Verhalten des Einzelnen darauf ausgerichtet und geeignet ist, die Gewalttäter in ihren Entschlüssen und Taten zu fördern und zu bestärken.[486]

> **Bsp. 1:** *A und B werfen mit Steinen auf die Glashäuser der Gärtnerei des G, weil ihnen das Klirren der Scheiben Vergnügen bereitet. Dabei geht eine Scheibe zu Bruch. Es kann nicht mehr geklärt werden, wessen Stein den Schaden herbeigeführt hat.*
>
> Hier haften A und B als Mittäter nach § 830 I S. 1 BGB.
>
> **Bsp. 2:** *Bei einer Demonstration gegen den Bau eines Kernkraftwerkes kommt es zu gewalttätigen Ausschreitungen der Demonstranten gegen die Polizei. S, der sich bislang friedlich beteiligt hat, mischt sich nun unter die Steine werfenden militanten Demonstranten.*

---

477 Kupisch/Krüger, S. 123.

478 Kupisch/Krüger, S. 123.

479 MüKo, § 830 BGB, Rn. 3, 8.

480 Vgl. Kupisch/Krüger, S. 123 f.

481 Vgl. Palandt, § 830 BGB, Rn. 3.

482 Palandt, § 830 BGB, Rn. 3; OLG Celle, VersR 1982, 598; lesenswert auch BGH, NJW 1998, 377.

483 Palandt, § 830 BGB, Rn. 3.

484 BGHZ 89, 383 = **juris**byhemmer.

485 Palandt, § 830 BGB, Rn. 3; BGHZ 8, 288 dazu Kornblum, JuS 1986, 600.

486 BGHZ 89, 395; OLG Hamm, VersR 1985, 505 = **juris**byhemmer.

Polizist G wird im Laufe der Ausschreitungen von einem Stein am Kopf verletzt. Von den tätlich gewordenen Demonstranten kann nur S ermittelt werden.

Obwohl sich nicht nachweisen lässt, dass S den fraglichen Stein geworfen hat, muss er sich das Verhalten der anderen Demonstranten zurechnen lassen und haftet G aus § 830 I S. 1 BGB.

II. Anstifter und Gehilfen, § 830 II, I S. 1 BGB

Mittäter, Anstifter u. Gehilfen

163 § 830 II BGB stellt Anstifter und Gehilfen den Mittätern gleich. Qualitativ besteht hinsichtlich der Form der Verursachung kein Unterschied zwischen dem Willen eines Mittäters oder eines Anstifters bzw. Gehilfen.[487]

Haupttat notw.

Hinsichtlich der Anstifter- und Gehilfeneigenschaft gelten auch hier die in §§ 26, 27 StGB definierten strafrechtlichen Begriffe.[488] Erforderlich ist also die - zumindest bedingt - vorsätzliche Unterstützung einer fremden, vorsätzlichen und rechtswidrigen Haupttat.

Nicht unter § 830 BGB fallen Hehler (§ 259 StGB) und Begünstigender (§ 258 StGB). Jedoch ist das Zivilgericht nicht an eine diesbezügliche rechtliche Qualifizierung im Strafurteil gebunden. Es kann vielmehr eigenständig Mittäterschaft oder Beihilfe annehmen.[489]

C) Die Haftung von Beteiligten, § 830 I S. 2 BGB

Beteiligte sind Gesamtschuldner, § 830 I S. 2 BGB

164 Nach § 830 I S. 2 BGB haften mehrere Beteiligte wie in § 830 I S. 1 BGB als Gesamtschuldner, wenn sich nicht mehr ermitteln lässt, wer von mehreren Beteiligten den Schaden durch seine Handlung verursacht hat.

I. Handeln als Beteiligte

1. Selbstständige Beteiligung

selbstständige Beteiligung

165 Es muss eine selbstständige Beteiligung mehrerer in der Weise vorliegen, dass jeder Beteiligte bei unterstellter Kausalität aus unerlaubter Handlung haften würde.

⇨ nicht bei Mittäter u. fahrl. Nebentäter

166 Keine Beteiligung i.S.d. § 830 I S. 2 BGB liegt zwingenderweise vor in den Fällen der Mittäterschaft (§ 830 I S. 1 BGB) sowie der Anstiftung oder Beihilfe (§ 830 II, I S. 1 BGB).[490] Darüber hinaus scheidet eine Beteiligung im Fall der fahrlässigen Nebentäterschaft aus, d.h. wenn mehrere Täter durch selbstständige Einzelhandlungen ohne bewusstes Zusammenwirken einen Schaden mitverursacht haben.[491] Jeder Nebentäter haftet für die Folgen seines rechtswidrigen Verhaltens nach allgemeinen Zurechnungsregelungen.

hemmer-Methode: Lesen Sie, gerade wenn § 830 BGB in Betracht kommt, den Sachverhalt besonders genau. Lässt sich bei keinem der Beteiligten die haftungsbegründende oder die haftungsausfüllende Kausalität nachweisen, so ist § 830 I S. 2 BGB anwendbar, auch wenn der eine Beteiligte vom Handeln des anderen nichts wusste. Regelmäßig enthält der Sachverhalt eindeutige Hinweise, dass sich die Kausalität nicht mehr nachweisen lässt.

487 Kupisch/Krüger, S. 124.

488 Palandt, § 830 BGB, Rn. 4.

489 BGHZ 8, 288 = **juris**byhemmer.

490 Palandt, § 830 BGB, Rn. 6.

491 Palandt, § 830 BGB, Rn. 6, 1; BGHZ 30, 203.

2. Ersatzpflicht

⇨ alle Voraussetzungen bis auf Kausalität notw.

Jeder der Beteiligten müsste bei unterstellter Kausalität aus unerlaubter Handlung ersatzpflichtig sein. Bis auf die Kausalität müssen also alle übrigen haftungsbegründenden und -ausfüllenden Voraussetzungen vorliegen. *167*

entspr. Anwendung u.a. bei Gefährdungshaftung

Der Begriff der unerlaubten Handlung ist dabei weit auszulegen. Eine unerlaubte Handlung liegt in jeder Verletzung einer Haftungsnorm der §§ 823 ff. BGB. Entsprechend anwendbar ist § 830 I S. 2 BGB auch auf ein schadensstiftendes Verhalten außerhalb des Anwendungsbereichs der unerlaubten Handlung mit gleicher Beweisnot für den Verletzten.[492] Hauptanwendungsfälle sind die Gefährdungshaftung (insb. § 7 I StVG), Ausgleichsansprüche nach § 906 II S. 2 BGB sowie Entschädigungsansprüche aus enteignendem und enteignungsgleichem Eingriff.[493]

3. Sachlich, räumlich, zeitlich einheitlicher Vorgang

örtl. u. zeitl. Zusammenhang; weite Auslegung

Rspr. und h.M.[494] verlangen, dass die Handlungen der Beteiligten einen einheitlichen, örtlich und zeitlich zusammenhängenden Vorgang bilden (sog. objektive Verbindung der mehreren Handlungen). Diese Voraussetzung wird inzwischen weit ausgelegt. So ist § 830 I S. 2 BGB immer anwendbar, wenn wegen des Zusammenhangs mehrerer Ereignisse ihre Ursächlichkeit für den Schaden nicht mehr feststeht.[495] Auch ein subjektiver Zusammenhang zwischen den Beteiligten ist dann nicht erforderlich. Bei zeitlich aufeinanderfolgenden Handlungen kann ebenfalls ein einheitlicher Vorgang gegeben sein. *168*

II. Verursachung durch die Beteiligten

Verursachung wenigstens durch einen Beteiligten

Es muss feststehen, dass die Rechtsgutsverletzung bzw. der Schaden mit Sicherheit entweder durch den einen oder den anderen Beteiligten oder aber eventuell durch alle Beteiligten verursacht worden ist. *169*

⇨ nicht bei mögl. Selbstverursachung

So greift § 830 I S. 2 BGB nicht, wenn der Geschädigte seinen Schaden selbst verursacht haben kann.[496]

> ***Bsp.:*** *Ein Autofahrer verliert aufgrund eines selbst verschuldeten Fahrfehlers die Kontrolle über sein Fahrzeug und wird aus dem Fahrzeug herausgeschleudert. In der Folge wird er von einem anderen Fahrzeug überrollt. Unklar bleibt, ob der Tod des Fahrers bereits durch das Herausschleudern oder erst durch das Überfahren verursacht wurde.*
>
> Hier haftet der überfahrende Fahrer nicht nach § 830 I S. 2 BGB.

Haftung auch bei von unbeteiligtem Dritten gesetzter Mitursache

Eine Haftung mehrerer Beteiligter nach § 830 I S. 2 BGB entfällt jedoch nicht, wenn ein Dritter außerhalb des sachlich, räumlich und zeitlich einheitlichen Vorgangs eine haftungsbegründende Ursache gesetzt hat.[497]

> ***Bsp.:*** *A und B bringen C durch Schubsen zu Fall. C fällt dabei in die von D nicht abgesicherte Baugrube. Wessen Stoß zum Fall des C geführt hat, kann nicht geklärt werden.*

---

492 Vgl. Palandt, § 830 BGB, Rn. 13.

493 Palandt, § 830 BGB, Rn. 13.

494 Kupisch/Krüger, S. 128; BGHZ 25, 271 ff.; BGH, NJW 1971, 506.

495 BGHZ 55, 95; Medicus, BR, Rn. 791 = **juris**byhemmer.

496 BGHZ 60, 177 (181); BGHZ 67, 14 (20) = **juris**byhemmer.

497 Palandt, § 830 BGB, Rn. 8 ff.; BGHZ 67, 14.

Hier haftet D nach § 823 I BGB aus Unterlassen wegen Verletzung seiner Verkehrssicherungspflichten. A und B haften dagegen aus § 830 I S. 2 BGB. Da das Verhalten des D in keinem Zusammenhang mit A und B steht, scheidet dieser aus dem Kreis der Beteiligten aus.

Im Falle der Gefährdungshaftung kommt es auf eine Verursachung durch eine Verletzungshandlung nicht an, so dass sich die Frage nach der Anwendbarkeit des § 830 I S.2 BGB stellt. In einem konkreten Fall hatte eines von mehreren schwarzen Schafen, welche unter einheitlicher Aufsicht standen, aber verschiedenen Haltern gehörten, einen Passanten umgestoßen, welcher dadurch Verletzungen erlitt. Das Schaf welchen Halters „Täter" war, ließ sich nicht ermitteln. Das OLG München hat die Vorschrift des § 830 I S.2 BGB analog angewendet.[498]

Diese Analogiebildung hat der BGH in der Folgezeit bestätigt, dabei aber klargestellt, dass „Beteiligter" i.S.d Norm nur derjenige ist, dessen Tatbeitrag zu einer rechtswidrigen Gefährdung der Schutzsphäre des Betroffenen geführt hat und zur Herbeiführung der eingetretenen Verletzung geeignet war. Im Fall der Gefährdungshaftung bedarf es hierzu einer konkreten Gefährdung des Betroffenen, die geeignet ist, den eingetretenen Schaden zu verursachen.[499]

III. Kein Nachweis der Kausalität

1. Sinn und Zweck des § 830 I S. 2 BGB

kausale Handlung darf nicht nachweisbar sein

Welcher der Beteiligten die Rechtsgutsverletzung bzw. den Schaden durch seine Handlung tatsächlich ganz oder teilweise verursacht hat, darf nicht mehr feststellbar sein. 170

⇨ Anspruch soll nicht an Beweisbarkeit scheitern

§ 830 I S. 2 BGB entbindet den Geschädigten vom Nachweis der Kausalität. Es soll eine Beweisschwierigkeit des Geschädigten überwunden werden. Dessen Ersatzanspruch soll nicht allein daran scheitern, dass nicht mit voller Sicherheit festgestellt werden kann, welcher von mehreren Beteiligten den Schaden tatsächlich oder zu welchem Anteil verursacht hat.[500]

Zweck ist nicht zusätzlicher Anspruchsgegner, sondern wenigstens einer

§ 830 I S. 2 BGB dient allerdings nicht dazu, Beweisschwierigkeiten zu überwinden, um dem Geschädigten zu einem weiteren Anspruchsgegner zu verhelfen. § 830 I S. 2 BGB will nur Beweisprobleme überwinden, wenn der Geschädigte ansonsten leer ausginge.[501]

Ausnahme zu Verursachungsprinzip

Durch den Verzicht auf das Vorliegen der Kausalität stellt § 830 I S. 2 BGB eine echte Ausnahme zu dem im Deliktsrecht geltenden Verursachungsprinzip dar.[502] 171

hemmer-Methode: Vergessen Sie nicht: § 830 I S. 2 BGB ist keine bloße Beweislastregelung, sondern eine eigenständige Anspruchsgrundlage!

2. Urheberzweifel

Urheberzweifel

§ 830 I S. 2 BGB findet zum einen in den Fällen des sog. Urheberzweifels (= alternative Kausalität) Anwendung.[503] Hier lässt sich i.R.d. haftungsbegründenden Kausalität nicht mehr aufklären, wessen Handlung die Rechtsgutsverletzung überhaupt herbeigeführt hat. 172

498 **Life&Law 2013, 170 ff.** = **juris**byhemmer.
499 **Life&Law 2018, 670 ff.** = **juris**byhemmer.
500 Palandt, § 830 BGB, Rn. 7; BGHZ 55, 86.
501 Kupisch/Krüger, S. 127.
502 Kupisch/Krüger, S. 124.
503 Palandt, § 830 BGB, Rn. 8.

3. Anteilszweifel

Anteilszweifel

Zum anderen findet § 830 I S. 2 BGB auch in den Fällen der sog. Anteilszweifel (= kumulative Kausalität) Anwendung.[504] Hier bestehen i.R.d. haftungsausfüllenden Kausalität Zweifel über den von den Beteiligten jeweils verursachten Schadensumfang. 173

4. Ausschluss bei erwiesener Haftung

a) Grundsatz

bei erwiesener Kausalität Haftung (-)

Eine Haftung nach § 830 I S. 2 BGB scheidet aus, wenn einer der „Beteiligten" aufgrund nachweisbarer Kausalität bereits aus einer anderen Rechtsnorm haftet.[505] 174

§ 830 I S. 2 BGB will den Geschädigten nur davor schützen, dass er leer ausgeht, ihm aber nicht einen zusätzlichen Anspruchsgegner bieten.

> ***Bsp.:*** *Dem Radfahrer R wird von Autofahrer A die Vorfahrt genommen. Dabei wird R gestreift und zu Fall gebracht. Der hinter A fahrende B überrollt R mit seinem Pkw. Es kann nicht mehr geklärt werden, ob die Verletzungen des R durch den Fall oder das Überrollen verursacht worden sind.*
>
> Hätte A den R nicht zu Fall gebracht, hätte auch B den R nicht überrollen können. Das Verhalten des A ist daher in jedem Fall kausal für den eingetretenen Schaden. Auch unterbricht das Verhalten des B den Kausalzusammenhang nicht. Unklar ist lediglich, ob B noch zusätzliche Verletzungen verursacht hat oder nicht. Die Kausalität des Verhaltens des A steht jedoch fest. Somit haftet A dem R für die Knochenbrüche bereits nach § 823 I BGB. Eine Haftung des B aus § 823 I BGB scheidet mangels beweisbarer Kausalität aus. Eine Haftung des B aus § 830 I S. 2 BGB ebenso, da die Haftung des A bereits feststeht.

hemmer-Methode: Erkennen Sie die in der Klausur angelegten Fallen, die der Notendifferenzierung dienen! Wie Sie aus dem Beispiel ersehen können, bedeutet nicht jede Unklarheit im Schadensverlauf auch ein Nichtfeststehen der Kausalität i.S.d. § 830 I S. 2 BGB! Denken Sie daran: Sobald der eingetretene Schaden einem von mehreren Schädigern zurechenbar ist, entfällt eine Anwendung von § 830 I S. 2 BGB. 175

b) Ausnahmen

nach alter Rspr. auch bei Insolvenz

Nach früherer Ansicht des BGH[506] war § 830 I S. 2 BGB trotz erwiesener Haftung eines „Beteiligten" anwendbar, wenn dieser „Beteiligte" insolvent oder nicht mehr feststellbar war. Hier sei ein erhebliches Interesse des Geschädigten an einer entsprechenden Anwendung des § 830 I S. 2 BGB zu bejahen. Könnte sich in diesen Fällen der zweite Schädiger, der in einer zur Herbeiführung des Schadens geeigneten Weise in die Rechtssphäre des Geschädigten eingegriffen hat, darauf berufen, dass der Schaden möglicherweise bereits durch den ersten Schädiger verursacht worden und zu vertreten sei, so würde dies dem Sinn des § 830 I S. 2 BGB widersprechen.[507] 176

504 Vgl. Palandt, § 830 BGB, Rn. 9; Kupisch/Krüger, S. 128.

505 Kupisch/Krüger, S. 127; BGHZ 67, 14 (20); BGHZ 72, 355 (361).

506 BGHZ 33, 268; BGHZ 55, 86.

507 BGHZ 55, 90 = **juris**byhemmer.

nunmehr h.M. (-), gerade nicht Sinn u. Zweck

Dem wurde von der h.L. und der neuen Rspr.[508] zu Recht widersprochen. Diese Auslegung ist gerade nicht mit dem Sinn und Zweck des § 830 I S. 2 BGB zu vereinbaren. § 830 I S. 2 BGB soll dem Geschädigten nur aus seiner Beweisnot helfen, wenn sich überhaupt nicht mehr aufklären lässt, wie sich der Schaden auf die verschiedenen potenziellen Verursacher verteilt. Nicht abgenommen werden soll dem Geschädigten jedoch das Unauffindbarkeits- oder Insolvenzrisiko. Dass der Schädiger insolvent ist, ist ein Risiko, das ein jeder Gläubiger zu tragen hat. Darüber hilft auch § 830 I S. 2 BGB nicht hinweg. 177

Bearbeiten Sie die Fragen 64 - 74!

508 BGHZ 67, 14; BGHZ 72, 355; Medicus, BR, Rn. 792.

§ 6 HAFTUNG FÜR VERRICHTUNGSGEHILFEN, § 831 BGB

A) Einführung

I. Einordnung der Regelung des § 831 BGB

§ 831 BGB; vermutetes eigenes Verschulden

§ 831 BGB stellt eine eigenständige Anspruchsgrundlage auf Schadensersatz gegen den Geschäftsherrn für eine Handlung seines Verrichtungsgehilfen dar. Die Haftung des Geschäftsherrn gründet sich auf die Vermutung seines eigenen Verschuldens bei der Auswahl und/oder Überwachung des Verrichtungsgehilfen oder bei der Beschaffung der erforderlichen Vorrichtungen oder Gerätschaften.[509] Darüber hinaus enthält § 831 BGB die Vermutung des ursächlichen Zusammenhangs zwischen dem Verschulden des Geschäftsherrn und einem dem Dritten zugefügten Schaden.[510] 178

Abgrenzung zu § 278 BGB

§ 831 BGB und § 278 BGB betreffen beide die Haftung bei Handlungen von Dritten. Beide Vorschriften sind aber streng voneinander abzugrenzen:[511] 179

§ 831 BGB	§ 278 BGB
1. Selbständige, deliktische Anspruchsgrundlage	**1.** Zurechnungsnorm für Verschulden
2. Haftung für eigenes Verschulden	**2.** Zurechnung fremden Verschuldens
3. Unabhängig von Schuldverhältnissen	**3.** Sonderverbindung zwischen Geschädigtem und Schädiger erforderlich
4. Weisungsabhängiger Verrichtungsgehilfe	**4.** Weisungs(un)abhängiger Erfüllungsgehilfe
5. Exkulpation möglich	**5.** Keine Exkulpation möglich

hemmer-Methode: Vermeiden Sie überflüssige Fehler, die den Korrektor verärgern! § 831 BGB ist eine eigenständige Anspruchsgrundlage und keine Zurechnungsnorm wie § 278 BGB. Es ist daher in der Klausur falsch, § 831 BGB i.R.d. Verschuldens bei § 823 BGB zu prüfen! § 831 BGB hat eigene Voraussetzungen, welche vom Grundschema des § 823 I BGB abweichen. Zeigen Sie in der Klausur schon zu Beginn der Prüfung, dass Sie § 831 BGB als selbstständige Anspruchsgrundlage prüfen.

bei § 278 BGB Sonderverbindung notw.

Natürlich können § 831 BGB und § 278 BGB nebeneinander Anwendung finden, wenn eine Handlung gleichzeitig die Verletzung einer schuldrechtlichen Pflicht und einen Verstoß gegen die §§ 823 ff. BGB enthält. Hier haftet der Schädiger regelmäßig aus Vertrag und aus Delikt. Die Ansprüche aus Vertrag und aus Delikt stehen dabei nebeneinander in Anspruchskonkurrenz. 180

> ***Bsp.:*** *Eigentümer E hat den Bauunternehmer B mit der Errichtung seines Hauses beauftragt. Als sich E nach dem Baufortschritt erkundigen will, wirft der Arbeiter A des B aus Unachtsamkeit eine Schubkarre mit frischem Zement um.*

509 Palandt, § 831 BGB, Rn. 1; RGZ 151, 297.

510 Vgl. Palandt, § 831 BGB, Rn. 1.

511 Vgl. Kupisch/Krüger, S. 85 f.

Dabei wird der Anzug des E beschädigt. Zudem erleidet E schwere Prellungen am linken Bein. E macht Schadensersatzansprüche gegen B geltend, da A vermögenslos ist.

Hier haftet B zum einen aus §§ 280 I, 241 II BGB i.V.m. § 278 BGB, da ihm das Verschulden des Erfüllungsgehilfen A zugerechnet wird. Daneben haftet B auch aus § 831 BGB, da A als Verrichtungsgehilfe des B den E rechtswidrig geschädigt hat (sofern nicht B den Entlastungsbeweis nach § 831 I S. 2 BGB führen kann).

Abwandlung: *E wurde bei seiner Besichtigung von seinem Bekannten F begleitet. Auch F erleidet Schäden an seiner Kleidung, die er von B ersetzt verlangt.*

Hier entfällt eine Haftung des B aus §§ 280 I, 241 II BGB i.V.m. § 278 BGB, da zwischen F und B keine schuldrechtliche Sonderverbindung besteht und der Werkvertrag mangels Leistungsnähe des F keine Schutzwirkung für ihn entfaltet. B haftet jedoch wie oben aus § 831 BGB, da dieser Anspruch unabhängig vom Vorliegen einer Sonderverbindung gegeben ist.

hemmer-Methode: § 831 BGB bietet die Möglichkeit der Exkulpation und daher nur relativ schwachen Schutz. Dies erforderte ein Ausweichen in das Vertragsrecht. Vor diesem Hintergrund sind insbesondere die Institute der vorvertraglichen Haftung und des Vertrags mit Schutzwirkung zu sehen, die den Zweck verfolgen, den Geschäftsherrn als solventen Schuldner vertraglich haften zu lassen, und eine Exkulpation i.R.d. § 831 BGB zu vermeiden. *181*
Denken Sie daher vor der Prüfung des § 831 BGB immer an die vertragliche (z.B. §§ 634 Nr. 3, 636, 280 ff. BGB, §§ 280 I, 241 II, 282 BGB) oder vertragsähnliche Haftung (z.B. §§ 280 I, 241 II, 311 II BGB, GoA). Die Zurechnung für Fremdverschulden des Erfüllungsgehilfen erfolgt in diesen Fällen über § 278 BGB.
Neben § 831 BGB kommt jedoch auch eine Haftung des Geschäftsherrn nach § 823 I BGB direkt in Betracht, wenn diesem gleichzeitig eine Verletzung eigener Verkehrs-, Aufsichts- oder Organisationspflichten anzulasten ist. Hierbei ist i.R.d. gesamtschuldnerischen Innenausgleichs aber § 840 II BGB zu beachten, welcher häufig von den Grundsätzen des innerbetrieblichen Schadensausgleichs überlagert wird.

§ 31 BGB ist ebenfalls Zurechnungsnorm

Auch § 31 BGB ist wie § 278 BGB bloße Zurechnungsnorm und keine Anspruchsgrundlage. Es gelten die obigen Ausführungen zu § 278 BGB entsprechend. *182*

hemmer-Methode: § 31 BGB kann aber i.R.d. § 831 BGB von Bedeutung sein. Hat z.B. der Geschäftsführer einer GmbH einen Verrichtungsgehilfen schlecht ausgewählt, so wird der GmbH als juristischer Person das Verhalten von zwei Personen zugerechnet: einmal als eigenes Verschulden nach § 31 BGB das Organverschulden des Geschäftsführers (nachlässige Auswahl des Verrichtungsgehilfen), zum anderen das rechtswidrige Verhalten des Verrichtungsgehilfen. Anspruchsgrundlage ist dann § 831 BGB. Dieselbe Fallkonstellation kommt bei einer KG oder OHG und nach h.M. auch bei der GbR[512] in Betracht, da § 31 BGB für die unbeschränkt persönlich haftenden Gesellschafter entsprechend gilt. *183*

512 BGH, **Life&Law 2003, 385 ff.**

II. Aufbauschema

1. Verrichtungsgehilfe
2. Tatbestandsmäßige, rechtswidrige Handlung i.S.d. §§ 823 ff. BGB
3. In Ausführung der Verrichtung
4. Keine Exkulpation nach § 831 I S. 2 BGB

B) Voraussetzungen des § 831 I BGB

I. Verrichtungsgehilfe

Verrichtungsgehilfe

Verrichtungsgehilfe ist, wer mit Wissen und Wollen des Geschäftsherrn in dessen Interesse tätig wird und dabei dessen Weisungen unterworfen ist.[513] **184**

- *Bestellung notw.*

Zu einer Verrichtung bestellt ist, wem von einem anderen, in dessen Einflussbereich er sich allgemein oder im konkreten Fall befindet und zu dem er in einem gewissen Abhängigkeitsverhältnis steht, eine Tätigkeit übertragen worden ist.[514]

- *Weisungsrecht*

Wesentlich ist hier die Weisungsabhängigkeit des Verrichtungsgehilfen vom Geschäftsherrn. Das Weisungsrecht braucht dabei nicht ins Einzelne zu gehen. Ausreichend ist, dass der Geschäftsherr die Tätigkeit des Handelnden jederzeit beschränken, untersagen oder nach Zeit und Umfang bestimmen kann.[515] Keine Verrichtungsgehilfen sind demnach Personen, die über ihre Person frei verfügen und Zeit und Umfang ihrer Tätigkeit selbst bestimmen können.[516]

> ***Bsp.:***[517] *Überlässt ein Arbeitgeber einem Bauunternehmer einen Baggerführer für nicht näher festgelegte Abbrucharbeiten, so ist der Baggerführer bei der Ausführung dieser Tätigkeit Verrichtungsgehilfe des Bauunternehmers und – mangels tatsächlicher Einflussmöglichkeiten vor Ort – nicht seines Arbeitgebers.*

- *soziale Abhängigkeit (-), aber Wissen + Wollen (+)*

Nicht erforderlich für die Eigenschaft als Verrichtungsgehilfe ist eine echte soziale Abhängigkeit des Gehilfen vom Geschäftsherrn (im Gegensatz zum Besitzdiener nach § 855 BGB).[518] Ebenso unerheblich ist es, ob die Tätigkeit tatsächlicher oder rechtlicher Natur, entgeltlich oder unentgeltlich, ausdrücklich oder stillschweigend übertragen und ob sie mit Vertretungsmacht verbunden ist oder nicht.[519] Insbesondere ist also zwischen Geschäftsherrn und Verrichtungsgehilfen kein Vertrag erforderlich.

Ausschlaggebend ist allein, dass der Verrichtungsgehilfe die Tätigkeit mit Wissen und Wollen und im Interesse des Geschäftsherrn übernommen hat.

---

513 Esser/Weyers, § 110 I 1a; Kupisch/Krüger, S. 86.

514 Palandt, § 831 BGB, Rn. 5; BGH, WM 1989, 1047.

515 Palandt, § 831 BGB, Rn. 5; BGHZ 45, 311 (313).

516 Palandt, § 831 BGB, Rn. 5; RGZ 92, 345.

517 OLG Düsseldorf, NJW-RR 1998, 382; vgl. auch die ausführliche Darstellung der Entscheidung in **Life&Law 1998, 232 ff.** = **juris**byhemmer.

518 BGH, NJW 1956, 1715 für den Fall eines selbstständigen Generalvertreters.

519 Palandt, § 831 BGB, Rn. 5; RGZ 92, 346; BGH, FamRZ 1964, 84.

Verrichtungsgehilfen sind:

- ⇨ Vertrauensarzt im Verhältnis zur Krankenkasse[520]
- ⇨ Assistenzarzt im Verhältnis zum Krankenhaus[521]
- ⇨ Krankenschwester im Verhältnis zum Krankenhaus[522]

Keine Verrichtungsgehilfen sind:[523]

- ⇨ Gerichtsvollzieher im Verhältnis zum Vollstreckungsgläubiger
- ⇨ Jagdgast im Verhältnis zum Jagdherrn[524]
- ⇨ Kassenarzt im Verhältnis zur Krankenkasse[525]
- ⇨ Taxifahrer im Verhältnis zum Fahrgast[526]
- ⇨ Selbstständige Bauunternehmer und Handwerksmeister,[527] anders der Architekt.

Ehegatten grds. (-) Ausnahmen mögl.

Ein Ehegatte ist nicht als Verrichtungsgehilfe des anderen Ehegatten anzusehen, wenn er nur aufgrund der ehelichen Lebensgemeinschaft tätig wird.[528] Dagegen kann § 831 BGB in Betracht kommen, wenn er aufgrund einer besonderen Bestellung eine weisungsgebundene Tätigkeit für den anderen Ehegatten ausübt.[529] 185

Bsp. 1: Übernimmt ein Ehegatte die Verwaltung des Vermögens des anderen, so ist er Verrichtungsgehilfe.[530] 185a

Ehegatten – Außengesellschaft bürgerlichen Rechts

In den Mittelpunkt aktueller Diskussionen gerät man, wenn die Ehegatten gemeinsam eine BGB-Außengesellschaft betreiben. Hier war nach bisheriger Rechtsprechung des BGH[531] zur Haftungsverfassung der GbR strittig, ob ein Mitgesellschafter für fremdes deliktisches Handeln haftet:

Bsp. 2: Ehemann M und Ehefrau F betreiben gemeinsam eine kleine Tankstelle. Sie haben Einzelgeschäftsführung und –vertretung vereinbart. F, die den Reparaturauftrag angenommen hat, schraubt das Bremsventil am Wagen des K nicht richtig zu, sodass die Bremsen ausfallen und K einen Unfall erleidet. Von wem kann K Schadensersatz für die Krankenhauskosten und Schmerzensgeld verlangen? 186

I. Ansprüche gegen die GbR

1. Anspruch auf Ersatz der Krankenhauskosten/Schmerzensgeld aus §§ 634 Nr. 3, 636, 280 I, 249 I, 253 II BGB:

a) Aufgrund ihrer Vereinbarung betreiben M und F eine kleine Tankstelle. Sie verfolgen damit einen gemeinsamen Zweck, der über die eheliche Lebensgemeinschaft hinausgeht. Da beide nach außen tätig werden, handelt es sich um eine Außengesellschaft bürgerlichen Rechts.

520 RGZ 131, 73.; vgl. für den Praxisvertreter BGH, **Life&Law 2009, 446 ff.**

521 BGH, VersR 1960, 19.

522 BGH, NJW 1959, 2302 = **juris**byhemmer.

523 Weitere Beispiele Palandt, § 831 BGB, Rn. 6.

524 Vgl. RGZ 128, 39.

525 Vgl. RGZ 131, 67.

526 RG, JW 1935, 35.

527 RG, JW 1935, 35.

528 BGHZ 45, 311; Medicus, BR, Rn. 795, 811.

529 RGZ 91, 363; Medicus, BR, Rn. 811.

530 RGZ 91, 363; Medicus, BR, Rn. 811.

531 BGH, NJW 2001, 1056 ff.; ausführlich in **Life&Law 2001, 216 ff.**

b) Es könnte bereits fraglich sein, ob gegenüber der GbR Verbindlichkeiten bestehen können. Nach der älteren individualistischen Theorie können nur die Gesellschafter in ihrer gesamthänderischen Gebundenheit Träger von Rechten und Pflichten sein, nicht aber die GbR. Nach der neuesten Rechtsprechung, die in der Dogmatik der Lehre von der Teilrechtsfähigkeit folgt, kann die GbR hingegen jede Rechtsposition einnehmen, soweit nicht gewichtige Gründe dagegen sprechen. Sie ist insoweit rechtsfähig.[532]

c) Der Vertrag wurde hier – evtl. aufgrund eines unternehmensbezogenen Geschäfts – von der alleinvertretungsberechtigten F für die GbR abgeschlossen, §§ 709, 714 BGB. Die fehlerhafte Ausführung der Reparatur des Pkw stellt sich als Schlechtleistung des Werkvertrages dar, aus der eine Schadensersatzpflicht hinsichtlich des Unfallschadens erwächst. Das Verschulden der F ist der GbR über § 31 BGB analog zuzurechnen.

2. Anspruch auf Krankenhauskosten/Schmerzensgeld, §§ 823 I, 249 I, 253 II BGB

Daneben[533] könnte ein Anspruch des K gegen die GbR auf die Krankenhauskosten/Schmerzensgeld aus § 823 I BGB bestehen. Problematisch ist, ob das Verletzungsverhalten der F der GbR zuzurechnen ist. § 278 BGB scheidet als Zurechnungsnorm aus, da F i.R.d. § 823 BGB nicht in „Erfüllung einer Verbindlichkeit“ handelte. Allerdings könnte eine Zurechnung nach dem Rechtsgedanken des § 31 BGB erfolgen: F ist danach wie ein Organ der GbR zu behandeln. Deren Handeln und Verschulden ist der GbR nach h.M. zuzurechnen.

II. Ansprüche gegen F

1. Anspruch aus §§ 634 Nr. 3, 636, 280 I BGB des Werkvertrages

Nach der Doppelverpflichtungstheorie haftet F wegen der Verletzung eigener vertraglicher Pflichten, da sie den Werkvertrag auch im eigenen Namen abgeschlossen hat (§§ 133, 157 BGB).

Nach der Akzessorietätstheorie ergibt sich die Haftung der F für alle gegen die Gesellschaft bestehenden Ansprüche aus § 128 HGB analog. Dies entspricht der neuen Rechtsprechung des BGH.[534]

2. Anspruch aus Delikt

Zudem haftet F für die deliktische Schädigung unmittelbar aus §§ 823 I, 253 II BGB auf Schmerzensgeld, bzw. gem. § 823 I BGB auf Ersatz der Krankenhauskosten.

III. Ansprüche gegen M

1. Anspruch aus §§ 634 Nr. 3, 636, 280 I, 249 I, 253 II BGB des Werkvertrages

Nach der Doppelverpflichtungstheorie haftet M als mitverpflichteter Vertragspartner des Werkvertrages unter Durchbrechung des Grundsatzes des § 425 II BGB für das Verschulden seiner Mitgesellschafterin aus § 280 I BGB.

Nach der Akzessorietätstheorie haftet auch M für alle gegen die Gesellschaft bestehenden Ansprüche analog § 128 HGB.

532 BGH, NJW 2001, 1056 ff.

533 Der Ersatz der Krankenhauskosten kann auch auf die Anspruchsgrundlage des § 823 I BGB gestützt werden.

534 BGH, NJW 2001, 1056 = jurisbyhemmer.

2. Anspruch aus §§ 823, 249 I, 253 II BGB[535]

Problem: Haftung für fremdes deliktisches Handeln

Dagegen lässt sich eine Haftung des M für die deliktischen Ansprüche nach der Doppelverpflichtungslehre weder über § 31 BGB noch über § 831 BGB begründen: Über § 31 BGB kann nur eine Zurechnung zur Gesellschaft erfolgen und § 831 BGB ist mangels Weisungsgebundenheit des handelnden Gesellschafters nicht einschlägig. Hier betreiben M und F die Tankstelle als BGB-Gesellschaft. Als gleichberechtigte Gesellschafterin unterliegt F nicht den Weisungen des M. Mangels Verpflichtungstatbestandes schuldet M demnach insbesondere kein Schmerzensgeld.

Nach der jetzt herrschenden Akzessorietätslehre haftet hingegen ein Gesellschafter einer GbR analog § 128 S. 1 HGB auch für gesetzliche Verbindlichkeiten.[536] Allerdings wird auch nach der Akzessorietätslehre teilweise eine teleologische Reduktion des § 128 S. 1 HGB für fremde deliktische Handlungen vertreten[537]. Eine solche Haftung sei dem Zivilrecht fremd. Folgt man dieser Ansicht, so scheidet ein Anspruch aus §§ 823, 249 I, 253 II BGB gegenüber M aus.

hemmer-Methode: Mit der aktuellen Rechtsprechung des BGH erlangt die Verbindung der Haftungsverfassung der GbR mit Deliktsrecht große Examensrelevanz. Daher haben wir diesen klassischen Fall hier ausführlich dargestellt. Verfolgen Sie die aktuelle Entwicklung. Die Rechtsprechung zur GbR befindet sich nach wie vor im Fluss!

II. Unerlaubte Handlung des Verrichtungsgehilfen

unerlaubte Handlung d. Gehilfen

Der Verrichtungsgehilfe muss eine tatbestandsmäßige und rechtswidrige unerlaubte Handlung i.S.d. §§ 823 ff. BGB begangen haben. Es muss also der objektive Tatbestand einer Haftungsnorm i.S.d. §§ 823 ff. BGB verwirklicht worden sein.[538] Da die Haftung des § 831 I BGB an das vermutete eigene Verschulden des Geschäftsherrn anknüpft, ist ein Verschulden des Verrichtungsgehilfen bei seiner unerlaubten Handlung nicht erforderlich.[539] 187

Verschulden nicht notw.

Sofern das Verschulden des Verrichtungsgehilfen Teil des objektiven Tatbestands der unerlaubten Handlung ist, wie z.B. bei § 826 BGB oder § 823 II S. 2 BGB, bzw. wenn das Schutzgesetz eine besondere Verschuldensform voraussetzt, ist das Verschulden des Verrichtungsgehilfen ausnahmsweise Voraussetzung für einen Anspruch gegen den Geschäftsherrn gem. § 831 I BGB.

Eine Mindermeinung[540] verlangt dagegen generell ein Verschulden des Verrichtungsgehilfen, da der Geschäftsherr nicht für ein Verhalten des Verrichtungsgehilfen verantwortlich sein soll, für das dieser selbst mangels Verschulden nicht haftbar ist. Mit obiger Begründung der h.M. ist diese Ansicht zu Recht abzulehnen. Ansonsten müsste i.R.d. § 831 BGB eine doppelte Verschuldensprüfung (hinsichtlich des Verrichtungsgehilfen und des Geschäftsherrn) stattfinden. Fehlt jedoch ein Verschulden des Verrichtungsgehilfen, wird der Geschäftsherr regelmäßig die Ursächlichkeit seines Auswahlverschuldens widerlegen können.[541]

535 Daneben kommt auch hier der Ersatz der Krankenhauskosten aus § 823 I BGB in Betracht.

536 So jetzt ausdrücklich der BGH, **Life&Law 2003, 385 ff.**; vgl. auch K. Schmidt, NJW 2003, 1897 ff.

537 Altmeppen, NJW 1996, 1017 ff.; NJW 2003, 1553 ff.

538 Kupisch/Krüger, S. 86; Westermann, JuS 1961, 385.

539 So h.M.: Kupisch/Krüger, S. 87; Palandt, § 831 BGB, Rn. 1; RGZ 142, 368; BGH, NJW 1971, 31 (32); Westermann, JuS 1961, 385.

540 V. Caemmerer, Wandlungen des Deliktsrechts, Gesammelte Schriften, S. 537; Wolff, JuS 1968, 333 Anm. 2.

541 BGH, NJW 1971, 31 (32) = **juris**byhemmer.

Deliktsfähigkeit d. Gehilfen nicht Voraussetzung

Der Gesetzgeber wollte mit dem Verzicht auf das Verschulden des Verrichtungsgehilfen gerade auch der Möglichkeit vorbeugen, dass der Geschäftsherr deliktsunfähige Personen als Verrichtungsgehilfen einsetzt.[542] Auf die Deliktsfähigkeit des Verrichtungsgehilfen kommt es i.R.d. § 831 I BGB nicht an.

hemmer-Methode: Die Haftung des Geschäftsherrn aus § 831 I BGB entfällt somit nicht, wenn der Verrichtungsgehilfe deliktsunfähig nach §§ 827, 828 BGB ist. Die Haftung entfällt aber, wenn der Geschäftsherr selbst deliktsunfähig ist. § 829 BGB ist in diesem Fall jedoch entsprechend anwendbar.[543] 188

III. In Ausführung der Verrichtung

in Ausführung einer Verrichtung

Die Haftung des Geschäftsherrn nach § 831 I S. 1 BGB tritt nur ein, wenn der Verrichtungsgehilfe in Ausführung der Verrichtung gehandelt hat. In Ausführung der Verrichtung liegt jede Tätigkeit des Verrichtungsgehilfen, wenn erstens ein adäquater Zusammenhang zwischen der Bestellung und der Verrichtung besteht und zweitens ein unmittelbarer innerer Sachzusammenhang mit der eigentlich übertragenen Tätigkeit gegeben ist.[544] 189

⇨ Zusammenhang mit anvertrauten Aufgaben

Es ist also nicht erforderlich, dass es sich bei der schädigenden Handlung gerade um eine Tätigkeit handelt, zu welcher der Geschäftsherr den Verrichtungsgehilfen bestellt hat. Vielmehr genügt es, dass die Handlung in den Kreis oder allgemeinen Rahmen der dem Verrichtungsgehilfen anvertrauten Aufgaben fällt.[545] Es muss nur ein unmittelbarer innerer Zusammenhang zwischen der ihm aufgetragenen Verrichtung nach ihrer Art und ihrem Zweck und der schädigenden Handlung bestehen.[546]

bei Abweichen v. Weisungen Einzelfall maßgeblich

Selbst ein bewusstes und eigenmächtiges Zuwiderhandeln gegen die Weisungen des Geschäftsherrn oder eine willkürliche oder irrtümliche Überschreitung der Grenzen des Auftrages stellt das Handeln des Verrichtungsgehilfen noch nicht außerhalb des Kreises der ihm aufgetragenen Verrichtung.[547] Ob bei einer Abweichung von Weisungen die Handlung noch im Kreis der aufgetragenen Verrichtung liegt, ist jeweils nach dem Einzelfall zu beurteilen.[548]

nicht aber „bei Gelegenheit“

Nicht ausreichend ist es, wenn der Verrichtungsgehilfe nur bei Gelegenheit der ihm aufgetragenen Tätigkeit geschädigt hat.[549] Hier haftet lediglich der Verrichtungsgehilfe aus den §§ 823 ff. BGB, nicht aber der Geschäftsherr aus § 831 BGB. Entscheidend für die Abgrenzung von Handeln „bei Gelegenheit“ und „in Ausführung“ ist das jeweilige Verhältnis der Tätigkeit zum übertragenen Aufgabenkreis.

hemmer-Methode: Beachten Sie: Dieselbe Haftungsbeschränkung gilt auch bei sonstiger Einschaltung von Hilfspersonen, so bei

- **§ 278 BGB „zur Erfüllung“**
- **§ 31 BGB „in Ausführung“**
- **§ 839 BGB, Art. 34 GG „in Ausübung“.**

542 Kupisch/Krüger, S. 87.

543 Palandt, § 831 BGB, Rn. 1; § 827 BGB, Rn. 1, § 829 BGB. Rn. 1.

544 Vgl. BGH, MDR 1958, 680; BGH, NJW 1971, 31; BGH, NJW-RR 1989, 723; Kupisch/Krüger, S. 87; Palandt, § 831 BGB, Rn. 9 = jurisbyhemmer.

545 BGHZ 11, 151; BGH, WM 1977, 1169; Palandt, § 831 BGB, Rn. 9.

546 BGH, NJW 1971, 31 (32); Palandt, § 831 BGB, Rn. 9 = jurisbyhemmer.

547 BGH, VersR 1963, 1076; BGHZ 49, 19; Palandt, § 831 BGB, Rn. 9 = jurisbyhemmer.

548 Vgl. Palandt, § 831 BGB, Rn. 9.

549 Kupisch/Krüger, S. 87; Palandt, § 831 BGB, Rn. 9.

Bsp. 1: Der angestellte Lkw-Fahrer L nimmt trotz ausdrücklichen Verbots seines Arbeitgebers A seinen Bekannten B mit. Er fährt einen kleinen Umweg, um B nach Hause zu bringen. Dabei verletzt er bei einem Unfall B und den unbeteiligten Fußgänger F. B und F verlangen von A Schadensersatz aus § 831 I S. 1 BGB.

Auch die Fahrt auf der Umwegstrecke steht noch im inneren Zusammenhang mit der dem L übertragenen Aufgabe. Daher haftet A dem F. Die Mitnahme des B widersprach jedoch dem ausdrücklichen Verbot des A. Dies schließt den inneren Zusammenhang aus. A haftet daher nicht auch dem B. B kann sich nur an L halten.[550]

Bsp. 2: Bei Malerarbeiten beschmiert der Malergeselle G des Meisters M einen wertvollen Tisch des Eigentümers E mit Farbe. Als G beim vergeblichen Versuch, die Farbe zu entfernen, in der Schublade des Tisches eine teure Uhr findet, nimmt er diese mit. E verlangt von M Schadensersatz für Uhr und Tisch aus § 831 BGB.

Hier liegt die Beschädigung des Tisches noch im übertragenen Aufgabenkreis, nicht aber der Diebstahl der Uhr. Letzterer erfolgt nur bei Gelegenheit der Verrichtung. E kann sich daher nur wegen des Tisches an M halten. Hinsichtlich der Uhr muss er von G Ersatz verlangen.[551]

hemmer-Methode: Aber keine Regel ohne Ausnahme. Nicht jeder Diebstahl erfolgt nur bei Gelegenheit der Verrichtung. Ein innerer Zusammenhang und damit „in Ausführung der Verrichtung“ liegt dann vor, wenn dem Verrichtungsgehilfen auch eine Obhuts- und Überwachungspflicht übertragen worden ist. So haftet z.B. ein Juwelier für seinen Angestellten, wenn dieser beim Reinigen und Neuschnüren einer Perlenkette eine Perle verschwinden lässt.

IV. Exkulpation nach § 831 I S. 2 BGB

1. Übersicht

vermutetes Verschulden

§ 831 I S. 1 BGB stellt eine Haftung für eigenes Verschulden des Geschäftsherrn dar. Dabei enthält § 831 I BGB hinsichtlich Kausalität und Verschulden eine doppelte Vermutung zugunsten des Geschädigten: Dieser muss somit lediglich die tatbestandsmäßige und rechtswidrige Schädigung durch den Verrichtungsgehilfen bei Ausführung der Verrichtung beweisen. Grund für diese Regelung ist, dass der Geschädigte regelmäßig keinen Einblick in die Sphäre des Geschäftsherrn hat und somit ein Verschuldensnachweis nur schwerlich möglich wäre.[552] Daher soll ihm der Nachweis sorgfaltswidrigen Verhaltens des Geschäftsherrn erspart bleiben. 190

⇨ bzgl. doppelter Vermutung Exkulpation mögl.

Der Geschäftsherr kann diese doppelte Vermutung jedoch widerlegen und sich exkulpieren, wenn er nachweist,[553]

⇨ dass er den Verrichtungsgehilfen ausreichend ausgewählt, angewiesen, beaufsichtigt oder mit den erforderlichen Vorrichtungen oder Gerätschaften versehen hat, § 831 I S. 2 Alt. 1 BGB (Verschuldensvermutung), oder

⇨ dass die Verletzung der Pflichten für die Schädigung nicht ursächlich geworden ist, § 831 I S. 2 Alt. 2 BGB (Kausalitätsvermutung).

550 Nach BGH, NJW 1965, 391 = JZ 1965, 139 = jurisbyhemmer.

551 Nach BGHZ 11, 151.

552 Kupisch/Krüger, S. 89.

553 Kupisch/Krüger, S. 88 f.; zur Kritik am Entlastungsbeweis Diederichsen, ZRP 1968, 60.

2. Auswahl- und Überwachungsverschulden

Der Geschäftsherr muss bei Auswahl und Überwachung seiner Verrichtungsgehilfen die im Verkehr erforderliche Sorgfalt beachten.[554]

a) Auswahlverschulden

bzgl. Auswahlverschulden Art d. Verrichtung maßgeblich

Das Maß der bei der Auswahl zu stellenden Anforderungen richtet sich nach der Art der Verrichtung. Je verantwortungsvoller und schwieriger die Tätigkeit ist, umso größer ist die vom Geschäftsherrn zu beachtende Sorgfaltspflicht. Dies gilt insbesondere dann, wenn die Tätigkeit mit besonderen Gefahren verbunden ist (z.B. Arzt, Kranwagenführer). Hier muss der Verrichtungsgehilfe nicht nur die nötige Sachkunde und technische Geschicklichkeit für die Ausübung seines Berufes aufweisen, sondern auch die erforderlichen charakterlichen Eigenschaften wie Besonnenheit und Verantwortungsgefühl besitzen, die eine leichtfertige Gefährdung des Verkehrs und der Mitmenschen ausschließen.[555] Bei diesen Tätigkeiten genügt es in der Regel nicht, dass sich der Geschäftsherr nur Zeugnisse vorlegen lässt. Der Geschäftsherr muss auch Erkundigungen beim früheren Arbeitgeber einholen.[556] 191

verkehrsrichtiges Verhalten d. Fahrers

Der Geschäftsherr als Halter eines Kfz kann sich, wenn sein angestellter Fahrer gemäß § 18 StVG haftet, nur durch den Nachweis entlasten, dass sich der Fahrer verkehrsrichtig verhalten hat.[557] Umstritten ist dagegen die Haftung des Geschäftsherrn aus § 831 BGB, wenn die Schadenszufügung durch den Verrichtungsgehilfen feststeht, aber nicht mehr festzustellen ist, ob sich der Verrichtungsgehilfe verkehrsrichtig verhalten hat, andererseits jedoch verkehrsrichtiges Verhalten auch nicht auszuschließen ist. 192

⇨ Beweislast des Halters

Nach Rspr. und h.L.[558] muss der Geschädigte nur die Verletzung eines der in § 823 I BGB geschützten Rechtsgüter durch den Verrichtungsgehilfen nachweisen. Nach der Lehre vom Erfolgsunrecht wird dann die Rechtswidrigkeit des Handelns des Verrichtungsgehilfen indiziert. Das verkehrsrichtige Verhalten wird von der Rspr.[559] als Rechtfertigungsgrund behandelt, welchen der Schädiger bzw. hier der Geschäftsherr nachzuweisen hat.

Gelingt dem Geschäftsherrn der Nachweis des verkehrsrichtigen Verhaltens des Verrichtungsgehilfen nicht, so geht diese Nichtbeweisbarkeit zu Lasten des Geschäftsherrn. Es ist daher in diesem Fall von der Rechtswidrigkeit des Verhaltens des Verrichtungsgehilfen auszugehen.

Nach a.A.,[560] die der Lehre vom Handlungsunrecht folgt, geht dagegen die Nichtbeweisbarkeit zu Lasten des Geschädigten, da es dann einer ausdrücklichen Feststellung der Rechtswidrigkeit bedarf.

> ***Bsp.:*** *L, Lkw-Fahrer bei A, verletzt bei einer Fahrt den Radfahrer R. Es lässt sich nicht mehr aufklären, ob sich L bei diesem Unfall verkehrsrichtig verhalten hat oder ob ein Fahrfehler des L vorlag. R fordert von A u.a. Schmerzensgeld aus §§ 831, 253 II BGB. Nach der Rspr. geht die Nichtbeweisbarkeit zu Lasten des A, sodass ein Anspruch des R besteht.*

554 Palandt, § 831 BGB, Rn. 10.

555 RG, JW 1908, 405; zum Ganzen Palandt, § 831 BGB, Rn. 10, 12.

556 Vgl. RG, JW 1935, 2043; BGH, VersR 1984, 67; Palandt, § 831 BGB, Rn. 12.

557 Palandt, § 831 BGB, Rn. 18; BGH, DB 1971, 1809.

558 BGHZ 24, 21; BGH, NJW-RR 1987, 1048 = **juris**byhemmer.

559 BGHZ 24, 21; vgl. oben Rn. 88 = **juris**byhemmer.

560 Kupisch/Krüger, S. 91.

b) Überwachungsverschulden

bzgl. Überwachungsverschulden Wiederholung in regelmäßigen Abständen

Nach h.M.[561] ist für den Nachweis der sorgfältigen Überwachung eine fortgesetzte Prüfung geboten, ob der Gehilfe (noch) zu den Verrichtungen befähigt ist. 193

ständige Kontrollpflicht

Daraus ergibt sich für den Geschäftsherrn auch bei sorgfältiger Auswahl bei der Anstellung eine ständige Kontrollpflicht. Infolgedessen ist bei längeren Zwischenräumen zwischen Anstellung und Schadenszufügung der Nachweis fortdauernder planmäßiger, unauffälliger Überwachung mit unerwarteten Kontrollen, ggf. auch ärztlichen Kontrollen, erforderlich.[562] Der Umfang der Kontrollpflicht richtet sich im Einzelfall nach der Art der übertragenen Aufgabe.[563] Ein ursprüngliches Auswahlverschulden bei der Anstellung kann daher umgekehrt auch durch einwandfreie Führung in der Folgezeit seine Bedeutung verlieren. 194

bei mehreren Gehilfen Exkulpation f. jeden notw.

Ist nicht zu klären, welcher Gehilfe den Schaden konkret verursacht hat, so ist der Entlastungsbeweis für alle Personen zu führen, die mit dem schadenstiftenden Geschehen in Berührung gekommen sein können.[564]

3. Vorrichtungen / Geräte / Leitung

bzgl. Vorrichtungen/Geräte Beschaffungspflicht notw.

Die Einhaltung der Sorgfalt bei der Beschaffung von Vorrichtungen und Geräten ist nur nachzuweisen, wenn die Beschaffung erforderlich war. Diese Erforderlichkeit bestimmt sich nach den Umständen des Einzelfalles. Eine Auswahl der Geräte durch den Geschäftsherrn ist nicht notwendig. Es genügt, dass die entsprechenden Geräte vorhanden sind. Die Beschaffungspflicht hat der Geschädigte zu beweisen.[565] 195

Klausurrelevant kann in diesem Zusammenhang die Pflicht des Geschäftsherrn als Fahrzeughalter werden, für einen verkehrssicheren Zustand seiner Fahrzeuge zu sorgen.

Sonderaufsicht: Geschädigter hat Beweislast

Die Notwendigkeit der Leitung des Verrichtungsgehilfen durch den Geschäftsherrn hat ebenfalls der Geschädigte zu beweisen. Die Leitung bezieht sich auf eine Sonderaufsicht über die einzelne Verrichtung, nicht auf die allgemeine Leitung des Geschäfts oder des gewerblichen Betriebs.[566] Neben der generellen Oberleitung des Arbeitseinsatzes kann dies auch die spezielle Überwachung auf der Arbeitsstelle erfordern.[567] Die Leitung kann u.U. auch auf einen sorgfältig ausgewählten Angestellten übertragen werden. Je gefährlicher die Verrichtung, desto größer ist die Sorgfaltspflicht des Geschäftsherrn bei der Leitung.[568]

hemmer-Methode: Erkennen Sie die in der Klausur angelegten Fallen! Wenn im Sachverhalt vom zuverlässigen, seit Jahren fehlerlos arbeitenden Meister die Rede ist, dürfen Sie nicht kritiklos den Entlastungsbeweis nach § 831 I S. 2 BGB bejahen. Zu prüfen ist dann, ob den Geschäftsherrn nicht evtl. ein Verschulden bei der Beschaffung von Gerätschaften trifft. 196

561 BGH, NJW 1964, 2401 = **juris**byhemmer.

562 BGH, NJW 1964, 2401; OLG Köln, VersR 1953, 166; Palandt, § 831 BGB, Rn. 13 = **juris**byhemmer.

563 Dazu zahlreiche Beispiele in Palandt, § 831 BGB, Rn. 13.

564 Palandt, § 831 BGB, Rn. 7; BGH, VersR 1971, 1021.

565 Vgl. zum Ganzen Palandt, § 831 BGB, Rn. 14.

566 RGZ 82, 206.

567 BGHZ 11, 151.

568 Zum Ganzen Palandt, § 831 BGB, Rn. 15 mit zahlreichen Beispielen.

4. Widerlegung der Ursächlichkeitsvermutung

Haftung (-), wenn Schaden auch bei zuverlässigem Gehilfen erfolgt wäre

Nach § 831 I S. 2 Alt. 2 BGB kann sich der Geschäftsherr auch entlasten, indem er den Beweis dafür antritt, dass es an der erforderlichen Ursächlichkeit zwischen der angeblichen Sorgfaltspflichtverletzung und dem Schaden fehlt. Dies ist dann der Fall, wenn der Schaden auch bei Anwendung der erforderlichen Sorgfalt eingetreten wäre. 197

Nicht ausreichend ist insoweit der Nachweis, dass nicht derjenige Mangel in der Person des Verrichtungsgehilfen den Schaden verursacht hat, den der Geschäftsherr bei der Auswahl unberücksichtigt ließ. Ebenso genügt nicht die Möglichkeit, dass der Schaden trotz Anwendung der erforderlichen Sorgfalt entstanden sein würde.[569]

Erforderlich ist vielmehr, dass der Schaden auch von einer sorgfältig ausgewählten und überwachten Person angerichtet worden wäre,[570] oder dass auch ein sorgfältiger Geschäftsherr nach den Unterlagen, die er eingeholt hätte, den Bestellten ausgewählt hätte.[571]

5. Dezentralisierter Entlastungsbeweis

dezentralisierter Entlastungsbeweis mögl.

Bei Großbetrieben, oder wenn der Geschäftsherr an der eigenen Leitung und Beaufsichtigung gehindert ist, kann und muss u.U. die Auswahl und Überwachung einem höheren Angestellten übertragen werden. Die Rspr.[572] hat mehrfach den sog. dezentralisierten Entlastungsbeweis anerkannt. Ist die Leitung, Auswahl oder Überwachung einem höheren Angestellten übertragen, so muss es genügen, dass sich der Geschäftsherr für diesen Angestellten exkulpieren kann, d.h. nachweist, dass er bei dessen Auswahl und Überwachung die erforderliche Sorgfalt hat walten lassen. 198

Kritik: Bevorzugung v. Großbetrieben

Nach dem Schrifttum[573] führt der dezentralisierte Entlastungsbeweis zu einer ungerechtfertigten Bevorzugung von Großbetrieben. Erforderlich sei vielmehr der Nachweis, dass die Aufsichtsperson (= Zwischengehilfe) ihrerseits den schadenstiftenden Verrichtungsgehilfen sorgfältig ausgewählt und überwacht habe.[574] Dies würde jedoch auf eine Übernahme des § 278 BGB im Deliktsrecht hinauslaufen.

Einschränkung: körperschaftlicher Organisationsmangel

Nach der Rspr. ist der dezentralisierte Entlastungsbeweis grundsätzlich zulässig. Eine Einschränkung erfährt er jedoch durch die Grundsätze des betrieblichen und körperschaftlichen Organisationsmangels.[575] Diese Einschränkung gilt insbesondere bei der Produzentenhaftung des Herstellers i.R.d. § 823 I BGB. Hier wird der dezentralisierte Entlastungsbeweis von der Rspr. nicht zugelassen.[576]

569 RGZ 159, 314.

570 BGHZ 12, 96.

571 Zum Ganzen Palandt, § 831 BGB, Rn. 16.

572 Vgl. BGHZ 4, 1; BGH, VersR 1964, 297; Kupisch/Krüger, S. 89; Larenz II, § 73 VI = **juris**byhemmer.

573 Palandt, § 831 BGB, Rn. 11, 17.

574 Palandt, § 831 BGB, Rn. 11; so auch BGH, DB 1973, 1645.

575 Siehe dazu im Folgenden Rn. 199.

576 Siehe dazu näheres unter Rn. 199, Rn. 400 bzgl. Produkthaftung in **Hemmer/Wüst, Deliktsrecht II**.

6. Abgrenzung zu Organisationsverschulden und Organisationsmängeln

Organisation ist allgemeine VSP des Geschäftsherrn

Den Geschäftsherrn trifft die Verkehrssicherungspflicht, seinen Betrieb durch ausreichende Anordnungen so zu organisieren, dass durch die betrieblichen Arbeitsabläufe für Dritte keine Gefahren entstehen.[577]

Dies kann durch allgemeine Anweisungen, Informationen, Kontrollen oder Sicherheitsvorkehrungen erfolgen.

Diese allgemeine Verkehrssicherungspflicht kann nur dann mit der Folge der vollen Entlastung des Geschäftsherrn auf Dritte übertragen werden, wenn dies durch Rechtsnorm angeordnet oder zugelassen ist (z.B. Abwälzung der Streu-/Räumpflicht der Gemeinde auf die Anwohner). Durch Übertragung auf Dritte kann sich der Verkehrssicherungspflichtige ansonsten nicht völlig seiner Pflicht entheben. 199

Die Verkehrssicherungspflicht besteht dann als Organisationspflicht fort, deren Umfang sich nach dem Einzelfall richtet. Die Auswahl-, Kontroll- und Überwachungspflichten bleiben beim Geschäftsherrn. Dies gilt insbesondere dann, wenn ein Großunternehmen die ihm obliegenden Verkehrssicherungspflichten auf einen wenig finanzkräftigen Mitarbeiter überträgt.

bei Organisationsverschulden § 823 I BGB

Eine Verletzung dieser Organisationspflicht führt zu einer Haftung des Geschäftsherrn selbst aus § 823 I BGB infolge Organisationsverschuldens. Diese Haftung des Geschäftsherrn ist insbesondere zu beachten, wenn eine Haftung nach § 831 I S. 1 BGB aufgrund Gelingens des dezentralisierten Entlastungsbeweises entfällt.

hemmer-Methode: Die Probleme des § 831 BGB müssen Sie immer im größeren Zusammenhang, z.B. mit § 823 I BGB oder mit den §§ 311 II, III, 241 II, 280 BGB sehen. Die Möglichkeit, § 831 BGB zu reformieren und dem Geschäftsherrn die Exkulpationsmöglichkeit zu nehmen, wurde jahrelang diskutiert, aber nicht durchgeführt. Nur so wird die extensive Auslegung des § 823 BGB i.V.m. § 31 BGB und den §§ 311 II, III, 241 II, 280 BGB i.V.m. § 278 BGB (z.B. auch beim Vertrag mit Schutzwirkung) durch die Rspr. verständlich. 200
Extrem streng ist der BGH bei der Verkehrssicherungspflicht des Reiseveranstalters gegenüber dem Reisenden, wenn es um die Kontrolle der Leistungsträger geht. Diese VSP kann bereits dann bestehen, wenn ein Leistungsträger lediglich im Katalog erwähnt ist.[578]

körperschaftl. Organisationsmangel ⇨ erweiterter § 31 BGB

Die Rspr.[579] hat die Lehre vom Organisationsmangel bei juristischen Personen und gleichgestellten Personengesellschaften durch eine erweiterte Anwendung des § 31 BGB ausgedehnt (sog. körperschaftlicher Organisationsmangel). Über § 31 BGB haftet eine juristische Person (auch des öffentlichen Rechts, § 89 BGB) für einen Schaden, den ein Organ einem Dritten in Ausführung der ihm zustehenden Verrichtung zugefügt hat.

Wie § 278 BGB ist § 31 BGB nur eine Zurechnungsnorm im Bereich des Verschuldens, aber keine eigenständige Anspruchsgrundlage. Auch eine Exkulpation ist hier nicht möglich. Die juristische Person ist nach der Lehre vom körperschaftlichen Organisationsmangel verpflichtet, den Geschäftsbereich ihrer Tätigkeit so zu organisieren, dass für alle wichtigen Aufgabengebiete ein verfassungsmäßiger Vertreter zuständig ist, der die wesentlichen Entscheidungen selbst trifft.

577 Palandt, § 831 BGB, Rn. 11, 17; BGH, MDR 1968, 139.

578 Vgl. BGH, NJW 2000, 1188 ff. (lesen!) = **juris**byhemmer.

579 Palandt, § 31 BGB, Rn. 7; Hassold, JuS 1982, 583.

Entspricht die Organisation diesen Anforderungen nicht, muss sich die juristische Person so behandeln lassen, als wäre der tatsächlich eingesetzte Verrichtungsgehilfe ein verfassungsmäßiger Vertreter.[580]

bzgl. bestimmten Aufgaben Repräsentantenhaftung

Der Begriff des verfassungsmäßigen Vertreters in § 31 BGB wird also auf alle Personen ausgedehnt, die nach außen einen bestimmten Aufgabenbereich eigenverantwortlich - auch ohne Organ zu sein - in der Weise erledigen, dass sie die juristische Person auf diese Weise repräsentieren (sog. Repräsentantenhaftung).

Die Berufung auf das Fehlen eines verfassungsmäßigen Vertreters lässt somit die Haftung nicht entfallen.

Nach der Rspr.[581] haftet folglich die juristische Person aus § 823 I BGB i.V.m. § 31 BGB für alle Funktionsträger und Bedienstete, denen sie einen wichtigen Aufgabenbereich übertragen hat, ohne Entlastungsmöglichkeit.

Gleiches gilt für alle den juristischen Personen gleichgestellten Personengesellschaften. Auf Vertreter ohne satzungsgemäße Rechtsstellung findet § 31 BGB jedoch nur entsprechende Anwendung.

> ***Bspe.:***[582] *So haftet eine Gewerkschaft über §§ 823, 31 BGB für die örtliche Streikleitung,[583] nicht aber für die einzelnen Streikposten.[584] Ein Altenheim haftet nach §§ 823, 31 BGB für die Hauswirtschaftsleiterin.[585]*

hemmer-Methode: § 31 BGB ist eine sehr examensrelevante Vorschrift. Sie wird nicht nur beim rechtsfähigen Verein angewandt. § 31 BGB gilt für alle juristischen Personen, wie die AG und die GmbH, für die OHG und die KG wird er wegen der rechtlichen Verselbstständigung (vgl. § 124 I HGB) ebenfalls herangezogen. Gleiches gilt nach der sich im Vordringen befindenden „Lehre von der Teilrechtsfähigkeit" auch für die Gesellschaft bürgerlichen Rechts.[586] 201

C) Voraussetzungen des § 831 II BGB

§ 831 II BGB bei vertraglicher Übernahme

Nach § 831 II BGB haftet auch derjenige, welcher für den Geschäftsherrn die Besorgung eines der im Absatz 1 Satz 2 bezeichneten Geschäfte durch Vertrag übernommen hat. Nicht erforderlich ist dabei, dass der Vertrag mit dem Geschäftsherrn geschlossen wurde. Ein Abschluss mit einem Dritten genügt.[587] Die bloß tatsächliche Übernahme genügt dagegen nicht. § 831 I BGB und § 831 II BGB können zusammentreffen. Dann haften Geschäftsherr und Vertragspartner als Gesamtschuldner gemäß § 840 I BGB.[588] 202

hemmer-Methode: § 831 BGB ermöglicht anders als §§ 166, 278 BGB eine Entlastung des Hintermanns. Von daher stellt sich die Frage, ob in ähnlich gelagerten Fällen, wie z.B. beim Überbau (§ 912 BGB) oder beim Eigentümer-Besitzer-Verhältnis (§§ 989, 990 BGB), § 831 BGB analog Anwendung findet. Dies wird teilweise mit der Begründung bejaht, es handle sich um deliktsähnliche Bestimmungen. Zur Vertiefung dieses Problemkreises lesen Sie Hemmer/Wüst, Sachenrecht I, Rn. 338 ff. 203

Bearbeiten Sie die Fragen 75 - 90!

580 Vgl. Palandt, § 31 BGB, Rn. 7; RGZ 157, 235; BGHZ 24, 213; BGH, NJW 1980, 2810.

581 Palandt, § 31 BGB, Rn. 8.

582 Weitere Beispiele Palandt, § 31 BGB, Rn. 9.

583 BAG, NJW 1989, 57 = **juris**byhemmer.

584 BAG, DB 1989, 1087 = **juris**byhemmer.

585 OLG Frankfurt/Main, NJW-RR 1989, 419.

586 Habersack, JuS 1993, S. 1 ff.

587 Vgl. RGZ 82, 217.

588 Vgl zum Ganzen Palandt, § 831 BGB, Rn. 11.

WIEDERHOLUNGSFRAGEN .... Randnr.

Einführung

1. Welche Funktion erfüllt der zivilrechtliche Schadensersatz? *1*
2. Worauf ist beim ersten Durchlesen des Klausursachverhalts im Hinblick auf eine Haftung nach den §§ 823 ff. BGB hauptsächlich zu achten? *4*
3. Wie lassen sich die Haftungstatbestände im Deliktsrecht einordnen? .... *4 f.*
4. Fassen Sie kurz die wichtigsten Anspruchsgrundlagen der Verschuldenshaftung und der Gefährdungshaftung zusammen! *6*
5. Warum ist bei der Prüfung der §§ 823 ff. BGB zuallererst an ein Eigentümer-Besitzer-Verhältnis, im Folgenden EBV, zu denken? *9*
6. Wie ist das Verhältnis zwischen § 826 BGB und dem EBV? *11*
7. Welche Wertung steckt dahinter, dass beim Fremdbesitzerexzess nach den §§ 823 ff. BGB Schadensersatz verlangt werden kann? *9*
8. Auf wen stellt das Bereicherungsrecht, auf wen das Deliktsrecht ab? *13*

Der Haftungsgrund des § 823 I BGB

9. Was versteht man unter dem Enumerationsprinzip im Deliktsrecht? *16*
10. Wie zeigt sich das Enumerationsprinzip bei § 823 I BGB? *16*
11. Stellen Sie das grobe Aufbauschema für § 823 I BGB zusammen! *17*
12. Welches rechtliche Problem stellt sich beim Schutzgut „Leben“ i.S.d. § 823 I BGB? *19*
13. Stellt der zu Heilungszwecken vorgenommene ärztliche Eingriff eine Körper- bzw. Gesundheitsverletzung dar? *22*
14. Ist die Verletzung des nasciturus eine Rechtsgutverletzung i.S.d. § 823 I BGB? *25*

15. Was versteht man unter der „wrongful life"-Problematik? ... 28

16. Mit welcher Begründung wird beim sog. „wrongful life" ein Anspruch der Eltern gegen den Arzt angenommen? ... 28a

17. Mit welcher Begründung wird beim sog. „wrongful life" ein Anspruch des Kindes gegen den Arzt verneint? ... 28c

18. Wann spricht man von einer Verletzung des Rechtsguts „Freiheit"? ... 29

19. Welche Gruppen einer Eigentumsverletzung kann man unterscheiden? ... 30

20. Wann liegt eine Sachentziehung vor? Und wann nicht? ... 31 f.

21. Stellt grundsätzlich jede Substanzverletzung eine Form der Eigentumsverletzung dar? ... 33

22. Wann nur stellt ein sog. weiterfressender Mangel eine Eigentumsverletzung im Rahmen des § 823 I BGB dar? ... 34 ff.

23. Stellt auch eine Beeinträchtigung des bestimmungsgemäßen Gebrauchs eine Eigentumsverletzung i.S.d. § 823 I BGB dar? ... 38 ff.

24. Wann stellen Immissionen eine Eigentumsverletzung i.S.d. § 823 I BGB dar? ... 40

25. Wie kann man eine Zuordnungsverletzung als Eigentumsverletzung beschreiben? ... 42

26. Wie wird allgemein der Begriff des sonstigen Rechts i.S.d. § 823 I BGB definiert? ... 43

27. Was sind sonstige Rechte i.S.d. § 823 I BGB? ... 43 ff.

28. Was versteht man unter dem Totenfürsorgerecht? Handelt es sich dabei ebenfalls um ein sonstiges Recht i.S.d. § 823 I BGB? ... 45b

29. Inwiefern ist das Recht zur ehelichen Lebensgemeinschaft gem. § 1353 I BGB ein absolutes Recht im Sinne von § 823 I BGB? ... 45 ff.

30. Der berechtigte unmittelbare Besitz genießt wegen der Ausschluss- und Nutzungsfunktion unstreitig den Schutz des § 823 I BGB. Was gilt beim unberechtigten unmittelbaren Besitz? ... 46

31. Der berechtigte unmittelbare Besitz ist ein sonstiges Recht i.S.d. § 823 I BGB. Gilt das auch beim berechtigten mittelbaren Besitz? ... 47

32. Welche examensrelevanten Rechte fallen unter den Begriff der Rahmenrechte? ... 48

33. Welche Besonderheit weisen die Rahmenrechte im Prüfungsaufbau des § 823 I BGB gegenüber anderen Rechtsgütern und Rechten auf? ... 51

34. Worin liegt der Unterschied bei der Prüfung einer Verletzung des allgemeinen Persönlichkeitsrechts im Falle einer Wortberichterstattung bzw. einer Bildberichterstattung? ... 48

35. Was umfasst das „Recht am eingerichteten und ausgeübten Gewerbebetrieb"? ... 54 ff.

36. Worauf müssen Sie bei einem Eingriff in den „eingerichteten und ausgeübten Gewerbebetrieb" achten? ... 54 ff.

37. Wann erfolgt der Eingriff betriebsbezogen? ... 54 ff.

38. Warum ist die häufig gebrauchte Aussage „bei § 823 I BGB wird das Vermögen nicht geschützt" unscharf? ... 58

39. Voraussetzung für die deliktische Haftung ist eine Verletzungshandlung. Diese kann in einem aktiven Tun oder Unterlassen liegen. Kommt beides als Verletzungshandlung in Betracht, stellt sich die Frage, ob auf das aktive Tun oder auf das Unterlassen abzustellen ist. Was ist dabei das maßgebliche Kriterium? ... 61 ff.

64. Grundsätzlich gilt auch bei § 823 I BGB: Haftung nur für Verschulden. Die unbegrenzte Haftung von einsichtsfähigen Jugendlichen, die z.B. zündeln, stößt wegen Widerspruchs zum JGG auf rechtspolitische Bedenken, vgl. auch § 828 III BGB. Welche Bedeutung kommt § 828 III BGB bei bereicherungsrechtlichen Anspruchsgrundlagen zu? .... *94 f.*

65. Welche Verschuldensgrade kennt das BGB? .... *96 ff.*

66. Wie definiert man im Zivilrecht Vorsatz? *97*

67. Wann spricht man im Zivilrecht von Fahrlässigkeit? *98*

68. An welcher Stelle im Anspruchsaufbau des § 823 I BGB werden die Verkehrssicherungspflichten diskutiert? *100*

69. Wann tritt eine Billigkeitshaftung nach § 829 BGB ein? *101*

70. Nennen Sie die wichtigsten gesetzlichen Haftungsbeschränkungen! *101a/b*

71. Warum ist die Anwendbarkeit der Haftungsprivilegierung des § 277 BGB im Straßenverkehr strittig und welche Meinung führt zur Folgeproblematik des „gestörten Gesamtschuldnerausgleichs“? *101b*

72. Besteht bei Gefälligkeitsverhältnissen, z.B. bei der Mitnahme im PKW, im Rahmen der Prüfung des Verschuldens bei § 823 BGB eine Haftungsbeschränkung? .... *101b ff.*

73. An welchen Problemkreis müssen Sie in den Fällen der Haftungsprivilegierung denken, wenn ein Zweitschädiger vorhanden ist? *101b*

74. Jetzt zur Rechtsfolgenseite! Wie wird ermittelt, ob ein Schaden vorliegt? *102*

75. Was versteht man unter der haftungsausfüllenden Kausalität? *103*

76. Was versteht man unter der hypothetischen Kausalität i.R.d. haftungsausfüllenden Kausalität? *107*

77. Wann ist eine Reserveursache beachtlich? *107*

78. Was versteht man unter dem Einwand des rechtmäßigen Alternativverhaltens? *113*

79. Welche Bedeutung kommt den Vorhaltekosten im Schadensrecht zu? *113*

80. Handelt es sich bei Kosten für Aufwendungen für Überwachungs- und Sicherungsmaßnahmen um ersatzfähige Vorhaltekosten? *113*

81. Gibt es bei der Geltendmachung von „Fangprämien“ ein Kausalitätsproblem? *113*

82. Aus welchen Vorschriften ergibt sich der Umfang des Schadens? .... *114 f.*

83. Wichtig ist § 843 IV BGB: Danach ist ein Anspruch nicht ausgeschlossen, wenn ein anderer Unterhalt zu gewähren hat. Welcher allgemeine Grundsatz steht hinter dieser Aussage? *115*

Der Haftungsgrund des § 823 II BGB

84. Wie bei § 823 I BGB werden i.R.d. § 823 II BGB nur bestimmte Rechtsgüter geschützt, die sich aus den Gesetzen ergeben, auf welche § 823 II BGB generell Bezug nimmt. Wann entfaltet § 823 II BGB neben § 823 I BGB eigenständige Bedeutung? *117*

85. Welche Normen können Schutzgesetze im Sinne von § 823 II BGB darstellen? *121*

86. Sind auch die sogenannten allgemeinen Verkehrssicherungspflichten Schutzgesetze i.S.d. § 823 II BGB? *121*

87. Wie wird das Vorliegen des Individualschutzes bei einem Schutzgesetz ermittelt? *123*

Die Haftungsgründe der §§ 824-826 BGB

Mittäter, Teilnehmer und Beteiligte, § 830 BGB

109. Wie definiert sich die Anstiftung bzw. Beihilfe i.S.d. § 830 II BGB? ... *163 f.*

110. Wann greift die Haftung mehrerer Beteiligter gem. § 830 I S. 2 BGB ein? ... *165*

111. Besteht bei der Teilnahme an einer gewalttätigen Demonstration eine Haftung nach § 830 I S. 2 BGB gegenüber geschädigten Dritten? ... *168*

112. Was wird unter den Begriff der unerlaubten Handlung i.S.d. § 830 I S. 2 BGB subsumiert? ... *167*

113. Personen sind nur dann Beteiligte i.S.d. § 830 I S. 2 BGB, wenn ein einheitlicher, örtlich und zeitlich zusammenhängender Vorgang gegeben ist. Was ist darunter zu verstehen? ... *168*

114. Welchen Sinn und Zweck verfolgt die Haftungsnorm des § 830 I S. 2 BGB? ... *170*

115. Welche zwei Fallgruppen werden von § 830 I S. 2 BGB erfasst? ... *172 f.*

116. Wann wandte die Rechtsprechung früher § 830 I S. 2 BGB trotz erwiesener Haftung eines „Beteiligten“ an? ... *176 f.*

Haftung für Verrichtungsgehilfen, § 831 BGB

117. Wie ist die Haftung für Verrichtungsgehilfen gem. § 831 BGB in das deliktische Haftungssystem einzuordnen? ... *178*

118. Welche Vermutungen enthält § 831 BGB? ... *178*

119. Wie unterscheiden sich § 831 BGB und § 278 BGB? ... *179*

120. Nennen Sie die Voraussetzungen der Haftung für Verrichtungsgehilfen! ... *183*

121. Definieren Sie den Begriff des Verrichtungsgehilfen und den des Erfüllungsgehilfen! ... *184*

122. Wann ist ein Ehegatte Verrichtungsgehilfe des anderen Ehegatten, und wann nicht? ... *185*

123. Was setzt die unerlaubte Handlung des Verrichtungsgehilfen voraus? ... *187*

124. Wann handelt der Verrichtungsgehilfe in Ausführung der Verrichtung? ... *189*

125. Welche beiden Haftungsverursachungen unterscheidet § 831 I S. 2 BGB? ... *190*

126. Welcher Maßstab wird an das Auswahlverschulden im Sinne von § 831 BGB gelegt? ... *191*

127. Was gilt hinsichtlich des Auswahlverschuldens bei Nichtbeweisbarkeit des verkehrsrichtigen Verhaltens im Rahmen von § 831 BGB? ... *192*

128. Bezüglich des Überwachungsverschuldens ist nach h.M. nicht der Zeitpunkt der Anstellung, sondern der Zeitpunkt der schädigenden Handlung maßgeblich. Wozu führt dies? ... *193*

129. Wie kann die Ursächlichkeitsvermutung des § 831 I S. 1 BGB widerlegt werden? ... *197*

130. Was wird unter dem dezentralisierten Entlastungsbeweis verstanden? ... *198*

131. Wodurch erfährt der dezentralisierte Entlastungsbeweis eine Einschränkung? ... *198*

132. Was besagt die Lehre vom Organisationsmangel? ... *199*

133. Was versteht man unter Repräsentantenhaftung? ... *200 f.*

134. § 831 BGB ist Haftung für vermutetes eigenes Verschulden. Kann im Rahmen des § 831 BGB der § 31 BGB Anwendung finden? ... *199 ff.*

Die Zahlen bis 203 verweisen auf die Randnummern des Skripts Deliktsrecht I, ab 204 auf die Randnummern des Skripts Deliktsrecht II

hemmer/wüstVerlagsgesellschaftmbH
Mergentheimer Str. 44 | 97082 Würzburg
T +49 931 797 82-57 | F +49 931 797 82-40
verlag@hemmer.de | hemmer-shop.de

Produktliste - Print 2021

ISBN 978-3-	Bestell-Nr.	Titel	Band-Nr.	Auflage	Prei
Hauptskripte Zivilrecht - Fortsetzung					
-86193-841-5	14700	VerbraucherschutzR	7	05. Aufl. 19	19,9C
-86193-986-3	14200	SchuldR AT	51	13. Aufl. 21	19,9C
-86193-881-1	14210	SchuldR BT I	52	11. Aufl. 20	19,9C
-86193-772-2	14220	SchuldR BT II	53	11. Aufl. 18	19,9C
-86193-942-9	12300	BereicherungsR	8	17. Aufl. 20	19,9C
-86193-697-8	12500	DeliktsR I	9	13. Aufl. 18	19,9C
-86193-581-0	12520	DeliktsR II	10	10. Aufl. 17	19,9C
-86193-863-7	14000	SachenR I	11	15. Aufl. 19	19,9C
-86193-965-8	14020	SachenR II	12	13. Aufl. 20	19,9C
-86193-909-2	14030	SachenR III	12A	14. Aufl. 20	19,9C
-86193-957-3	13600	KreditsicherungsR	13	14. Aufl. 20	19,9C
-86193-823-1	12900	FamilienR	14	14. Aufl. 19	19,9C
-86193-788-3	12700	ErbR	15	14. Aufl. 18	19,9C
-86193-929-0	14900	ZivilprozessR I	16	14. Aufl. 20	19,9C
-86193-979-5	14920	ZivilprozessR II	17	13. Aufl. 21	19,9C
-86193-922-1	12100	ArbeitsR	18	17. Aufl. 20	19,9C
-86193-908-5	13100	HandelsR	19A	12. Aufl. 20	19,9C
-86193-883-5	13000	GesellschaftsR	19B	15. Aufl. 20	19,9C
-86193-856-9	13200	Herausgabeansprüche	31	08. Aufl. 19	19,9C
-86193-871-2	13990	Rückgriffsansprüche	32	08. Aufl. 19	19,9C
Hauptskripte Strafrecht - klausurorientiertes Prüfungswissen					
-86193-812-5	14500	StrafR AT I	20	14. Aufl. 19	19,9C
-86193-938-2	14520	StrafR AT II	21	14. Aufl. 20	19,9C
-86193-967-2	14600	StrafR BT I	22	14. Aufl. 20	19,9C
-86193-711-1	14620	StrafR BT II	23	13. Aufl. 18	19,9C
-86193-797-5	14450	Strafprozessordnung	30	13. Aufl. 20	19,9C
Hauptskripte Öffentliches Recht - klausurorientiertes Prüfungswissen					
-86193-974-0	14800	VerwaltungsR I	24	15. Aufl. 20	19,9C
-86193-900-9	14820	VerwaltungsR II	25	14. Aufl. 20	19,9C
-86193-916-0	14830	VerwaltungsR III	26	14. Aufl. 20	19,9C
-86193-874-3	14400	StaatsR I	27	13. Aufl. 20	19,9C
-86193-791-3	14420	StaatsR II	28	10. Aufl. 18	19,9C
-86193-655-8	12800	EuropaR	29	13. Aufl. 17	19,9C
-86193-729-6	14300	StaatshaftungsR	40	05. Aufl. 18	19,9C
-86193-951-1	12210	BauR Bayern	33 (01)	13. Aufl. 20	19,9C
-86193-505-6	12230	BauR Nordrhein-Westfalen	33 (02)	09. Aufl. 16	19,9C
-86193-897-2	12200	BauR Baden-Württemberg	33 (03)	06. Aufl. 20	19,9C
-86193-331-1	12220	BauR Hessen	33 (04)	02. Aufl. 14	19,9C
-89634-847-0	12240	BauR Saarland	33 (06)	01. Aufl. 08	19,9C
-86193-736-4	13810	PolizeiR Bayern	34 (01)	11. Aufl. 18	19,9C
-86193-698-5	13830	Polizei- und OrdnungsR Nordrhein-Westfalen	34 (02)	06. Aufl. 18	19,9C
-86193-824-8	13800	PolizeiR Baden-Württemberg	34 (03)	05. Aufl. 19	19,9C
-86193-417-2	13820	Polizei- und OrdnungsR Hessen	34 (04)	02. Aufl. 15	19,9C
-86193-936-8	13840	Polizei- und OrdnungsR Rheinland-Pfalz	34 (05)	02. Aufl. 20	19,9C
-86193-995-5	13550	KommunalR Bayern	35 (01)	12. Aufl. 21	19,9C
-86193-076-1	13570	KommunalR Nordrhein-Westfalen	35 (02)	08. Aufl. 11	19,9C
-86193-978-8	13500	KommunalR Baden-Württemberg	35 (03)	06. Aufl. 20	19,9C
Hauptskripte Schwerpunkt					
-86193-801-9	13700	Kriminologie	P1	08. Aufl. 19	21,9C
-86193-746-3	14850	VölkerR	P2	09. Aufl. 18	21,9C
-86193-925-2	13400	KapitalgesellschaftsR	P3	06. Aufl. 20	21,9C
-86193-243-7	13900	Rechtsgeschichte I - Deutsche Rechts- und Verfassungsgeschichte	P7	03. Aufl. 13	21,9C
-86193-119-5	13950	Rechtsgeschichte II - Römische Rechtsgeschichte	P8	02. Aufl. 12	21,9C
-86193-795-1	13980	Einführung in die Rechtsphilosophie und Rechtssoziologie	P11	03. Aufl. 19	21,9C
-86193-183-6	13300	InsolvenzR	P12	03. Aufl. 12	21,9C

hemmer/wüstVerlagsgesellschaftmbH
Mergentheimer Str. 44 | 97082 Würzburg
T +49 931 797 82-57 | F +49 931 797 82-40
verlag@hemmer.de | hemmer-shop.de

BN 978-3-	Bestell-Nr.	Titel	Band-Nr.	Auflage	Preis
auptskripte Steuerrecht					
193-528-5	12000	Abgabenordnung	42	09. Aufl. 16	21,90 €
193-760-9	12600	EinkommensteuerR	43	09. Aufl. 18	21,90 €
efintionen					
193-855-2	34000	Definitionen StrafR - schnell gemerkt	D1	05. Aufl. 19	19,90 €
kripte für WiWi's, BWLer & Steuerberater					
193-430-1	15000	PrivatR f. BWL'er, WiWi's & Steuerberater	W1	08. Aufl. 15	19,90 €
193-792-0	15100	Öffentliches Recht f. BWL'er, WiWi's & Steuerberater	W2	05. Aufl. 19	19,90 €
193-472-1	22350	74 wicht. Fälle BGB AT, SchuldR AT/BT	WF1	05. Aufl. 16	19,90 €
193-247-5	21950	44 wicht. Fälle GoA, BerR, GesellschaftsR, HandelsR, SachenR	WF2	02. Aufl. 13	19,90 €
asics Karteikarten ZivilR, StrafR, Ö-Recht					
193-899-6	30200	Basics ZivilR	BK1	07. Aufl. 20	16,90 €
193-441-7	30100	Basics StrafR	BK2	04. Aufl. 15	16,90 €
193-917-7	30000	Basics Öffentliches Recht	BK3	05. Aufl. 20	16,90 €
auptkarteikarten Zivilrecht					
193-840-8	31200	BGB-AT I	KK1	11. Aufl. 19	16,90 €
193-820-0	31220	BGB-AT II	KK2	09. Aufl. 19	16,90 €
193-853-8	32100	SchuldR AT I	KK3	11. Aufl. 19	16,90 €
193-869-9	32120	SchuldR AT II	KK4	09. Aufl. 19	16,90 €
193-807-1	32200	SchuldR BT I (Kauf- und WerkvertragsR)	KK5	09. Aufl. 19	16,90 €
193-852-1	32220	Schuldrecht BT II	KK6	08. Aufl. 19	16,90 €
193-895-8	31000	Arbeitsrecht	KK7	06. Aufl. 20	16,90 €
193-854-5	31100	BereicherungsR	KK8	08. Aufl. 19	16,90 €
193-862-0	31300	DeliktsR	KK9	08. Aufl. 19	16,90 €
193-755-5	31900	SachenR I	KK11	10. Aufl. 18	16,90 €
193-816-3	31920	SachenR II	KK12	09. Aufl. 19	16,90 €
193-495-0	31800	KreditsicherungsR	KK13	04. Aufl. 16	16,90 €
193-336-6	31500	FamilienR	KK14	04. Aufl. 14	16,90 €
193-699-2	31400	ErbR	KK15	05. Aufl. 18	16,90 €
193-566-7	32800	ZPO I	KK16	07. Aufl. 17	16,90 €
193-491-2	32820	ZPO II	KK17	06. Aufl. 16	16,90 €
193-358-8	31700	HandelsR	KK18	05. Aufl. 14	16,90 €
193-383-0	31600	GesellschaftsR	KK19	06. Aufl. 15	16,90 €
auptkarteikarten Strafrecht					
193-817-0	32500	StrafR AT I	KK20	10. Aufl. 19	16,90 €
193-983-2	32520	StrafR AT II	KK21	10. Aufl. 21	16,90 €
193-822-4	32600	StrafR BT I	KK22	10. Aufl. 18	16,90 €
193-696-1	32620	StrafR BT II	KK23	09. Aufl. 18	16,90 €
193-789-0	32400	Strafprozessordnung	KK24	07. Aufl. 17	16,90 €
auptkarteikarten Öffentliches Recht					
193-870-5	32700	VerwaltungsR I	KK25	10. Aufl. 19	16,90 €
193-758-6	32720	VerwaltungsR II	KK26	07. Aufl. 18	16,90 €
193-893-4	32730	VerwaltungsR III	KK27	07. Aufl. 20	16,90 €
193-839-2	32300	Staats- und VerfassungsR	KK28	11. Aufl. 19	16,90 €
193-470-7	31450	EuropaR	KK29	04. Aufl. 16	16,90 €
berblickskarteikarten - über Prüfungsschemata zum Wissen					
193-953-5	33000	BGB im Überblick I	ÜK I	15. Aufl. 20	30,00 €
193-838-5	33100	BGB im Überblick II (Nebengebiete)	ÜK II	09. Aufl. 19	30,00 €
193-958-0	33200	StrafR im Überblick	ÜK III	12. Aufl. 20	30,00 €
193-954-2	33300	Öffentliches Recht im Überblick	ÜK IV	12. Aufl. 20	19,90 €
193-903-0	33400	Öffentliches Recht im Überblick II - Bayern	ÜK V	10. Aufl. 20	19,90 €
193-468-4	33500	Öffentliches Recht im Überblick II - NRW	ÜK VI	03. Aufl. 16	19,90 €
193-706-7	33600	EuropaR	ÜK VII	06. Aufl. 18	19,90 €

hemmer
Hemmer / Wüst / Tyroller
BGB AT I
Die Entstehung des Primäranspruchs
Das Prüfungswissen
für Studium
und Examen
Klausurtypisch
Anwendungsorientiert
Umfassend

DELIKTSRECHT II

Hemmer/Wüst/d'Alquen

Kursorte im Überblick

Augsburg
Wüst
Mergentheimer Str. 44
97082 Würzburg
Tel.: (0931) 79 78 230
Fax: (0931) 79 78 234
Mail: augsburg@hemmer.de

Bayreuth
Daxhammer/d´Alquen
Parkweg 7
97944 Boxberg
Tel.: (07930) 99 23 38
Fax: (07930) 99 22 51
Mail: bayreuth@hemmer.de

Berlin-Dahlem
Gast
Schumannstraße 18
10117 Berlin
Tel.: (030) 240 45 738
Fax: (030) 240 47 671
Mail: mitte@hemmer-berlin.de

Berlin-Mitte
Gast
Schumannstraße 18
10117 Berlin
Tel.: (030) 240 45 738
Fax: (030) 240 47 671
Mail: mitte@hemmer-berlin.de

Bielefeld
Lück
Salzstr. 14/15
48143 Münster
Tel.: (0251) 67 49 89 70
Fax.: (0251) 67 49 89 71
Mail: bielefeld@hemmer.de

Bochum
Schlömer/Sperl
Salzstr. 14/15
48143 Münster
Tel.: (0251) 67 49 89 70
Fax.: (0251) 67 49 89 71
Mail: bochum@hemmer.de

Bonn
Ronneberg/Clobes/Geron
Simrockstr. 5
53113 Bonn
Tel.: (0228) 91 14 125
Fax: (0228) 91 14 141
Mail: bonn@hemmer.de

Bremen
Kulke/Hermann
Mergentheimer Str. 44
97082 Würzburg
Tel.: (0931) 79 78 257
Fax: (0931) 79 78 240
Mail: bremen@hemmer.de

Dresden
Stock
Zweinaundorfer Str. 2
04318 Leipzig
Tel.: (0341) 6 88 44 90
Fax: (0341) 6 88 44 96
Mail: dresden@hemmer.de

Düsseldorf
Ronneberg/Clobes/Geron
Simrockstr. 5
53113 Bonn
Tel.: (0228) 91 14 125
Fax: (0228) 91 14 141
Mail: duesseldorf@hemmer.de

Erlangen
Grieger/Tyroller
Mergentheimer Str. 44
97082 Würzburg
Tel.: (0931) 79 78 230
Fax: (0931) 79 78 234
Mail: erlangen@hemmer.de

Frankfurt/M.
Geron
Dreifaltigkeitsweg 49
53489 Sinzig
Tel.: (02642) 61 44
Fax: (02642) 61 44
Mail: frankfurt.main@hemmer.de

Frankfurt/O.
Gast
Schumannstraße 18
10117 Berlin
Tel.: (030) 240 45 738
Fax: (030) 240 47 671
Mail: mitte@hemmer-berlin.de

Freiburg
Behler/Rausch
Rohrbacher Str. 3
69115 Heidelberg
Tel.: (06221) 65 33 66
Fax: (06221) 65 33 30
Mail: freiburg@hemmer.de

Gießen
Sperl
Parkweg 7
97944 Boxberg
Tel.: (07930) 99 23 38
Fax: (07930) 99 22 51
Mail: giessen@hemmer.de

Göttingen
Schlömer/Sperl
Kirchhofgärten 22
74635 Kupferzell
Tel.: (07944) 94 11 05
Fax: (07944) 94 11 08
Mail: goettingen@hemmer.de

Greifswald
Burke/Lück
Buchbinderstr. 17
18055 Rostock
Tel.: (0381) 3 77 74 00
Fax: (0381) 3 77 74 01
Mail: greifswald@hemmer.de

Halle
Ra. J. Luke
Rödelstr. 13
04229 Leipzig
Tel.: (0341) 49 25 54 70
Fax: (0341) 49 25 54 71
Mail: halle@hemmer.de

Hamburg
Schlömer/Sperl
Steinhöft 5-7
20459 Hamburg
Tel.: (040) 317 669 17
Fax: (040) 317 669 20
Mail: hamburg@hemmer.de

Hannover
Daxhammer/Sperl
Matzenhecke 23
97204 Höchberg
Tel.: (0931) 400 337
Fax: (0931) 404 3109
Mail: hannover@hemmer.de

Heidelberg
Behler/Rausch
Rohrbacher Str. 3
69115 Heidelberg
Tel.: (06221) 65 33 66
Fax: (06221) 65 33 30
Mail: heidelberg@hemmer.de

Jena
Hemmer/Wüst
Mergentheimer Str. 44
97082 Würzburg
Tel.: (0931) 79 78 257
Fax: (0931) 79 78 240
Mail: jena@hemmer.de

Kiel
Schlömer/Sperl
Kirchhofgärten 22
74635 Kupferzell
Tel.: (07944) 94 11 05
Fax: (07944) 94 11 08
Mail: kiel@hemmer.de

Köln
Ronneberg/Clobes/Geron
Simrockstr. 5
53113 Bonn
Tel.: (0228) 91 14 125
Fax: (0228) 91 14 141
Mail: koeln@hemmer.de

Konstanz
Guldin/Kaiser
Hindenburgstr. 15
78467 Konstanz
Tel.: (07531) 69 63 63
Fax: (07531) 69 63 64
Mail: konstanz@hemmer.de

Leipzig
Ra. J. Luke
Rödelstr. 13
04229 Leipzig
Tel.: (0341) 49 25 54 70
Fax: (0341) 49 25 54 71
Mail: leipzig@hemmer.de

Mainz
Geron
Dreifaltigkeitsweg 49
53489 Sinzig
Tel.: (02642) 61 44
Fax: (02642) 61 44
Mail: mainz@hemmer.de

Mannheim
Behler/Rausch
Rohrbacher Str. 3
69115 Heidelberg
Tel.: (06221) 65 33 66
Fax: (06221) 65 33 30
Mail: mannheim@hemmer.de

Marburg
Sperl
Parkweg 7
97944 Boxberg
Tel.: (07930) 99 23 38
Fax: (07930) 99 22 51
Mail: marburg@hemmer.de

München
Wüst
Mergentheimer Str. 44
97082 Würzburg
Tel.: (0931) 79 78 230
Fax: (0931) 79 78 234
Mail: muenchen@hemmer.de

Münster
Schlömer/Sperl
Salzstr. 14/15
48143 Münster
Tel.: (0251) 67 49 89 70
Fax.: (0251) 67 49 89 71
Mail: muenster@hemmer.de

Osnabrück
Fethke
Liebknechtstr. 35
99086 Erfurt
Tel.: (0541) 18 55 21 79
Fax.: ---
Mail: osnabrueck@hemmer.de

Passau
Köhn/Rath
Mergentheimer Str. 44
97082 Würzburg
Tel.: (0931) 79 78 230
Fax: (0931) 79 78 234
Mail: passau@hemmer.de

Potsdam
Gast
Schumannstraße 18
10117 Berlin
Tel.: (030) 240 45 738
Fax: (030) 240 47 671
Mail: mitte@hemmer-berlin.de

Regensburg
Daxhammer/d´Alquen
Parkweg 7
97944 Boxberg
Tel.: (07930) 99 23 38
Fax: (07930) 99 22 51
Mail: regensburg@hemmer.de

Rostock
Burke/Lück
Buchbinderstr. 17
18055 Rostock
Tel.: (0381) 3777 400
Fax: (0381) 3777 401
Mail: rostock@hemmer.de

Saarbrücken
Bold/Hein/Issa
Preslesstraße 2
66987 Thaleischweiler-Fröschen
Tel.: (06334) 98 42 83
Fax: (06334) 98 42 83
Mail: saarbruecken@hemmer.de

Trier
Geron
Dreifaltigkeitsweg 49
53489 Sinzig
Tel.: (02642) 61 44
Fax: (02642) 61 44
Mail: trier@hemmer.de

Tübingen
Guldin/Kaiser
Hindenburgstr. 15
78465 Konstanz
Tel.: (07531) 69 63 63
Fax: (07531) 69 63 64
Mail: tuebingen@hemmer.de

Würzburg - ZENTRALE -
Mergentheimer Str. 44
97082 Würzburg
Tel.: (0931) 79 78 230
Fax: (0931) 79 78 234
Mail: wuerzburg@hemmer.de

VORWORT

Deliktsrecht II mit der **hemmer-Methode**

Wer in vier Jahren sein Studium abschließen will, kann sich einen Irrtum in Bezug auf Stoffauswahl und -aneignung nicht leisten. Hoffen Sie nicht auf leichte Rezepte und den einfachen Rechtsprechungsfall. Hüten Sie sich vor Übervereinfachung beim Lernen. Stellen Sie deswegen frühzeitig die Weichen richtig.

Das BGB sieht Schadensersatz grundsätzlich nur in solchen Fällen vor, in denen den Schuldner ein Verschulden trifft (sog. Verschuldensprinzip). Dennoch gibt es im Einzelfall Abweichungen von diesem Grundsatz: So wird bei manchen Tatbeständen das Verschulden (widerleglich) vermutet (insbes. § 831 BGB), bei anderen Tatbeständen ist es aufgrund einer Gefährdungshaftung nicht einmal notwendig (z.B. § 833 S.1 BGB oder § 7 StVG). Schließlich kommen noch andere Ansprüche ohne Verschulden in Betracht, so z.B. bei der negatorischen und quasinegatorischen Haftung. Das Skript **Deliktsrecht II** stellt die diesbezüglich examensrelevanten Anspruchsgrundlagen mit den wichtigsten Problemfeldern dar. Das Skript wird damit zum unentbehrlichen Hilfsmittel für Prüfung und Praxis.

Die **hemmer-Methode** vermittelt Ihnen die **erste richtige Einordnung** und das **Problembewusstsein**, welches Sie brauchen, um an einer Klausur bzw. dem Ersteller nicht vorbeizuschreiben. Häufig ist dem Studenten nicht klar, warum er schlechte Klausuren schreibt. Wir geben Ihnen **gezielte Tipps**! Vertrauen Sie auf unsere **Expertenkniffe**.

Durch die ständige Diskussion mit unseren Kursteilnehmern ist uns als erfahrenen Repetitoren klar geworden, welche **Probleme** der Student hat, sein **Wissen anzuwenden**. Wir haben aber auch von unseren Kursteilnehmern profitiert und von ihnen erfahren, welche **Argumentationsketten** in der Prüfung zum Erfolg geführt haben.

Die **hemmer-Methode** gibt **jahrelange Erfahrung** weiter, erspart Ihnen viele schmerzliche Irrtümer, setzt richtungsweisende Maßstäbe und begleitet Sie als **Gebrauchsanweisung** in Ihrer Ausbildung:

1. Grundwissen:

Die **Grundwissenskripten** sind für den Studenten in den ersten Semestern gedacht. In den Theoriebänden Grundwissen werden leicht verständlich und kurz die wichtigsten Rechtsinstitute vorgestellt und das notwendige Grundwissen vermittelt. Die Skripten werden durch den jeweiligen Band unserer **Reihe „Die wichtigsten Fälle“** ergänzt.

2. Basics:

Das Grundwerk für Studium und Examen. Es schafft schnell **Einordnungswissen** und mittels der hemmer-Methode richtiges Problembewusstsein für Klausur und Hausarbeit. Wichtig ist, **wann und wie** Wissen in der Klausur angewendet wird.

3. Skriptenreihe:

Vertiefendes Prüfungswissen: Über 1.000 Klausuren wurden auf ihre „essentials" abgeklopft.

Anwendungsorientiert werden die für die Prüfung nötigen Zusammenhänge umfassend aufgezeigt und wiederkehrende Argumentationsketten eingeübt.

Gleichzeitig wird durch die **hemmer-Methode** auf **anspruchsvollem Niveau** vermittelt, nach welchen Kriterien Prüfungsfälle beurteilt werden. Mit dem Verstehen wächst die Zustimmung zu Ihrem Studium. Spaß und Motivation beim Lernen entstehen erst durch Verständnis.

Lernen Sie, durch Verstehen am juristischen Sprachspiel teilzunehmen. Wir schaffen den „background“, mit dem Sie die innere Struktur von Klausur und Hausarbeit erkennen: **„Problem erkannt, Gefahr gebannt“**. Profitieren Sie von unserem **strategischen Wissen**. Wir werden Sie mit unserem know-how auf das Anforderungsprofil einstimmen, das Sie in Klausur und Hausarbeit erwartet. Die Theoriebände Grundwissen, die Basics, die Skriptenreihe und der Hauptkurs sind als **modernes, offenes und flexibles Lernsystem** aufeinander abgestimmt und ergänzen sich ideal. Die **studentenfreundliche Preisgestaltung** ermöglicht den **Erwerb als Gesamtwerk**.

4. Hauptkurs:

Schulung am examenstypischen Fall mit der Assoziationsmethode. Trainieren Sie unter professioneller Anleitung, was Sie im Examen erwartet und wie Sie bestmöglich mit dem Examensfall umgehen.

Nur wer die Dramaturgie eines Falles verstanden hat, ist in Klausur und Hausarbeit auf der sicheren Seite! Häufig hören wir von unseren Kursteilnehmern: **„Erst jetzt hat Jura richtig Spaß gemacht“**.

Die Ergebnisse unserer Kursteilnehmer geben uns Recht. Maßstab ist der Erfolg. Die Examensergebnisse zeigen, dass unsere Kursteilnehmer überdurchschnittlich abschneiden.

Die Examensergebnisse unserer Kursteilnehmer können auch Ansporn für Sie sein, intelligent zu lernen: Wer nur auf vier Punkte lernt, landet leicht bei drei.
Lassen Sie sich aber nicht von diesen Supernoten verschrecken, sehen Sie dieses Niveau als Ansporn für Ihre Ausbildung.

Wir hoffen, als Repetitoren mit unserem Gesamtangebot bei der Konkretisierung des Rechts mitzuwirken und wünschen Ihnen **viel Spaß beim Durcharbeiten** unserer Skripten.

Wir würden uns freuen, mit Ihnen als Hauptkursteilnehmer mit der **hemmer-Methode** gemeinsam Verständnis an der Juristerei zu trainieren. Nur wer erlernt, was ihn im Examen erwartet, lernt richtig!

So leicht ist es, uns kennenzulernen: Probehören ist jederzeit in den jeweiligen Kursorten möglich.

Karl-Edmund Hemmer & Achim Wüst

Deliktsrecht II

Hemmer/Wüst/d'Alquen

Hemmer/Wüst Verlagsgesellschaft
Hemmer/Wüst/d'Alquen, Deliktsrecht II

ISBN 978-3-86193-581-0

10. Auflage 2017

gedruckt auf chlorfrei gebleichtem Papier
von Schleunungdruck GmbH, Marktheidenfeld

Kommentare

Münchener Kommentar	Kommentar zum Bürgerlichen Gesetzbuch
Palandt	Kommentar zum Bürgerlichen Gesetzbuch
Soergel	Bürgerliches Gesetzbuch mit Einführungs- und Nebengesetzen
Staudinger	Kommentar zum Bürgerlichen Gesetzbuch

Lehrbücher

Brox	Allgemeines Schuldrecht
	Besonderes Schuldrecht
Diederichsen/Wagner	Die BGB-Klausur
Kupisch/Krüger	Deliktsrecht, 1983 = Grundfälle zum Recht der unerlaubten Handlung. in JuS: 1980, 270/422/574/727; 1981, 30/347/584/737
Larenz	Lehrbuch des Schuldrechts Band 1, Allgemeiner Teil
Larenz/Canaris	Lehrbuch des Schuldrechts Band II, Besonderer Teil
Medicus	Bürgerliches Recht

Weitere Nachweise (insbesondere auf Aufsätze) in den Fußnoten.

§ 7 WEITERE FÄLLE DER HAFTUNG INSB. NACH §§ 832 - 838

A. Einführung

I. Das deliktische Haftungssystem

bei deliktischer Haftung grds. Verschuldensprinzip

Ausgangspunkt der gesetzlichen Regelung ist das *Verschuldensprinzip.*[1] Verantwortlich ist grundsätzlich nur derjenige, welcher einen Schaden rechtswidrig und schuldhaft verursacht hat. Die Beweislast für das Verschulden trifft dabei den Geschädigten. **204**

Ausnahmen mögl.

Das Gesetz durchbricht jedoch diese Beweislastregelung in den Fällen der Haftung für vermutetes Verschulden bzw. das Verschuldensprinzip selbst bei der Gefährdungshaftung.

Das deliktische Haftungssystem lässt sich demnach folgendermaßen gliedern:

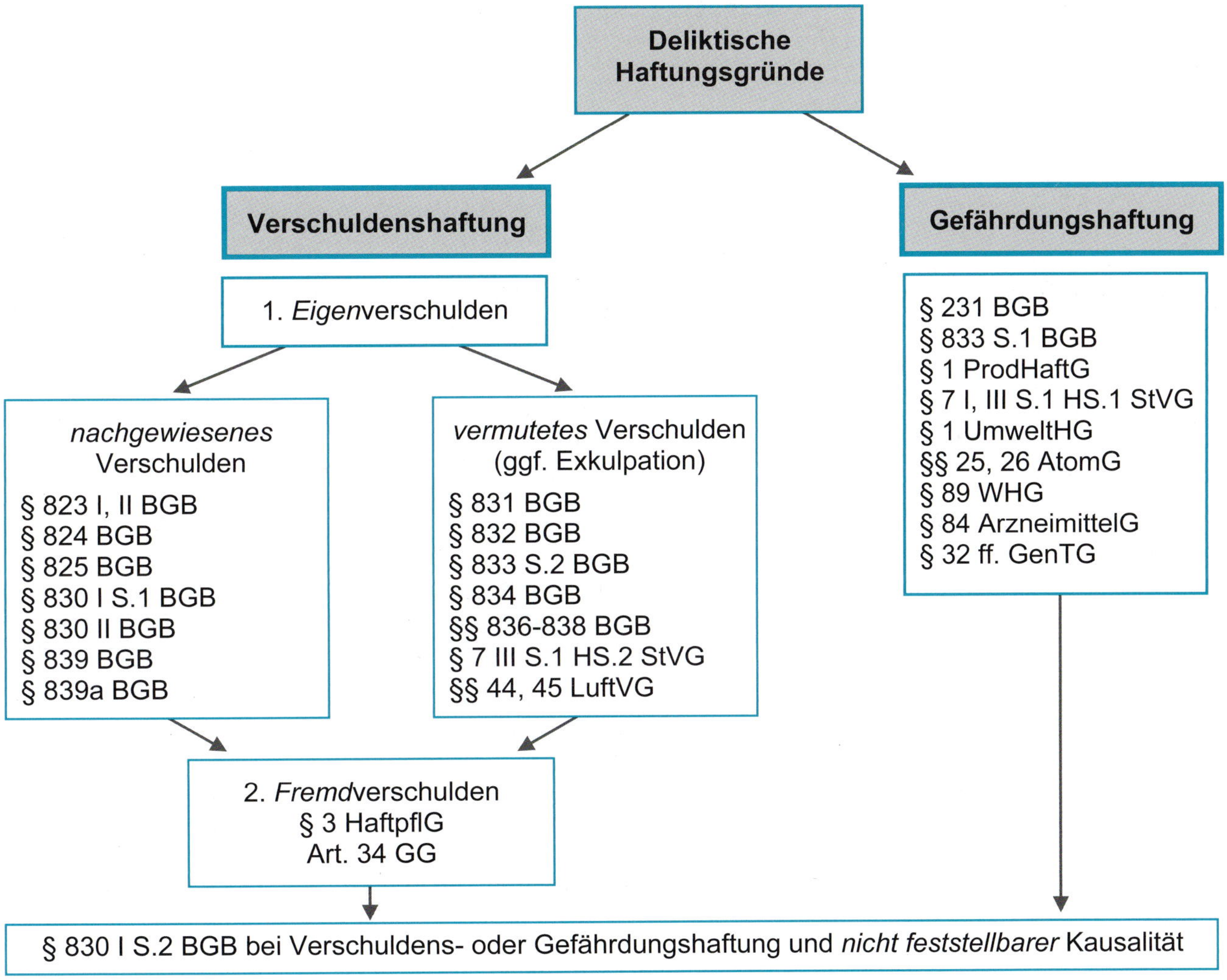

1 Vgl. dazu schon Hemmer/Wüst, Deliktsrecht I, Rn. 3.

1. Haftung für vermutetes Verschulden

vermutetes Verschulden (Exkulpation mögl.)

In einigen Haftungstatbeständen wird das *Verschulden des Schädigers vermutet*. Grund für diese gesetzliche Vermutung ist, dass der Geschädigte in diesen Fällen regelmäßig keinen Einblick in die Sphäre des Schädigers hat und somit der Nachweis eines Verschuldens nur schwerlich gelänge. Diese Vermutung ist jedoch *widerlegbar*, d.h. der Schädiger kann nachweisen, dass die Vermutung nicht zutrifft, ihn also kein Verschulden trifft (*Entlastungsbeweis* oder *Exkulpation*, vgl. auch § 292 ZPO). 205

hemmer-Methode: Dieser Sphärengedanke findet sich auch bei vertraglichen Schadensersatzansprüchen. Zwar trifft auch hier grundsätzlich den Geschädigten die Beweislast für die ihm günstigen (anspruchsbegründenden) Tatsachen. Dieser Grundsatz wird aber im Leistungsstörungsrecht i.R.d. § 280 I 2 und § 286 IV durchbrochen. Da der Gläubiger keinen Einblick in die Sphäre des Schuldners hat, muss dieser beweisen, dass ihn kein Verschulden trifft. Diese Beweiserleichterungen knüpfen jedoch stets an das Bestehen einer rechtlichen Sonderbeziehung an. 206

2. Gefährdungshaftung

Gefährdungshaftung ⇨ kein Verschulden notw.

Daneben kennt das Gesetz Haftungstatbestände, in denen es auf einen Nachweis des Verschuldens und der Rechtswidrigkeit überhaupt nicht ankommt, sog. *Gefährdungshaftung*. In diesen Fällen übt der Schädiger eine grundsätzlich erlaubte Tätigkeit aus. Diese Tätigkeit schafft jedoch eine besondere Gefahrenlage, die sich trotz Beachtung aller Sicherheitsvorkehrungen verwirklichen kann, ohne dass ein Verschuldensvorwurf zu machen ist. 207

⇨ nur bei Schaffung einer Gefahrenquelle

Insbesondere die moderne Technik ist aufgrund ihrer Komplexität immer nur bis zu einem gewissen Grad beherrschbar, so dass trotz sorgfältigsten Sicherheitsvorkehrungen (die im Falle eines vermuteten Verschuldens regelmäßig zu einer Exkulpation führen) nicht auszuschließen ist, dass die Gefahrenquelle zu einem Schaden führt. Ginge man hier von einer Verschuldenshaftung bzw. Haftung für vermutetes Verschulden mit Exkulpationsmöglichkeit aus, so würde der Geschädigte stets das Risiko solcher Schadensfälle quasi als schicksalhaftes Unglück zu tragen haben.

Andererseits zieht der Schädiger, der die Gefahrenquelle geschaffen hat oder unterhält, auch primär den Nutzen daraus. *Im Interesse einer gerechten, sprich sozialen Schadensverteilung* haben sich deshalb die Grundsätze der Gefährdungshaftung herausgebildet, die sich ungefähr wie folgt formulieren lassen:

Gehen von einer Anlage oder Sache, die jemand betreibt oder benutzt, Gefahren aus, denen sich derjenige (Geschädigte), der mit der Anlage oder der Sache in Berührung kommt, mehr oder weniger hilflos gegenüber sieht, so soll das Risiko eines Schadensfalles der Betreiber der Anlage bzw. der Benutzer der Sache tragen.

⇨ Haftung auch f. rechtmäßiges gefährdendes Tun

Die Gefährdungshaftung stellt somit eine Haftung für rechtmäßiges gefährdendes Tun dar.

hemmer-Methode: Sollten Verschulden und Rechtswidrigkeit vorliegen, haftet der Schädiger gleichermaßen aus Gefährdungshaftung und den einschlägigen Verschuldenstatbeständen! 208

gefahrspezifischer Zusammenhang

Diese strenge, verschuldensunabhängige Haftung soll jedoch zur Vermeidung unbilliger Haftung nur bei „betriebsspezifischen" Gefahren gelten, also bei solchen Schäden, in welchen sich die besondere Gefahr realisiert hat, die gesetzgeberisches Motiv für die Einführung des jeweiligen Gefährdungshaftungstatbestandes war. Die Gefährdungshaftung ist daher eingeschränkt durch den *Zusammenhang zwischen Schaden und betriebsspezifischer Gefährdung*. Diese *tatbestandliche Einschränkung* entspricht dem *Grundgedanken des Schutzzwecks der Norm.*[2]

hemmer-Methode: Die Adäquanztheorie entfällt bei der Gefährdungshaftung. Es geht hier nicht um die Vorhersehbarkeit des Schadens. Korrektiv ist nur der Schutzbereich der Norm.[3] Dann stellt sich in der Klausur die Frage, ob bspw. § 7 StVG nach seinem Sinn und Zweck vor solchen Schäden schützen soll. Geht es z.B. um ein Leasingfahrzeug, dessen Halter der Leasingnehmer ist, hat der Leasinggeber als Eigentümer keinen Anspruch aus § 7 I StVG gegen den Leasingnehmer, weil die Gefahrenquelle selbst nicht in den Schutzbereich der Norm fällt.[4] *209*

(-) bei „höherer Gewalt"

Darüber hinaus findet sich bei den Tatbeständen der Gefährdungshaftung regelmäßig ein *Haftungsausschluss* für solche Schadensfälle, die schlechterdings niemand verhindern kann. Dabei handelt es sich um Ereignisse, bei denen zwar äußerlich betrachtet noch der erforderliche Zusammenhang zwischen Schaden und betriebsspezifischer Gefahr vorliegt, die aber wegen ihres außergewöhnlichen Charakters betriebsfremde, zufällige Ereignisse darstellen. Im Gesetz umschrieben wird dieser Haftungsausschluss mit dem Begriff der „höheren Gewalt" (vgl. § 7 II StVG; relevant z.B. bei unvorhersehbaren Naturereignissen, die einen Unfall verursachen).

***Bspe.:** Der Betrieb von Energieanlagen, Kraftfahrzeugen, Schienen- oder Luftfahrzeugen ist von vorneherein mit besonderen Gefahren für die Umwelt verbunden, die sich nicht immer beherrschen lassen. Hier gilt daher die Gefährdungshaftung. Hauptanwendungsfall in einer Klausur ist die Halterhaftung nach § 7 I StVG. Der Zusammenhang zwischen Schaden und betriebsspezifischer Gefährdung wird hier durch das Erfordernis „bei dem Betriebe" des Kfz hergestellt. Ausgeschlossen ist die Haftung des Halters nach § 7 II StVG bei Vorliegen von höherer Gewalt.*

hemmer-Methode: Überfrachten Sie Ihr Gehirn nicht mit Einzelfallwissen. Lernen Sie stattdessen die grundlegende Systematik der Rechtsinstitute. Dann wird es Ihnen in der Klausur leichter fallen, unbekannte Einzelfälle zu lösen. Das gilt auch für die Gefährdungshaftung. Eine Gefährdungshaftung wird vom Gesetz angeordnet, wenn die beschriebene besondere Gefahrenlage besteht. Nach h.M. steht die Gefährdungshaftung somit als Ausnahme von der regelmäßigen Verschuldenshaftung unter Gesetzesvorbehalt. Für neue Risiken wie etwa für Gefahren durch Gentechnologie, Umweltbelastung und des Produktrisikos bedurfte es deshalb besonderer Gesetzgebung. *210*

Die Gefährdungshaftung stellt sich somit als Reaktion des Gesetzgebers auf die Konfrontation mit den gesteigerten Risiken der Industriegesellschaft dar. In der Regel ist die Gefährdungshaftung mit einer Versicherung gekoppelt, wie bspw. die Halterhaftung nach § 7 StVG mit der Pflichtversicherung nach § 1 PflVG. Die Gefährdungshaftung greift nur ein bei Vorliegen des spezifischen Zusammenhangs und ist bei Vorliegen „höherer Gewalt" regelmäßig ausgeschlossen. Diese Systematik wird unten am Beispiel des § 7 I StVG (Rn. 317 ff.) noch näher erläutert.

---

2 Vgl. zu einem Fall zu § 7 I StVG die sehr lehrreiche Entscheidung des BGH, Life&Law 07/2012, 478 ff. **Unser Service-Angebot an Sie: kostenlos hemmer-club-Mitglied werden (www.hemmer-club.de) und Entscheidungen der Life&Law lesen und downloaden.**

3 Hemmer/Wüst, Schadensersatzrecht III, Rn. 55 f.

4 BGH, **Life&Law 04/2011, 240 ff.**

II. Überblick über die Tatbestände der Haftung für vermutetes Verschulden und Gefährdungshaftung

1. Haftung für vermutetes Verschulden

Haftung f. vermutetes Verschulden im BGB

Hauptanwendungsfall einer Haftung für vermutetes Verschulden ist die Haftung des Geschäftsherrn für eine unerlaubte Handlung seines Verrichtungsgehilfen nach *§ 831 I 1*. Ebenfalls eine Haftung für vermutetes Verschulden liegt im Fall des § 823 II 2 vor, wenn das Schutzgesetz kein eigenes Verschulden erfordert. Zwar ergibt sich dies aus der Formulierung der Norm nicht direkt. Für den Fall, dass die Schutzgesetzverletzung gegeben ist, entspricht es aber h.M., dass der Schädiger Umstände vortragen und ggfs. beweisen muss, die geeignet sind, die daraus folgende Annahme des Verschuldens auszuräumen.[5] 211

Im BGB findet sich eine Haftung für vermutetes Verschulden mit der Möglichkeit der Exkulpation in folgenden Tatbeständen:

⇨ § 832
Haftung des Aufsichtspflichtigen

⇨ §§ 833
Tierhalterhaftung bei Nutztieren

⇨ § 834
Haftung des Tieraufsehers

⇨ §§ 836 - 838
Haftung des Grundstücksbesitzers, des Gebäudebesitzers bzw. des Gebäudeunterhaltspflichtigen

außerhalb des BGB

Außerhalb des BGB finden sich folgende Tatbestände der Haftung für vermutetes Verschulden:

⇨ § 18 StVG
Haftung des Fahrers

⇨ §§ 44 f. LuftVG 212
Haftung des Luftfrachtführers

2. Gefährdungshaftung

Gefährdungshaftung

Die Gefährdungshaftung ist im Wesentlichen außerhalb des BGB geregelt.[6] 213

im BGB

Im BGB finden sich folgende Tatbestände der Gefährdungshaftung:

⇨ § 231
Haftung bei irrtümlicher Selbsthilfe

⇨ § 701
Haftung des Gastwirtes

⇨ § 833 S.1
Tierhalterhaftung bei Luxustieren

⇨ § 904 S.2

5 Palandt, § 823, Rn. 81. m.w.N.; insbesondere zur Rechtsprechung des BGH.

6 Vgl. Palandt, § 276, Rn. 136; Medicus, Rn. 604.

außerhalb des BGB

Außerhalb des BGB finden sich zahlreiche Tatbestände der Gefährdungshaftung in Sondergesetzen:

⇨ § 1 ProdHaftG
Produkthaftung

⇨ § 7 I StVG
Halterhaftung

⇨ § 7 III 1, 1.HS. StVG
Haftung des „Schwarzfahrers"

⇨ § 1 HaftPflG
Haftung für Personen-/Sachschäden bei Betrieb einer Eisenbahn

⇨ § 2 HaftPflG
Haftung bei Elektrizität, Dampf, Gasen oder Flüssigkeiten

⇨ §§ 33 I, II 1, 3; 54 f. LuftVG
Haftung des Halters eines Luftfahrzeuges

⇨ §§ 25 f. AtomG
Haftung des Betreibers einer Atomanlage

⇨ § 89 WHG
Haftung bei Gewässerverunreinigungen

⇨ § 84 AMG
Produzentenhaftung bei Arzneimitteln

⇨ §§ 32- 37 GenTG
Haftung für gentechnisch veränderte Organismen

⇨ § 1 UmweltHaftG

hemmer-Methode: Klausurrelevant sind dabei hauptsächlich § 7 I StVG und § 1 ProdHaftG. Die Prüfung anderer Gefährdungshaftungstatbestände erschließt sich regelmäßig aus dem Gesetzestext und der Kenntnis der oben dargelegten Systematik. *214*

B. Die deliktische Haftung aus vermutetem Verschulden

hemmer-Methode: Die nachfolgend erläuterten Tatbestände mögen Ihnen auf den ersten Blick exotisch und nicht übermäßig klausurrelevant erscheinen. Gleichwohl tauchen z.B. § 833 und die §§ 836 ff. immer wieder in Examensklausuren auf. Detaillierte Einzelkenntnisse werden von Ihnen dabei aber kaum verlangt. Wichtig ist die genaue Arbeit mit dem Gesetzestext! *215*

I. Haftung des Aufsichtspflichtigen, § 832

1. Übersicht über Tatbestand und Rechtsfolge

§ 832

Der Tatbestand des *§ 832 I 1* hat als Voraussetzungen *216*

Voraussetzungen

„Wer kraft Gesetzes zur Führung der Aufsicht über eine Person verpflichtet ist, die wegen Minderjährigkeit oder wegen ihres geistigen oder körperlichen Zustandes der Beaufsichtigung bedarf" und „diese Person einem Dritten widerrechtlich" einen Schaden zugefügt hat, und als Rechtsfolge

„ist zum Ersatze des Schadens verpflichtet“.

§ 832 I 2

Nach *§ 832 I 2* tritt die Haftung des Aufsichtspflichtigen nicht ein (Exkulpation),

„wenn er seiner Aufsichtspflicht genügt oder wenn der Schaden auch bei gehöriger Aufsichtsführung entstanden sein würde“.

§ 832 II

§ 832 II erweitert die Haftung des § 832 I auf denjenigen,

„welcher die Führung der Aufsicht durch Vertrag übernimmt“.

Daraus ergibt sich für § 832 I folgendes Aufbauschema:

Aufbauschema für *§ 832 I*

1. Vorliegen einer Aufsichtspflicht
2. tatbestandsmäßige, rechtswidrige Handlung i.S.d. §§ 823 ff. durch den zu Beaufsichtigenden
3. keine Exkulpation nach § 832 I 2

2. Voraussetzungen

a) Aufsichtspflicht

Aufsichtspflicht insbes. bei Mj., sonst Einzelfall

Minderjährige bedürfen als solche wegen ihrer Minderjährigkeit der Aufsicht, ohne dass es auf die Gegebenheiten des Einzelfalls ankommt.[7] Allerdings spielen das Alter, das persönliche Verhalten und weitere Umstände, insb. die Voraussehbarkeit des schädigenden Verhaltens und die Lebensverhältnisse des Aufsichtspflichtigen bei dem Umfang der Aufsichtspflicht eine Rolle.[8] Einer Aufsicht können im Einzelfall auch Personen *wegen ihres geistigen oder körperlichen Zustandes* bedürfen, so z.B. Kranke oder Behinderte wie Geistesgestörte, Epileptiker oder Blinde.[9] Hier sind die jeweiligen Umstände des Einzelfalles entscheidend. **217**

Aufsichtspflicht kraft Gesetz

§ 832 I 1 betrifft die Fälle der Aufsichtspflicht *kraft Gesetzes*.[10] Eine solche besteht insb. bei den *Inhabern des Personensorgerechtes* gegenüber dem minderjährigen Kind, nämlich bei den Eltern (§§ 1626 ff., 1671 ff.), bei der nichtehelichen Mutter bzw. Vormund/Betreuer/Pfleger (§§ 1793, 1797, 1800; 1896, 1901; 1909 f., 1915). **218**

Auch *Lehrer an öffentlichen Schulen* haben eine Aufsichtspflicht, jedoch bestimmt sich ihre Haftung nicht nach § 832, sondern nach § 839.[11]

7 Vgl. Palandt, § 832, Rn. 4; BGH,, NJW 1976, 1145 = **juris**byhemmer (Wenn dieses Logo hinter einer Fundstelle abgedruckt wird, finden Sie die Entscheidung online unter „juris by hemmer“: www.hemmer.de).

8 Vgl. Palandt, § 832, Rn. 4.

9 Vgl. Palandt, § 832, Rn. 4.

10 Vgl. Palandt, § 832, Rn. 5.

11 Vgl. Palandt, § 832, Rn. 3.

u. aus Vertrag; nicht aber bei bloßer Übernahme

Daneben kann gemäß § 832 II die Aufsichtspflicht auch *kraft Vertrages*[12] übernommen worden sein. 219

Die bloß tatsächliche Übernahme der Aufsichtspflicht genügt jedoch noch nicht (z.B. Beaufsichtigung fremder Kinder, die mit den eigenen zusammen in der Wohnung spielen, oder Beaufsichtigung durch einen Familienangehörigen).

Gleichgültig ist es aber, ob die Aufsichtspflicht entgeltlich oder unentgeltlich, vorübergehend oder länger andauernd übernommen worden ist. Auch ist es nicht erforderlich, dass der Vertrag mit dem Aufsichtspflichtigen oder Aufsichtsbedürftigen selbst geschlossen wurde, auch ein Abschluss mit einem Dritten genügt.

> ***Bspe.:***[13] *Ärzte und Pfleger in einer offenen psychiatrischen Klinik;*[14] *Kindermädchen; Inhaber einer Schülerpension; Krankenhaus;*[15] *staatliches Heim für schwer erziehbare Jugendliche.*[16]

Gesamtschuldner bei gesetzl. u. vertragl. Aufsichtspfl.

Die Aufsichtspflichtigen kraft Vertrages haften neben den Aufsichtspflichtigen kraft Gesetz als *Gesamtschuldner* i.S.d. § 840.[17] 220

bzgl. Inhalt Einzelfall entscheidend

Das Maß und der Inhalt der gebotenen Aufsichtspflicht bestimmen sich nach dem Alter, der Eigenart und dem Charakter der zu beaufsichtigenden Person, nach der Vorhersehbarkeit des schädigenden Verhaltens sowie danach, was der Aufsichtsperson in ihren jeweiligen Verhältnissen zugemutet werden kann, wobei die Überwachung umso intensiver sein muss, je geringer der Erziehungserfolg ist.[18] Eine Einzelfallbetrachtung ist geboten. Die notwendigen Maßnahmen sind unterschiedlich nach Art der Gefahr und der zu beaufsichtigenden Person.

Aufsichtspflicht „auf Schritt und Tritt“

Nach der Rechtsprechung des BGH kann bei einem normal entwickelten Kleinkind – je nach Sachlage –eine regelmäßige Kontrolle, etwa in halbstündigen Abständen, erforderlich sein.

Grundsätzlich muss aber Kindern im Alter ab acht Jahren – wenn sie normal entwickelt sind – das Spielen im Freien ohne Aufsicht auch in einem räumlichen Bereich gestattet sein,[19] der dem Aufsichtspflichtigen ein sofortiges Eingreifen nicht ermöglicht.

verminderte Einsichtsfähigkeit des Kindes

Dieser Maßstab findet aber keine Anwendung auf Kinder, bei denen davon auszugehen ist, dass sie sich den Belehrungen der Aufsichtspflichtigen verschließen, die Erfahrungen des Lebens mit seinen Gefahren nicht in sich aufnehmen, und ihr Verhalten nicht altersentsprechend ausrichten. Bei einer solchen erheblich verminderten Einsichtsfähigkeit des Kindes erfordert der Schutz Dritter eine besondere Überwachung, insbesondere dann, wenn die Neigung des Kindes zu besonders gefährlichen Streichen oder beispielsweise zum Zündeln bekannt geworden ist.

In solchen Fällen kann ausnahmsweise eine Aufsicht „auf Schritt und Tritt“ erforderlich sein.[20]

---

12 Vgl. Palandt, § 832, Rn. 6.

13 Vgl. Palandt, § 832, Rn. 6.

14 Vgl. BGH, NJW 1985, 677 = **juris**byhemmer.

15 Vgl. BGH, FamRZ 1976, 210.

16 Vgl. OLG Hamburg, NJW-RR 1988, 709.

17 Vgl. Palandt, § 832, Rn. 6.

18 Vgl. Palandt, § 832, Rn. 9 f. mit weitergehenden Ausführungen.

19 BGH, NJW 2012, 2425 = **juris**byhemmer.

20 Vgl. BGH, NJW 1997, 2047 = **juris**byhemmer.

Bspe.:[21]

- *Gefährliche Spiele wie etwa Pfeil und Bogen sind zu verbieten und das Verbot auch zu überwachen;*
- *Eltern müssen sich überzeugen, dass das Kind im Umgang mit einem gefährlichen Spielzeug dieses auch technisch und emotional beherrscht; ein Feuerzeug, das man auf dem Tisch liegen lässt, darf nicht von einem 4-jährigen unbeaufsichtigten Jungen zum Spielen gefunden werden.*
- *Ein Kind bis 8 Jahre darf nicht ohne eine Aufsicht mit der Möglichkeit sofortigen Einschreitens mit dem Fahrrad am Straßenverkehr teilnehmen;*[22]
- *eine bloße „Milieuschädigung" eines Minderjährigen reicht jedoch nicht aus, um eine „Aufsichtspflicht auf Schritt und Tritt" zu begründen. Hierfür bedarf es vielmehr konkreter Feststellungen, die die Annahme rechtfertigen, dass als Folge besonderer Aggressionsbereitschaft oder sonstiger Verhaltensstörungen des Minderjährigen stets mit gefährlichen Streichen zu rechnen ist.*[23]

b) Unerlaubte Handlung

unerlaubte Handlung; Verschulden nicht notw.

Die zu beaufsichtigende Person muss eine tatbestandsmäßige und rechtswidrige unerlaubte Handlung i.S.d. §§ 823 ff. begangen haben. Ein Verschulden ist nicht erforderlich, so dass es auf die Deliktsunfähigkeit des Beaufsichtigten nicht ankommt.[24] 221

hemmer-Methode: Das häufig anzutreffende Schild „Eltern haften für ihre Kinder" ist im Prinzip unzutreffend. Die Eltern haften nämlich genau genommen weder für die Tat, noch für das Verschulden ihrer Kinder, sondern für ihr eigenes, vermutetes Verschulden nach § 832. Schädigt das Kind die eigenen Eltern, kann der Anspruch gem. § 254 I BGB gekürzt werden, wenn die Eltern ihre Aufsichtspflicht nicht beachtet haben. Allerdings muss das Mitverschulden dann nachgewiesen werden. Die Verschuldensvermutung des § 832 BGB gilt aber im Rahmen des § 254 I BGB nicht![25]

Verlangt die unerlaubte Handlung bereits im Tatbestand ein Verschulden (z.B. § 826) oder darüber hinausgehende subjektive Erfordernisse (z.B. § 823 II i.V.m. § 263 StGB), so muss jedoch auch dies vorliegen.

c) Exkulpation nach § 832 I 2

doppelte Vermutung

Wie auch § 831 I 2 stellt § 832 I 2 eine doppelte Vermutung auf. Vermutet wird: 222

1. die schuldhafte Verletzung der Aufsichtspflicht, § 832 I 2, 1.Alt.

   (⇨ *Verschuldensvermutung*),

2. die Ursächlichkeit der Aufsichtspflichtverletzung für den entstandenen Schaden, § 832 I 2, 2.Alt.

   (⇨ *Kausalitätsvermutung*).

Exkulpation mögl.

Auch hier ist somit die Exkulpation in zwei Richtungen möglich. Es gelten daher die Ausführungen zu § 831 I 2 entsprechend.[26]

21 Vgl. dazu Palandt, Rn. 333 ff.

22 Vgl. BGH, NJW 1997, 1788.

23 Vgl. BGH, NJW 1997, 2047 = **juris**byhemmer.

24 Vgl. Palandt, § 832, Rn. 7.

25 BGH, **Life&Law 08/2012, 553 ff.**

26 Hemmer/Wüst, Deliktsrecht I, Rn. 190 ff.; vgl. auch Palandt, § 832, Rn. 8 f.

II. Haftung des Tierhalters bei Nutztieren, § 833 S.1 i.V.m. S.2

2 Haftungstatbestände

§ 833 enthält zwei verschiedene Haftungstatbestände. 223

Nach § 833 S.1 haftet der Tierhalter eines *Luxustieres* aus *Gefährdungshaftung*.[27]

Nach § 833 S.1 i.V.m. S.2 haftet der Tierhalter eines *Nutztieres* dagegen nur aus *vermutetem Verschulden* mit der Möglichkeit der *Exkulpation*. Da es sich bei § 833 S.1 i.V.m. S.2 um eine *Verschuldenshaftung* handelt, kommt es hier auf die Deliktsfähigkeit des Haftenden an.

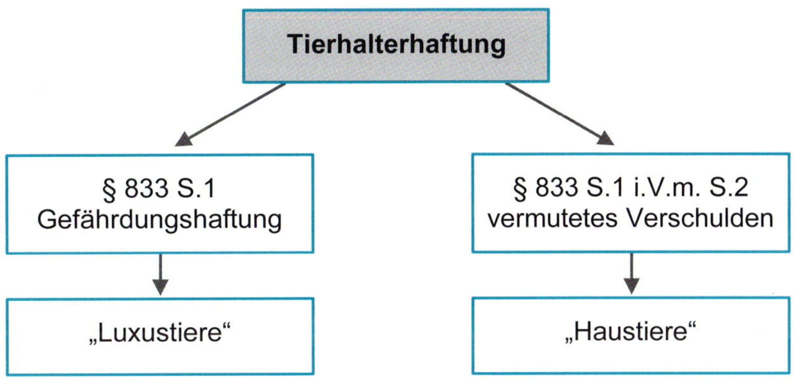

1. Übersicht über Tatbestand und Rechtsfolge

§ 833 S.1, 2

Voraussetzungen

Der Tatbestand des *§ 833 S.1 i.V.m. S.2* hat als Voraussetzungen 224

> „Wird durch ein Tier ein Mensch getötet oder der Körper oder die Gesundheit eines Menschen verletzt oder eine Sache beschädigt, so ist derjenige, welcher das Tier hält,"

und als Rechtsfolge

> „verpflichtet, dem Verletzten den daraus entstehenden Schaden zu ersetzen."

Nach *§ 833 S.2* tritt die Ersatzpflicht nicht ein (Exkulpation),

> „wenn der Schaden durch ein Haustier verursacht wird, das dem Berufe, der Erwerbstätigkeit oder dem Unterhalte des Tierhalters zu dienen bestimmt ist, und entweder der Tierhalter bei der Beaufsichtigung des Tieres die im Verkehr erforderliche Sorgfalt beobachtet oder der Schaden auch bei Anwendung dieser Sorgfalt entstanden sein würde."

Daraus ergibt sich folgendes Aufbauschema:

Aufbauschema für § 833 S.1 i.V.m. S.2

1. Verletzung von Körper/Gesundheit, Leben oder Eigentum
2. durch ein Tier
3. Nutztier
4. Anspruchsgegner: Tierhalter
5. keine Exkulpation gemäß § 833 S.2

27 S.u. Rn. 260b.

2. Voraussetzungen des Anspruchs aus § 833 S.1 i.V.m. S.2

Der Anspruch gegen den Tierhalter aus § 833 S.2 i.V.m. S.1 besteht, wenn durch ein Nutztier ein Personen- oder Sachschaden entstanden ist, sich der Tierhalter nicht exkulpieren kann und kein Haftungsausschluss erfolgt ist. 225

a) Personen- oder Sachschaden

Schaden

Es muss durch das Verhalten eines Tieres eine Verletzung von Körper/Gesundheit oder Leben eines Menschen oder eine Verletzung von Eigentum verursacht worden sein. 226

b) Durch ein Tier

durch ein Tier

Der Schaden muss durch ein Tier verursacht worden sein. 227

Tier = grds. alle Tiere
Ausn.: niederste Ordnung

Unter den Begriff des Tieres fallen alle Tiere, gleichgültig, ob gezähmt, wild oder bösartig. Dieses Tatbestandsmerkmal ist aber insbesondere bei der Gefährdungshaftung problematisch. Bei der Haftung nach § 833 S.1 i.V.m. S.2 wird meist unproblematisch angenommen werden können, dass überhaupt ein Tier vorliegt, es kommt deshalb vielmehr auf die Qualifikation des Tieres als *Nutztier* an. 228

Mitverursachung ausr.;
auch bei Ausweichen

Das Erfordernis „durch ein Tier" bezeichnet zusätzlich das übliche Haftungserfordernis der äquivalenten und adäquaten Kausalität.

Ausreichend ist insoweit auch ein nur mittelbar ursächlicher Zusammenhang. Auch braucht das Verhalten des Tieres nicht Alleinursache gewesen zu sein, Mitverursachung genügt.[28] Ausreichend ist sogar die Verursachung bloß psychischer Wirkungen durch das Verhalten des Tieres, z.B. wenn eine Person aus Angst vor einem großen Hund, der schwanzwedelnd auf sie zukommt, zurückweicht und dabei stürzt.[29]

Tiergefahr (-)
wenn nur Werkzeug

Keine spezifische Tiergefahr liegt dagegen vor, wenn ein Tier *vollständig unter der Willensführung eines Menschen* steht, so dass dadurch die tierische Unberechenbarkeit ausgeschaltet ist und für die Entfaltung eigener tierischer Aktivität kein Raum mehr ist.[30] Hier ist das Tier nur Werkzeug in der Hand des Menschen. Der Schaden wurde nur durch die falsche, bzw. unvorsichtige Benutzung dieses „Werkzeugs" verursacht.[31] 229

> ***Bspe.:*** *Hetzen eines Hundes auf einen Menschen; falsches Lenken einer Kutsche.*

willkürliche Bewegungen

Etwas anderes gilt jedoch, wenn sich das Tier, z.B. ein Pferd, zwar unter der Leitung eines Menschen befindet, aber dennoch z.B. durch Schlagen, Beißen, Seitensprünge oder Hochsteigen einen Schaden verursacht,[32] d.h. sich nicht so verhält, wie der führende Mensch dies beabsichtigt. Dabei muss das tierische Verhalten auch nicht die einzige Ursache für die Schädigung sein; es genügt vielmehr, wenn das Verhalten des Tieres für die Entstehung des Schadens adäquat mitursächlich geworden ist.[33]

28 Vgl. Palandt, § 833, Rn. 6.; BGH, Life & Law 2015, 406 ff.

29 Vgl. Palandt, § 833, Rn. 6; OLG Nürnberg, NJW-RR 1991, 741 = jurisbyhemmer.

30 Vgl. BGH, NJW 1952, 1329 = jurisbyhemmer.

31 Vgl. RGZ 50, 181.

32 Vgl. Palandt, § 833, Rn. 7; BGH, VersR 1966, 1073 (1074) = jurisbyhemmer.

33 BGH, NJW-RR 1996, 813 ff.

(-) wenn nur mechanisches Hindernis

Ebenfalls realisiert sich keine spezifische Tiergefahr, wenn das Tier nur als *mechanisch wirkendes Hindernis* für den Schaden ursächlich geworden ist. 230

Bspe.: *Radfahrer stürzt über einen schlafenden Hund; Pferd stürzt bei Glatteis; Zug entgleist beim Überfahren von Kühen; Kuh fällt beim Kalben um.*

Auch bei Vorliegen eines *natürlichen Verhaltens* des Tieres wird von der *Rspr.*[34] keine spezifische Tiergefahr angenommen.

Bspe.: *ungewolltes Decken einer Rassehündin; Anstecken eines anderen Pferdes durch Beschnuppern seitens eines kranken Pferdes.*

c) Nutztier

nur bei Nutztier Exkulpation möglich

Nach § 833 S.2 kann sich der Tierhalter nur exkulpieren, wenn es sich um ein Haustier handelt, das dem Beruf, der Erwerbstätigkeit oder dem Unterhalt des Tierhalters zu dienen bestimmt ist. Nach den allgemeinen Grundsätzen trifft ihn die Darlegungs- und Beweislast für die Nutztiereigenschaft.[35] 231

Haustier
⇨ keine gezähmten Wildtiere

Haustiere sind nur zahme Tiere,[36] die vom Menschen in seiner Wirtschaft zu seinem Nutzen gezogen und gehalten werden und über die der Tierhalter die tatsächliche Verfügungsgewalt[37] hat. Letztere fehlt z.B. bei Bienen. Keine Haustiere sind auch gezähmte Wildtiere, wie z.B. ein Reh.[38]

hemmer-Methode: Auch hier kann eine Falle in der Klausur versteckt sein. Wildtiere wie z. B. Hirsche sind auch dann keine Haustiere, wenn sie in Gehegen gehalten werden. Für die Schäden haftet der Tierhalter aus Gefährdung! 232

zu Beruf bzw. Unterhalt bestimmtes Tier

Das Tier muss dem Beruf, der Erwerbstätigkeit oder dem Unterhalt des Tierhalters zu dienen bestimmt sein. Grund für diese Einschränkung ist die Entlastung der genannten Tierhalterkreise von der strengen Gefährdungshaftung („Privilegierung von Nutztieren").

⇨ überwiegende Zweckbestimmung maßgebl.

Dient ein Tier gleichzeitig der Berufs- bzw. Erwerbstätigkeit und Liebhaberzwecken, so ist nach h.M.[39] nicht die konkrete Art der Nutzung im Zeitpunkt des schadenstiftenden Ereignisses, sondern die überwiegende Zweckbestimmung ausschlaggebend.[40] Wird ein Pferd überwiegend in der Landwirtschaft als Zugpferd verwendet und nimmt der Tierhalter nur gelegentlich an Reitturnieren teil, so handelt es sich um ein Nutztier.

Bspe.:[41] *Jagdhund eines Försters; Polizeihund; Wachhund einer Wach- und Schließgesellschaft; Blindenhund, sofern zur Ausübung einer Erwerbstätigkeit nötig; Milchkuh; Schlachtvieh; Zuchthengst;*

nicht: Wachhund bei Privathaus; Jagdhund eines Hobbyjägers; Rennpferd.

---

34 Vgl. RGZ 80, 237 (240); 141, 406; LG Köln, MDR 1960, 924.

35 BGH, NJW-RR 2005, 1183 ff. = **juris**byhemmer.

36 Vgl. RGZ 79, 248.

37 Vgl. RGZ 158, 388.

38 Vgl. zum Ganzen Palandt, § 833, Rn. 16 mit zahlreichen Beispielen.

39 Vgl. Palandt, § 833, Rn. 17; BGH, DB 1971, 333.

40 BGH, NJW-RR 2005, 1183 ff = **juris**byhemmer.

41 Vgl. Palandt, § 833, Rn. 17-19 mit zahlreichen Beispielen.

d) Tierhalter

Tierhalter
⇨ faktisches Verhältnis maßgeblich

Tierhalter ist, wer mit der Absicht einer gewissen Dauer in eigenem Interesse und aufgrund einer tatsächlichen Herrschaftsbeziehung durch Gewährung von Obdach und Unterhalt die Sorge für ein Tier übernommen hat.[42] Es handelt sich also um ein durch rein tatsächliche Merkmale bestimmtes faktisches Verhältnis, für das Eigentum oder Eigenbesitz nicht erforderlich oder ausreichend sind. *233*

> **Bsp.:** *Bekommt ein Kind einen Hund zum Geburtstag geschenkt, übernehmen die Eltern aber die Kosten für Unterhalt und Pflege, so sind die Eltern und nicht das Kind Tierhalter.*

auch bei Miete/Leihe mögl.

Wird ein Tier vermietet oder entliehen, so verliert der Vermieter bzw. Entleiher die Haltereigenschaft nur, wenn das Tier für die Dauer der Überlassung völlig aus seinem Herrschaftsbereich ausscheidet.[43] *234*

nicht bei bloßer Pflege

Übergibt ein Tierhalter sein Tier während der Urlaubszeit einer Tierpension oder einem Bekannten zur Pflege, so werden diese nicht Tierhalter, da sie die Herrschaft über das Tier nicht im eigenen Interesse ausüben.[44]

entlaufenes Tier
⇨ Behalten beabsichtigt

Entläuft ein Tier, so endet die Tierhaltereigenschaft erst dann, wenn es als endgültig ausgeschlossen angesehen werden muss, dass das Tier zurückkehrt oder zurückgebracht wird.[45] Andererseits ist der Finder eines Tieres solange kein Tierhalter, wie er beabsichtigt, das Tier zurückzugeben. Entschließt er sich, das Tier zu behalten, wird er jedoch Tierhalter.[46]

Geschäftsfähigkeit grds. nicht notw.

Tierhalter kann auch ein Minderjähriger sein, wenn er selbst für Unterhalt und Pflege des Tieres aufkommt. Da es, wie bereits gesagt, nur auf das rein tatsächliche Verhältnis zwischen Halter und Tier ankommt, bedarf es zur Begründung der Tierhaltereigenschaft grds. nicht der Geschäftsfähigkeit der betreffenden Person.[47] *235*

hemmer-Methode: Besonders i.R.d. Gefährdungshaftung nach § 833 S.1 ist problematisch, ob für die Haltereigenschaft Delikts- oder Geschäftsfähigkeit vorausgesetzt werden muss (vgl. Rn. 260d ff.). Grund für den Streit ist, dass es i.R.d. Gefährdungshaftung nicht auf ein Verschulden und damit eigentlich auch nicht auf eine Verschuldensfähigkeit ankommt. I.R.d. § 833 S.2 sollte dieser Streit jedoch allenfalls andiskutiert werden, da hier fraglos ein Verschulden - und damit eben auch die Verschuldensfähigkeit (§§ 828, 829) - notwendig ist. Insoweit kommt es auch nicht zu unbilligen Ergebnissen bei Minderjährigen.

e) Exkulpation nach § 833 S.2

doppelte Vermutung

Auch § 833 S.2 stellt eine doppelte Vermutung auf: *236*

1. schuldhafte Verletzung der Aufsicht, § 833 S.2, 1.Alt.

   (⇨ *Verschuldensvermutung*),

---

42 Vgl. RGZ 62, 79 (81).

43 Vgl. BGH, NJW 1971, 509 = **juris**byhemmer; BGH, NJW 1977, 2158 = **juris**byhemmer; Palandt, § 833, Rn. 10.

44 Vgl. Larenz, II § 77 II.

45 Vgl. BGH, NJW 1965, 2397.

46 Vgl. OLG Nürnberg, MDR 1978, 757 = **juris**byhemmer; LG Düsseldorf, VersR 1968, 99 = **juris**byhemmer; Palandt, § 833, Rn. 10.

47 Vgl. Palandt, § 833, Rn. 10.

2. Ursächlichkeit der Aufsichtsverletzung für den eingetretenen Schaden, § 833 S.2, 2.Alt.

(⇨ *Kausalitätsvermutung*).

Auch hier kann sich der Tierhalter für beide Vermutungen durch den entsprechenden Nachweis entlasten. Dabei werden an den Beweis, dass der Tierhalter die im Verkehr erforderliche Sorgfalt beobachtet hat, strenge Anforderungen gestellt.[48]

Das Maß der von dem Tierhalter zu beobachtenden Sorgfalt hängt von der Gattung und den besonderen Eigenschaften des Tieres, die er kennt oder kennen muss, ab. Ist ein Hund bekanntermaßen aggressiv und bissig, sind die Sorgfaltsanforderungen bei seiner Beaufsichtigung in erheblichem Maß erhöht.[49]

hemmer-Methode: Beachten Sie nochmals die Systematik des § 833. Die Exkulpation ist nur bei Haustieren möglich, für Luxustiere und Wildtiere haftet der Halter aus Gefährdung.[50] 237

Die Verschuldensvermutung kann nur bei Deliktsfähigkeit des Tierhalters begründet werden (§§ 828 f.).[51] Fehlt es an dieser, so ist gar keine Exkulpation notwendig.

bei Tierhüter daneben auch Halterhaftung mögl.

Hat der Halter einen Tierhüter eingestellt, so haften der Halter aus § 833 und § 831 sowie der Tierhüter aus § 834 nebeneinander, sofern die Voraussetzungen der einzelnen Tatbestände gegeben sind.

f) Haftungsbeschränkungen

Haftungsausschluss nur bei selbständiger Tätigkeit mögl.

Die Haftung des Tierhalters kann durch Vertrag ausdrücklich oder stillschweigend ausgeschlossen sein.[52] So gilt die Tierhalterhaftung als stillschweigend ausgeschlossen, wenn der Geschädigte aufgrund eines Werk- oder Dienstvertrages mit einer Tiergefahr verbundene Arbeitsleistungen übernommen und dabei die ausschließliche Herrschaftsgewalt über das Tier erlangt hat (z.B.: Dompteur, Pferdetrainer). Dies gilt jedoch nicht bei unselbständigen Tätigkeiten (z.B. Kutscher, Stallknecht)[53] oder selbständigen Tätigkeiten ohne Erlangung der Verfügungsgewalt (z.B. Tierarzt, Hufschmied).[54] 238

Handeln auf eigene Gefahr ⇨ § 254

Ein Haftungsausschluss oder eine Haftungsbeschränkung nach § 254 ergibt sich auch aus dem Gesichtspunkt des „Handelns auf eigene Gefahr".

***Bsp.:** Als der Eigentümer eines Dressurpferdes mit einer bestimmten Übung bei seinem Pferd keinen Erfolg hat, bittet der anwesende Turnierreiter, der das Pferd früher drei Monate lang zugeritten hat, es ihn einmal versuchen zu lassen. Schon beim Aufsitzen wirft das Pferd den Kopf zurück, trifft den Kopf des Turnierreiters, steigt hoch und wirft den Reiter schließlich ab. Der Turnierreiter erleidet erhebliche Verletzungen.*

Hier war sich der Turnierreiter bewusst, dass er sich der besonderen Tiergefahr aussetzt, weil er die Probleme mit dem Pferd beobachtet hatte. Der BGH[55] hat daher eine Haftung des Eigentümers aus § 833 unter dem Gesichtspunkt des Handelns auf eigene Gefahr i.R.d. § 254 abgelehnt.

48 Vgl. dazu Palandt, § 833, Rn. 15.

49 BGH, NJW-RR 2005, 1183 ff. = **juris**byhemmer.

50 Dazu u. Rn. 260b.

51 Dazu ausführlich Hemmer/Wüst, Deliktsrecht I, Rn. 94.

52 Vgl. Palandt, § 833, Rn. 11.

53 Vgl. RGZ 50, 244.

54 Vgl. RG, JW 1912, 797; BGH, NJW 1968, 1932 = **juris**byhemmer.

55 Vgl. BGH, NJW 1974, 235 Dressurreiterfall.

hemmer-Methode: Bei der Tierhalterhaftung nach § 833 lohnt es sich wegen der umfangreichen Kasuistik die Kommentierung im Palandt einmal im Zusammenhang durchzulesen. Die Tierhalterhaftung ist nämlich durchaus examensrelevant.[56]

III. Haftung des Tieraufsehers, § 834

1. Übersicht über Tatbestand und Rechtsfolge

§ 834

Der Tatbestand des *§ 834 S.1* hat als Voraussetzungen 239

Voraussetzungen

> „Wer für denjenigen, welcher ein Tier hält, die Führung der Aufsicht über das Tier durch Vertrag übernimmt" und „das Tier einem Dritten (einen Schaden) in der im § 833 bezeichneten Weise zufügt",

und als Rechtsfolge

> „ist für den Schaden verantwortlich".

§ 834 S.2

Nach *§ 834 S.2* tritt die Ersatzpflicht nicht ein (Exkulpation),

> „wenn er bei der Führung der Aufsicht die im Verkehr erforderliche Sorgfalt beobachtet oder wenn der Schaden auch bei Anwendung dieser Sorgfalt entstanden sein würde."

Daraus ergibt sich folgendes Aufbauschema:

Aufbauschema

Aufbauschema für § 834

1. Verletzung von Körper/Gesundheit, Leben oder Eigentum durch ein Tier i.S.d. § 833 S.1
2. Tieraufseher kraft Vertrag
3. keine Exkulpation gemäß § 834 S.2

2. Voraussetzungen

a) Verletzung durch ein Tier

Verletzung durch Tier

Es muss ein Schaden durch ein Tier in der in § 833 S.1 bezeichneten Weise entstanden sein. Insoweit kann auf die obigen Ausführungen verwiesen werden.[57] 240

b) Tieraufseher

Tieraufseher, auch stillschweigender Vertrag mögl.

Die Übernahme der Aufsicht durch *Vertrag* kann auch stillschweigend geschehen. Die gesetzliche Aufsichtspflicht oder eine bloß tatsächliche Beaufsichtigung, z.B. durch Familienangehörige, genügt jedoch nicht. Der Vertrag kann auch mit einer anderen Person als dem Tierhalter abgeschlossen sein.[58] 241

> ***Bspe.:** Übergabe zur Verwahrung; Übergabe zum Zureiten.*

56 Vgl. z.B. die Termine 1995/I und 1992/I in Bayern; zu Letzterem auch Braun, JuS 1992, 758.

57 S.o. Rn. 228 f.

58 RGZ 168, 333; vgl. zum Ganzen Palandt, § 834, Rn. 2.

Fraglich ist allerdings, ob § 834 S.1 einen wirksamen Vertrag voraussetzt.

nach h.M. wirksamer Vertrag erforderlich

Bsp.:[59] *Der 14-jährige M führt den Schäferhund des G gegen Bezahlung von 5 EUR aus, ohne dass die Eltern des M dies wissen. M lässt eines Tages entgegen der ausdrücklichen Anweisung des G den Hund von der Leine. Dieser rennt auf den Dackel des O los und beißt diesen. O verlangt von M die Tierarztkosten in Höhe von 2000 EUR. Zu Recht?*

M müsste für den Tierhalter G die Führung der Aufsicht durch Vertrag übernommen haben. Ein echter Verpflichtungswille in Abgrenzung zur bloßen Gefälligkeit liegt auf beiden Seiten vor, da dieser durch die Bezahlung von jeweils 5 € indiziert wird. Dieser nicht lediglich rechtlich vorteilhafte Vertrag ist aber gem. §§ 107, 108 I schwebend unwirksam, da die Eltern nicht zugestimmt haben und eine nachträgliche Genehmigung nicht vorliegt.

Fraglich ist, ob § 834 S.1 einen wirksamen Vertrag voraussetzt. Teilweise wird dies verneint. Hiergegen spricht jedoch der Schutz des Minderjährigen und die ratio legis des § 834. Denn das mit der Tieraufseherhaftung verbundene Risiko für vermutetes Verschulden zu haften, ist nur dem zuzumuten, der eine vertragliche Verpflichtung übernommen hat.[60]

Es wäre auch generell nicht sachgerecht, denjenigen, der nur rein tatsächlich aufgrund einer Gefälligkeit die Aufsicht übernommen hat, nicht haften zu lassen, wohl aber denjenigen, der einen unwirksamen Vertrag geschlossen hat. Eine Haftung des M scheidet damit aus.[61]

Exkurs: Kann bei Tötung eines Tieres Schmerzensgeld verlangt werden, wenn der Halter des Tieres wegen des Todes einen Schock erleidet?

Nach Ansicht des BGH gehört das Erleiden eines Schocks grundsätzlich zum Allgemeinen Lebensrisiko. Die anerkannte Ausnahme (Tötung bzw. Verletzung naher Angehöriger) ist nach überzeugender Rechtsprechung des BGH nicht auf die Tötung eines Tieres übertragbar.[62]

Aufsichtsführung ⇨ selbständige Gewalt

Aufsichtsführung bedeutet die Übertragung der selbständigen Gewalt und Aufsicht über das Tier. Dies trifft nicht zu bei Bediensteten, die nur auf Anweisung handeln, z.B. Stallbursche, Kutscher, Pferdeknechte, angestellte Reitlehrer.[63]

Beispiele aus der Rspr. für eine Aufsichtsübernahme:[64]

- *Mieter eines Pferdes zum selbständigen Ausritt*[65]
- *Tierpensionsinhaber*[66]
- *Tiertrainer, Tierabrichter*[67]
- *Viehkommissionäre, denen das Vieh zum Verkauf übergeben wurde*[68]
- *Hirten, Transportbegleiter, Viehtreiber*[69]

59 Nach Köhler, JuS 1994, L 53 ff.

60 Vgl. Palandt, § 834, Rn. 2 m.w.N.

61 Tierarztkosten sind wegen § 251 II S.2 nicht bereits dann unverhältnismäßig, wenn sie den Wert des Tieres übersteigen, weil insoweit auch das Affektionsinteresse des Tierhalters geschützt wird, dessen Tier möglicherweise nur einen geringen Marktwert hat, BGH, Life&Law 2016, 87 ff.

62 BGH, **Life&Law 06/2012, 464 f.**

63 Vgl. Palandt, § 834, Rn. 2; OLG Düsseldorf, VersR 1981, 82; RGZ 50, 247.

64 Vgl. Palandt, § 834, Rn. 2.

65 Vgl. BGH, NJW 1987, 949 = **juris**byhemmer.

66 Vgl. OLG Hamm, VersR 1975, 865 = **juris**byhemmer.

67 Vgl. OLG Hamburg, VersR 1965, 1009; OLG Köln, VersR 1976, 197 = **juris**byhemmer.

68 Vgl. OLG München, VersR 1957, 31; OLG München, VersR 1958, 461.

69 Vgl. RGZ 168, 333.

c) Exkulpation nach § 834 S.2

§ 834 S.2, doppelte Vermutung

§ 834 S.2 stellt wiederum eine doppelte Vermutung auf: 242

1. Schuldhafte Verletzung der übernommenen Aufsichtspflicht, § 834 S.2, 1.Alt.

   (⇨ *Verschuldensvermutung*)

2. Ursächlichkeit der Aufsichtspflichtverletzung für den eingetretenen Schaden, § 834 S.2, 2.Alt.

   (⇨ *Kausalitätsvermutung*).

⇨ Exkulpation mögl.

Der Tieraufseher hat wie der Tierhalter die Möglichkeit, sich für beide Vermutungen durch einen entsprechenden Nachweis zu entlasten.

d) Verhältnis § 833 zu § 834

Halter u. Aufseher ggf. Gesamtschuldner, § 840

Tierhalter (§ 833) und *Tieraufseher* (§ 834) haften als *Gesamtschuldner* gemäß § 840 I nebeneinander. Maßgeblich für den Ausgleich untereinander sind die Vertragsverhältnisse, nicht § 840 III. Bei Nutztieren haftet der Tierhalter (neben § 833) nicht für ein Verschulden des Tieraufsehers, sondern für eigenes Verschulden bei der Auswahl oder Überwachung des Tieraufsehers gemäß § 831 I 1. 243

Ist der Tieraufseher selbst der Verletzte, so haftet der Tierhalter nach § 833,[70] doch muss der Tieraufseher seinerseits beweisen, dass er seine vertragliche Aufsichtspflicht gehörig erfüllt hat oder der Schaden auch bei Erfüllung seiner Sorgfaltspflicht entstanden sein würde. Gelingt ihm dieser Nachweis nicht, dann sind die beiderseitigen Haftungsanteile entsprechend § 254 zu bestimmen.[71]

IV. Haftung bei Einsturz eines Gebäudes, § 836

1. Übersicht über Tatbestand und Rechtsfolge

§ 836, Einsturz v. Gebäuden

Der Tatbestand des § 836 I 1 hat als Voraussetzungen 244

Voraussetzungen

> „Wird durch den Einsturz eines Gebäudes oder eines anderen mit einem Grundstücke verbundenen Werkes oder durch die Ablösung von Teilen des Gebäudes oder Werkes ein Mensch getötet, der Körper oder die Gesundheit eines Menschen verletzt oder eine Sache beschädigt, so ist der Besitzer des Grundstücks, sofern der Einsturz oder die Ablösung die Folge fehlerhafter Errichtung oder mangelhafter Unterhaltung ist,“

und als Rechtsfolge

> „verpflichtet, dem Verletzten den daraus entstehenden Schaden zu ersetzen.“

Nach *§ 836 I 2* tritt die Ersatzpflicht nicht ein (Exkulpation),

> „wenn der Besitzer zum Zwecke der Abwendung der Gefahr die im Verkehr erforderliche Sorgfalt beobachtet hat.“

70 BGH, NJW 2014, 2434 ff. = **juris**byhemmer.

71 OLG Hamm, VersR 1975, 865 = **juris**byhemmer; vgl. zum Ganzen Palandt, § 834, Rn. 3.

§ 836 II
⇨ ggf. auch früherer Besitzer

§ 836 II erweitert die Haftung auf den *früheren Besitzer*, sofern der Schadensfall *innerhalb eines Jahres* nach dem Besitzwechsel eintritt. Der frühere Besitzer kann sich durch den Nachweis *exkulpieren*, dass er selbst während seines Besitzes die im Verkehr erforderliche Sorgfalt beobachtet hat oder ein späterer Besitzer durch Beobachtung dieser Sorgfalt die Gefahr hätte abwenden können. 245

Für § 836 I ergibt sich somit folgendes Aufbauschema:

Aufbauschema für § 836 I

1. Verletzung von Leben, Körper/Gesundheit oder Eigentum

2. durch Einsturz oder Ablösung

3. infolge fehlerhafter Errichtung oder mangelhafter Unterhaltung

4. Anspruchsgegner:
- Besitzer = Eigenbesitzer gem. § 836 III
- früherer Besitzer gem. § 836 II

5. keine Exkulpation
- nach § 836 I 2 für Besitzer
- nach § 836 II für früheren Besitzer

2. Voraussetzungen

a) Allgemeines / Regelungsgehalt

besondere VSP

§ 836 stellt einen durch eine besondere Beweislastregelung gekennzeichneten Fall der Haftung wegen einer allgemeinen Verkehrssicherungspflichtverletzung dar.[72] 246

Es handelt sich um einen Anwendungsfall des allgemeinen Satzes, dass jeder für Beschädigungen durch seine Sachen insoweit aufzukommen hat, als diese durch billige Rücksichtnahme auf die Interessen des anderen hätten verhütet werden müssen.[73]

b) Gebäude/Gebäudeteil, mit einem Grundstück verbundenes Werk

Gebäude/Teile
⇨ Verkehrsanschauung

Zu den *Gebäuden* zählen auch unbewohnbare Gebäuderuinen.[74] *Teile eines Gebäudes* sind Sachen, die zur Herstellung in ein Gebäude eingefügt sind oder die in einem so festen baulichen Zusammenhang mit dem Gebäude stehen, dass sich daraus nach der Verkehrsanschauung die Zugehörigkeit zum Bauganzen ergibt.[75] Es ist zwar nicht erforderlich, dass es sich um einen Bestandteil i.S.d. §§ 93 ff. handelt. Jedoch genügt eine bloß mechanische Verbindung des Gegenstandes mit dem Gebäude nicht.[76] Die Sache muss irgendwie aus baulichen Gründen oder zu baulichen Zwecken an dem Gebäude angebracht sein.[77] 247

72 Vgl. BGH, NJW 1985, 1076 = **juris**byhemmer; Palandt, § 836, Rn. 1; die §§ 836-838 regeln die spezielle Verkehrssicherungspflicht gegen die Auswirkungen der Schwerkraft.

73 Vgl. BGHZ 58, 149 = **juris**byhemmer; Palandt, § 836, Rn. 1.

74 Vgl. Palandt, § 836, Rn. 4; BGH, NJW 1961, 1670 = **juris**byhemmer.

75 Vgl. Palandt, § 836, Rn. 4; BGH, VersR 1985, 666 = **juris**byhemmer.

76 Vgl. Palandt, § 836, Rn. 4; RGZ 107, 337.

77 Vgl. Palandt, § 836, Rn. 4; BGH, NJW 1961, 1670 = **juris**byhemmer.

Bspe.:[78] *Teile: Balkon, Dachziegel, Schornstein, Haken für Gardinenstangen, Fahrstuhl, Fensterläden, Torflügel, in die Wand eingelassene Schultafel, Brandmauer, Duschkabine je nach Befestigung, Platte eines Wellblechdaches;*

keine Teile: Wandspiegel sowie sonstige mit dem Gebäude in keiner Weise verbundenen Einrichtungsgegenstände; Eis oder Schnee vom Dach.

verbundenes Werk" bei best. Zweck; Dauer nicht maßgebl.

Ein mit einem Grundstück verbundenes Werk ist jeder einem bestimmten Zweck dienende, nach gewissen Regeln der Kunst oder Erfahrung unter Verbindung mit dem Erdkörper hergestellte Gegenstand, unerheblich, für welche Dauer die Verbindung bestimmt ist.[79]

Bspe.:[80] *Hafendamm, Telegrafenmast, Brücke, Böschung, Staudamm, Baugerüst, in Deich fest eingebaute Schleuse, Öltank, gemeindliche Wasserleitung, Rohrleitung im Erdboden, Turmdrehkran auf Laufschienen, im Boden verankerte Kinderschaukel, Denkmäler, Grabsteine, Brunnen, Terrassen, Jagdhochsitze, Schaubuden, Zelte.*

c) Fehlerhafte Errichtung bzw. mangelhafte Unterhaltung

Fehlerhaft ist ein Bau dann errichtet, wenn er nicht alle Anforderungen dafür erfüllt, Leben und Gesundheit anderer nicht zu gefährden.[81] Hier wird man sich grundsätzlich an den technischen Normen orientieren müssen.

Die mangelhafte Unterhaltung bezieht sich auf die Kontrolle des Gebäudes. **248**

Überprüfung v. baulichem u. technischem Zustand notw.

Zur Unterhaltspflicht gehört die Überprüfung des baulichen und technischen Zustandes, deren Unterlassung für den Einsturz des Gebäudes oder die Ablösung von Gebäudeteilen ursächlich geworden ist und bei deren Vornahme der Schaden typischerweise hätte verhindert werden können.[82] **249**

Der Geschädigte muss nachweisen, dass diese Sorgfaltspflicht verletzt wurde. Dass dies dann schuldhaft erfolgte, wird jedoch vermutet. Zur Exkulpation gem. § 836 I S.2 BGB vgl. unten.

d) Einsturz / Ablösung

Einsturz / Ablösung
⇨ nicht planvolles Abbrechen

Einsturz bedeutet den Zusammenbruch des gesamten Werkes,[83] *Ablösung* hingegen, dass ein Teil in seinem Zusammenhang mit dem Ganzen oder auch nur in seinem eigenen inneren Zusammenhang getrennt oder gelockert wird, das übrige Werk aber unversehrt bleibt.[84] **250**

Das planvolle Abbrechen oder Abreißen eines Gebäudes wird jedoch nicht vom Schutzzweck des § 836 erfasst.[85]

Bspe.:[86] *Herabfallen von Steinen, Stuckverzierungen, Dachziegeln, Fahnenmasten; Bruch eines Abwasserrohres in der Erde.*

---

78 Vgl. Palandt, § 836, Rn. 6 f. mit zahlreichen Nachweisen.

79 So die „anschauliche" Definition des BGH, NJW 1961, 1670 = **juris**byhemmer; Palandt, § 836, Rn. 2.

80 Vgl. Palandt, § 836, Rn. 3 mit weiteren Nachweisen.

81 Vgl. Palandt, § 836, Rn. 8; BGH DRiZ 1962, 422.

82 Vgl. Palandt, § 836, Rn. 8; OLG Hamm und BGH, VersR 1987, 1096.

83 Vgl. Palandt, § 836, Rn. 7.

84 Vgl. Palandt, § 836, Rn. 7; RGZ 133, 1.

85 Vgl. Palandt, § 836, Rn. 7; Palandt, § 836, Rn. 1; BGH, NJW 1979, 309 = **juris**byhemmer; BGH, VersR 1978, 1160 = **juris**byhemmer.

86 Vgl. Palandt, § 836, Rn. 7.

e) Kausalität zwischen fehlerhafter Errichtung und Ablösung

Beweislast: vermutet

Die fehlerhafte Errichtung oder die mangelhafte Unterhaltung müssen kausal für den Einsturz bzw. die Ablösung gewesen sein. Diese Kausalität wird vermutet.[87] 251

bei Naturereignissen i.d.R. Kausalität (-)

Außergewöhnliche Naturereignisse, wie z.B. Bergrutsch, Blitzschlag oder Wolkenbruch, sprechen regelmäßig gegen eine Ursächlichkeit. Bei normalen Witterungseinflüssen, mit deren Einwirkung auf das Bauwerk erfahrungsgemäß, wenn auch selten, gerechnet werden muss, spricht die Ablösung von Teilen gerade für die Mangelhaftigkeit der Anlage bzw. der Unterhaltung.[88]

f) Rechtsgutsverletzung

Geschützt werden die Rechtsgüter, die auch von § 823 I BGB geschützt werden.[89] 252

g) Kausalität zwischen Einsturz /Ablösung und Rechtsgutsverletzung

Beweislast beim Geschädigten

Nicht vermutet wird jedoch die Kausalität zwischen Einsturz und Rechtsgutsverletzung. Die Beweislast trifft insoweit den Geschädigten, dem jedoch der Anscheinsbeweis zugutekommen kann,[90] weil der Sachverhalt nach der Lebenserfahrung auf einen bestimmten Verlauf hinweisen kann. Dementsprechend kann es dann ausreichen, dass der Geschädigte nur den eingetretenen Erfolg beweist, der aber nach der Lebenserfahrung auf eine bestimmte Ursache hinweist. Der Schädiger muss dann seinerseits wenigstens gegenteilige Tatsachen vortragen.[91]

Auch muss der Einsturz nicht die alleinige Ursache für die Rechtsgutsverletzung darstellen,[92] es können z.B. menschliches Verhalten oder die Witterung als Mitursache hinzukommen.

Kausalität bei typ. Gefahrverwirklichung

Die Kausalität liegt vor, wenn die Rechtsgutsverletzung durch die typischen Gefahren des Einsturzes oder der Ablösung verursacht worden ist, also gerade durch die bewegend wirkende Kraft des Einsturzes oder der Ablösung, wenn auch nur durch Vermittlung anderer, dadurch in Bewegung versetzter Massen[93] oder durch Druck infolge Dagegenlehnens.[94] 253

> ***Bspe.:***[95] *Verletzung eines Menschen durch einbrechenden Fußboden, durch Abbrechen eines Mauerecks infolge Dagegenlehnens, durch Absacken eines Gerüstbretts infolge ungenügender Verankerung.*

---

87 Vgl. Palandt, § 836, Rn. 1

88 Vgl. Palandt, § 836, Rn. 8; BGH, NJW 1961, 1670 = **juris**byhemmer.

89 Wegen des Wortlauts umstritten bzgl. Recht am eingerichteten und ausgeübten Gewerbebetrieb, aber wohl herrschende Meinung, Bamberger/Roth, § 836, Rn. 17.

90 Vgl. Palandt, § 836, Rn. 8.

91 Thomas/Putzo, § 286, Rn. 13.

92 Vgl. BGHZ 58, 149 = **juris**byhemmer.

93 Vgl. Palandt, § 836, Rn. 10; BGH, VersR 1983, 588 = **juris**byhemmer.

94 Vgl. Palandt, § 836, Rn. 10; BGH, NJW 1985, 1076 = **juris**byhemmer.

95 Vgl. Palandt, § 836, Rn. 11.

h) Anspruchsgegner

gegenw. u. früherer Eigenbesitzer ggf. Gesamtschuldner

Der Anspruchsgegner ist nicht zwingend der Eigentümer, sondern der *gegenwärtige (§ 836 I) oder frühere (§ 836 II) Eigenbesitzer (§ 836 III)* des Grundstückes, sofern er auch Eigenbesitzer des schädigenden Werkes ist.[96] Der Begriff des Eigenbesitzers ist wie in der Legaldefinition des *§ 872* zu verstehen. Mehrere Eigenbesitzer sowie der gegenwärtige und der frühere Eigenbesitzer haften gemäß § 840 I als *Gesamtschuldner*. Der Ausgleich untereinander erfolgt entsprechend den Vertragsverhältnissen oder nach § 426. Der Eigenbesitzer und ein nach § 823 verantwortlicher Dritter haften ebenfalls als Gesamtschuldner nach § 840 I. Jedoch hat hier der Dritte gemäß § 840 III im Innenverhältnis den Schaden allein zu tragen. 254

i) Exkulpation nach § 836 I 2, II

Exkulpation d. gegenw. Besitzers

Für den *gegenwärtigen Eigenbesitzer* enthält *§ 836 I 2*, auch wenn sein Wortlaut dies nicht ausdrücklich sagt, ebenfalls eine doppelte Vermutung:[97] 255

1. schuldhafte Verletzung der Sorgfaltspflichten bei Errichtung und Unterhaltung

(⇨ *Verschuldensvermutung*),

2. Ursächlichkeit der Pflichtverletzung für die Ablösung von Teilen bzw. den Einsturz

(⇨ *Kausalitätsvermutung*).

hemmer-Methode: Machen Sie sich noch einmal klar, dass die Kausalität bei § 836 BGB an drei Stellen relevant wird. Zwischen Fehlerhafter Errichtung und Ablösung (wird vermutet); zwischen Ablösung und Rechtsgutsverletzung (wird nicht vermutet) und zwischen Rechtsgutsverletzung und Schaden (wie immer: haftungsausfüllende Kausalität)

bei früherem Besitzer erweiterte Exkulpation

Der *frühere Besitzer* kann sich nach *§ 836 II* zudem noch durch den Nachweis entlasten, dass ein späterer Besitzer durch Beobachtung der erforderlichen Sorgfalt die Gefahr hätte abwenden können.

höhere Anforderungen als bei § 831

An die Substantiierungs- und Beweispflicht sind hohe Anforderungen zu stellen.[98] Gegenüber § 831 ist der Entlastungsbeweis insoweit erschwert, als eine sorgfältige Auswahl allein nicht genügt, sondern die Beachtung der zur Abwendung der Gefahr erforderlichen Sorgfalt bewiesen werden muss.[99]

Bei der Betrauung eines zuverlässigen Sachverständigen mit der Errichtung des Gebäudes / Gebäudeteiles ist die Sorgfaltspflicht i.d.R. gewahrt, sofern der Besitzer den gefahrdrohenden Zustand nicht selbst kannte oder kennen musste.[100] Die baupolizeiliche Abnahme genügt jedoch nicht immer für eine Entlastung.[101]

96 Vgl. Palandt, § 836, Rn. 12.

97 Vgl. Palandt, § 836, Rn. 1.

98 Vgl. BGH, VersR 1976, 66 = **juris**byhemmer; Palandt, § 836, Rn. 13.

99 Vgl. Palandt, § 836, Rn. 13 m.w.N.

100 Vgl. BGHZ 1, 105 = **juris**byhemmer.

101 Vgl. BGH, NJW 1956, 506 = **juris**byhemmer.

⇨ regelm. Prüfung notw.

Darüber hinaus trifft den Eigenbesitzer die Pflicht zur ordnungsgemäßen Unterhaltung. Hierzu gehört die regelmäßige Prüfung der Gebäude durch zuverlässige Sachkundige, wobei sich deren Häufigkeit nach den Umständen des Einzelfalles richtet.[102] Bei Ruinengrundstücken ist die Sorgfaltspflicht nicht zu überspannen.[103] Sie ist jedoch höher, wenn die Ruine z.B. an einer verkehrsreichen Straße liegt.[104]

> ***Bspe.:***[105] *Markise ist einmal jährlich zu überprüfen; bei ortsabwesenden Besitzern kann die Beauftragung und allgemeine Beaufsichtigung eines Verwalters genügen; ein Dach muss auf seine Haltbarkeit bei Sturm geprüft werden.*

hemmer-Methode: Richtige Einordnung! Da es sich bei § 836 um eine besondere Ausprägung allgemeiner Verkehrssicherungspflichten handelt, gelten auch hier die allgemeinen Grundsätze: Danach bestimmt sich der Umfang der VSP auch nach dem Erwartungshorizont des Verkehrs hinsichtlich der Verkehrssicherheit des Gebäudes. Unter diesem Gesichtspunkt kann der Eigenbesitzer des Gebäudes auch mit dem Aufstellen entsprechender Warnschilder (z.B. „Vorsicht, Einsturzgefahr") seiner VSP nachkommen, sofern ihm andere Sicherungsmaßnahmen bei Abwägung von Gefährlichkeit und erforderlichem Aufwand zur Gefahrverhinderung nicht zumutbar sind.[106]
In diesem Zusammenhang wird z.T. vertreten, die Beweislastverteilung des § 836 sei auf allgemeine Verkehrssicherungspflichten i.R.d. § 823 I entsprechend heranzuziehen, wenn es sich um „komplexe" (bewegliche) Anlagen wie Schiffe handelt.[107] Die Rechtsprechung hat dies bislang abgelehnt.[108]

V. Haftung des Gebäudebesitzers, § 837

1. Übersicht über Tatbestand und Rechtsfolge

§ 837, Gebäudebesitzer

Der Tatbestand des *§ 837* hat als Voraussetzungen 256

Voraussetzungen

> „Besitzt jemand auf einem fremden Grundstück in Ausübung eines Rechtes ein Gebäude oder ein anderes Werk,"

und als Rechtsfolge

> „so trifft ihn an Stelle des Besitzers des Grundstücks die in § 836 bestimmte Verantwortlichkeit."

Damit ergibt sich folgendes Aufbauschema:

Aufbauschema für § 837

1. Verletzung von Leben, Körper/Gesundheit oder Eigentum
2. durch Einsturz oder Ablösung
3. infolge fehlerhafter Errichtung oder mangelhafter Unterhaltung
4. Anspruchsgegner: Gebäudebesitzer
5. keine Exkulpation nach § 836 I 2

---

102 Vgl. RG, JW 1916, 190.

103 Vgl. BGHZ 1, 103 = **juris**byhemmer.

104 Vgl. BGH, VersR 1953, 432.

105 Vgl. Palandt, § 836, Rn. 14.

106 MüKo, § 823 Rn. 55 ff.

107 MüKo, § 836 Rn. 4 ff.

108 Zuletzt offen gelassen in BGH, NJW-RR 2006, 1098 ff. = **juris**byhemmer.

2. Voraussetzungen

Gebäudebesitzer ⇨ nicht Grundstücksbesitzer

§ 837 hat dieselben Voraussetzungen wie § 836, so dass auf die obigen Ausführungen verwiesen werden kann. § 837 enthält jedoch insoweit eine Ausnahme, als nicht mehr der Eigenbesitzer des Grundstücks, sondern der *Eigenbesitzer des Gebäudes* Anspruchsgegner ist. 257

Grund für die Haftung des Gebäudebesitzers ist, dass in diesem Sonderfall i.d.R. nur der Besitzer des Gebäudes oder Werkes in der Lage ist, die zur Abwehr der Gefahr notwendigen Maßnahmen zu treffen.[109]

Auseinanderfallen v. Grundstücks- u. Gebäudebesitz

Die Haftung aus § 837 greift unter Ausschluss der Haftung des § 836 auch dann ein, wenn der Eigenbesitzer des Grundstücks die erforderlichen Maßnahmen hätte treffen können. Entscheidend ist nur, dass Eigenbesitz am Grundstück und am Gebäude/Werk auseinanderfallen.[110]

Recht am Gebäude notw.

Gebäudebesitzer in diesem Sinne ist derjenige, welcher auf einem fremden Grundstück in Ausübung eines wirklich bestehenden oder vermeintlichen Rechts ein Gebäude oder ein sonstiges Werk besitzt.[111] Unerheblich ist, ob das Recht dinglicher, persönlicher oder öffentlich-rechtlicher Natur ist.[112]

> ***Bspe.:***[113] *Nießbrauch, Grunddienstbarkeit, Erbbaurecht, von einem Pächter oder Mieter errichtete Anlagen (nur dann Eigenbesitz!), Aufstellung eines Baugerüsts oder Krans aufgrund Bauvertrag, Firmenschild eines Mieters an der Hauswand, Restaurationszelt eines Gastwirtes auf gemietetem Platz.*

ggf. Gesamtschuldner; im Innenverh. § 840 III

Dritte, die aus unerlaubter Handlung haften, haben neben dem Gebäudebesitzer als *Gesamtschuldner* gemäß § 840 I einzustehen. Gemäß *§ 840 III* ist jedoch der Dritte im Innenverhältnis allein ersatzpflichtig.[114] Die Haftung des Gebäudebesitzers lässt die Haftung des Grundstücksbesitzers aus § 836 entfallen.[115]

VI. Haftung des Gebäudeunterhaltspflichtigen, § 838

§ 838

1. Übersicht über Tatbestand und Rechtsfolge

Gebäudeunterhaltspflichtiger

Der Tatbestand des *§ 838* hat als Voraussetzungen 258

Voraussetzungen

> „Wer die Unterhaltung eines Gebäudes oder eines mit einem Grundstücke verbundenen Werkes für den Besitzer übernimmt oder das Gebäude oder das Werk vermöge eines ihm zustehenden Nutzungsrechts zu unterhalten hat,“

und als Rechtsfolge

> „ist für den durch den Einsturz oder die Ablösung von Teilen verursachten Schaden in gleicher Weise verantwortlich wie der Besitzer.“

109 Vgl. Palandt, § 837, Rn. 1.

110 Vgl. Palandt, § 837, Rn. 1; BGH, NJW 1977, 1392 = **juris**byhemmer.

111 Vgl. Palandt, § 837, Rn. 2.

112 Vgl. BGH, NJW 1971, 2308 = **juris**byhemmer; BGH, NJW 1977, 1392 = **juris**byhemmer.

113 Vgl. Palandt, § 837, Rn. 2.

114 Vgl. Palandt, § 837, Rn. 1.

115 Vgl. Palandt, § 837, Rn. 1.

Damit ergibt sich folgendes Aufbauschema:

Aufbauschema für § 838

1. Verletzung von Leben, Körper/Gesundheit oder Eigentum
2. durch Einsturz oder Ablösung
3. infolge fehlerhafter Errichtung oder mangelhafter Unterhaltung
4. Anspruchsgegner: Gebäudeunterhaltspflichtiger
5. keine Exkulpation nach § 836 I 2

2. Voraussetzungen

Verweis auf § 836

Auch § 838 verweist auf die Voraussetzungen des § 836. 259

Gebäudeunterhaltspflicht aufgrund Vertrag

Gebäudeunterhaltspflichtig ist, wer die Unterhaltung vertraglich übernommen hat, wobei es genügt, dass sich diese Übernahme aus dem Sinn und Zweck des Vertrages ergibt.[116] Die Unterhaltung kann auch aufgrund eines gesetzlichen Schuldverhältnisses übernommen werden, das ähnliche Verpflichtungen wie ein vertragliches Geschäftsbesorgungsverhältnis begründet.[117]

Nutzungsberechtigung
UPflicht auch ggü Dritten

Zu den Nutzungsberechtigten, die zur Unterhaltung eines Gebäudes herangezogen werden können, zählen der Nießbraucher[118] und der Grunddienstbarkeitsberechtigte im Falle des § 1021 I 2.

Die Heranziehung eines Nutzungsberechtigten bedeutet, dass dieser nicht nur gegenüber dem Eigentümer, sondern auch Dritten gegenüber zur Unterhaltung des Gebäudes verpflichtet ist.[119]

§ 840 III im Innenverhältnis beachten

Der Gebäudeunterhaltspflichtige haftet neben den aus §§ 836 f. Verpflichteten als *Gesamtschuldner* gemäß § 840 I. Der Ausgleich erfolgt nach § 426. Mit aus unerlaubter Handlung haftenden Dritten besteht ebenfalls ein Gesamtschuldverhältnis gemäß § 840 I. Der Dritte ist dann jedoch nach *§ 840 III* im Innenverhältnis allein ausgleichspflichtig.[120]

VII. Zusammenfassung

Zusammenfassung

Aus den oben erläuterten Haftungstatbeständen lässt sich erkennen, dass der Haftung für vermutetes Verschulden eine bestimmte Systematik zugrunde liegt:

Festlegen v. Grundtatbestand

Zunächst wird der *Grundhaftungstatbestand* festgelegt:

§§ 831 I 1, 832 I 1, 833 S.1, 836 I 1, 836 II HS.1, 837

Exkulpationsmögl.

Es folgen die Verschuldens- und Kausalitätsvermutungen mit der Möglichkeit der Exkulpation:

§§ 831 I 2, 832 I 2, 833 S.2, 836 I 2, 836 II 2.HS.

116 Vgl. Palandt, § 838, Rn. 1; BGHZ 6, 315 = **juris**byhemmer.

117 Vgl. BGHZ 21, 285.

118 Vgl. BGH, NJW-RR 1990, 1432.

119 Vgl. Palandt, § 838, Rn. 1.

120 Vgl. zum Ganzen Palandt, § 838, Rn. 2.

Erweiterung bei vertragl. Übernahme

Die Haftung wird schließlich auf diejenigen Personen erweitert, welche die betreffende Sorgfaltspflicht per Vertrag oder aus einem anderen genannten Grund übernommen haben:

§§ 831 II, 832 II, 834, 838

Dieser Personenkreis kann sich zum Teil kraft Verweisung wie der eigentlich Verpflichtete, zum Teil kraft besonderer Regelungen ebenfalls exkulpieren.

GrundTB	Exkulpation bei GrundTB	Haftung bei Übernahme	Exkulpation bei Übernahme
§ 831 I 1	§ 831 I 2	§ 831 II	§ 831 II, I 2
§ 832 I 1	§ 832 I 2	§ 832 II	§ 832 II, I 2
§ 833 S.1	§ 833 S.2	§ 834 I 1	§ 834 I 2
§ 836 I 1	§ 836 I 2	§ 838	§§ 838, 836 I 2
§ 836 II	§ 836 II, I 2		
§ 837	§§ 837, 836 I 2	§ 838	§ 838 I 2

Achtung: Die Haftung aus vermutetem Verschulden ist eine Verschuldenshaftung, so dass insb. die Deliktsfähigkeit der Haftenden gegeben sein muss!

hemmer-Methode: Zwar sind die §§ 832-838 weniger klausurrelevant, dennoch stammt bei einem Klausurenexamen mindestens eine Klausur aus einem „exotischen" Rechtsgebiet. So war die Tierhalterhaftung nach § 833 bereits häufig Prüfungsgegenstand. Geprüft werden dann nicht Einzelheiten, sondern ob auch unbekannte Fälle mit Verständnis für die Gesetzessystematik gelöst werden können. *260a*

C. Die deliktische Gefährdungshaftung Haftung des Tierhalters für Luxustiere, § 833 S.1

Haftung f. Luxustiere

In den §§ 823 ff. existiert nur ein einziger Tatbestand der *Gefährdungshaftung*, nämlich die *Haftung des Tierhalters für Luxustiere aus § 833 S.1*. *260b*

I. Übersicht über Tatbestand und Rechtsfolgen

Der Tatbestand des *§ 833 S.1* hat als Voraussetzungen *260c*

Voraussetzungen

> „Wird durch ein Tier ein Mensch getötet oder der Körper oder die Gesundheit eines Menschen verletzt oder eine Sache beschädigt, so ist derjenige, welcher das Tier hält,"

und als Rechtsfolge

> „verpflichtet, dem Verletzten den daraus entstehenden Schaden zu ersetzen."

Daraus ergibt sich folgendes Aufbauschema:

Aufbauschema für § 833 S.1

1. Verletzung von Leben, Körper/Gesundheit oder Eigentum
2. durch ein Tier
3. Anspruchsgegner: Tierhalter
4. Luxustier

II. Voraussetzungen

Hier kann im Wesentlichen auf die Ausführungen zu § 833 S.1 i.V.m. § 833 S.2 verwiesen werden.[121] Abweichend dazu sind jedoch einige Besonderheiten zu beachten. 260d

1. Durch ein Tier

durch ein Tier

Eine Ansicht[122] will wegen der Gefährlichkeit von Mikroorganismen (z.B. bei Entweichen aus einem Labor) diese in den Schutzbereich der Gefährdungshaftung einbeziehen. Dies ist jedoch mit der h.M. abzulehnen, da Tiere niederster Ordnung gerade nicht erfasst sind (vgl. Rn. 228).

spezifische Gefahr d. Tieres

Im Erfordernis „durch ein Tier" liegt der für die Gefährdungshaftung geforderte *Zusammenhang des Schadens mit der spezifischen Tiergefahr*. Dieser Zusammenhang ist gegeben, wenn sich die durch die Unberechenbarkeit des tierischen Verhaltens hervorgerufene Gefährdung von Leben, Körper/Gesundheit oder Eigentum verwirklicht hat.[123] Als Ausfluss einer spezifischen Tiergefahr kann daher jedes Verhalten angesehen werden, das sich als Resultat angeborener Verhaltensprogramme und nach Wirkung und Richtung unberechenbarer Auslösemechanismen darstellt und sich daher einer vollständigen Beherrschung durch den Menschen entzieht.

> ***Bsp.:*** *Scheuen, Durchgehen, Ausschlagen oder Beißen bei Pferden; Anspringen und Beißen bei Hunden.*

Luxustier
⇨ Haltung aus Liebhaberei

Ein *Luxustier* liegt dann vor, wenn ein Haustier lediglich aus *Liebhaberei* gehalten wird und somit nicht gemäß § 833 S.2 dem Beruf, der Erwerbstätigkeit oder dem Unterhalt des Tierhalters zu dienen bestimmt ist.

2. Deliktsfähigkeit, Haltereigenschaft

rechtl. Nachteil mögl.
⇨ §§ 104 ff. entspr.

Da die Haftung bekanntlich eintritt, ohne dass ein Verschulden vorliegen muss, stellt sich das Problem, wie dem *Minderjährigenschutz* Rechnung getragen wird. Die wohl h.M.[124] will auf den Erwerb der Haltereigenschaft die §§ 104 ff. analog anwenden, da aufgrund der Tierhalterhaftung das Halten eines Tieres auch rechtliche Nachteile mit sich bringt.

121 S.o. Rn. 223 ff.

122 Deutsch, Rn. 368.

123 Vgl. Palandt, § 833, Rn. 6; BGHZ 67, 129 = **juris**byhemmer.

124 Vgl. Palandt, § 833, Rn. 10; Canaris, NJW 1964, 1987 (1989 ff.).

Nach a.A.[125] sollen bei eigenmächtiger Begründung der Tierhaltereigenschaft des Minderjährigen die ansonsten auf die Gefährdungshaftung unanwendbaren §§ 828, 829 entsprechend angewendet werden.

hemmer-Methode: Wie Sie sich bei diesem Problem im Einzelfall entscheiden, ist wohl Geschmacksfrage. Entscheidend ist nur, dass Sie das Problem überhaupt erkennen. Überzeugender und mit der Systematik der Gefährdungshaftung besser in Einklang zu bringen ist aber die h.M., die eine analoge Anwendung der §§ 828, 829 ablehnt und sich mit einer Analogie zu den §§ 104 ff. hilft.

3. Anrechnung der Tiergefahr

Anrechnung der eigenen Tiergefahr entsprechend § 254 I BGB

Häufig kommt es zu Schädigungen im Rahmen von Auseinandersetzungen zwischen Tieren, insbesondere Hunden. Wird im Rahmen eines solchen Gerangels der Halter des einen Hundes von dem anderen Hund gebissen, muss er sich die Tiergefahr des eigenen Hundes anspruchskürzend zurechnen lassen. Dies gilt nur dann entsprechend § 840 III BGB nicht, wenn der Halter des beißenden Tieres auch wegen Verschuldens haftet.[126]

Bearbeiten Sie die Fragen 91 - 108!

125 Vgl. Palandt, § 833, Rn. 10; Hofmann, NJW 1964, 228 ff. (lesenswert!).

126 BGH, **Life&Law 11/2016, 765 ff.**

§ 8 HAFTUNG BEI AMTSPFLICHTVERLETZUNG, § 839 I.V.M. ART. 34 GG[127]

A. Einführung

Das Staatshaftungsrecht ist nach der Verwerfung des Staatshaftungsgesetzes aus dem Jahre 1981 durch das BVerfG weiterhin nicht zusammenhängend kodifiziert. Ein Ausschnitt aus diesem Bereich des Öffentlichen Rechts findet sich im Deliktsrecht als Amtshaftungsanspruch nach § 839 i.V.m. Art. 34 GG.

I. Einordnung der Regelung des § 839 i.V.m. Art. 34 GG

Amtshaftung auch bei Vermögensschäden

Ein Beamter würde ohne die Regelung des § 839 für eine schuldhafte, widerrechtliche Schadenszufügung nach den allgemeinen Vorschriften der §§ 823, 826 haften. § 839 erweitert diese Haftung, wenn ein Beamter seine Amtspflicht gegenüber einem Dritten verletzt, auf *Vermögensverletzungen*, auch wenn die Tatbestände der §§ 823, 826 nicht erfüllt sind.[128] Jedoch ist die Haftung bei Amtspflichtverletzung, unabhängig davon, ob der Beamte i.R.d. hoheitlichen oder der fiskalischen Verwaltung gehandelt hat, durch die Regelungen in *§ 839 I 2, II, III eingeschränkt.*[129] **261**

ggü. § 823 ff. abschließend

Die Haftung des Beamten bei Amtspflichtverletzung für schuldhaftes Verhalten ist in § 839 *erschöpfend* geregelt. Die allgemeinen deliktischen Regelungen der §§ 823, 826, 831, 832 finden neben § 839 i.V.m. Art. 34 GG keine Anwendung.[130] Allerdings gilt die *Vermutung des § 836* auch bei der Haftung wegen *Verletzung der öffentlich-rechtlich geregelten Verkehrssicherungspflichten.*[131] Alle sonstigen Schadensersatz- und Entschädigungsansprüche außerhalb des Deliktsrechts können dagegen neben dem Amtshaftungsanspruch uneingeschränkt geltend gemacht werden.

Der Beamte haftet dagegen weiterhin aus §§ 823, 826, wenn keine Amtspflichtverletzung vorliegt. Die öffentlich-rechtliche Körperschaft, welcher der Beamte angehört, kann in diesem Fall nach §§ 89, 31, 831 haften.[132]

§ 839 wird durch Art. 34 GG ergänzt und teilweise modifiziert.[133]

Landgerichte sachl. zuständig

Für Amtshaftungsklagen ist der Rechtsweg vor den ordentlichen Gerichten gemäß Art. 34 S.3 GG, § 40 II 1 VwGO eröffnet. Die sachliche Zuständigkeit der Landgerichte als 1. Instanz ergibt sich aus § 71 II Nr. 2 GVG. **261a**

Verjährung, § 195

Die Verjährung richtet sich nach *§ 195* und beträgt *drei Jahre.*[134] Zu beachten ist dabei, dass die *Hemmung* der Verjährung nach *204 I* nicht nur durch Erhebung der *Amtshaftungsklage* eintritt, sondern auch in *analoger Anwendung* durch Einlegung eines *Widerspruches* bzw. einer *verwaltungsrechtlichen Klage.* **262**

---

127 Vgl. dazu ausführlich Hemmer/Wüst, Staatshaftungsrecht, Rn. 7 ff.; einen guten Überblick bietet auch der Aufsatz von Seidel, **Life&Law 02/2015, 126 ff.**

128 Vgl. Palandt, § 839, Rn. 1.

129 Vgl. BGHZ 34, 99 (GS) = **juris**byhemmer.

130 Vgl. BGHZ 34, 99 (GS), BGHZ 3, 301; BGHZ 13, 25 **alle Entscheidungen** = **juris**byhemmer; Palandt, § 839, Rn. 1.

131 Vgl. BGH, NJW-RR 1990, 1500 = **juris**byhemmer; Palandt, § 839, Rn. 2.

132 Vgl. Palandt, § 89, Rn. 2; § 31, Rn. 3.

133 Einzelheiten dazu Rn. 265 ff.

134 Einzelheiten dazu vgl. Palandt, Einf. v § 823, Rn. 44.

hemmer-Methode: § 839 spielt in der zivilrechtlichen Klausur - im Gegensatz zur öffentlich-rechtlichen Staatshaftungsklausur - nur eine untergeordnete Rolle. Er wird daher im Zusammenhang mit dem Deliktsrecht nur in kurzer Form besprochen. Für das öffentliche Recht sind tiefergehende Kenntnisse erforderlich. 263

II. Übersicht über Tatbestand und Rechtsfolge

Der Tatbestand des *§ 839 I 1* hat als Voraussetzungen 264

Voraussetzungen

„Verletzt ein Beamter vorsätzlich oder fahrlässig die ihm einem Dritten gegenüber obliegende Amtspflicht,"

und als Rechtsfolge

„so hat er dem Dritten den daraus entstehenden Schaden zu ersetzen."

Schadensersatz nur in Geld

Rechtsfolge ist insoweit nur *Schadensersatz in Geld* sowie über § 253 II Schmerzensgeld. Ersetzt wird das negative Interesse. Es findet *keine Naturalrestitution* i.S.d. § 249 I statt.[135] Grund dafür ist, dass der Staat im gleichen Umfang wie der Beamte haftet. Dem Beamten als Privatmann wäre aber z.B. die Rücknahme eines Verwaltungsaktes nicht möglich.[136]

Erweiterung, Art. 34 S.1 GG

Art. 34 S.1 erweitert in diesem Zusammenhang den Beamtenbegriff auf *„jemand in Ausübung eines ihm anvertrauten öffentlichen Amtes"*. Darüber hinaus wird die Haftung von dem Beamten auf *„den Staat oder die Körperschaft, in deren Dienst er steht"*, abgewälzt. Die Haftungsüberleitung gilt aber nur für hoheitliche Tätigkeiten.

§ 839 i.V.m. Art. 34 GG: Amtshaftungsanspruch

Anspruchsgrundlage für den gegen den Staat gerichteten Amtshaftungsanspruch sind § 839 und Art. 34 GG, die zusammen gelesen werden müssen: § 839 statuiert danach als Ausgangspunkt eine Haftung des Beamten, die nach Art. 34 GG auf den Staat übergeht. Art. 34 GG stellt demnach eine *befreiende Schuldübernahme* und *keine eigene Anspruchsgrundlage* dar.

hemmer-Methode: Teilweise wird Art. 34 GG die Funktion einer originären Haftungsnorm zugesprochen, indem der Beamtenbegriff in § 839 eng (= im statusrechtlichen bzw. beamtenrechtlichen Sinne) gefasst wird, so dass eine Haftung für Angestellte oder Arbeiter unmittelbar aus Art. 34 GG entspringt. Auch diese Ansicht zieht aber zur näheren Ausfüllung des Art. 34 den § 839 heran und kommt so zur Anspruchsgrundlage des Art. 34 GG i.V.m. § 839, während die wohl überwiegende Ansicht den Beamtenbegriff in § 839 weiter fasst und dadurch stets § 839 i.V.m. Art. 34 GG als Anspruchsgrundlage zitiert. Im Ergebnis und für die Klausur spielt diese unterschiedliche Konzeption aber keine Rolle. Sie müssen deshalb auch nicht unbedingt darauf eingehen.

Einschränkungen:

Der Amtshaftungsanspruch wird durch verschiedene Vorschriften wieder eingeschränkt. Zunächst durch das „Beamtenprivileg" des § 839 I 2:

- *Beamtenprivileg, § 839 I 2*

„Fällt dem Beamten nur Fahrlässigkeit zur Last, so kann er nur dann in Anspruch genommen werden, wenn der Verletzte nicht auf andere Weise Ersatz zu erlangen vermag."

135 Vgl. BGHZ 34, 99 (GS); Palandt, § 839, Rn. 78.

136 Einzelheiten vgl. Palandt, § 839, Rn. 78-80.

Dann durch das „Richterprivileg“ des § 839 II:

- *Richterprivileg, § 839 II*

> „Verletzt ein Beamter bei dem Urteil in einer Rechtssache seine Amtspflicht, so ist er für den daraus entstehenden Schaden nur dann verantwortlich, wenn die Pflichtverletzung in einer Straftat besteht.“

sowie

> „Auf eine pflichtwidrige Verweigerung oder Verzögerung der Ausübung des Amtes findet diese Vorschrift keine Anwendung.“

und schließlich durch § 839 III:

- *Rechtsmittel, § 839 III*

> „Die Ersatzpflicht tritt nicht ein, wenn der Verletzte vorsätzlich oder fahrlässig unterlassen hat, den Schaden durch Gebrauch von Rechtsmitteln abzuwenden.“

Art. 34 S.2 GG

Bei Vorsatz oder Fahrlässigkeit behält sich der Staat den Rückgriff auf den Beamten nach Art. 34 S.2 GG vor, z.B. durch § 78 BBG.

Daraus ergibt sich folgendes Aufbauschema:

Aufbauschema für § 839 i.V.m. Art. 34 GG

1. kein Ausschluss der Amtshaftung durch formelles Gesetz, z.B. NotarG

2. Handeln eines Amtswalters

- **a)** Art. 34 S.1 Handeln in Ausübung eines öffentlichen Amtes
- **b)** § 839 fiskalisches Handeln eines Beamten im staatsrechtlichen Sinn

3. in Ausübung des Amtes

4. Verletzung einer Amtspflicht

5. Drittbezogenheit der Amtspflicht

6. Verschulden, § 276

7. Schaden und Kausalität, einschließlich Adäquanz

8. § 839 I 2 keine andere Ersatzmöglichkeit bei Fahrlässigkeit

9. § 839 III keine Rechtsmittelversäumnis

10. Haftungsminderung bei Mitverschulden

B. Voraussetzungen

I. Handeln in Ausübung eines öffentlichen Amtes

1. Beamtenbegriff

staatsrechtlicher Beamtenbegriff, § 839

§ 839 geht für die *Eigenhaftung des Beamten* vom *staatsrechtlichen Beamtenbegriff* aus. Danach ist Beamter, wer in einem öffentlich-rechtlichen Dienst- und Treueverhältnis steht, in das er unter Aushändigung der vorgeschriebenen Ernennungsurkunde berufen worden ist (vgl. Art. 33 IV GG; §§ 2 I, 6 II BBG; Art. 1 I BayBG).[137] 265

137 Vgl. Palandt, § 839, Rn. 14.

haftungsrechtlicher Beamtenbegriff, Art. 34 GG

Bei der nach *Art. 34 S.1 GG auf den Staat übergeleiteten Amtshaftung* findet eine Modifizierung hinsichtlich der handelnden Person statt. Beamter im *haftungsrechtlichen Sinn* ist nach Art. 34 S.1 GG i.V.m. § 839 jeder, dem die zuständige Stelle die Ausübung eines öffentlichen Amtes anvertraut hat. Öffentliches Amt ist insoweit jede dienstliche Betätigung, die nicht rein fiskalischer Natur ist.

Ausüben v. öfftl. Amt ⇨ auch Beliehene

Dabei kann es sich also auch um einen Angestellten, Arbeiter, Verwaltungshelfer (erfüllt Hilfsfunktionen, keine Wahrnehmung der Kompetenzen in eigenem Namen, da kein förmlicher Beleihungsakt; z.B. privater Unternehmer, der städtische Müllabfuhr übernimmt) oder einen Beliehenen (Definition: Privatperson, die mit Wahrnehmung bestimmter Verwaltungsaufgaben im eigenen Namen betraut ist. Die Beleihung muss durch oder aufgrund eines Gesetzes erfolgen (z.B. TÜV).[138]

hemmer-Methode: Unterscheiden Sie in der Klausur die verschiedenen Anspruchsgrundlagen:

1. Beamter im *staatsrechtlichen* Sinn:
a) Handeln im fiskalischen Bereich
⇨ Eigenhaftung des Beamten nach § 839
b) hoheitliches Handeln
⇨ Haftung des Staates nach § 839 i.V.m. Art. 34 S.1 GG

2. Beamter im *haftungsrechtlichen* Sinn:
a) Handeln im fiskalischen Bereich
⇨ Eigenhaftung des „Beamten" nach §§ 823 ff.
b) hoheitliches Handeln
⇨ Haftung des Staates nach Art. 34 S.1 GG i.V.m. § 839

Im fiskalischen Bereich haftet der Staat immer nur unter den Voraussetzungen der §§ 823 ff. i.V.m. 31, 89 bzw. aus 831.

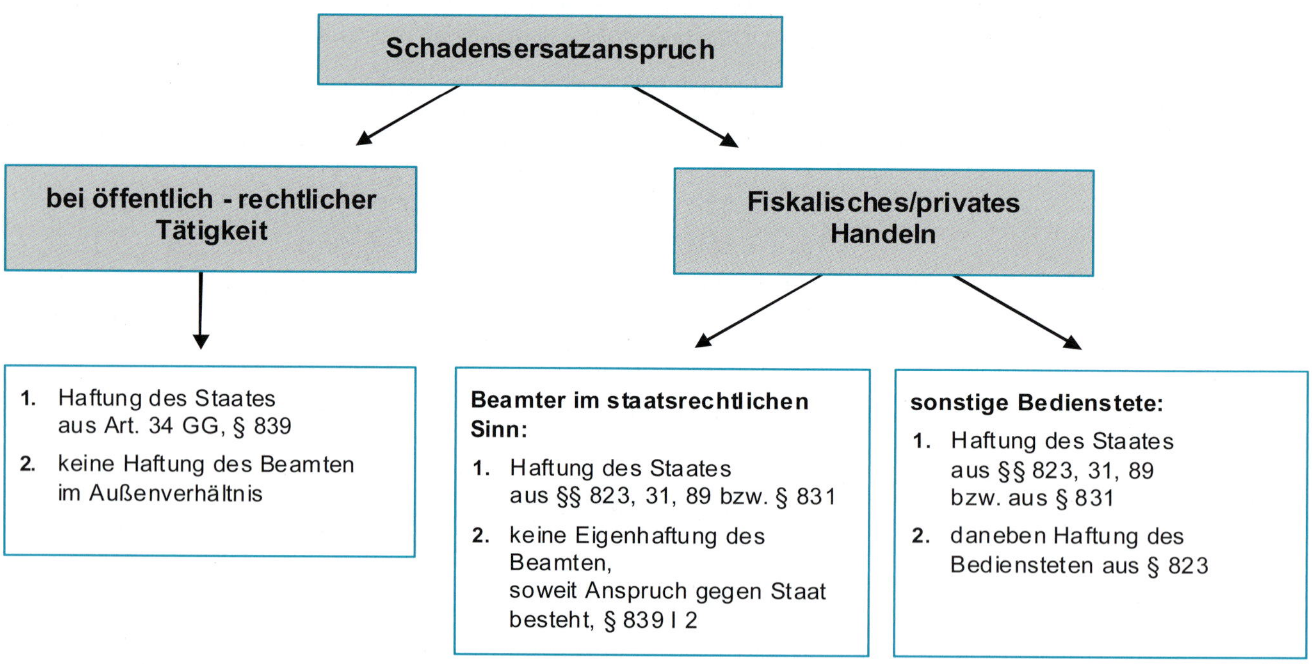

Handelt ein öffentlich Bediensteter im privatrechtlichen Bereich, so ergibt sich eine Haftung der öffentlich-rechtlichen Körperschaft in keinem Fall aus Art. 34 GG. Vielmehr ist zu differenzieren:

138 Vgl. auch Palandt, § 839, Rn. 17.

⇨ Hat ein Beamter i.S.d. Beamtengesetze (Beamter im staatsrechtlichen Sinne) gehandelt, so haftet der Staat für leitende Beamte nach §§ 823, 31, 89, für bloße Verrichtungsgehilfen nach § 831. Die Haftung des Beamten ergibt sich zwar grundsätzlich aus dem auch hier geltenden § 839 I, doch wird er nach § 839 I 2 befreit, soweit ein Anspruch gegen den Staat aus den oben genannten Vorschriften besteht.

⇨ Hat ein sonstiger Bediensteter (Arbeiter oder Angestellter im öffentlichen Dienst) privatrechtlich gehandelt, so haftet die öffentlich-rechtliche Körperschaft in der Regel aus § 831, ausnahmsweise auch aus §§ 823, 31, 89. Der Bedienstete selbst ist nicht Beamter im staatsrechtlichen Sinne, so dass § 839 nicht gilt. Er haftet daneben vielmehr aus § 823 ohne eine dem § 839 vergleichbare Befreiungsmöglichkeit.

hemmer-Methode: Die Unterscheidung zwischen privatrechtlichem oder öffentlich-rechtlichem Handeln ist also weichenstellend für die Klausur. Beweisen Sie daher dem Korrektor, dass Sie die Systematik der Amtshaftungsvorschriften beherrschen, indem Sie (u.U. nur in einem Nebensatz) auf dieses Problem hinweisen. Andererseits gilt hier ebenso wie bei § 40 VwGO: Das Aufzählen der Abgrenzungstheorien zwischen öffentlichem Recht und Privatrecht in unproblematischen Fällen führt zum Punkteabzug. In der Regel können (und müssen) Sie sich daher mit einer kurzen Feststellung, dass aufgrund hoheitlichen Handelns der Anwendungsbereich der Art. 34 GG, § 839 eröffnet ist, begnügen.

2. In Ausübung eines öffentlichen Amtes, Art. 34 S.1 GG

öffentliches Amt:

Maßgeblich für ein Handeln in Ausübung eines öffentlichen Amtes ist, ob die Zielsetzung der Tätigkeit dem Bereich der hoheitlichen Verwaltung zuzurechnen ist und ob ein innerer Zusammenhang zwischen dieser Zielsetzung und der schädigenden Handlung besteht.[139] 266

⇨ hoheitliches Handeln: Abgr. strittig

Die Zielsetzung, in deren Sinn der „Beamte“ tätig wird, muss der hoheitlichen Verwaltung zuzuordnen sein. Dabei ist der Einsatz öffentlich-rechtlicher Machtmittel ein wesentliches Kennzeichen der öffentlichen Gewalt. Aber auch schlicht-hoheitliches Handeln kann Hoheitsverwaltung sein.[140] Die *Rspr.* stellt bei der Abgrenzung darauf ab, ob der Amtsträger in öffentlich-rechtlicher oder fiskalischer Form gehandelt hat. Die *Literatur* stellt dagegen auf den Inhalt der jeweiligen Tätigkeit ab, so dass es für das Vorliegen hoheitlichen Handelns genügt, wenn hoheitliche Aufgaben in privatrechtlicher Form ausgeübt werden.[141]

bei privaten Unternehmern „Werkzeugtheorie“

Eine Staatshaftung für das Handeln privater Unternehmer nimmt der *BGH* nur an, wenn die Behörde so starken Einfluss auf den Unternehmer hat, dass dieser als *Werkzeug* der Behörde bei der Erledigung ihrer hoheitlichen Aufgaben anzusehen ist (*„Werkzeugtheorie“*). Erforderlich ist aber hoheitliches Handeln, wobei schlicht-hoheitliches Handeln genügt. Entscheidend ist also die konkrete Tätigkeit und die Amtsausübung. Zumindest für den Bereich der Vollstreckungshandlungen, sogar für die gesamte Eingriffsverwaltung geht der BGH aber nun davon aus, dass eine Zurechnung generell stattzufinden hat, da der Private gleichsam als Erfüllungsgehilfe tätig wird und somit einem Verwaltungshelfer nahe kommt.

139 Vgl. BGHZ 42, 176 = **juris**byhemmer; BGH, Betr. 1977, 1090; Palandt, § 839, Rn. 18 f. mit näheren Ausführungen und Beispielen.

140 Vgl. BGH, NJW 1962, 796 = **juris**byhemmer.

141 Vgl. zum Ganzen Palandt, § 839, Rn. 22 mit zahlreichen Beispielen.

Eine „Flucht ins Privatrecht" schließt eine Haftungsüberleitung nach Art. 34 GG nicht aus.[142]

bei VSP grds. § 823, aber Landesgesetze beachten!

Verkehrssicherungspflichten sind grundsätzlich zivilrechtlicher Natur, so dass nur eine Haftung aus § 823 in Betracht kommt, nicht aber eine Haftung aus § 839. Dem Landesgesetzgeber bleibt es jedoch unbenommen, Verkehrssicherungspflichten durch Gesetz, Verordnung oder Satzung sowie durch öffentlich-rechtlichen Organisationsakt öffentlich-rechtlich auszugestalten (z.B. Art. 72 BayStrWG).

„in Ausübung" ⇨ nicht bei Gelegenheit

Die schädigende Handlung muss *in Ausübung* des öffentlichen Amtes erfolgen und *nicht nur bei Gelegenheit*. Die Maßnahme muss sowohl einen inneren als auch einen äußeren Bezug zur Aufgabenerfüllung haben. Dabei genügt es für das Vorliegen des inneren Zusammenhangs, wenn nur eine Teilhandlung als hoheitliche Verwaltung anzusehen ist, denn hierdurch wird die gesamte, dieser Aufgabe dienende Tätigkeit des „Beamten" zu einer Einheit zusammengefasst[143] (z.B. Dienstfahrt mit einem Kfz).

hemmer-Methode: Z.T. wird die Prüfung des Amtsträgers auch in diesen Prüfungsschritt miteinbezogen, was der Sache nach natürlich keinen Unterschied macht.
Bei der Abgrenzung, ob die Schädigung „in Ausübung" oder nur „bei Gelegenheit" des Amtes erfolgte, können Sie, z.B. bei der an sich rechtlich indifferenten Teilnahme am Straßenverkehr, auf Ihr Wissen zur ähnlich gelagerten Frage bei §§ 278, 831, sowie zur Abgrenzung von öffentlich-rechtlichem und privatrechtlichem Handeln im Zusammenhang mit § 40 VwGO zurückgreifen.

II. Verletzung einer dem Dritten gegenüber obliegenden Amtspflicht

1. Amtspflichtverletzung

Amtspflichten:

Eine Amtspflicht ist jede Verletzung von allgemeinen Obhuts- und Sorgfaltspflichten, die dahingehend bestimmt werden können, dass eine Pflicht besteht, nichts zu tun, was jemanden rechtswidrig schädigen könnte. Dem ist das *pflichtwidrige Unterlassen* gleichgestellt. 267

Anknüpfungspunkt für die Amtspflicht ist nicht die Pflicht gegenüber dem Bürger, sondern eine Pflicht des Amtsträgers gegenüber seinem Dienstherrn (welche freilich drittschützend sein muss).[144] 267a

- *besondere*

Besondere Amtspflichten können sich aus Gesetz oder allgemeinen Dienst- oder Verwaltungsvorschriften ergeben.[145]

- *allgemeine*

Daneben gibt es eine Kasuistik von *allgemeinen Amtspflichten*, welche die *Rspr.* entwickelt hat. Dazu zählen: 267b

⇨ Amtspflicht zum rechtmäßigen Handeln (Beachtung der Gesetze und Unterlassen deliktischer Schädigung ⇨ unerlaubte Handlungen sind Amtspflichtverletzungen)[146]

⇨ Amtspflicht zum zuständigkeitsgemäßen Handeln

142 BGH, JuS 1994, 174 f. = jurisbyhemmer.
143 Vgl. Palandt, § 839, Rn. 17; BGHZ 42, 176 = jurisbyhemmer.
144 Vgl. Palandt, § 839, Rn. 43 ff.
145 Vgl. BGH, WM 1963, 788; Palandt, § 839, Rn. 32.
146 Vgl. Palandt, § 839, Rn. 39.

⇨ Amtspflicht zur fehlerfreien Ermessensausübung[147] (Amtspflichtverletzung liegt nicht nur bei Willkür oder Fehlerevidenz vor, sondern auch dann, wenn die Schwelle zum Amtsmissbrauch noch nicht überschritten ist)

⇨ Amtspflicht zur Schonung unbeteiligter Dritter[148]

⇨ Amtspflicht zu verhältnismäßigem Handeln

⇨ Amtspflicht zur raschen Sachentscheidung

⇨ Amtspflicht zur Beachtung der höchstrichterlichen Rechtsprechung. Der Beamte darf sie nicht völlig ignorieren; er muss sie beachten, jedoch nicht notwendig befolgen.

⇨ Amtspflicht zur richtigen, unmissverständlichen und vollständigen Auskunftserteilung;[149] selbst wenn keine Pflicht zur Auskunftserteilung besteht, haftet der Beamte, sobald er sich darauf einlässt, Auskunft zu geben.

2. Drittbezogenheit

Drittbezogenheit
⇨ auch individueller Schutz notw.

Die Amtspflichtverletzung löst nur dann eine Schadensersatzpflicht aus, wenn die verletzte Amtspflicht - zumindest auch[150] - dem Geschädigten gegenüber bestand und dessen Schutz bezweckte (*Gedanke des subjektiv-öffentlichen Rechts*). Nicht ausreichend sind lediglich gegenüber der Allgemeinheit oder einer Behörde bestehende Amtspflichten. Die Drittrichtung ist aus den die Amtspflicht begründenden Vorschriften und der besonderen Natur des Amtsgeschäftes zu ermitteln. Maßgeblich ist der Schutzzweck, dem die Amtspflicht dienen soll.[151] Einem Dritten gegenüber besteht eine Amtspflicht nur, wenn ihr Zweck zumindest auch die Wahrnehmung der Interessen des Einzelnen ist[152] und wenn zwischen der verletzten Amtspflicht und dem Geschädigten eine besondere Beziehung besteht.[153] **268**

„Dritter“
⇨ jeder, dem Amtspflicht dient

Dritter ist jeder, dessen Interessen die Amtspflicht dient und in dessen Rechtskreis durch die Amtspflichtverletzung eingegriffen wird, auch wenn er nur mittelbar oder unbeabsichtigt betroffen oder zu einem Eingriff in seine Rechtsstellung veranlasst wird.[154]

⇨ Haftungsbegrenzung, aber nach BGH weite Auslegung

Das Tatbestandsmerkmal der Drittbezogenheit hat die Funktion einer Haftungsbegrenzung. Nicht jeder Schaden, den ein Amtswalter verursacht, soll mit dem Amtshaftungsanspruch verfolgbar sein. Jedoch neigt die Rspr. dazu, den Kreis der Dritten weit auszudehnen.

Einen interessanten Fall hatte zuletzt der BGH zu entscheiden.[155] Ein Radfahrer stürzte auf einem **gemeinsamen** Fuß- und Radweg (Zeichen 240 der StVO) infolge Glatteis. Hier wurde zunächst generell eine Streupflicht bejaht.

Die Gemeinde hatte sich aber darauf berufen was zutrifft -, sie habe dort nur deshalb streuen müssen, weil es sich gerade (auch) um einen Gehweg gehandelt habe. Die Streupflicht (-verletzung) beziehe sich daher nicht auf Radfahrer.

147 Vgl. BGHZ 74, 144 (156) = **juris**byhemmer; Palandt, § 839, Rn. 34 ff.

148 Vgl. BGH, NJW 1972, 101 = **juris**byhemmer; Palandt, § 839, Rn. 39.

149 Vgl. Palandt, § 839, Rn. 41.

150 Vgl. BGHZ 109, 163 = **juris**byhemmer.

151 Vgl. BGHZ 106, 323 (331); BGH, NJW 2013, 604 ff.

152 Vgl. BGHZ 109, 163 = **juris**byhemmer.

153 Vgl. BGHZ 101, 1 (9); BGH, NJW 1991, 2696 = **juris**byhemmer; vgl. dazu näher Palandt, § 839, Rn. 43 ff.

154 Vgl. Palandt, § 839, Rn. 45; BGH, NJW 1966, 157 = **juris**byhemmer; BGH, DB 1974, 915; BGH, VersR 1988, 963 = **juris**byhemmer.

155 BGH, NJW 2003, 3622 f. = **juris**byhemmer.

Der BGH bejaht die Drittbezogenheit gleichwohl. Denn der Radfahrer sei verpflichtet auf dem Radweg zu fahren und könne nicht auf die (möglicherweise von Glatteis befreite) Straße ausweichen. Im Übrigen erfordert auch die Sicherheit der Fußgänger, dass sich die Radfahrer auf diesen Wegen sicher bewegen können.

Eine Drittbezogenheit liege daher auch dann vor, wenn sich Inhalt und Umfang der Streupflicht nur nach den Belangen der Fußgänger auszurichten hat.

Umstritten ist, ob beim Erlass von Gesetzen drittschützende Amtspflichten zu berücksichtigen sind und damit die Frage, ob für „normatives Unrecht" gehaftet wird. Die Rspr. verneint die Drittrichtung grundsätzlich mit dem Argument, dass aus dem abstrakt-generellen Charakter der Gesetze folge, dass der Gesetzgeber nur im Allgemeininteresse tätig werde und lediglich bei Maßnahme- und Einzelfallgesetzen Belange von Einzelpersonen unmittelbar berührt werden.[156]

Die Literatur wirft dem BGH dagegen teilweise vor, dass maßgebend nicht die zu erlassende Rechtsnorm, sondern die bei Erlass der Rechtsnorm zu beachtenden höherrangigen Vorschriften seien.[157]

Eine in den letzten Jahre besonders häufig diskutierte und im Ergebnis auch vom BGH[158] bejahte drittschützende Amtspflicht ist die Pflicht des Gemeinderates zur Anwendung der erforderlichen Sorgfalt bei der Planung i.R.d. gemeindlichen Bauleitplanung, jedenfalls im Bereich der Planungsleitlinie des § 1 V 2 Nr.1 BauGB.[159]

hemmer-Methode: In den Bereich der Staatshaftung für legislatives Unrecht fällt auch die Frage, inwiefern die BRD gegenüber dem Einzelnen für Schäden, die aufgrund Nicht-, fehlerhafter oder verspäteter Umsetzung von EG-Richtlinien entstehen, haftet. Nach ständiger Rechtsprechung des EuGH haften die Mitgliedstaaten dann, wenn die Richtlinie dem Einzelnen Rechte verleihen soll, deren Inhalt hinreichend genau und unbedingt bestimmt ist und der Verstoß des nationalen Gesetzgebers hinreichend qualifiziert ist. Der Ersatzanspruch selbst beurteilt sich nach nationalem Recht, wobei sich in Deutschland das Institut der Staatshaftung nach § 839/Art. 34 GG anbietet. Aufgrund der gemeinschaftsrechtlichen Vorgaben für den Ersatzanspruch müssen die Voraussetzungen des § 839 jedoch im Einzelfall modifiziert werden, z.B. richtet sich das Verschulden nach der Frage, ob der Verstoß hinreichend qualifiziert ist. Gegen den Subsidiaritätsgrundsatz des Abs.1, die Einschränkung des Abs. 2 S.2 und den Haftungsausschluss des Abs. 3 bestehen dagegen Bedenken. Mit dieser Problematik werden Sie jedoch i.d.R. nur in öffentlich-rechtlichen bzw. europarechtlichen Klausuren konfrontiert. Lesen Sie hierzu ausführlich: Hemmer/Wüst, Europarecht, Rn. 381 ff.!

absolute/relative Drittbezogenheit

Unterscheiden lassen sich *absolut drittbezogene Amtspflichten* und *relativ drittbezogene Amtspflichten*. Bei ersteren ist ein expliziter Nachweis der Drittbezogenheit nicht erforderlich, z.B. bei der Amtspflicht, unerlaubte Handlungen zu unterlassen.

hemmer-Methode: Bei der Drittbezogenheit der Amtspflicht liegt in der Klausur regelmäßig ein Schwerpunkt. Im konkreten Fall ist daher zu prüfen:[160] 269

- **ob die Amtspflicht überhaupt Drittwirkung hat,**
- **ob der Geschädigte zum geschützten Personenkreis gehört,**
- **ob das konkret betroffene Interesse oder Rechtsgut von der Drittwirkung erfasst wird.**

Lernen in Zusammenhängen: Verdeutlichen Sie sich die Parallele in der Prüfung von Amtspflicht- und Schutzgesetzverletzungen i.R.d. § 823 II! Ist Ihnen das System geläufig, ersparen Sie sich und Ihrem Gehirn mühevolles Auswendiglernen von Detailkenntnissen.

---

156 BGHZ 56, 40, (46) = **juris**byhemmer; 84, 292, (300); 102, 350, (367).

157 Maurer, Allgemeines Verwaltungsrecht, § 25, Rn. 51.

158 BGHZ 106, 323 (332) = **juris**byhemmer.

159 Beachten Sie dabei, dass ein Amtshaftungsanspruch grds. nur den Personen zusteht, die das Grundstück zu Wohnzwecken nutzen wollen.

160 Vgl. hierzu BGH, NJW 1990, 1038) = **juris**byhemmer und die dort genannten Entscheidungen.

3. Rechtswidrigkeit, Verschulden, Schaden, Kausalität

Rechtswidrigkeit

Die Verletzung der Amtspflicht durch Nichterfüllung einer Aufgabe mittels aktivem Tun oder Unterlassen muss rechtswidrig und schuldhaft geschehen. 270

⇨ Erfolgsunrecht

Die Rechtswidrigkeit ist nach der Lehre vom Erfolgsunrecht regelmäßig indiziert, sofern kein Rechtfertigungsgrund vorliegt.

Verschulden
⇨ pflichtgem. Durchschnittsbeamter

Der Amtswalter muss schuldhaft i.S.d. *§ 276*, also vorsätzlich oder fahrlässig gehandelt haben, auch i.R.d. Art. 34 GG.[161] Maßstab für das Verschulden ist dabei ein *pflichtgetreuer Durchschnittsbeamter* (objektiver Fahrlässigkeits-maßstab). Von der Amtspflichtverletzung wird auf das Verschulden geschlossen, wobei ein Organisationsverschulden genügt. Der Geschädigte muss zwar das Verschulden nachweisen, aber nicht den konkreten Beamten benennen (typisiertes Verschulden).[162]

Schaden, Kausalität

Weiterhin ist der Eintritt eines Schadens erforderlich, der adäquat kausal i.S.d. haftungsausfüllenden Kausalität verursacht worden sein muss.

III. Haftungsausschluss oder -beschränkung

1. Subsidiaritätsklausel, § 839 I 2

Subsidiarität, § 839 I 2

Eine Haftung des Amtswalters bei Fahrlässigkeit ist dann ausgeschlossen, wenn der Geschädigte auf andere Weise Ersatz zu erlangen vermag. Der Geschädigte muss sich somit auf Ansprüche gegen Dritte verweisen lassen und darf nur subsidiär auf den Anspruch aus § 839 zurückgreifen. 271

hemmer-Methode: Achten Sie also beim Lesen des Sachverhalts genau auf mögliche Ansprüche gegen Dritte!

Sinn

Dieses Privileg hatte früher den Sinn, den Beamten vor den Haftungsfolgen zu schützen und ihn entscheidungsfreudiger zu machen. Durch die Haftungsüberleitung auf den Staat nach Art. 34 GG hat dieses Privileg seine Bedeutung jedoch weitgehend verloren.

h.M. auch bzgl. Art.34 GG

Daher verneint ein *Teil der Literatur* die Anwendbarkeit des § 839 I 2 auf den Amtshaftungsanspruch gegenüber dem Staat. Die *h.M.* hält § 839 I 2 weiterhin für anwendbar, schränkt ihn aber dahingehend ein, dass die anderweitige Entschädigung gerade den Sinn und Zweck haben muss, den Staat als Schädiger endgültig auf Kosten des Dritten zu entlasten.[163] Aus diesem Grund findet auch keine analoge Anwendung statt auf andere konkurrierende Anspruchsgrundlagen, wie GoA, öffentlich-rechtliche Verwahrung oder Aufopferung.[164]

Einzelfälle

Keine anderweitige Ersatzmöglichkeit i.S.d. § 839 I 2 ist z.B. in folgenden Fällen gegeben:[165]

⇨ § 839 I 2 BGB ist dann unanwendbar, wenn der andere Schuldner zwar nicht der öffentlichen Hand angehört, dieser aber im weitesten Sinne zuzurechnen ist.[166]

161 BGH, NJW 2007, 830 = jurisbyhemmer.

162 Vgl. dazu im Einzelnen Palandt, § 839, Rn. 50 f.

163 Vgl. Palandt, § 839, Rn. 54; BGH, NJW 1978, 495 = jurisbyhemmer.

164 Vgl. Palandt, § 839, Rn. 54; BGH NJW 1975, 207.

165 Weitere Beispiele vgl. Palandt, § 839, Rn. 56.

166 BGH, NJW 2003, 348 = jurisbyhemmer.

⇨ vom Geschädigten erkaufte Leistungen einer privaten oder gesetzlichen Kranken- oder Unfallversicherung ⇨ Zweck der Versicherung ist es nicht, den Staat zu entlasten.[167]

⇨ *Haftungseinheit der öffentlichen Hand:* Ansprüche gegen andere Verwaltungsträger stellen keinen anderweitigen Ersatz dar.

⇨ *Grundsatz der Gleichbehandlung im Straßenverkehr*: Der Staat kann nicht auf Ansprüche gegen weitere Unfallbeteiligte verweisen. Ausnahme: Fahrten unter Inanspruchnahme von Sonderrechten nach § 35 StVO.

2. Richterprivileg, § 839 II 1

Richterprivileg
⇨ Haftung nur bei Straftat

Nach § 839 II 1 haftet ein Richter nicht für ein Fehlurteil, sofern dies nicht gleichzeitig eine Straftat darstellt.[168] § 839 II soll dabei nicht den Richter schützen, sondern den Bestand der Rechtskraft garantieren. Wenn derjenige, der den Prozess verloren hat, anschließend mit der Begründung, der Richter habe falsch entschieden und damit seine Amtspflichten verletzt, einen Schadensersatzanspruch geltend machen könnte, dann müsste, wenn auch unter anderer Fragestellung, der frühere, bereits rechtskräftig abgeschlossene Rechtsstreit noch einmal aufgerollt werden. 272

3. Rechtsmittelsäumnis, § 839 III

Rechtsmittelversäumnis

§ 839 III schließt den Amtshaftungsanspruch aus, wenn der Geschädigte nicht rechtzeitig durch Einlegung eines Rechtsmittels den Schaden abgewendet hat. 272a

⇨ weite Auslegung bzgl. Rechtsmittel

Der Begriff des Rechtsmittels ist in diesem Zusammenhang - untechnisch - weit zu fassen. Darunter fällt jeder Rechtsbehelf, mit dem die konkrete Maßnahme des Amtswalters überprüft werden kann. Es genügt, dass der Rechtsbehelf die Beseitigung der Amtspflichtverletzung oder die Abwendung des Schadens zum Ziel hat und dazu auch geeignet ist. Rechtsbehelfe i.d.S. sind somit nicht nur Widerspruch oder Klage, sondern auch Dienstaufsichtsbeschwerde oder Gegenvorstellung.

Das Rechtsmittel muss jedoch zumutbar und die Nichteinlegung verschuldet sein.[169]

4. Einschränkung der Staatshaftung durch Gesetz

Ausschluss durch Gesetz

Nach *h.M.* ist ein Ausschluss der Staatshaftung auch durch den Gesetzgeber möglich. Dies ergibt sich aus dem Wortlaut des Art. 34 S.1 GG, wonach der Staat bloß „grundsätzlich“ haftet. 273

⇨ sachl. Gründe + formelles Recht notw.

Der Ausschluss ist allerdings nur zulässig, wenn er aus *sachlichen Gründen* geboten ist und auf einem *formellen Gesetz* beruht. Eine Haftungsbeschränkung durch gemeindliche Satzung scheidet daher mangels Rechtsetzungskompetenz aus.[170]

---

167 Anders die durch einen ungetreuen Notar abgeschlossene Vertrauensschadensversicherung, vgl. BGH, NJW 1998, 142 = **juris**byhemmer.

168 Näheres vgl. Palandt, § 839, Rn. 63 ff.; eine einstweilige Anordnung ist kein Urteil i.S.d. § 839 II BGB, BGH, NJW 2003, 3693 = **juris**byhemmer.

169 Näheres vgl. Palandt, § 839, Rn. 68 ff.

170 Vgl. BGHZ 61, 1 „Schlachthoffall“, a.A. BayVGH, der Art. 24 I Nr.1 BayGO als eine hinreichende Ermächtigung ansieht.

5. Mitverschulden, § 254

Mitverschulden, § 254

Ein Mitverschulden des Geschädigten ist gemäß *§ 254* schadensmindernd zu berücksichtigen. 274

Werden Amtshaftungsansprüche nach § 254 BGB vermindert, ist bei der Auslegung des § 254 BGB Art.12 GG unmittelbar anwendbar (und nicht nur über die Drittwirkung der Grundrechte heranzuziehen).[171]

6. Berufung auf rechtmäßiges Alternativverhalten

rm Alternativverhalten (+)

Der Staat kann sich i.R.d. haftungsausfüllenden Kausalität darauf berufen, dass der Schaden auch bei rechtmäßigem Verhalten eingetreten wäre. 275

IV. Anspruchsgegner / Passivlegitimation

Anspruchsgegner

Nach § 839 I 1 haftet der Beamte im Falle der Eigenhaftung selbst. Im Falle der Haftungsüberleitung nach Art. 34 S.1 GG gilt: 276

Anstellungstheorie ⇨ Körperschaft

Grundsätzlich ist Anspruchsgegner die Anstellungskörperschaft, in deren Diensten der Amtswalter steht (*Anstellungstheorie*).[172]

bei Doppelstellung Funktionstheorie

Hat die anstellende Körperschaft eine Doppelstellung, wie insb. das Landratsamt, so ist Anspruchsgegner diejenige Körperschaft, deren Aufgaben der Amtswalter bei der Amtspflichtverletzung wahrgenommen hat (*Funktionstheorie*[173]). Verletzt der Amtswalter beide Funktionen, so haften auch beide Körperschaften.[174]

i. Zw. Anvertrauenstheorie

In allen übrigen Zweifelsfällen, wie z.B. beim beliehenen Unternehmer, haftet die Körperschaft, welche dem Amtswalter die Aufgabe anvertraut hat (*Anvertrauenstheorie*).[175]

hemmer-Methode: Die Amtshaftung muss nicht notwendigerweise in einer Zivilrechtsklausur geprüft werden. Häufig ist sie auch Gegenstand öffentlich-rechtlicher Klausuren (z.B. im Polizeirecht bei Abschleppen eines Fahrzeugs und dessen Beschädigung). Denken Sie dabei daran, dass diesbezügliche Ansprüche nicht vor den Verwaltungs- sondern vor den Landgerichten (Art. 34 GG, § 71 II Nr.2 GVG) geltend gemacht werden müssen.

Bearbeiten Sie die Fragen 109 - 120!

171 BVerfG, NJW 2003, 125 = **juris**byhemmer.

172 Vgl. BGHZ 99, 326 = **juris**byhemmer; Palandt, § 839, Rn. 25.

173 Vgl. z.B. Art. 37 V. i.V.m. Art. 35 III Bayerische LKrO.

174 Vgl. Palandt, § 839, Rn. 25 ff.

175 Vgl. Palandt, § 839, Rn. 25 ff.

§ 9 SACHVERSTÄNDIGENHAFTUNG

Mit Wirkung zum 01.08.2002 ist § 839a in Kraft getreten. Dieser normiert erstmals ausdrücklich eine Haftung für die Erstellung unrichtiger Gutachten durch Sachverständige. *276a*

§ 839a

Nach der Vorschrift ist ein gerichtlicher Sachverständiger zum Ersatz verpflichtet, wenn er vorsätzlich oder grob fahrlässig ein unrichtiges Gutachten erstattet und eine darauf beruhende (!) gerichtliche Entscheidung einem der Verfahrensbeteiligten Schaden zufügt. Dem gerichtlich bestellten Sachverständigen wird der durch die Staatsanwaltschaft im Ermittlungs- oder gerichtlichen Strafverfahren bestellte Sachverständige gleichgestellt.[176]

Unrichtig ist ein Gutachten, wenn es bzgl. der zu beurteilenden Frage nicht oder objektiven Sachlage entspricht. Unrichtig kann es auch sein, wenn es auf unrichtig ermittelten Tatsachen basiert (es sei denn, der Sachverhalt wurde vom Gericht vorgegeben). Auch falsche Schlussfolgerungen können die Unrichtigkeit auslösen.[177]

Eine gerichtliche Entscheidung wird i.d.R. eine letztinstanzliche sein, da § 839a II den § 839 III für anwendbar erklärt, der eine Haftung davon abhängig macht, dass der Geschädigte nicht *schuldhaft* versäumt hat zu versuchen, den Schaden durch den Gebrauch von Rechtsmitteln abzuwenden (vgl. dazu oben, Rn. 272a). Der Begriff Rechtsmittel ist hier ebenfalls untechnisch zu verstehen, weil es um einen Angriff auf das Gutachten selbst gehen muss, z.B. durch Beantragung eines Gegengutachtens. Der Geschädigte muss ich also darum bemüht haben, die negative gerichtliche Entscheidung abzuwenden.

hemmer-Methode: Die Sachverständigenhaftung ist nichts völlig neues. Sie musste bislang in die allgemeinen Tatbestände eingeordnet werden. Dabei schied § 823 I in der Regel aus, da eine Rechtsgutsverletzung durch ein unrichtiges Gutachten nicht verursacht wird (u.U. Freiheitsentziehung in strafrechtlichen Fällen), sondern allenfalls ein Vermögensschaden. Ein solcher ist aber nur unter den Voraussetzungen der §§ 823 II,[178] 826. Letztere Vorschrift setzt aber ein sittenwidriges Verhalten voraus, das meist nicht gegeben, zumindest schwer nachweisbar sein wird. Vor diesem Hintergrund stellt § 839a eine Erweiterung der Haftung dar, da er schon bei grober Fahrlässigkeit eingreift.

Nur Vorsatz und grobe Fahrlässigkeit

§ 839a sanktioniert nur grob fahrlässiges und vorsätzliches Verhalten. Damit liegt der Gesetzgeber auf einer Linie mit dem BVerfG.[179] Bei Haftung auch für leichte Fahrlässigkeit greife man zu stark in die Freiheit bei der Erstellung der Gutachten ein. Hinzu kommt, dass eine Pflicht zur Erstellung der Gutachten besteht.

Beruhen der Entscheidung auf unrichtigem Gutachten

Zudem muss die gerichtliche Entscheidung auf dem unrichtigen Gutachten beruhen,[180] wobei eine Mitursächlichkeit genügt. Ist nicht auszuschließen, dass ohne das Gutachten eine weniger ungünstige Entscheidung ergangen wäre, weil das Gericht im Wesentlichen den Ausführungen des Gutachters gefolgt ist, reicht dies für die Annahme des Beruhens aus.

176 BGH, NJW 2014, 1663 = **juris**byhemmer.

177 BGH, NJW-RR 2014, 90 f. = **juris**byhemmer.

178 Der BGH ordnete hier § 163 StGB als Schutzgesetz ein und kam so u.U. zu einer Haftung der Sachverständigen, wenn dieser vereidigt wurde. Auf eine Vereidigung stellt § 839a BGB nicht ab; allerdings greift § 839a BGB nicht bereits bei leichter Fahrlässigkeit.

179 BVerfG, NJW 1979, 305 = **juris**byhemmer.

180 BGH, NJW 2006, 1733 ff. = **juris**byhemmer.

Nach der Gesetzesbegründung soll § 839a abschließend für die Haftung gerichtlicher Sachverständiger sein. Daher soll ein Weg über die Grundsätze des Vertrages mit Schutzwirkung zugunsten Dritter, die im Rahmen privatrechtlicher Gutachten von der Rechtsprechung herangezogen werden, für gerichtliche Gutachter nicht gangbar sein.

Problematisch ist aber, dass laut Gesetzesbegründung Vergleiche von § 839a nicht umfasst sein sollen.[181] Dann aber kann für Vergleiche auch nicht der abschließende Charakter des § 839a gelten, so dass sich die Frage stellt, ob dann eine Lösung über die oben skizzierten Ansätze der bisherigen Rechtsprechung zu suchen ist.

Sollen aber Prozessvergleiche von der Haftung insgesamt nicht erfasst sein,[182] hätte eine Klarstellung erfolgen müssen. Folgt man dem Gesetzgeber, könnte man allenfalls über § 779 I eine Lösung suchen, wenn die Ergebnisse des unrichtigen Gutachtens zur Grundlage der Vereinbarung geworden sind.[183]

hemmer-Methode: Nach überzeugender Rechtsprechung des BGH kommt gegen Sachverständige keine vertragliche Haftung in Betracht. Der Sachverständige steht in keiner vertraglichen Beziehung zu den Verfahrensbeteiligten, auch nicht über §§ 328 ff.[184]

181 Man kann das auch dem Wortlaut entnehmen, wenn man „gerichtliche Entscheidung" eng auslegt, da der Prozessvergleich auf einer Vereinbarung der Parteien beruht; vgl. Palandt, § 839a, Rn. 4.

182 So OLG Nürnberg, NJW-RR 1216 f.

183 Wagner, NJW 2002, 2049 ff. (2063).

184 BGH, NJW 2003, 2825 = **juris**byhemmer.

§ 10 SONDERREGELUNGEN DES DELIKTSRECHTS, §§ 840 - 853

A. Einführung

§§ 840 - 853

Die *§§ 840 - 853* stellen Sondervorschriften für die Ansprüche aus unerlaubter Handlung dar. Es handelt sich teils um Sondervorschriften, die alle deliktischen Anspruchsgrundlagen betreffen, teils auch um Sonderregelungen für den Ersatz von Schäden bei Verletzung nur bestimmter Rechtsgüter wie Leben, Körper/Gesundheit und Freiheit. 277

Regelungsgebiete

Folgende Regelungsgebiete lassen sich im Einzelnen unterscheiden:

1. Haftung mehrerer / Gesamtschuld, *§§ 840* f.
2. Umfang des Ersatzanspruches des Verletzten bei Verletzung in seiner Person, *§§ 842 f.*
3. Ansprüche mittelbar geschädigter Dritter bei Verletzung der Person, *§§ 844 - 846*
4. Haftung für Zufall bei Entziehung einer Sache, *§§ 848 - 851*
5. Verjährungsbesonderheiten, *§§ 852 f.*

B. Haftung mehrerer / Gesamtschuld, §§ 840 f.

I. Gesamtschuld nach § 840 I

Gesamtschuldner, § 840 I

§ 840 I enthält den *Grundsatz*, dass mehrere Täter einer unerlaubten Handlung, die nebeneinander verantwortlich sind, *im Außenverhältnis als Gesamtschuldner* gemäß *§§ 421 ff.* haften. Gesamtschuld bedeutet, dass der Geschädigte von jedem Schädiger ganz oder teilweise Schadensersatz verlangen kann, insgesamt aber nur einmal. Der Geschädigte kann sich also z.B. den solventesten Schädiger heraussuchen und von ihm alleine den vollen Schadensersatz verlangen.[185] 278

Haftung nach §§ 421 ff., im Innenverh. §§ 426

Der Ausgleich der Schädiger untereinander (*Innenverhältnis*) bestimmt sich nach *§ 426 I, II.* Gemäß § 426 I 1 sind die Gesamtschuldner im Innenverhältnis regelmäßig zu gleichen Teilen verpflichtet, „sofern nicht ein anderes bestimmt ist". Eine andere Bestimmung kann sich hierbei in entsprechender Anwendung des § 254 aus den Verschuldensanteilen der einzelnen Schädiger ergeben.[186]

unerlaubte Handlung ⇨ auch Gefährdungshaftung

Der Begriff der unerlaubten Handlung i.S.d. § 840 I ist weit zu fassen. Er umfasst nicht nur die Tatbestände der §§ 823 ff., sondern jede Haftung aus wirklichem oder vermutetem Verschulden, ebenso wie die Gefährdungshaftung ohne Rücksicht darauf, ob sie im BGB oder in Sondergesetzen geregelt ist.[187]

185 Vgl. Palandt, § 840, Rn. 3.

186 Vgl. Palandt, § 840, Rn. 7.

187 Vgl. Palandt, § 840, Rn. 1.

nebeneinander verantwortlich:

Nebeneinander verantwortlich sind mehrere, wenn sie als

⇨ Mittäter, Anstifter / Gehilfen, *§§ 830 I 1, II,*

⇨ Beteiligte, *§ 830 I 2,*

⇨ Nebentäter (nicht miteinander in Verbindung stehende Personen, die selbständig den Schaden verursacht haben) haften.[188]

(+) bei Vertragshaftung, wenn daneben Delikt (+)

§ 840 I bleibt anwendbar, wenn einer der Schädiger neben der deliktischen Haftung *auch aus Vertrag* haftet. Haftet dagegen ein Schädiger nur aus Vertrag, so ist § 840 grundsätzlich nicht anwendbar.[189] Etwas anderes gilt jedoch dann, wenn die Schädiger in einem *echten Gesamtschuldverhältnis i.S.d. §§ 421 ff.* stehen. In diesem Fall gilt § 840 für alle Schädiger, auch wenn einer von ihnen nur aus Vertrag haftet.[190] *278a*

hemmer-Methode: § 840 I stellt keine Anspruchsgrundlage dar, sondern setzt die Haftung der Schädiger voraus.[191] Als andere Bestimmung i.S.d. § 426 I 1 gilt für den Innenausgleich der Gesamtschuldner untereinander der § 254 analog. Die Schadensteilung erfolgt nach den Verschuldensbeiträgen der Schädiger. *279*
Beachten Sie, dass dem Gesamtschuldner, der an den Geschädigten zahlt, neben dem Ausgleichsanspruch aus § 426 I auch ein Anspruch aus § 426 II i.V.m. (z.B.) § 823 I in gleicher Höhe zusteht. Der Ausgleichsanspruch nach § 426 I entsteht zeitgleich mit dem schädigenden Ereignis, so dass jeder Gesamtschuldner bereits vor der Zahlung an den Geschädigten von den übrigen Gesamtschuldnern anteilige Freistellung verlangen kann. Der Anspruch aus § 823 I geht gemäß § 426 II hingegen erst mit Zahlung an den Geschädigten auf den zahlenden Gesamtschuldner in der Höhe über, in der er nach § 426 I von den übrigen Gesamtschuldnern Ausgleich verlangen kann. Anspruchsgrundlage ist dann § 426 II i.V.m. § 823 I.[192]

II. Abweichende Regelungen, §§ 840 II, III, 841

§ 426 I 1
⇨ grds. gleiche Anteile; Ausnahmen

Die Gesamtschuldner haften im Innenverhältnis nach *§ 426 I 1* grundsätzlich zu gleichen Teilen, sofern nicht etwas anderes bestimmt ist. Eine solche *andere Bestimmung* enthalten die *§§ 840 II, III, 841.* *280*

z.B. Dritter, § 840 II

Nach § 840 II haftet ein Dritter alleine, der neben einer Person verantwortlich ist, die aus §§ 831, 832 verpflichtet ist. Im Falle des § 829 ist jedoch der Aufsichtspflichtige allein verantwortlich.

hemmer-Methode: Demnach könnte der Geschäftsherr nach § 840 II beim nach § 823 haftenden Verrichtungsgehilfen in vollem Umfang Rückgriff nehmen. Eine Ausnahme besteht aber i.R.d. sog. innerbetrieblichen Schadensausgleichs.[193] Hier haftet der Geschäftsherr bei leichter Fahrlässigkeit im Innenverhältnis alleine, bei mittlerer Fahrlässigkeit findet eine Schadensteilung statt, und nur bei Vorsatz und grober Fahrlässigkeit bleibt es beim Rückgriff des Geschäftsherrn in vollem Umfang. *281*

188 Vgl. Palandt, § 840, Rn. 2.

189 Vgl. RGZ 84, 430.

190 Vgl. BGH, VersR 1969, 737; Palandt, § 840, Rn. 3.

191 Vgl. BGH, NJW 1979, 544 = **juris**byhemmer; Palandt, § 840, Rn. 1.

192 Sinn und Zweck des § 426 II ist es, den Ausgleichsanspruch nach § 426 I dadurch zu sichern, dass mit dem jeweiligen Anspruch des Geschädigten über §§ 412, 401 auch mögliche Sicherheiten auf den zahlenden Gesamtschuldner mitübergehen.

193 Dazu Hemmer/Wüst/Krick, Arbeitsrecht, Rn. 634 ff.

Achtung: Geschäftsherr (§ 831 I) und Vertragspartner (§ 831 II) haften als Gesamtschuldner nach § 840 I. Gleiches gilt für die aus § 832 I und § 832 II Haftenden. Im Verhältnis dieser Personen zueinander gilt § 840 II nicht, da es sich nicht um Dritte im Sinne dieser Vorschrift handelt.[194]

§ 840 III

Nach § 840 III haftet der Dritte im Innenverhältnis allein, wenn neben ihm eine Person aus §§ 833 - 838 haftet.

Achtung: Auch hier gilt, dass Personen, die nach verschiedenen Vorschriften der §§ 833 - 838 haften, keine Dritte i.S.d. § 840 III darstellen. Diese Personen haften untereinander nach § 840 I jeweils als Gesamtschuldner.[195]

hemmer-Methode: Grundgedanke von § 840 II, III ist, dass der Schädiger, der aus erwiesenem Verschulden haftet, im Innenverhältnis gegenüber einem Schädiger, der lediglich aus vermutetem Verschulden oder Gefährdung haftet, den ganzen Schaden tragen soll. Demnach können verschiedene aus §§ 831-838 Haftende auch nicht Dritte i.S.d. § 840 II, III sein, da sie alle aus Gefährdung bzw. vermutetem Verschulden haften. 282

§ 841 bei Beamten + Dritten

§ 841 trifft eine entsprechende Regelung für das Verhältnis zwischen einem aus § 839 haftenden Beamten und einem Dritten, welchen der Beamte mit einer Aufgabe betraut hat. Hier haftet im Innenverhältnis ebenfalls nur der Dritte.

C. Umfang der Ersatzansprüche des Verletzten bei Verletzung in seiner Person, §§ 842 f.[196]

Grundsätzlich gelten auch im Deliktsrecht im Hinblick auf den Umfang des Schadensersatzanspruchs die §§ 249 ff.[197] Allerdings sieht das BGB für den Bereich der Deliktshaftung einige Besonderheiten vor.

I. Umfang der Ersatzpflicht bei Verletzung einer Person, § 842

§ 842

Gemäß § 842 erstreckt sich der Umfang der Haftung bei einer gegen die Person gerichteten unerlaubten Handlung auch auf die Nachteile, welche die Handlung für den Erwerb oder das Fortkommen des Verletzten herbeiführt. 283

⇨ Klarstellung ggü. § 252

§ 842 enthält insoweit nur eine Klarstellung für den Schadensumfang gemäß § 252.

⇨ Verletzung einer Person nur nach §§ 823 ff.

Unter § 842 fallen alle gegen eine Person gerichteten unerlaubten Handlungen, auch die in den §§ 833, 834, 836, 838 geregelten Tatbestände, soweit eine Verletzung der Person in Frage kommt.[198] Verletzung der Person bedeutet dabei primär die Verletzung der Rechtsgüter Leben und Körper/Gesundheit, aber auch die Verletzung des Namensrechtes, der Ehre und des allgemeinen Persönlichkeitsrechtes.

Nicht ausreichend sind dagegen unerlaubte Handlungen, die sich nur gegen das Vermögen als solches richten.[199]

194 Vgl. Palandt, § 831, Rn. 17.

195 Vgl. Palandt, § 834, Rn. 3; Palandt, § 837, Rn. 1; § 838, Rn. 2.

196 Vgl. Hemmer/Wüst, Schadensersatzrecht III, Rn. 154 ff.

197 Ausführlich dazu Hemmer/Wüst, Schadensersatzrecht III, Rn. 1 ff.

198 Vgl. Palandt, § 842, Rn. 1.

199 Vgl. Palandt, § 842, Rn. 1.

Unerlaubte Handlungen i.d.S. sind jedoch nur die Tatbestände der §§ 823 ff., nicht auch die außerhalb des BGB in Sondergesetzen geregelten Tatbestände der Gefährdungshaftung.

„Nachteile" ⇨ konkr. Schaden notw.

Nachteile für Erwerb oder Fortkommen entstehen nicht schon durch Wegfall oder Verminderung der Arbeitskraft als solcher, sondern durch die Beeinträchtigung der konkreten Arbeitsleistung.[200]

Zu ersetzen ist ein konkreter Schaden durch Verlust von Arbeitseinkünften sowie alle wirtschaftlichen Beeinträchtigungen, die der Geschädigte erleidet, weil er seine Arbeitskraft verletzungsbedingt nicht verwerten kann.[201]

Haushaltsführung

Das umfasst bei einer Hausfrau grundsätzlich auch die Haushaltsführung. Diese ist eine wirtschaftlich sinnvolle Verwertung der eigenen Arbeitskraft, so dass ein Vermögensschaden besteht, der ersetzt wird, wenn z.B. zugunsten des Ehegatten der Haushalt nicht mehr geführt werden kann.[202]

II. Geldrente oder Kapitalabfindung, § 843

Geldrente, § 843

§ 843 enthält eine Sonderregelung für den Fall, dass infolge der Verletzung von Körper oder Gesundheit die *Erwerbsfähigkeit des Verletzten aufgehoben oder gemindert* wird oder eine *Vermehrung seiner Bedürfnisse* eintritt. Vergleichbare Regelungen enthalten §§ 6, 8 HaftPflG, §§ 10 ff. StVG und §§ 36, 38 LuftVG. 284

Beeinträchtigung der Erwerbsfähigkeit

§ 843 I 1.Alt. setzt eine Beeinträchtigung der Erwerbsfähigkeit voraus. Dies ist dann der Fall, wenn der Verletzte von seiner Erwerbsfähigkeit ohne die Verletzung hätte Gebrauch machen können und infolge der Verletzung ein Einnahmeausfall entstanden ist.[203] Der Rentenbetrag ist dabei nicht abstrakt, sondern konkret nach der tatsächlichen Erwerbsminderung zu berechnen.[204]

Bsp.: *vorzeitige Pensionierung*

schadensbedingter Mehrbedarf f. Lebensführung

§ 843 I 2.Alt. verlangt eine Vermehrung der Bedürfnisse. Darunter ist der schadensbedingt vermehrte Bedarf für die persönliche Lebensführung zu verstehen, also alle unfallbedingten, ständig wiederkehrenden, vermögenswerten, objektivierbaren Aufwendungen, welche den Zweck verfolgen, diejenigen Nachteile auszugleichen, welche dem Verletzten infolge der dauernden Störung seines körperlichen Wohlbefindens entstehen.[205]

Bsp.: *Prothesen, Kuren, Pflegepersonal*

grds. Geldrente

Nach dem *Grundsatz des § 843 I* ist dem Geschädigten eine *Geldrente* zu zahlen. Die genauere Ausgestaltung bestimmt sich nach § 843 II sowie § 760. 285

ausnahmsweise auch Kapitalabfindung

Ausnahmsweise kann bei Vorliegen eines wichtigen Grundes gemäß § 843 III eine Kapitalabfindung verlangt werden.[206]

---

200 Vgl. Palandt, § 842, Rn. 2.

201 Vgl. BGH, VersR 1984, 639; dazu Näheres Palandt, § 842, Rn. 3-5.

202 Das OLG Nürnberg verneint aber einen Schaden, wenn es nur um die Haushaltsführung für einen nichtehelichen Lebenspartner geht, Life&Law 05/2006, 320 ff.; wichtig ist in diesem Zusammenhang , dass differenziert wird zwischen der eigenen Haushaltsführung und der für den Ehegatten. Der Ausfall im Hinblick auf die eigene Haushaltsführung wird unter die vermehrten Bedürfnisse subsumiert und ist daher über § 843 BGB zu ersetzen, vgl. m.w.N. Palandt, § 843, Rn.8.

203 Vgl. Palandt, § 843, Rn. 2; BGH NJW 1962, 1055.

204 Vgl. Palandt, § 843, Rn. 2.

205 Vgl. KG VersR 1982, 784; Palandt, § 843, Rn. 3.

206 Näheres zum „wichtigen Grund" vgl. Palandt, § 843, Rn. 18.

§ 843 IV
⇨ keine Vorteilsanrechnung

Nach § 843 IV wird der Anspruch nicht dadurch ausgeschlossen, dass ein anderer dem Verletzten Unterhalt zu gewähren hat. Diese Vorschrift ist weit auszulegen. Sie gilt auch dann, wenn der Unterhaltspflichtige bereits geleistet hat.[207]

§ 843 IV gilt nicht, wenn nur die Person des Unterhaltspflichtigen, nicht aber die Vermögensmasse gewechselt hat (z.B. durch Übergang qua Erbfolge).[208]

§ 843 IV gilt auch für die Heilungskosten, wobei sich jedoch ein Kind die infolge eines Krankenhausaufenthalts ersparten Unterhaltsleistungen seiner Eltern anrechnen lassen muss,[209] da es sich wirtschaftlich betrachtet um einen Schaden der Eltern und nicht des Kindes handelt.[210]

In § 843 IV kommt der allgemeine Rechtsgedanke zum Ausdruck, dass auf den Schaden keine Leistungen anderer anzurechnen sind, die nach ihrer Natur dem Schädiger nicht zugutekommen sollen[211] (*Gedanke der Vorteilsanrechnung*). 286

hemmer-Methode: Vermeiden Sie überflüssige Fehler! Die §§ 842 f. stellen keine eigenständigen Anspruchsgrundlagen dar, sondern bilden Sondervorschriften für den Umfang einer bereits bestehenden Haftung aus unerlaubter Handlung. 287
Lernen Sie an Hand examenstypischer Problemfelder! Sound des § 843 IV ist, dass es bei dem Geschädigten zu keiner Vorteilsanrechnung[212] kommt. Das verletzte Kind behält also, auch wenn seine Eltern die Arztkosten bezahlt haben, einen Schadensersatzanspruch gegen seinen Schädiger. Wirtschaftlich gesehen liegt der Schaden allerdings bei den Eltern. In der Klausur wird in einer solchen Konstellation deshalb regelmäßig auch danach gefragt sein, ob die Eltern den Schädiger in Regress nehmen können. Ein Anspruch aus § 426 I scheidet aus, da es aufgrund § 843 IV an einer gegenseitigen Tilgungswirkung und damit an einer Gesamtschuld mangelt. Denken Sie daran, dass auch ein Anspruch aus §§ 683, 670 sowie ein Anspruch aus Rückgriffskondiktion nach § 812 I 1, 2.Alt. an § 843 IV scheitert. Da die Leistung der Eltern dem Schädiger aufgrund dieser Vorschrift nicht zugerechnet wird, handelt es sich bei der Zahlung der Arztkosten nicht um ein Geschäft des Schädigers bzw. dieser hat dadurch kein vermögenswertes „etwas" i.S.d. § 812 erlangt. Letztlich bleibt den Eltern damit nur ein Anspruch gegen ihr Kind analog § 255 auf Abtretung der Schadensersatzansprüche.

D. Ersatzansprüche mittelbar geschädigter Dritter, §§ 844 - 846

I. Allgemeines

§§ 844, 845
⇨ mittelbar Geschädigte

Schadensersatzansprüche stehen grundsätzlich nur dem unmittelbar Betroffenen zu, dessen geschützte Rechtsgüter verletzt worden sind. §§ 844 f. machen von diesem Grundsatz eine Ausnahme und gewähren in gewissem Umfang auch einem begrenzten Kreis mittelbar geschädigter Dritter einen Schadensersatzanspruch. Dieser Ausnahmecharakter schließt eine entsprechende Anwendung auf andere mittelbar Geschädigte regelmäßig aus.[213] 288

207 Vgl. BGHZ 54, 269 (274) = jurisbyhemmer; Palandt, § 843, Rn. 20.

208 Vgl. Palandt, § 843, Rn. 20; BGH, NJW 1969, 2008 = jurisbyhemmer.

209 Vgl. Palandt, § 843, Rn. 20; OLG Celle, NJW 1969, 1765 = jurisbyhemmer; BGH, NJW 1991, S. 2340 = jurisbyhemmer und dazu Besprechung: Grunsky, JuS 1991, S. 907 ff.

210 Medicus, Rn. 861.

211 Vgl. BGH, NJW 1963, 1051 = jurisbyhemmer.

212 Dazu ausführlich Hemmer/Wüst, Schadensersatzrecht III, Rn. 200, 229.

213 Vgl. Palandt, § 844, Rn. 1; BGHZ 7, 30 = jurisbyhemmer.

Die Ansprüche sind in ihrem Bestand grundsätzlich unabhängig von Ansprüchen des unmittelbar Verletzten. Sie entstehen jedoch nicht, wenn auch der unmittelbar Verletzte keinen Anspruch haben würde.[214]

bei vertragl. Haftungsausschl. kein Anspruch, bei gesetzl. auf Zweck abstellen

Ein *vertraglicher Haftungsausschluss* gegenüber dem unmittelbar Verletzten schließt daher auch Ansprüche Dritter aus §§ 844 f. aus.[215] Umstritten ist dies bei *gesetzlichen Haftungsausschlüssen*. Richtigerweise ist hier auf den Zweck des Haftungsausschlusses abzustellen.[216] Verlangen Sinn und Zweck des Haftungsausschlusses, dass der Schädiger von Ansprüchen aus der schädigenden Handlung überhaupt freigestellt wird, dann müssen auch die Ansprüche aus §§ 844 f. entfallen. 289

Vergleich u. Verzicht haben keine Drittwirkung

Ein Vergleich oder Verzicht, welchen der unmittelbar Verletzte mit dem Schädiger *nach der Verletzung* abschließt, beseitigt dagegen die Ansprüche aus §§ 844 f. nicht.

bei Mitverschulden §§ 846, 254

Nach *§ 846* beeinflusst ein Mitverschulden des Verletzten gemäß § 254 die Ansprüche Dritter nach §§ 844 f. in gleichem Maße wie die eigenen Ansprüche des Verletzten. Die Ansprüche Dritter aus §§ 844, 845 werden also um den Mitverschuldensanteil des Verletzten gekürzt.[217] 289a

eigenständige Anspruchsgrundlage; §§ 823 ff. ggü. unmittelb. Verletzten notw.

Die §§ 844 f. stellen *eigenständige Anspruchsgrundlagen* dar, setzen aber eine unerlaubte Handlung gegenüber dem unmittelbar Verletzten voraus. Unerlaubte Handlung in diesem Sinne meint alle Anspruchsgrundlagen aus den §§ 823 ff. Abgesehen von den Regelungen des § 618 und § 62 III HGB findet keine entsprechende Anwendung auf vertragliche Ansprüche statt. Hinsichtlich der Gefährdungshaftung aus Sondergesetzen gelten die vergleichbaren Regelungen der §§ 5, 8 HaftPflG, §§ 10 ff. StVG, §§ 12 ff. UmweltHaftG, §§ 35 ff. LuftVG und §§ 28 ff. AtomG.

hemmer-Methode: Der Problemkomplex „Ersatz von Drittschäden“ ist in Klausuren sehr beliebt. Grundsätzlich kann nur der seinen Schaden ersetzt bekommen, der Vertragspartner ist, bzw. der in seinen geschützten Rechtsgütern verletzt ist (Dogma vom Gläubigerinteresse). Tritt der Schaden bei einem Dritten ein, so ist dieser grds. nicht ersatzfähig. Ausnahmen beinhalten die §§ 844 f., aber auch die Drittschadensliquidation und die Grundsätze des Vertrages mit Schutzwirkung für Dritte (vgl. dazu Hemmer/Wüst, Schadensersatzrecht III, Rn. 258). 290

II. Ersatzansprüche Dritter bei Tötung, § 844[218]

bei Tötung § 844

Voraussetzung für die Ansprüche aus § 844 ist die Tötung des unmittelbar Geschädigten. Die Tötung kann vorsätzlich oder fahrlässig erfolgt sein. Erforderlich ist nur ein tatsächlicher objektiver Zusammenhang zwischen schuldhaft begangener Körperverletzung und dem Tode. Unerheblich ist, ob der Schädiger den Tod voraussehen konnte oder nicht. Auch ein Selbstmord infolge traumatischer Neurose, welche durch eine Verletzungshandlung des Schädigers verursacht wurde, fällt somit unter § 844.[219] 291

Beerdigungskosten, Abs.1

Nach § 844 I hat derjenige, welcher verpflichtet ist, die Kosten der Beerdigung zu tragen, einen Ersatzanspruch gegen den Schädiger.[220]

214 Vgl. Palandt, § 844, Rn. 1.

215 Vgl. RGZ 117, 102.

216 Vgl. Palandt, § 844, Rn.1.

217 Vgl. dazu auch Palandt, § 846, Rn. 1.

218 Vgl. auch Medicus, „Der Tod als Schaden“, ZGS 2006, 103 ff.

219 Vgl. zum Ganzen Palandt, § 844, Rn. 2,3.

220 Vgl. auch Ebel, JURA 1985, 561 (562).

Die Verpflichtung zur Tragung der Beerdigungskosten trifft nach:

⇨ § 1968 *die Erben*,

⇨ § 1615 II *den Unterhaltsverpflichteten, sofern nicht die Erben haften*,

⇨ § 1615 m *den nichtehelichen Vater bei Tod der Mutter, sofern nicht die Erben haften*,

⇨ §§ 1360 a III, 1615 II *den Ehegatten,*

⇨ §§ 1361 IV 4, 1360 a III, 1615 II *den Ehegatten auch bei Getrenntleben.*

Unterhalt, Abs.2

Im Falle des § 844 II ist der Schädiger zur Leistung von Unterhalt in Form einer Geldrente verpflichtet, wenn der Getötete im Zeitpunkt der Verletzung (nicht: Zeitpunkt der Tötung!) dem Dritten gegenüber in einem Verhältnis stand, in dem er kraft Gesetzes unterhaltspflichtig war oder werden konnte, und dem Dritten infolge der Tötung dieser Unterhaltsanspruch entzogen wurde.

Werden zum Beispiel die Eltern eines Kindes bei einem Verkehrsunfall getötet, steht dem Kind ein Anspruch aus § 844 II zu, da die Eltern gegenüber dem Kind unterhaltspflichtig waren. Wird das Kind getötet, kann auch den Eltern ein solcher Anspruch zustehen, da das Kind gegenüber den Eltern unterhaltspflichtig hätte werden können, was nach dem Wortlaut des § 844 II ausreicht. Nicht erforderlich ist also, dass eine Unterhaltspflicht bereits besteht.

Die Verpflichtung erstreckt sich zeitlich maximal auf die mutmaßliche Dauer des Lebens des Getöteten und das Fortbestehen der Unterhaltsbedürftigkeit des Dritten.

Dies zwingt den Richter zu einer Prognose, wie sich die Unterhaltsbeziehungen zwischen dem Unterhaltsberechtigten und dem Unterhaltspflichtigen bei Unterstellung seines Fortlebens nach dem Unfall entwickelt hätten. Er muss daher gem. § 287 ZPO eine vorausschauende Betrachtung vornehmen, in die er alle voraussehbaren Veränderungen der Unterhaltsbedürftigkeit des Berechtigten und der (hypothetischen) Leistungsfähigkeit des Unterhaltspflichtigen, wäre er noch am Leben, einzubeziehen hat.

Der Fortbestand der Unterhaltspflicht ist auf die voraussichtliche Dauer der Erwerbstätigkeit des Verletzten, wie sie sich ohne den Unfall gestaltet hätte, zu begrenzen. Dabei ist derzeit bei einem nicht selbständig Tätigen auf den gesetzlich mit Vollendung des 65. Lebensjahres vorgesehenen Eintritt in den Ruhestand abzustellen.[221]

Ebenso ist die mutmaßliche Dauer des Lebens gem. § 287 ZPO unter Würdigung aller Umstände zu schätzen. Bei Fehlen individueller Anhaltspunkte kann auf die vom statistischen Bundesamt herausgegebene zeitnächste „Sterbetafel" oder anderes möglichst zeitnah zum Todeszeitpunkt erhobenes statistisches Material abgestellt werden.[222] Der so ermittelte Zeitpunkt der mutmaßlichen Lebensdauer ist im Urteil anzugeben.[223]

221 BGH NJW-RR 2004, 812 f.

222 OLG Hamm, MDR 1998, 1414 f. = **juris**byhemmer.

223 BGH NJW-RR 2004, 812 f.

hemmer-Methode: Schadensersatz nach § 844 II kann also nur dann verlangt werden, wenn der Tod gerade durch eine dem Getöteten gegenüber zum Schadensersatz verpflichtende Handlung verursacht wurde. § 844 II steht zwar selbständig neben einem etwaigen Anspruch des unmittelbar Verletzten (vgl. Rn. 288), jedoch kommt der Anspruch nur zur Entstehung, wenn der unmittelbar Verletzte ebenfalls Ersatz hätte verlangen können. Dies folgt aus dem Zweck des § 844 II und der Vorschrift des § 846, die vorsieht, dass ein mitwirkendes Verschulden des unmittelbar Verletzten bei der Entstehung des Drittschadens in gleicher Weise dem mittelbar Geschädigten entgegengehalten werden kann, als wenn es sich um eine eigene Angelegenheit des unmittelbar Verletzten handelte. Für die Klausur bedeutet dies, dass Sie inzident i.R.d. § 844 II die Voraussetzungen eines Schadensersatzanspruchs des Getöteten gegenüber dem Schädiger prüfen müssen. 292

⇨ gesetzl. Unterhaltspflicht

Die Pflicht des Getöteten auf Unterhaltszahlung - immer unter der Voraussetzung der Bedürftigkeit des Dritten - kann sich aus folgenden Vorschriften ergeben:

⇨ § 1360 S.1: *Ehegattenunterhalt*; § 1361 I: *Ehegattenunterhalt nach Trennung*; §§ 1569 ff.: *Ehegattenunterhalt nach Scheidung*

⇨ §§ 1601 ff.: *Verwandte in gerader Linie, insb. eheliche Kinder, wobei für § 844 II irrelevant ist, ob der Unterhalt durch den Getöteten bar oder als Naturalunterhalt geleistet wurde*[224]

⇨ *für ehelich erklärte Kinder*

⇨ §§ 1754 f.: *Unterhaltspflicht nach Adoption*

auch wenn Erben nicht voll leistungsfähig sind

Der Unterhalt muss *durch die Tötung* entzogen worden sein. Es besteht daher auch dann ein Schaden, wenn die Unterhaltsverpflichtung auf die Erben übergegangen ist, diese aber tatsächlich nicht voll leistungsfähig sind oder aus Rechtsgründen nur geringere Leistungen erbringen müssen.[225]

§§ 843, 844 entspr.
⇨ keine Vorteilsanrechnung

§ 843 II-IV gilt nach § 844 II 1, 2.HS. entsprechend. Der Schädiger kann sich also auch hier nach §§ 844 II, 843 IV nicht darauf berufen, 293
dass mit dem Tode nunmehr ein anderer hilfsweise zur Unterhaltsgewährung verpflichtet ist.[226]

Im Fall des § 844 II ist § 843 IV aber ebenfalls nicht anwendbar, wenn nur der Unterhaltspflichtige, nicht aber die Unterhaltsquelle gewechselt hat.[227]

Hat der Unterhaltsberechtigte den Unterhaltsverpflichteten beerbt, kommt jedoch eine *Anrechnung der Erbschaft* gem. § 843 IV analog nur dann in Betracht, wenn nach dem Tod des Unterhaltsverpflichteten der Unterhalt ebenso wie vorher aus derselben „Unterhaltsquelle“ gewährt wird. Somit ist der Stammwert der Erbschaft regelmäßig nicht anrechenbar, es sei denn, der Unterhalt ist auch bisher aus dem Vermögensstamm bestritten worden: In diesem Fall wäre dem Unterhaltsberechtigten bei späterem Versterben des Getöteten eine geringere Erbschaft angefallen. Hinsichtlich des Zinsanteils kommt jedoch eine Vorteilsausgleichung in Betracht, es sei denn, der Erblasser hätte diese Erträgnisse des Vermögens nicht verbraucht, so dass diese wiederum den Stammwert erhöht hätten.[228]

224 BGH, NJW 2006, 2327 ff. = **juris**byhemmer.

225 Vgl. Palandt, § 844, Rn. 6.

226 Vgl. Palandt, § 844, Rn. 6.

227 Vgl. OLG München, VersR 1967, 190. = **juris**byhemmer.

228 Vgl. Hemmer/Wüst, Basics Zivilrecht, Rn. 468 f.

hemmer-Methode: Da der Anspruch aus § 844 II ein echter Schadensersatzanspruch ist, muss überhaupt ein Schaden entstanden sein. Hier sind dann in der Klausur regelmäßig Ausführungen zu einer evtl. Vorteilsanrechnung angebracht. Neben der Vorteilsanrechnung kann hier in der Klausur auch das Problem der Beachtlichkeit von Reserveursachen eine Rolle spielen. Litt der Getötete bspw. an Krebs und hätte er ohnehin nur noch zwei Jahre gelebt, so können die Hinterbliebenen vom Schädiger den ihnen entgehenden Unterhalt nur für diese zwei Jahre nach § 844 II ersetzt verlangen (Fall der innewohnenden Schadensanlage).[229]

Unterhaltshöhe

Der Unterhalt bemisst sich nach den familienrechtlichen Vorschriften und nicht nach dem tatsächlich gewährten Unterhalt.[230] Maßgebend ist dabei im Einzelfall, inwieweit dem Berechtigten durch den Wegfall der Unterhaltspflicht des Getöteten ein Ausfall entstanden ist oder entsteht.

> ***Bsp.:*** *Unter Ehegatten findet nach § 1356 eine einvernehmliche Regelung der Unterhaltspflicht durch Erwerbstätigkeit und Haushaltsführung statt. Leistet die Ehefrau in der Alleinverdienerehe den Unterhalt durch die Haushaltsführung, so ist dies der gesetzlich geschuldete Unterhalt. Bei Tod der Ehefrau liegt somit hierin der Unterhaltsverlust des Ehemannes.*

§ 844 III BGB: Hinterbliebenengeld

Neu geregelt ist ab Frühjahr 2017 das sog. Hinterbliebenengeld, § 844 III n.F. **293a**

Bislang können nahe Angehörige Ersatzansprüche über das in § 844 I, II geregelte hinaus nur bei eigener Gesundheitsbeschädigung i.S.d. § 823 I geltend machen. Die Hürden dafür sind in der Praxis sehr hoch. Der BGH verlangt in ständiger Rechtsprechung psychische Beeinträchtigungen, die über solche hinausgehen, denen Hinterbliebene im Todesfall erfahrungsgemäß ausgesetzt sind.[231] Anders: In der Regel scheitert ein Anspruch aus § 823 I – und damit auch ein Schmerzensgeldanspruch gem. § 253 II.

geringere Anforderungen als bei § 823 I BGB

Nunmehr genügt ein dem Geschädigten zugefügtes „seelisches Leid“, welches wohl ausnahmslos zu bejahen sein wird. Als Geschädigte kommen in Betracht solche Personen, die zu dem Getöteten in einem Näheverhältnis standen. Gem. § 844 III S. 2 wird dieses bei Ehegatten, (eingetragenen) Lebenspartnern, Eltern und Kindern vermutet. Auch andere Personen können anspruchsberechtigt sein, müssten das Näheverhältnis aber nachweisen. Voraussetzung ist eine so intensive Beziehung, dass eine Vergleichbarkeit zu dem genannten Personenkreis besteht (z.B. denkbar bei nichtehelichem Lebenspartner, Geschwistern).

Liegen sowohl die Voraussetzungen für den Ersatz von Schockschäden, als auch damit – notwendigerweise – für den Anspruch aus § 844 III vor, wird keine doppelte Entschädigung gezahlt. Maßgeblich ist die höhere einer billigen Entschädigung, welche sich dann aus §§ 823 I, 253 II ergeben dürfte, da die Intensität der Beeinträchtigung hier ja höher ausfällt. Für den Anspruchsumfang gilt ferner – wie bei allen Ansprüchen aus §§ 844, 845 –, dass gem. § 846 eine Kürzung gem. § 254 I stattzufinden hat, wenn den Getöteten ein Mitverschulden trifft.

auch bei Gefährdungshaftung, insbesondere § 10 III StVG, § 7 III ProdHaftG

hemmer-Methode: Die Schadenssummen, die hier jährlich relevant werden, schätzt der Gesetzgeber auf ca. 240 Mio €, ausgehend von ca. 3000 Tötungsfällen mit Fremdeinwirkung und einer bis dato im Rahmen der Schockschäden durchschnittlich gewährten Entschädigung in Höhe von 10.000 €. Offensichtlich kalkuliert der Gesetzgeber mit mehreren Angehörigen pro Todesfall.

229 Medicus, Rn. 849.

230 Vgl. BGH, DAR 1989, 21 = jurisbyhemmer; NJW 2006, 2327 f. = jurisbyhemmer.

231 BGH, NJW 2015, 2246 f. = jurisbyhemmer.

Ob die Gerichte im Einzelfall tatsächlich auch im Rahmen des § 844 III eine Entschädigung in Höhe von durchschnittlich 10.000 € zusprechen werden, ist höchst fraglich, da die Anforderungen an den Anspruch ja weitaus geringer sind. Wie auch immer: Da das Hinterbliebenengeld auch in Fällen der Gefährdungshaftung geschuldet sein wird, da insbesondere in § 10 III StVG, § 7 III ProdHaftG vergleichbare Regelungen geschaffen werden, dürfte sich die Neuregelung jedenfalls negativ auf die Beiträge zu Haftpflichtversicherungen auswirken.

III. Ersatzansprüche wegen entgangener Dienste, § 845

entgangene Dienste, § 845

Im Fall der Tötung, Verletzung von Körper/Gesundheit oder Freiheitsentziehung hat der Schädiger nach § 845 den Dritten durch eine Geldrente für entgangene Dienste zu entschädigen, wenn der Verletzte kraft Gesetzes zur Leistung von Diensten in dessen Hauswesen oder Gewerbe verpflichtet war. 294

Kinder, § 1619

Eine Dienstleistungspflicht kraft Gesetzes ergibt sich heute nur noch aus einer Vorschrift, dem *§ 1619*. Danach sind bei den Eltern wohnende Kinder verpflichtet, in deren Hauswesen oder Geschäft Dienste zu leisten. Dies gilt auch für nichteheliche Kinder oder für adoptierte Kinder (§§ 1754, 1755).[232]

Bsp.:[233] *Der 14-jährige B arbeitet seit 4 Jahren auf dem Bauernhof seiner Eltern mit. Eines Tages kommt B bei einem von S verschuldeten Unfall ums Leben. Die Eltern verlangen von S Ersatz für die ihnen entgangenen Dienste des B. S meint, dass von einer „Dienstleistung" des B keine Rede sein könne, da B (was zutrifft) faktisch den Hof alleine geführt habe, und obendrein der Familienunterhalt mit der Arbeit des B bestritten worden sei.*

Lösung: Die Eltern könnten gem. § 845 Schadensersatz verlangen.

Dann müsste B den Eltern kraft Gesetzes zur Leistung von Diensten in ihrem landwirtschaftlichen Betrieb verpflichtet gewesen sein. Eine solche Mitarbeit auf gesetzlicher Grundlage käme gem. § 1619 in Betracht. B gehörte im Zeitpunkt der Tötung dem Hausstand seiner Eltern an und wäre zumindest bis zum 18. Lebensjahr noch von seinen Eltern erzogen worden. Auf die tatsächliche Gewährung von Unterhalt seitens der Eltern kommt es daher bis zu diesem Zeitpunkt nicht an. Ab dem 18. Lebensjahr wäre die Unterhaltsgewährung eine von den Eltern zu beweisende Voraussetzung des § 1619.

Der Anspruch aus § 845 i.V.m. § 1619 würde jedoch ausscheiden, wenn die Mitarbeit des B nicht auf gesetzlicher, sondern vertraglicher Grundlage erfolgt wäre. Jedoch spricht auch bei erheblichem Umfang der Mitarbeit keine Vermutung für eine vertragliche Grundlage, so dass diese anspruchsausschließende Tatsache vom Gegner zu beweisen wäre.

Somit ist weiter davon auszugehen, dass die Mitarbeit des B auf familienrechtlicher Grundlage erfolgt ist.

Folglich können die Eltern von S gem. § 845 für die entgangenen Dienste des B Schadensersatz in Form einer Geldrente verlangen.

hemmer-Methode: Übergreifendes Problembewusstsein! I.R.d. § 845 lassen sich recht leicht Probleme des Deliktsrechts mit solchen des Familien- und Vertragsrechts verbinden. Denken Sie den Fall noch einmal durch: Wie wäre es, wenn der Sohn i.R.e. Ausbildungsvertrages auf dem elterlichen Hof tätig wäre? Was würde gelten, wenn die Eltern einwendeten, es handle sich dabei lediglich um einen „pro forma" abgeschlossenen Vertrag? 294a

232 Vgl. Palandt, § 845, Rn. 2.

233 Vgl. BGH, NJW 1991, 1226 = jurisbyhemmer.

Ehegatten (-)

Ehegatten hingegen sind einander nicht zur Leistung von Diensten verpflichtet. Die Haushaltsführung zählt nach § 1356 zur Unterhaltspflicht und stellt keine Dienstleistungspflicht dar. Auch eine Mitarbeitspflicht im Beruf oder Geschäft dient dem Unterhalt.

Ein Ehegatte hat gegenüber dem Schädiger bei Tötung nur Ansprüche aus § 844 II. Der unmittelbar verletzte Ehegatte hat dagegen eigene Ansprüche wegen Ausfalls seiner Arbeitskraft unter den Voraussetzungen der §§ 823 ff.[234]

hemmer-Methode: Verzögern Sie im Fall der Tötung einer Ehefrau kurz den Gedankenablauf (Prinzip der Retardation). Stürzen Sie sich nicht gleich auf § 844 II, sondern stellen Sie zunächst dar, dass § 845 ursprünglich für diese Fälle geschaffen wurde. Heute findet er aber für den Fall der getöteten Ehefrau keine Anwendung mehr, diese leistet dem Ehemann keine Dienste. Sie erbringt vielmehr durch die Haushaltsführung ihren Anteil am Familienunterhalt, § 1360 S.2, so dass sich der Anspruch des überlebenden Ehegatten nach § 844 II richtet. Das gilt selbstverständlich auch für den getöteten Hausmann; § 1360 spricht allgemein von Ehegatten. *295*

E. Haftung bei Sachentziehung, §§ 848 - 851

Haftung bei zufälligem Untergang, § 848

Ist der Schädiger aufgrund einer unerlaubten Handlung zur Rückgabe einer Sache verpflichtet, so ist er nach § 848 auch für den zufälligen Untergang, eine aus anderem Grunde eintretende zufällige Unmöglichkeit der Herausgabe oder zufällige Verschlechterung der Sache verantwortlich, es sei denn, dass der Untergang, die anderweitige Unmöglichkeit der Herausgabe oder die Verschlechterung auch ohne die Entziehung eingetreten sein würde. Es erfolgt eine Geldentschädigung nach § 251.[235] § 848 enthält den Rechtsgrundsatz, dass ein hypothetischer Kausalverlauf zu berücksichtigen ist.[236] *296*

> ***Bsp.:*** *D stiehlt dem E ein Fahrrad und stellt es vor seinem Haus ab. In der folgenden Nacht montiert X den neuwertigen Tachometer, den teuren Ledersattel und eine Hupe ab und nimmt alles mit. Hier kann E von D Schadensersatz nach §§ 823 I, 848 aus Eigentumsverletzung verlangen. Ob das Stehlen der Zubehörteile durch X noch von D adäquat kausal verursacht wurde, kann dahinstehen, da die Vermutung des § 848 eingreift.*

hemmer-Methode: Weitere Fälle der Zufallshaftung (Haftung ohne Verschulden) sind in § 287 S.2 für den Schuldner im Verzug und in § 678 für die Ausführung einer unberechtigten GoA geregelt, sofern zumindest ein Übernahmeverschulden vorliegt. Die Haftung für Zufall ist ein examenstypisches Problem. Der Klausurersteller eröffnet sich dadurch ein weiteres Problemfeld zur Notendifferenzierung. *297*

Zinsen, § 849

Ist wegen der Entziehung einer Sache ihr Wert oder wegen der Beschädigung einer Sache die Wertminderung zu ersetzen, so kann nach § 849 der Verletzte Zinsen des zu ersetzenden Betrags von dem Zeitpunkt an verlangen, welcher der Bestimmung des Wertes zugrunde gelegt werden kann. Die Zinsen sind als Schadensersatz zu leisten für die endgültig verbleibende Einbuße an Substanz und Nutzbarkeit der Sache, nicht aber für andere Beträge, die wegen der Entziehung oder Beschädigung geschuldet werden.[237] Zeitpunkt der Wertberechnung ist regelmäßig der des Eingriffs oder des Schadensereignisses.[238] *298*

234 Vgl. Palandt, § 845, Rn. 2; BGHZ 77, 157 = **juris**byhemmer.

235 Vgl. Palandt, § 848, Rn. 1.

236 Vgl. BGHZ 10, 6 = **juris**byhemmer.

237 Vgl. Palandt, § 849, Rn. 1.

238 Vgl. Palandt, § 849, Rn. 2.

Verwendungen, § 850; ggf. ZBR nach § 273

Macht der zur Herausgabe einer entzogenen Sache Verpflichtete Verwendungen auf die Sache, so stehen ihm nach § 850 dem Verletzten gegenüber die Rechte zu, die der Besitzer dem Eigentümer gegenüber wegen der Verwendungen hat. § 850 enthält somit einen Verweis auf die §§ 994 - 1003. 299

Das Zurückbehaltungsrecht wegen der Verwendungen ergibt sich aus § 273, es sei denn, dass der Besitz durch vorsätzliche unerlaubte Handlung erlangt ist, §§ 273 II, 1000 S.2.[239]

befreiende Leistung an Dritten, § 851

Leistet der wegen der Entziehung oder Beschädigung einer beweglichen Sache zum Schadensersatz Verpflichtete den Ersatz an denjenigen, in dessen Besitz sich die Sache zur Zeit der Entziehung oder der Beschädigung befunden hat, so wird er gemäß § 851 durch die Leistung auch dann befreit, wenn ein Dritter Eigentümer der Sache war oder ein sonstiges Recht an der Sache hatte, es sei denn, dass ihm das Recht des Dritten bekannt oder infolge grober Fahrlässigkeit unbekannt ist. § 851 schützt den guten Glauben des Leistenden an das Eigentum des Besitzers.

hemmer-Methode: Lernen Sie in klausurtypischen Zusammenhängen! Mit dem bloßen Abspulen von gelerntem Einzelwissen ohne den Zusammenhang herzustellen, nerven Sie ihren Korrektor.
§ 851 steht im Kontext zu Gesamtgläubiger- und Mitgläubigerschaft. Liegt Gesamtgläubigerschaft nach § 428 vor, so kann sich der Schuldner durch Zahlung an einen der Gläubiger von seiner Schadensersatzpflicht befreien. § 851 kann deshalb nur in solchen Fällen eine Rolle spielen, in denen zwischen Besitzer und Eigentümer keine Gesamtgläubigerschaft, sondern eine Mitgläubigerschaft nach § 432 bestand. Besonders klausurrelevant ist dabei das Verhältnis zwischen Leasinggeber und Leasingnehmer sowie zwischen Eigentümer und Anwartschaftsberechtigtem. Ein weiterer Fall, in dem § 851 zur Anwendung kommt, ist die Konstellation des § 991 II. Der Besitzer wird hier durch Zahlung an seinen Oberbesitzer von seiner Schadensersatzverpflichtung gegenüber dem Eigentümer frei.

AS Eigentümer gg. Besitzer aus § 816

Keine Anwendung findet § 851 auf unkörperliche Gegenstände, an denen kein Besitz besteht. Der Ausgleich zwischen Besitzer und Eigentümer erfolgt nach *§ 816 II*.[240] 300

> ***Bsp.:*** *In obigem Fahrradbeispiel gibt D an E das Rad heraus und zahlt Schadensersatz für die von X gestohlenen Teile. Danach stellt sich heraus, dass nicht E, sondern L der Eigentümer des Rades war, der es dem E geliehen hat. D wusste von diesen Eigentumsverhältnissen nichts und konnte davon auch nichts wissen.*
>
> Hier besteht kein Anspruch des L gegen D auf Herausgabe und Schadensersatz, da der D gemäß § 851 durch seine Leistung an E befreit wurde. L kann sich nur nach § 816 II an E halten.

F. Verjährung, §§ 195, 199, 852 f.

I. Verjährung nach § 195

Verjährung 3 Jahre, § 195

Nach § 195, 199 I Nr. 2 verjähren Schadensersatzansprüche aus unerlaubter Handlung nach 3 Jahren ab Kenntnis des Verletzten vom Schaden und der Person des Ersatzpflichtigen. Die Ansprüche verjähren aber ohne Rücksicht auf diese Kenntnis spätestens in 30 Jahren, vgl. § 199 II, III. 301

239 Vgl. Palandt, § 850, Rn. 1.

240 Vgl. Palandt, § 851, Rn. 1.

§§ 195 ff. gelten für alle Ansprüche aus unerlaubter Handlung und Gefährdungshaftung im BGB sowie für Ansprüche aus anderen Gesetzen, sofern dort keine Sonderregelungen zur Verjährung getroffen sind.[241]

Beginn ab Kenntnis

Die Verjährungsfrist beginnt mit Kenntnis des Verletzten vom Schaden und der Person des Ersatzpflichtigen, vgl. § 199 I Nr. 2. Es genügt die Kenntnis vom Schadenseintritt als solchem. Die Kenntnis des genauen Schadensumfanges ist nicht erforderlich.[242] **302**

Die Kenntnis ist vorhanden, wenn der Verletzte aufgrund der ihm bekannten Tatsachen gegen den Schädiger eine Schadensersatzklage, sei es auch nur eine Feststellungsklage, erheben kann, die bei verständiger Würdigung der vorgetragenen Tatsachen soviel Erfolgsaussichten hat, dass sie dem Verletzten zuzumuten ist.[243]

ggf. kürzere vertragliche Verjährung mögl.

Beim Zusammentreffen mit Ansprüchen aus Vertrag besteht grundsätzlich Anspruchskonkurrenz, so dass die vertragliche Verjährung die Verjährung deliktischer Ansprüche nicht berührt.[244] So verdrängen die §§ 438, 634a, 651g den § 195 nicht. Etwas anderes gilt hingegen bei konkurrierenden Ansprüchen des Vermieters, Verleihers und Nießbrauchers wegen Veränderung oder Verschlechterung der Sache aus fahrlässig begangener unerlaubter Handlung. Hier gelten die kurzen Verjährungsfristen der §§ 548, 606, 1057 auch für deliktische Ansprüche.[245] Dies gilt auch dann, wenn der Mieter die Ersatzpflicht für Verschlechterungen übernommen hat, die durch vertragsgemäßen Gebrauch entstanden sind.[246] **303**

Hat der Schädiger durch die unerlaubte Handlung etwas auf Kosten des Verletzten erlangt, so muss er dieses nach *§§ 852 S.1 i.V.m. 812 ff.* dem Verletzten auch nach Eintritt der Verjährung wieder herausgeben. Der Herausgabeanspruch verjährt gem. § 852 S.2 in 10 Jahren von seiner Entstehung an, ohne Rücksicht auf die Entstehung in 30 Jahren seit dem schadensstiftenden Ereignis. **304**

Damit hat der Gesetzgeber diesen Anspruch einer anderen Verjährungsfrist unterstellt als den originären Bereicherungsanspruch aus § 812. Das bedeutet: wenn die unerlaubte Handlung (wie sehr häufig) auch den Tatbestand des § 812 I S.1 Alt.2 erfüllt, wird dieser originäre Bereicherungsanspruch in derselben Frist verjähren, wie der deliktische Schadensersatzanspruch, da jeweils § 199 I gilt (etwaige Abweichungen wegen § 199 II-IV einmal außer Betracht gelassen).

Dann kann aber gleichwohl noch über § 852 i.V.m. § 818 eine etwaig vorhandene Bereicherung herausverlangt werden.

§§ 852 i.V.m. 818 Rechtsfolgenverweisung

Bei der Verweisung auf das Bereicherungsrecht handelt es sich lediglich um eine *Rechtsfolgenverweisung*, so dass die Voraussetzungen der §§ 812 ff. nicht gegeben sein müssen.[247] Voraussetzung ist lediglich, dass ein deliktischer Anspruch – und damit ein Schaden - bestanden hat, denn andernfalls ist der Anwendungsbereich des § 852 nicht eröffnet. Zum Teil spricht man davon, der Anspruch der §§ 852, 818 I sei „doppelt limitiert". Zum einen durch das Vorliegen eines Schadens, zum anderen durch die noch vorhandene Bereicherung (wobei in diesem Zusammenhang natürlich noch an eine verschärfte Haftung gem. §§ 818 IV, 819 I zu denken ist).[248]

241 Vgl. Palandt, § 852, Rn. 1; BGHZ 57, 170 (176) = **juris**byhemmer.

242 Vgl. Palandt, § 852, Rn. 8.

243 Vgl. BGH, NJW 1984, 661) = **juris**byhemmer; BGH, NJW 1986, 2377; Palandt, § 852, Rn. 2.

244 Vgl. BGHZ 66, 315 = **juris**byhemmer; Palandt, § 852, Rn. 1.

245 Vgl. BGHZ 55, 392; BGHZ 71, 175; BGH, NJW 1985, 798 **alle Entscheidungen** = **juris**byhemmer.

246 Vgl. BGH, NJW 1987, 2072 = **juris**byhemmer.

247 Vgl. Palandt, § 852, Rn. 21.

248 Vgl. Ebert, NJW 2005, 3035, 3037, der insoweit auch den Begriff „Rest-Schadensersatzanspruch" verwendet.

Bsp.: *X wird von Y bestohlen. Y veräußert die Sache weiter an Z. X erfährt dies. 4 Jahre nach Kenntniserlangung verlangt er von Y Herausgabe des Erlöses gem. § 816 I S.1, indem er die Verfügung genehmigt. Dieser bereicherungsrechtliche Anspruch ist verjährt. Da aber der Diebstahl deliktische Ansprüche auslöst, kann X über §§ 852, 818 I eine etwaig noch vorhandene Bereicherung herausverlangen.*

Nach alter Rechtslage bedurfte es der §§ 852, 818 I in dieser Konstellation nicht, da auch der originäre Bereicherungsanspruch aus § 816 I S.1 nicht verjährt gewesen wäre.

hemmer-Methode: Bevor man bei einem bereicherungsrechtlichen Anspruch also den Eintritt der Verjährung bejaht, sollte man immer daran denken, ob sich vielleicht über § 852 etwas anderes ergibt, wenn die Bereicherung im Zusammenhang mit einer deliktischen Handlung steht.

II. Arglisteinrede, § 853

Arglisteinrede, § 853

Erlangt der Schädiger durch eine von ihm begangene unerlaubte Handlung eine Forderung gegen den Verletzten, so kann der Verletzte nach § 853 die Erfüllung auch dann verweigern, wenn der Anspruch auf Aufhebung der Forderung (aus §§ 823 ff. i.V.m. § 249 I ⇨ Naturalrestitution) verjährt ist. § 853 stellt einen speziellen Anwendungsfall des Einwandes der unzulässigen Rechtsausübung dar.[249] 305

Bsp.: *Die Erfüllung eines durch Betrug erschlichenen konstitutiven Schuldanerkenntnisses kann daher auch dann verweigert werden, wenn der Anspruch auf Aufhebung des Schuldanerkenntnisses bereits gem. § 195, 199 verjährt ist.*

hemmer-Methode: Ordnen Sie § 853 richtig ein. Der Anspruch des Schädigers bleibt weiterbestehen, ihm steht aber eine rechtshemmende (dauernde) Einrede entgegen.[250]
Denken Sie im Zusammenhang mit dem Anspruch des Geschädigten auf Vertragsaufhebung immer auch an das Konkurrenzproblem des Deliktsrechts zu §§ 123 f. Während bspw. der Anspruch aus § 826 bzw. § 823 II i.V.m. § 263 StGB i.V.m. § 249 gemäß § 195 erst in drei Jahren verjährt, erlischt die Anfechtungsmöglichkeit nach § 123 gemäß § 124 bereits nach Ablauf eines Jahres. Obwohl somit durch einen deliktischen Anspruch auf Vertragsaufhebung die Anfechtungsfrist umgangen werden kann, bestehen nach h.M. aufgrund der unterschiedlichen Schutzgüter beide Möglichkeiten der Vertragsaufhebung nebeneinander. Während §§ 119 ff. die Freiheit der Willensentschließung schützen wollen, schützt § 826 bzw. § 823 II i.V.m. § 249 I primär das Vermögen des Geschädigten. Lesen Sie zu diesem Konkurrenzproblem auch Hemmer/Wüst, Deliktsrecht I, Rn. 147!

Bearbeiten Sie die Fragen 121 - 136!

249 Dazu Näheres vgl. Palandt, § 853, Rn. 1.

250 Vgl. allgemein zur Einrede Hemmer/Wüst, BGB AT III, Rn. 628 ff.

§ 11 SCHMERZENSGELD

Auch wenn der Anspruch auf Schmerzensgeld im Zuge der Schadensersatzrechtsreform aus dem Deliktsrecht herausgenommen und in die §§ 249 ff. integriert wurde, erscheint an dieser Stelle eine Darstellung der Grundsätze sinnvoll. Denn auch wenn im vertraglichen Bereich und i.R.d. Gefährdungshaftung (§ 11 S.2 StVG, § 8 S.2 ProdHaftG) Schmerzensgeld bei Vorliegen der entsprechenden Voraussetzungen verlangt werden kann, besteht die größte Bedeutung i.R.d. Deliktsrechts. 305a

Schmerzensgeld, § 253 II
Ausnahme zu § 253 I

Gemäß *§ 253 I* sind dem *Grundsatz* nach nur Vermögensschäden in Geld zu ersetzen. Nichtvermögensschäden sind nur dann in Geld ersatzfähig, wenn dies ausdrücklich im Gesetz angeordnet ist. Eine solche Anordnung findet sich in *§ 253 II* hinsichtlich des *Schmerzensgeldes*.[251] 305b

eigene Anspruchsgrundlage, nicht nur Rechnungsposten

Mit der Neufassung hat sich der alte Streit erledigt, ob § 847 a.F. eine eigene Anspruchsgrundlage war, oder ob das Schmerzensgeld lediglich i.R.d. §§ 249 ff. als besonderer Anspruchsinhalt zu berücksichtigen ist. Letztere Ansicht ist nun Gesetz geworden: Egal ob der Schadensersatzanspruch aus Delikt, Vertrag oder Gefährdungshaftung herrührt: Liegen die Voraussetzungen des § 253 II vor, ist Schmerzensgeld zu leisten.[252] 305c

A. Voraussetzungen

Vorauss.: Verletzung von Körper, Gesundheit, Freiheit, sexueller Selbstbestimmung

§ 253 II setzt einen Anspruch auf Schadensersatz wegen der Verletzung des Körpers, der Gesundheit, der Freiheit oder der sexuellen Selbstbestimmung voraus. 305d

Anspruchsgrundlagen für solche Begehren sind insbesondere § 823 (Körper, Gesundheit Freiheit), § 7 StVG (Körper, Gesundheit, vgl. auch § 11 S.2 StVG, der wohl nur klarstellende Funktion hat) und § 825 (sexuelle Selbstbestimmung). Die letzte Variante ersetzt den bisherigen § 847 II, der unmittelbar an § 825 anknüpfte.

Die beschriebenen Rechtsgutsverletzungen können aber auch im Rahmen vertraglicher Beziehungen infolge Pflichtverletzung eintreten, so dass dann ein Anspruch aus § 280 I die Rechtsfolge des § 253 II auslösen kann.

(+) bei schwerer Verl. v. Persönlichkeitsrecht u. Unmöglichkeit anderw. Genugtuung

Ein "Schmerzensgeldanspruch" (Ersatz des immateriellen Schadens in Geld) ist auch bei der Verletzung des *allgemeinen Persönlichkeitsrechtes* anerkannt, jedoch nur unter zwei einschränkenden Voraussetzungen. Zum einen muss es sich um eine *schwere Verletzung des Persönlichkeitsrechtes* handeln, zum anderen darf eine Genugtuung auf andere Weise, z.B. durch Unterlassen, Gegendarstellung oder Widerruf, nach Art der Verletzung nicht zu erreichen sein.[253] 306

251 Vgl. Palandt, § 253, Rn. 1.

252 Verwirrend insoweit die Kommentierung bei , Palandt, § 253, Rn. 4, wo von einem „selbständigen" Anspruch gesprochen wird. Das ist aber mehr als bedenklich (und möglicherweise ein Fehler i.R.d. Umkommentierung), da auch nach Palandt dann folgend nicht bestritten wird, dass für die Anwendung des § 253 II BGB eine Anspruchsgrundlage auf Schadensersatz verwirklicht sein muss.

253 Vgl. Palandt, § 823, Rn. 203.

Begründet wird der Anspruch allerdings nicht als Analogie zu § 253 II, sondern als verfassungsrechtlich gebotene (Art. 1 I, 2 I GG) Ausnahme zu § 253 I!

hemmer-Methode: Lesen Sie zu diesem Problemkomplex ausführlich: Hemmer/Wüst, Deliktsrecht I, Rn. 53 ff.!

B. Funktionen des Schmerzensgeldes

2 Funktionen:

Der Anspruch auf Schmerzensgeld verfolgt zwei Zielsetzungen: 307

- *Ausgleichsfunktion*

Zum einen ist dies die *Ausgleichsfunktion*. Das Schmerzensgeld soll einen angemessenen Ausgleich für die sich aus der Verletzung ergebenden nichtvermögensrechtlichen Schäden bieten. Es stellt somit einen echten Schadensersatzanspruch dar.

Der Verletzte soll durch das Schmerzensgeld in die Lage versetzt werden, sich Erleichterungen und andere Annehmlichkeiten an Stelle derer zu verschaffen, deren Genuss ihm durch die Verletzung unmöglich geworden ist.[254]

Solche Schäden sind insbesondere die erlittenen oder noch zu erleidenden Schmerzen, ausgestandene Ängste und Sorgen oder die Beeinträchtigung der Lebensfreude.

- *Genugtuungsfunktion*

Darüber hinaus soll das Schmerzensgeld dem Geschädigten eine wirkliche *Genugtuung* verschaffen.[255] Diese Genugtuungsfunktion und der damit ins Zivilrecht einfließende "Rachegedanke" ist jedoch insbesondere in der Literatur heftig umstritten.[256] Grund für die Anerkennung der Genugtuungsfunktion waren vor allem solche - dauerhafte - Verletzungen, für die anderweitig kein sinnvoller Ausgleich geschaffen werden kann, wie z.B. Querschnittslähmung, Erblindung, Verlust einer Gliedmaße. 308

I.R.d. Genugtuungsfunktion sind auch Art und Maß des Verschuldens des Schädigers zu berücksichtigen.

hemmer-Methode: Art und Maß des Verschuldens spielen i.R.d. Gefährdungshaftung für die Frage des „Ob“ der Haftung keine Rolle. Die Haftung besteht verschuldensunabhängig. Dann aber wäre es konsequent, wenn die Genugtuungsfunktion bei der Gefährdungshaftung nur einschränkend für die Höhe des Schmerzensgeldes herangezogen wird. Das hätte dann eine unterschiedliche Ausgestaltung der Schmerzensgeldhöhe i.R.d. § 11 S.2 StVG zur Folge. Dann wäre durch die Neuregelung aber wiederum keine Vereinfachung erreicht, denn das Maß des Verschuldens müsste bei der Höhe des Schmerzensgeldes jeweils genau ermittelt werden. Ob die Rechtsprechung diesen Weg geht oder ob die Genugtuungsfunktion insgesamt zurückgedrängt wird, bleibt abzuwarten.[257]

aber dennoch einheitl. Anspruch

Trotz seiner beiden unterschiedlichen Funktionen bildet der Schmerzensgeldanspruch einen *einheitlichen Anspruch*.[258] Eine Aufspaltung in Ausgleichsanteil und Genugtuungsanteil ist nicht zulässig.[259] Die Genugtuungsfunktion tritt jedoch in bestimmten Fällen hinter die Ausgleichsfunktion zurück, so bei Verkehrsdelikten[260] oder bei einer bereits erfolgten strafgerichtlichen Verurteilung des Täters.[261]

254 Vgl. Palandt, § 253, Rn. 11.

255 Vgl. BGHZ 18, 149 (GS) = **juris**byhemmer; Palandt, § 253, Rn. 11.

256 Insoweit ablehnend Honsell VersR 1974, 205; Nehlsen-von Stryk JZ 1987, 119.

257 Vgl. dazu Palandt, § 253, Rn. 4 m.w.N.

258 Vgl. Palandt, § 253, Rn. 11; BGH VersR 1961, 164.

259 Vgl. BGH VersR 1961, 164.

260 Vgl. BGHZ 18, 149 = **juris**byhemmer.

261 Vgl. OLG Düsseldorf, NJW 1974, 1289 = **juris**byhemmer; OLG Celle, JZ 1970, 548 mit Anm. Deutsch.

C. Bemessungsfaktoren

Bemessung:

Die *Bemessung* des Schmerzensgeldes richtet sich zum einen nach den *beiden Funktionen*, zum anderen lässt sich aus dem Wortlaut "billige Entschädigung" entnehmen, dass nur solche Umstände berücksichtigt werden können, welche dem Schadensfall im einzelnen sein besonderes *Gepräge* geben. 309

§ 287 ZPO ⇨ freies Ermessen

Die tatsächliche Höhe des Schmerzensgeldes bestimmt gemäß *§ 287 ZPO* das Gericht nach freiem Ermessen.

hemmer-Methode: In Examensklausuren ist der Schmerzensgeldanspruch oft mit einem ZPO-Problem verbunden. Nach § 253 II Nr.2 ZPO hat der Kläger einen bestimmten Klageantrag zu stellen. Er müsste also einen genauen Schmerzensgeldbetrag verlangen. Dies hätte zur Folge, dass der Kläger nach § 92 ZPO einen Teil der Kosten zu tragen hätte, wenn das Gericht ihm weniger Schmerzensgeld als beantragt zuspricht. Das Gericht könnte dem Kläger aber auch nicht mehr Schmerzensgeld zusprechen, weil es nach § 308 I ZPO an die Anträge gebunden ist. Deshalb genügt es, wenn der Kläger im Klageantrag zu erkennen gibt, auf welchen tatsächlichen Grundlagen der Anspruch beruhen soll. Außerdem muss eine ungefähre Größenordnung angegeben werden.[262] Das Gericht entscheidet dann gemäß § 287 ZPO nach freiem Ermessen. 310

Life&Law:[263] Hat der Kläger ein angemessenes Schmerzensgeld unter Angabe einer Betragsvorstellung verlangt und hat das Gericht ihm Schmerzensgeld in eben dieser Höhe zuerkannt, so ist er durch das Urteil nicht beschwert und kann es nicht mit dem alleinigen Ziel eines höheren Schmerzensgeldes anfechten. Will sich der Kläger die Möglichkeit eines Rechtsmittels offen halten, so muss er den Betrag nennen, den er auf jeden Fall zugesprochen haben will und bei dessen Unterschreitung er sich als nicht befriedigt ansehen würde.

Bemessung b. Ausgleichsfunkt.

Bei der Bemessung sind i.R.d. Ausgleichsfunktion unter anderem zu berücksichtigen:[264]

⇨ Art und Schwere der physischen und psychischen Störungen

⇨ Alter, persönliche Verhältnisse des Verletzten

⇨ Maß der Lebensbeeinträchtigung

Bsp.:[265] *Eine HIV-Infektion aufgrund ärztlichen Verschuldens beeinträchtigt nach der Rechtsprechung das gesamte Leben nicht nur des Geschädigten selbst, sondern auch seiner Angehörigen nachhaltig und schwerwiegend. Die bis heute bestehende Unheilbarkeit der Krankheit und die damit einhergehende Einschränkung der Lebenserwartung verbunden mit dem ständigen Bewusstsein, dass die Krankheit jederzeit mit nicht abzuschätzenden Folgen ausbrechen kann, stellen eine schwere und dauerhafte psychische Belastung dar, die nur durch ein vergleichsweise hohes Schmerzensgeld (hier: 150.000 €) ausgeglichen werden kann.*

⇨ Größe, Dauer, Heftigkeit der Schmerzen, Entstellungen, Leiden

⇨ Dauer der stationären Behandlung, Trennung von der Familie

---

262 Vgl. Palandt, § 253, Rn. 15 ff., 15; BGHZ 4, 138 = **juris**byhemmer; BGH, NJW 1982, 340 = **juris**byhemmer.

263 **Life&Law 09/1999, 579.**

264 Weitere Beispiele vgl. Palandt, § 253, Rn. 19,20.

265 Vgl. LG Hannover, NJW 1997, 2455 = **juris**byhemmer.

⇨ Dauer der Arbeitsunfähigkeit

⇨ Unübersehbarkeit des Krankheitsverlaufes

⇨ bereits vorhandene krankhafte Konstitution des Verletzten

Bsp.:[266] *Weitreichende Gesundheitsbeeinträchtigungen durch Lockerung eines Metallimplantats in der Wirbelsäule des Geschädigten infolge eines Verkehrsunfalls.*

Zwar entfällt der Zurechnungszusammenhang in solchen Fällen nicht deshalb, weil der Schaden nur aufgrund der besonderen Konstitution des Geschädigten eingetreten ist (sog. Schadensanlage). Bei der Bemessung des Schmerzensgeldes kann ein solcher Umstand dagegen berücksichtigt werden, da dieses lediglich "angemessen" sein muss.

Bemessung b. Genugtuungsfunkt.

I.R.d. Genugtuungsfunktion sind insbesondere zu berücksichtigen: 311

⇨ Art und Maß des Verschuldens des Schädigers[267]

⇨ Mitverschulden des Verletzten

⇨ mögliche oder erfolgte strafrechtliche Verfolgung des Schädigers

konkr. Gepräge notw.

Es dürfen nur Umstände zur Bemessung herangezogen werden, welche den Schadensfall konkret geprägt haben. Dazu zählen vor allem:

⇨ Vermögensverhältnisse des Schädigers

⇨ Vermögensverhältnisse des Verletzten

⇨ Haftpflichtversicherung des Verletzten[268]

hemmer-Methode: Bisweilen ist es angebracht, beim Schmerzensgeld ein etwaiges Mitverschulden des Geschädigten - entgegen der sonstigen Systematik - nicht erst am Ende der Prüfung anzubringen, sondern bereits bei der Frage zu erörtern, welche Entschädigung als Genugtuung angemessen ist.

Zweifelsfälle: Verlust der Wahrnehmungs- und Empfindungsfähigkeit

I.R.d. Genugtuungsfunktion war lange Zeit umstritten, ob einem Geschädigten, der z.B. infolge einer schweren Hirnverletzung nicht in der Lage ist, die Schwere seiner Verletzung wahrzunehmen, und der damit auch keine Genugtuung empfinden kann, überhaupt ein Schmerzensgeldanspruch zustehen kann. Der *BGH*[269] gestattete hier früher eine Minderung des Schmerzensgeldes, so dass in diesen Fällen allenfalls eine symbolische Wiedergutmachung zugestanden wurde. Diese Rechtsprechung hat der BGH allerdings in der Folgezeit aufgegeben,[270] da sie der nahezu vollständigen Zerstörung der Persönlichkeit des Verletzten in Fällen schwerer Hirnschädigung nicht gerecht wird. Beeinträchtigungen von solchem Ausmaß verlangen daher mit Blick auf die verfassungsrechtliche Wertentscheidung in Art.1 und 2 GG und auf die Ausgleichsfunktion des Schmerzensgeldes eine stärkere Gewichtung und verbieten eine lediglich symbolhafte Bewertung. 312

266 Vgl. BGH NJW 1997, 455 = **juris**byhemmer.

267 Vgl. BGHZ 18, 149 (157) (GS) = **juris**byhemmer.

268 Vgl. BGHZ 18, 149 (165 f.) (GS) = **juris**byhemmer.

269 Vgl. BGH NJW 1982, 2123 (2124) = **juris**byhemmer; BGH NJW 1976, 1147= **juris**byhemmer.

270 Vgl. BGH NJW 1997, 781, 1531.

Die Zerstörung der Wahrnehmungsfähigkeit kann daher nicht zu einer Minderung des Schmerzensgeldes führen, sondern ist vielmehr als eigener Faktor i.R.d. § 253 II zu bewerten.

Tod des Verletzten nach kurzer Zeit

Dagegen berücksichtigt die Rechtsprechung den Umstand, dass der Geschädigte die Verletzungen nur kurze Zeit überlebt hat, selbst dann als schmerzensgeldmindernd, wenn der Tod gerade durch das Schadensereignis verursacht worden ist.[271] Dem Schmerzensgeldanspruch steht zwar nach dem oben Gesagten nicht entgegen, dass der Geschädigte das Bewusstsein bis zu seinem Tode nicht wiedererlangt hat und daher gar keine Schmerzen empfunden hat.

Da der Tod eines Menschen selbst aber nach der gesetzlichen Wertung keinen Schmerzensgeldanspruch begründet, kann ein solcher auch dann zu verneinen sein, wenn die tödliche Körperverletzung gegenüber dem alsbald eintretenden Tod keine abgrenzbare immaterielle Beeinträchtigung darstellt.[272]

Verwendung nicht maßgebl.

Keine Rolle bei der Bemessung spielt jedoch, zu welchem Zweck der Verletzte das Schmerzensgeld verwenden will und ob dieser Verwendungszweck sinnvoll ist.[273] **313**

Beispiele für Schmerzensgeldsummen finden sich in dem ADAC-Handbuch von Hacks/Ring/Böhm, die für die gerichtliche Praxis von großer Bedeutung sind.

271 Vgl. BGH NJW 1998, 2741 = **juris**byhemmer; OLG Düsseldorf, NJW 1997, 806 = **juris**byhemmer.

272 BGH NJW 1998, 2741 = **juris**byhemmer.

273 Vgl. BGH NJW 1991, 1544 = **juris**byhemmer.

§ 12 HAFTUNG NACH DEM STVG

A. Einführung

bei Straßenverkehrsunfällen StVG beachten

Das *StVG* stellt für die Haftung von an Unfällen im Straßenverkehr 314
Beteiligten eine Sonderregelung zum allgemeinen Deliktsrecht der §§ 823 ff. dar.

Es finden sich Tatbestände der Gefährdungshaftung[274] sowie der Haftung für vermutetes Verschulden:

⇨ Gefährdungshaftung

Ansprüche aus Gefährdungshaftung enthalten:

⇨ § 7 I StVG: Halterhaftung

⇨ § 7 III 1, 1.HS. StVG: Haftung des Fahrers bei unbefugtem Gebrauch eines Fahrzeugs

⇨ §§ 7 III 3 i.V.m. 7 III 1, 1.HS StVG: Haftung des Fahrers bei unbefugtem Gebrauch eines Anhängers

⇨ Haftung f. vermutetes Versch.

Einen Anspruch aus vermutetem Verschulden enthält:

⇨ § 18 StVG: Fahrerhaftung

⇨ Haftung f. nachzuweisendes Versch.

Ansprüche für nachgewiesenes Verschulden enthalten:

⇨ § 7 III 1, 2.HS. StVG: Haftung des Fahrzeughalters bei unbefugtem Gebrauch

⇨ §§ 7 III 3 i.V.m. 7 III 1, 2.HS StVG: Haftung des Anhängerhalters bei unbefugtem Gebrauch

bzgl. §§ 823 ff. Anspruchsgrundlagenkonkurrenz

Die Ansprüche aus §§ 823 ff., insbesondere aus § 823 I wegen Ver- 315
letzung von Körper/Gesundheit bzw. Eigentum und aus § 823 II i.V.m. Schutzgesetzen aus der StVO, stehen zu den Anspruchsgrundlagen aus dem StVG in *Anspruchskonkurrenz*. Sie sind somit nebeneinander anwendbar. Dies ergibt sich aus *§ 16 StVG*. Gleiches gilt für vertragliche Ansprüche.

Hinweis: Eine § 16 StVG entsprechende Regelung findet sich auch in § 15 ProdHaftG, § 18 UmweltHaftG, § 12 HaftPflG und § 42 LuftVG (Ausnahme: § 48 LuftVG).

§§ 840 ff.

Die Regelungen der §§ 842 ff. werden grundsätzlich durch die Sonderregelungen des StVG verdrängt. Sie finden nur dann Anwendung, wenn auf sie ausdrücklich verwiesen wird.

So verdrängen:

⇨ § 10 I 1 StVG die §§ 842 f.

⇨ § 10 I 2 StVG den § 844 I

⇨ § 10 II StVG den § 844 II

⇨ § 11 S.1 StVG den § 842, § 11 S.2 den § 253 II

⇨ § 13 I StVG den § 843 I.

274 Vgl. dazu allgemein: Deutsch, Gefährdungshaftung: Tatbestand und Schutzbereich, JuS 1981, 317 ff.

Verweisungen enthalten:

⇨ § 9 StVG auf § 254

⇨ § 13 II StVG auf § 843 II-IV

⇨ § 14 StVG auf § 852.

hemmer-Methode: In Studentenklausuren werden die §§ 7, 18 StVG häufig vernachlässigt, d.h. entweder gar nicht oder nur oberflächlich geprüft. Dies bedeutet in der Regel einen unnötigen Punktverlust. Vergessen Sie bei „Unfallklausuren" nie die Prüfung des StVG! 316
Die §§ 7, 18 StVG enthalten Ansprüche aus Gefährdungshaftung bzw. vermutetem Verschulden. Sie sind daher für den Anspruchsinhaber leichter nachzuweisen und durchzusetzen als die Ansprüche aus §§ 823 ff., die den vollen Verschuldensnachweis vom Geschädigten verlangen. Zeigen Sie dies auch im Aufbau Ihrer Klausur! Die Ansprüche aus §§ 7, 18 StVG sind regelmäßig vor den §§ 823 ff. zu prüfen!

B. Die Haftung aus § 7 StVG[275]

I. Übersicht über Tatbestand und Rechtsfolge

Der Tatbestand des *§ 7 I StVG* hat als Voraussetzungen 317

Voraussetzungen

„Wird bei dem Betrieb eines Kraftfahrzeugs oder eines Anhängers, der dazu bestimmt ist, von einem Kraftfahrzeug mitgeführt zu werden, ein Mensch getötet, der Körper oder die Gesundheit eines Menschen verletzt oder eine Sache beschädigt, so ist der Halter des Fahrzeugs verpflichtet,"

und als Rechtsfolge

„dem Verletzten den daraus entstehenden Schaden zu ersetzen."

§ 7 II StVG

§ 7 II StVG:

„Die Ersatzpflicht ist ausgeschlossen, wenn der Unfall durch höhere Gewalt verursacht wird."

Aus dem Wortlaut des § 7 I StVG ergibt sich somit folgendes Aufbauschema:

Aufbauschema für § 7 I StVG

1. Anspruchsgegner: Halter
2. bei Betrieb des Kfz oder eines Anhängers i.S.d. § 7 I StVG
3. Verletzung von Leben, Körper/Gesundheit, Eigentum
4. keine höhere Gewalt nach *§ 7 II*

unbefugter Fahrer, § 7 III 1, 1.HS./ 7 III 3 StVG

Wird das Fahrzeug (der Anhänger) ohne Wissen und Wollen des Halters benutzt, so trifft nach § 7 III 1, 1.HS. (i.V.m. § 7 III 3 StVG) die Gefährdungshaftung aus Absatz 1 nicht den Halter, sondern den *unbefugten Fahrer*. 318

bzgl. Halter bei Verschulden

Der Halter haftet bei unbefugter Benutzung jedoch nach § 7 III S.1, 2.HS. (evtl. i.V.m. § 7 III 3) StVG neben dem Fahrer bei nachgewiesenem Verschulden. Seine Haftung entfällt somit, wenn er den Nachweis des fehlenden Verschuldens erbringt.

275 Vgl. zu den wesentlichen Änderungen durch die Schadensersatzrechtsreform und deren Konsequenzen für die Haftung nach StVG auch Staudinger/Schmidt-Bendun, JURA 2003, 441 ff.

hemmer-Methode: Klausurrelevant ist hauptsächlich der Anspruch aus § 7 I StVG. Aus § 7 III 1, 3 StVG ergeben sich keine zusätzlichen Probleme, so dass die Kenntnis des Wortlautes ausreichend ist. 319

II. Voraussetzungen

1. Halter

Anspruchsgegner der Haftung aus § 7 I StVG ist der *Halter* des Fahrzeugs. 320

Haftung für Anhänger

Mit Wirkung zum 01.08.2002 wurde die Haftung auf Anhänger erweitert, die dazu bestimmt sind, von einem Kraftfahrzeug mitgeführt zu werden. Damit ist klargestellt, dass keine Anhänger erfasst sind, die beispielsweise nur von Fahrrädern gezogen werden können. Von diesen gehen keine spezifischen Gefahren aus, die denen im Rahmen einer PKW-Nutzung vergleichbar wäre von § 7 I StVG umfassten Anhänger lösen die Haftung aber bereits im stehenden Verkehr aus, auch wenn sie nicht mit dem PKW verbunden sind („...dazu bestimmt sind"...).

Halter ⇨ eigene Rechnung u. Verfügungsgewalt

Halter ist derjenige, welcher ein Fahrzeug/einen Anhänger *für eigene Rechnung* in Gebrauch hat (Kostentragungselement) und die für den Gebrauch erforderliche *Verfügungsgewalt* über das Fahrzeug besitzt.[276]

tatsächl., nicht rechtl. Herrschaft notw.

Entscheidend für die Verfügungsgewalt ist das *tatsächliche Herrschaftsverhältnis*, nicht das rechtliche. Die Begründung der Haltereigenschaft ist daher kein Rechtsgeschäft.[277] Zum Teil[278] wird jedoch zum Schutz nicht voll Geschäftsfähiger vertreten, die Regeln über Rechtsgeschäfte, also die §§ 104 ff., entsprechend anzuwenden.

> **Bsp.:** *Halter ist regelmäßig der Eigentümer des Fahrzeuges. Allerdings ist mit der obigen Definition nicht zwingend gesagt, dass der Halter notwendigerweise auch Eigentümer sein muss.*

nicht nur vorübergehende Herrschaft

Dieses tatsächliche Herrschaftsverhältnis muss jedoch von einer *gewissen Dauer* sein.[279] Wer ein Fahrzeug nur vorübergehend für kurze Zeit in Gebrauch hat, ist regelmäßig nicht Halter.

> **Bsp.:** *Nicht zum Halter wird derjenige, der sich ein Auto für kurze Zeit ausleiht oder mietet. Allerdings ist regelmäßig Halter eines Fahrzeuges der Leasingnehmer.*[280]

Verlust der Verfügungsgewalt

Dementsprechend endet die Stellung als Halter jedenfalls dann, wenn die tatsächliche Verfügungsgewalt auf eine nicht nur vorübergehende Zeit entzogen wird.[281]

Möglich ist auch, dass mehrere Personen Halter sind. Das kann gelten für den KfZ Vermieter und den Mieter, wenn das Mietverhältnis nicht nur von kurzer Dauer ist.[282]

---

276 Vgl. BGHZ 13, 351 (354) = **juris**byhemmer; Medicus, Rn. 632.

277 Vgl. Medicus, Rn. 632.

278 Vgl. Larenz II § 77 II für § 833 BGB.

279 Vgl. Medicus, Rn. 632.

280 Vgl. BGHZ 87, 133; BGH, **Life&Law 12/2007, 817 ff.**

281 Vgl. BGH NJW 1997, 660 (mindestens 2 ½ Jahre) = **juris**byhemmer.

282 BGH NJW 1992, 900 = **juris**byhemmer.

hemmer-Methode: Denken Sie immer in größeren Zusammenhängen. Ähnliche Begriffe finden sich auch in anderen Tatbeständen der Gefährdungshaftung: 321

- **Halter: § 833, §§ 33, 53 f. LuftVG**
- **Betriebsunternehmer: §§ 1, 3 HaftPflG**
- **Inhaber der Anlage: § 2 HaftPflG, § 89 II WHG**
- **unbefugter Benutzer: § 7 III 1, 1.HS. StVG, § 33 II 1 LuftVG**

2. Bei Betrieb des Fahrzeuges

nur „bei Betrieb“

Der Halter soll nicht für jedes mit dem Fahrzeug (zur Legaldefinition des Kfz vgl. § 1 II StVG) verbundene Risiko haften. Über das Merkmal „bei Betrieb“ soll sichergestellt werden, dass die strenge, verschuldensunabhängige Haftung nur dann gelten soll, wenn sich der Schaden als Realisierung der vom Kfz ausgehenden Gefahr darstellt und das Unfallgeschehen in dieser Weise durch das Kfz (mit-) wird.[283] Daneben haftet dann evtl. zusätzlich der Halter eines mit dem Fahrzeug verbundenen Anhängers, § 7 I 2 StVG. 322

Diese Einschränkung der Haftung entspricht dem Grundgedanken der Lehre vom Schutzzweck der Norm.[284]

hemmer-Methode: Hier zeigt sich die grundsätzlich gleiche Systematik der Gefährdungstatbestände. Ähnliche Einschränkungen finden sich in allen Gefährdungstatbeständen, z.B. § 1 I HaftPflG „bei Betrieb“ oder § 833 S.1 „durch das Tier“. 323

⇨ Fahren u. verkehrsbeeinflussendes Ruhen

„Bei Betrieb“ ist nach der *h.M.*[285] weit zu verstehen (sog. *verkehrstechnische Auffassung*). Abzustellen ist auf den Betriebsvorgang, d.h. die Fahrt. Erst wenn diese abgeschlossen ist, befindet sich das Fahrzeug außer Betrieb.[286] Nicht zwingend erforderlich ist hingegen, dass sich das am Unfall beteiligte Fahrzeug in Bewegung befunden hat. Die betriebsspezifische Gefahr verwirklicht sich auch dann, wenn der Unfall noch in einem *nahen örtlichen und zeitlichen Zusammenhang* mit einem bestimmten Betriebsvorgang oder einer bestimmten Betriebseinrichtung des Fahrzeuges steht.[287] Dabei erfordert der Betriebsbegriff aber *kein* verkehrswidriges Verhalten des Fahrers.[288]

Kollision nicht erforderlich

Ebenso wenig braucht es, damit eine Verwirklichung der Betriebsgefahr angenommen werden kann, zu einer Kollision des Fahrzeuges mit dem Unfallopfer gekommen zu sein. Das Merkmal „bei Betrieb“ ist auch dann erfüllt, wenn der Unfall durch das Verhalten des Verletzten selbst oder eines Dritten ausgelöst wurde, sofern dieses Verhalten seinerseits wiederum in zurechenbarer Weise durch das Fahrzeug des Inanspruchgenommenen (mit-)veranlasst worden ist.[289] 324

> ***Bsp.:*** *Als D auf der Autobahn den S mit zunehmender Geschwindigkeit die Auffahrt entlang fahren sieht, weicht er auf die linke Fahrspur aus und kollidiert dabei mit dem von hinten kommenden PKW des G. An diesem entsteht erheblicher Sachschaden. G verlangt von S gem. § 7 I StVG Schadensersatz. S macht geltend, der Unfall zwischen D und G sei nicht „bei Betrieb“ seines Kfz entstanden.*

---

283 BGH NJW 1988, 2802 = **juris**byhemmer.

284 Vgl. BGH NJW 1981, 983 = **juris**byhemmer; BGH NJW 1982, 1046 = **juris**byhemmer.

285 Vgl. Medicus, Rn. 633.

286 Vgl. Medicus, Rn. 633.

287 Vgl. BGH NJW 1972, 1808 = **juris**byhemmer; BGH NJW 1973, 44 = **juris**byhemmer.

288 Vgl. BGH NJW 1988, 2802 = **juris**byhemmer.

289 Vgl. Medicus, Rn. 633; BGH NJW 1973, 44 ff.; BGH VersR 1988, 641 f.; BGH NJW 1988, 2802 **alle Entscheidungen** = **juris**byhemmer; BGH, **Life&Law 03/2011, 171 ff.**

Damit das Merkmal „bei Betrieb“ erfüllt ist, braucht es nicht zu einer Kollision zwischen den Fahrzeugen von S und G gekommen zu sein. Ausreichend ist, dass sich die dem Kfz des S innewohnende Betriebsgefahr realisiert hat. Durch das schnelle Auffahren auf die Autobahn hat S das Ausweichmanöver des D in zurechenbarer Weise veranlasst, welches dann zu dem Unfall mit G geführt hat, so dass das konkrete Unfallgeschehen sich auch als Ausprägung der vom Kfz des S ausgehenden Betriebsgefahr darstellt. Somit hat sich der Unfall „bei Betrieb“ des Kfz von S ereignet.

Nach der früher vertretenen *maschinentechnischen Auffassung*[290] war das Fahrzeug nur in Betrieb, wenn es durch seinen Motor bewegt wird. Diese Auffassung wird nur noch auf Unfälle außerhalb des öffentlichen Verkehrsraumes (z.B. Fabrikgelände) angewandt.

Bspe.: *Der Zusammenhang ist z.B. gegeben bei:*

- *Abstellen des Fahrzeugs auf einer Hauptstraße (Seitenstreifen, Fahrbahnrand);*[291] *nicht aber Abstellen auf öffentlichem Parkraum, wie Parkplatz, Parkbucht, Parkstreifen oder auf Privatgrund*[292]

Der Zusammenhang fehlt auch, wenn eine Sonderfunktion des Fahrzeuges als Arbeitsmaschine dominiert,[293] *z.B.*

- *Be- und Entladen des Fahrzeuges*[294]
- *vom Fahrzeugmotor betriebenes Gebläse zum Entladen von Getreide*[295]
- *Einfüllen von Öl durch Motorkraft*[296]
- *Entladen eines Tankwagens*[297]

Zur Verdeutlichung der Problematik hier noch eine Entscheidung des BGH:[298]

K macht gegen B Schadensersatzansprüche aus einem Unfall in einer Tiefgarage geltend. K und B besitzen dort jeweils einen Stellplatz. Der von B gemietete Stellplatz befindet sich direkt rechts hinter der Ein- bzw. Ausfahrtsrampe zur Tiefgarage. Er muss auf der Rampe nach links ausholen, um dann rechtwinklig nach rechts in seine Parkbox einfahren zu können.

Am 8.01. fuhr B mit seinem VW-Bus die Abfahrt zu der Tiefgarage herunter. K wollte diese mit seinem Fahrzeug verlassen und kam B entgegengefahren. Als die Fahrzeuge noch drei bis fünf Meter voneinander entfernt waren, lenkte K plötzlich nach rechts und sein PKW kollidierte mit der Wand der Tiefgarage.

Die Ursache dieses Manövers ist zwischen K und B streitig. Nach der Darstellung von K ist B plötzlich über die Trennlinie der beiden jeweils 2,90 m breiten Fahrspuren der Ab- bzw. Auffahrt gefahren, so dass er selbst nach rechts ausgewichen und deshalb an die Wand gefahren sei. Nach der Darstellung von B hat B lediglich einen kleinen Schlenker innerhalb seiner eigenen Fahrspur nach links gemacht, jedoch sofort nach rechts zurückgelenkt, nachdem er das Fahrzeug des K gesehen habe.

---

290 Vgl. Medicus, Rn. 633.

291 Vgl. BGH VersR 1967, 562.

292 OLG Karlsruhe, NJW 2005, 2318 = **juris**byhemmer.

293 Vgl. Medicus, Rn. 633.

294 Vgl. dazu Tschernitschek NJW 1980, 205 ff.

295 Vgl. BGH NJW 1975, 1886 ff. = **juris**byhemmer.

296 Vgl. BGHZ 71, 212 ff. = **juris**byhemmer.

297 Vgl. BGH NJW 1990, 257 = **juris**byhemmer.

298 NJW 2005, 2081 ff. = **Life&Law 09/2005, 594 ff.**

Hat K gegen B einen Anspruch auf Schadensersatz?

Anspruch aus § 7 I StVG

Zu prüfen ist, ob K gegen B wegen der Beschädigung seines Fahrzeugs einen Anspruch auf Schadensersatz gem. § 7 I StVG hat.

B ist mangels anderweitiger Anhaltspunkte Halter des anderen Fahrzeuges. Das Fahrzeug des K wurde bei dem Ausweichmanöver beschädigt.

Fraglich ist daher, ob die Beschädigung von K´s Fahrzeug „bei Betrieb" des Kraftfahrzeugs des B entstanden ist.

Das Haftungsmerkmal "bei dem Betrieb" ist nach der Rechtsprechung des BGH entsprechend dem umfassenden Schutzzweck der Vorschrift weit auszulegen.

Bei dem Betrieb"
= alle durch den KFZ-Verkehr beeinflussten Schadensabläufe

Die Haftung nach § 7 I StVG umfasst daher alle durch den Kraftfahrzeugverkehr beeinflussten Schadensabläufe. Es genügt dabei, dass sich eine von dem Kraftfahrzeug ausgehende Gefahr ausgewirkt hat und das Schadensgeschehen in dieser Weise durch das Kraftfahrzeug mitgeprägt worden ist.[299]

Maßgeblich: am Schutzzweck der Norm orientierten wertenden Betrachtung

Ob dies der Fall ist, muss mittels einer am Schutzzweck der Haftungsnorm orientierten wertenden Betrachtung beurteilt werden.[300] An diesem auch i.R.d. Gefährdungshaftung erforderlichen Zurechnungszusammenhang fehlt es, wenn die Schädigung nicht mehr eine spezifische Auswirkung derjenigen Gefahren ist, für welche die Haftungsvorschrift den Verkehr schadlos halten will.[301]

Naher örtlicher und zeitlicher Kausalzusammenhang mit Betriebsvorgang / Betriebseinrichtung

Für eine Zurechnung zur Betriebsgefahr kommt es maßgeblich darauf an, dass der Unfall in einem nahen örtlichen und zeitlichen Kausalzusammenhang mit einem bestimmten Betriebsvorgang oder einer bestimmten Betriebseinrichtung des Kraftfahrzeugs steht.[302]

Hiernach rechtfertigt die Anwesenheit eines im Betrieb befindlichen Kraftfahrzeugs an der Unfallstelle allein zwar noch nicht die Annahme, der Unfall sei bei dem Betrieb dieses Fahrzeugs entstanden.

Erforderlich ist vielmehr, dass die Fahrweise oder der Betrieb dieses Fahrzeugs zu dem Entstehen des Unfalls beigetragen hat.[303]

Andererseits hängt die Haftung gemäß § 7 StVG nicht davon ab, ob sich der Führer des im Betrieb befindlichen Kraftfahrzeugs verkehrswidrig verhalten hat[304], und auch nicht davon, dass es zu einer Kollision der Fahrzeuge gekommen ist.[305]

Ein Schaden ist demgemäß bereits dann „bei dem Betrieb" eines Kfz entstanden, wenn sich von einem Kfz ausgehende Gefahren ausgewirkt haben.

Danach kann selbst ein Unfall infolge einer voreiligen - also objektiv nicht erforderlichen - Abwehr- oder Ausweichreaktion gegebenenfalls dem Betrieb des Kraftfahrzeugs zugerechnet werden, das diese Reaktion ausgelöst hat.

Dass der von B selbst eingeräumte Schlenker nach links die Ausweichbewegung des Klägers veranlasst hat, liegt auf der Hand.

Selbst wenn die Ausweichbewegung des K „objektiv nicht erforderlich" gewesen sein sollte, ist sie doch durch das Verhalten des B verursacht worden, das vom entgegenkommenden Fahrer in der engen Ausfahrt als gefährlich empfunden werden konnte.

299 Vgl. Senatsurteile BGHZ 105, 65, 66; 107, 359, 366; 115, 84, 86 und BGH VersR 2005, 566, 567 **alle Entscheidungen** = **juris**byhemmer..

300 Vgl. Senatsurteile BGHZ 71, 212, 214; 115, a.a.O. und BGH VersR 2005, 566, 567 **alle Entscheidungen** = **juris**byhemmer.

301 Vgl. Senatsurteile BGHZ 79, 259, 263; 107, 359, 367; 115, 84, 86 f. **alle Entscheidungen** = **juris**byhemmer.

302 Vgl. Senatsurteile BGHZ 37, 311, 317 f.; 58, 162, 165; BGH VersR 1972, 1074 f.; VersR 1973, 83 f. und VersR 2004, 529, 531 **alle Entscheidungen** = **juris**byhemmer.

303 Vgl. BGH VersR 1969, 58, 59; VersR 1988, 641 = **juris**byhemmer.

304 Vgl. BGH VersR 1971, 1060, 1061 = **juris**byhemmer; VersR 1971, 1063, 1064 = **juris**byhemmer.

305 Vgl. BGH VersR 1986, 1231, 1232 = **juris**byhemmer.

Das reicht nach der oben beschriebenen, vor dem Hintergrund des Schutzzwecks von § 7 StVG gebotenen, weiten Auslegung des Tatbestandsmerkmals „bei dem Betrieb" für den Zurechnungszusammenhang aus.

Zwischenergebnis

Nach alledem ist davon auszugehen, dass die Beschädigung des Fahrzeugs des K „bei dem Betrieb" des Kraftfahrzeugs des B entstanden ist.

Haftungsbegrenzung nach § 17 StVG (Anrechnung der eigenen Betriebsgefahr

Zu klären wäre aber noch, ob und inwieweit K sich die Betriebsgefahr seines eigenen Fahrzeugs zurechnen lassen muss. Gem. § 17 I, II StVG hängt das ob und der Umfang der Verpflichtung des B zum Ersatz des Schadens des K noch davon ab, inwieweit der Schaden vorwiegend von dem einen oder dem anderen Teil verursacht wurde.

An dieser Stelle wäre dann zu berücksichtigen, ob es sich bei der Reaktion des K (Ausweichbewegung) als (gravierender) Fahrfehler infolge einer (ungerechtfertigten) Panikreaktion zu werten wäre, wie von B behauptet. Die Darlegungs- und Beweislast hierfür liegt aber bei B.

Geht man davon aus, dass sich der Sachverhalt an dieser Stelle nicht weiter aufklären lässt, wird jedenfalls ein völliger Ausschluss der Haftung des B nicht in Betracht kommen. Der Umfang der Haftung im Übrigen bleibt allerdings Tatfrage.

Ergebnis

K hat gegen B dem Grunde nach einen Anspruch auf Schadensersatz aus § 7 I StVG. Der Umfang der Haftung ist Tatfrage.

Wie bereits erwähnt, entspricht die Einschränkung der Haftung über das Merkmal „bei Betrieb" letztlich den Wertungen der Kausalitätsstufe des Schutzzwecks der Norm. Das ist insbesondere dann zu berücksichtigen, wenn in einem Fall nicht nur ein Anspruch aus § 7 StVG, sondern auch ein Anspruch aus § 823 I in Betracht kommt. Denn hierbei ist zwar jeweils die haftungsbegründende Kausalität zu prüfen (und damit letztlich die Zurechenbarkeit einer Rechtsgutsverletzung), allerdings können die Argumente, die jeweils anzusprechen sind unterschiedlicher Natur sein. So ist es der Diskussion bei § 7 I StVG vorbehalten, die Betriebsgefahren der beteiligten KfZ mitzuberücksichtigen, wenn es um die Bejahung der Zurechenbarkeit geht.

Bsp.:[306] *A verursacht schuldhaft einen Unfall auf der Autobahn. 2 von 3 Spuren werden vorübergehend gesperrt, die Unfallstelle wird abgesichert. Während der Verkehr im Übrigen auf der verbleibenden Spur die Unfallstelle passiert, fährt B mit überhöhter Geschwindigkeit auf ein Fahrzeug auf, welches die Unfallstelle absichert. Er verlangt von A Ersatz seines (hälftigen Schadens) aus §§ 7 I StVG, 823 I. Zu Recht?*

I.R.d. § 823 I ist die haftungsbegründende Kausalität problematisch. Fraglich ist, ob B den Kausalverlauf durchbrochen hat, indem er auf den Wagen an der Unfallstelle auffährt. Der BGH hat dies bejaht und damit die Haftung des A verneint. Die Unfallstelle sei bereits abgesichert gewesen, andere Verkehrsteilnehmer hätten die Unfallstelle problemlos umfahren. Daher sei davon auszugehen, dass B auch auf jedes aus anderem Grund dort befindliche Hindernis aufgefahren wäre.

Die Diskussion ist i.R.d. § 7 I StVG eine andere. Hier ist für die Frage der Zurechenbarkeit maßgeblich, wie die Betriebsgefahren der beiden KfZ gegeneinander abzuwägen sind. Das setzt aber voraus, dass sich die Betriebsgefahr des A überhaupt bei dem Unfall realisiert hat. Wäre dies nicht der Fall, gäbe es auch nichts, was gegeneinander abgewogen werden könnte.

hemmer-Methode: Das bedeutet im umgekehrten Fall aber auch: Hat sich im Unfall die Betriebsgefahr realisiert, kann es im Falle der Haftung aus § 7 I StVG zu einer Zurechnung kommen, während eine solche bei § 823 I abzulehnen ist. Indes werden diese Fälle kaum vorkommen. Denn wenn sich die Betriebsgefahr realisiert, wird man auch i.R.d. deliktischen Haftung aufgrund wertender Betrachtung zu einer Zurechnung kommen müssen. Wichtig ist nur, dass Sie die unterschiedlichen Anforderungen an die Argumentation erkennen.

306 Nach BGH NJW 2004, 1375 = **Life&Law 07/2004, 440 ff.**

Der BGH geht davon aus, dass der schuldhafte Erstunfall grundsätzlich in der Lage ist, die Betriebsgefahr des KfZ des A zu erhöhen. Damit ist aber noch lange nicht gesagt, dass sich diese Betriebsgefahr auch i.R.d. *Zweit*unfalls realisiert hat. Hier geht der BGH davon aus, dass der Betriebsgefahr dem Zweitunfall aufgrund der Absicherung der Unfallstelle keine besondere Bedeutung zukommt. Eine Haftung gem. § 7 I StVG scheidet demnach ebenfalls aus.

3. Höhere Gewalt, § 7 II StVG

Eine weitere Einschränkung findet sich in *§ 7 II StVG*. Danach ist die Halterhaftung ausgeschlossen, wenn höhere Gewalt vorliegt. Höhere Gewalt ersetzte den bislang in § 7 II StVG verwendeten Begriff des unabwendbaren Ereignisses. 325

höhere Gewalt

Bislang hat die Rechtsprechung i.R.d. **Haftpflichtgesetzes** angenommen, dass höhere Gewalt ein betriebsfremdes, von außen durch elementare Naturkräfte oder durch Handlungen dritter Personen herbeigeführtes Ereignis sei, das nach menschlicher Einsicht und Erfahrung unvorhersehbar ist, mit wirtschaftlich erträglichen Mitteln auch durch die äußerste nach der Sachlage vernünftigerweise zu erwartende Sorgfalt nicht verhütet oder unschädlich gemacht werden kann und auch nicht wegen seiner Häufigkeit in Kauf zu nehmen ist.[307]

> ***Bsp.:*** *So wurde z.B. höhere Gewalt in einem Fall bejaht, in dem eine Frau durch eine „fliegende Leiche" verletzt wurde. Die Verletzte stand an einem Bahnhof, ein Selbstmörder warf sich vor einen Zug und wurde zurück auf den Bahnsteig geschleudert. Das OLG Hamm[308] stellte darauf ab, dass derartige Situationen mit wirtschaftlich erträglichen Mitteln nicht verhütet werden könnten.*

Im **BGB** taucht der Begriff der höheren Gewalt in den §§ 206 (ggfs. i.V.m. § 1600b V S.3 bzw. § 2082 II S.2), 651j, und 701 III auf. Dabei wird der Begriff nicht identisch ausgelegt wie im Haftpflichtgesetz, denn die Auslegung muss immer vor dem Hintergrund von Sinn und Zweck des jeweiligen Bereiches gesehen werden.

Sofern es um die Übertragung dieser Begriffe auf das StVG geht, muss man daher hinterfragen, welche Intention der Gesetzgeber mit § 7 II StVG verfolgt. Jedenfalls ist davon auszugehen, dass eine gegenüber der alten Fassung der Vorschrift strengerer Haftungsmaßstab anzulegen ist. Der Halter soll grundsätzlich immer haften. Daher können nur solche Ereignisse zum Haftungsausschluss führen, die von außen auf den Verkehr einwirken, nicht per se in das Risiko des Halters fallen und auch bei größtmöglicher Sorgfalt nicht hätten abgewendet werden können.

> ***Bsp.:*** *So wird man auch eine Unfallverursachung durch Naturgewalten nicht dem § 7 II StVG unterstellen können, wenn die Gefahren einer Naturkatastrophe voraussehbar war und sich der Halter dieser Gefahr bewusst ausgesetzt hat.*
>
> *Ebenso liegt kein Fall höherer Gewalt vor, wenn ein Radfahrer, der neben dem Gehsteig auf einem Radweg unterwegs ist, von einem Fußgänger umgestoßen wird, auf die Straße fällt und dort von einem Bus überrollt wird.*[309]
>
> *Das Ereignis stammt bereits nicht von außen, da es nicht auf einem verkehrsfremden Geschehen beruht. Das könnte man allenfalls dann annehmen, wenn der Stoß vorsätzlich stattgefunden hätte.*

---

307 Vgl. BGH, NJW 1990, 1167 (1168) = **juris**byhemmer; das OLG Celle hält diesen Begriff auch i.R.d. § 7 II StVG für maßgeblich, Urteil v. 12.05.2005, AZ 14 U 231/04 = **juris**byhemmer.

308 **Life&Law 05/2007, 289**.

309 OLG Celle. Urteil v. 12.05.2005, AZ 14 U 231/04 = **Life&Law 09/2005, 598 f.**

technisches Versagen≠ höhere Gewalt

Wird der Unfall durch einen Mangel in der Beschaffenheit des Fahrzeugs oder durch „technisches Versagen“ verursacht, kann sich der Halter nicht auf höhere Gewalt berufen. Dem Halter obliegt die Darlegungs- bzw. Beweislast, dass höhere Gewalt vorgelegen hat.

Durch die Einführung des Merkmals der höheren Gewalt wird vor allem die Position von Kindern gestärkt. Denn früher konnten Kinder, die sich objektiv unsachgemäß verhalten hatten für den Fahrer des Kraftfahrzeugs ein unabwendbares Ereignis darstellen. Dies hatte zur Folge, dass diese dann ohne Ersatz blieben. Insoweit rundet diese Regelung den neueingeführten § 828 II ab (Heraufsetzung der Deliktsfähigkeit im Straßenverkehr auf zehn Jahre). Denn der Kraftfahrer wird künftig gegenüber Kindern im Straßenverkehr einer Haftung nicht mehr durch den Nachweis des unabwendbaren Ereignisses entgehen können.

hemmer-Methode: Die Neufassung des § 7 II StVG führt zu einer Haftungsverschärfung für den Halter. Wie bereits erwähnt, war es Hauptanliegen des Gesetzgebers, dem Halter bei Unfällen mit Kindern den Einwand abzuschneiden, der Unfall sei für ihn ein unabwendbares Ereignis gewesen. Zu beachten ist jedoch, dass der Gesetzgeber nicht unterscheidet zwischen Unfällen mit Kindern und solchen, an denen ausschließlich mehrere PKW beteiligt sind. Muss beispielsweise der an der Ampel wartende Halter haften, wenn ihm ein PKW auffährt (das wäre keine höhere Gewalt)? Dieses unbillige Ergebnis vermeidet der Gesetzgeber, indem er den Begriff des unabwendbaren Ereignisses nicht völlig streicht, sondern nun in § 17 III StVG, der den Ausgleich unter mehreren Haltern regelt, niedergelegt hat (vgl. dazu unten).

4. Schutzzweck der Norm

Schutzzweck der Norm ⇨ grds. „bei Betrieb“

Die Lehre vom Schutzzweck der Norm findet bereits ihren Ausdruck in dem Merkmal „bei Betrieb“. Eine darüber hinausgehende Anwendung dieser Grundsätze ist umstritten, insbesondere bzgl. der Reichweite des Schutzzwecks von § 7 I StVG.[310] 328

Bsp. 1: *Der verliehene PKW wird als Mordwaffe gegen einen Polizisten[311] benutzt.*

Ob hier ein Anspruch gegen den Verleiher des PKW als Halter nach § 7 StVG besteht, erscheint fraglich, da es sich bei einem vorsätzlichen Mord wohl begrifflich nicht um einen Unfall (vgl. § 7 II) handelt. Man könnte deshalb daran zweifeln, ob der Mord noch in den sachlichen Schutzbereich des § 7 StVG fällt. Nach Ansicht des BGH ist dies allerdings zu bejahen. Ein Kraftfahrzeug ist ein besonders gefährliches Werkzeug, so dass es gerechtfertigt erscheint, dem Halter auch das Risiko des Missbrauchs durch Dritte aufzuerlegen.[312]

Bsp. 2: *Der Straftäter S versucht zu flüchten, indem er mit seinem Kfz auf einen ihm den Weg verstellenden Polizeibeamten P zufährt. Dieser gibt einen Warnschuss in die Luft ab und erleidet dabei ein Knalltrauma. Er verlangt von S Schadensersatz wegen der Heilungskosten.*

Das OLG Hamm[313] hat einen Schadensersatzanspruch des P aus § 7 I StVG vorliegend abgelehnt. Zwar könne eine Haftung aus § 7 StVG auch dann in Betracht kommen, wenn die Rechtsgutverletzung außerhalb aller Wahrscheinlichkeit liege, da die Adäquanztheorie bei der Gefährdungshaftung keine Anwendung findet. Die Verletzung des P falle aber nicht mehr unter den Schutzzweck der Norm, da anzunehmen ist, dass P den Warnschuss auch dann abgegeben hätte, wenn S nicht mit dem Wagen, sondern zu Fuß geflüchtet wäre. S haftet allerdings deliktsrechtlich aus § 823 I wegen zurechenbarer Herausforderung des P.

310 Vgl. dazu Näheres Medicus, Rn. 635.

311 So BGHZ 37, 311 ff. = **juris**byhemmer.

312 Anders i.R.d. § 833 S.1; dort haftet der Tierhalter nicht, wenn das Tier durch einen Dritten als Werkzeug benutzt wird.

313 NJW-RR 1998, 815, vgl. hierzu auch ausführlich **Life&Law 09/1998, S. 567 ff.**

Bsp. 3: *Nach einem Unfall wird eine bereits vorher vorhandene Krankheit entdeckt, die zur frühzeitigen Pensionierung führt.*[314]

Gegen die hierdurch entstehende Verdienstminderung soll aber weder § 823 I noch § 7 StVG schützen. Der Schaden liegt außerhalb des Schutzbereichs der Gefährdungshaftung.

Bsp. 4: *Durch den Knall beim Zusammenstoß zweier Fahrzeuge wird in einem nahegelegenen Schweinestall unter den Tieren eine Panik ausgelöst, die dazu führt, dass sich die Schweine gegenseitig tot trampeln.*[315]

Hier verneint der BGH den Schutzzweckzusammenhang. Er begründet dies damit, dass der Geschädigte durch die moderne Intensivzucht einen eigenständigen Gefahrenkreis geschaffen hat, der letztlich die Ursache für die Panik war. Der Knall hingegen war nur äußerer Auslöser, so dass der erforderliche innere Zusammenhang zwischen Betrieb des Kfz und Schaden fehlt.[316]

Vgl. aber Bsp. 5: *K verlangt Schadensersatz für die Tötung seiner Zuchtstute. Diese befand sich auf der Koppel des K, als sich auf einer nahe gelegenen Straße ein Autokorso einer Hochzeitsgesellschaft näherte. An das Heck des Wagens der Brautleute B waren Blechbüchsen gebunden, zusätzlicher Lärm wurde durch Hupen verursacht. Die Stute geriet in Panik und verletzte sich bei einem Sturz derart, dass sie eingeschläfert werden musste. K verlangt von den B Schadensersatz.*

Nach Ansicht des LG Köln[317] fällt der Tod der Zuchtstute vorliegend unter den Schutzzweck des § 7 I StVG. Die Betriebsgefahr des Kfz der B war durch das Anbinden der Blechbüchsen erhöht worden. Das Scheppern der Büchsen gehört zu den Risiken, die von § 7 I StVG abgemildert werden sollen.

Dies folgt auch aus § 30 I StVO, der die Verursachung von unnötigem Lärm verbietet. Ein gegenüber der Betriebsgefahr eigenständiger Gefahrenkreis hat sich hier nicht verwirklicht. Dies könnte allenfalls dann der Fall sein, wenn die Zuchtstute ungewöhnlich empfindlich und schadensanfällig gewesen wäre und deshalb durch eine plötzliche Lärmentwicklung zu Schaden gekommen wäre.

hemmer-Methode: Letztlich handelt es sich bei der Frage nach dem Schutzzweck der Norm um eine reine Wertungsfrage. Beachten Sie bei Ihrer Entscheidung in der Klausur, dass hinter dem Halter eines Kfz immer eine solvente Versicherung steht. Nach § 3 Nr.1 PflVG hat der Geschädigte auch einen Direktanspruch gegen die Kfz-Haftpflichtversicherung des Schädigers! Eine vollständige Klausur sollte auf diesen Anspruch hinweisen. 329

Nicht in den Schutzbereich des § 7 I StVG fällt die Gefahrenquelle selbst. Wird ein Leasingfahrzeug beschädigt, so haftet der LN (Halter) dem Leasinggeber nicht wegen der Eigentumsverletzung aus Gefährdungshaftung. Denn § 7 I StVG will Dritte vor der Gefahrenquelle PKW schützen, nicht aber den Eigentümer der Gefahrenquelle selbst.[318] Eine Haftung kommt in diesen Fällen nur nach § 823 I, also bei Vorliegen von Verschulden, in Betracht.

314 Vgl. BGH NJW 1968, 2287 f. = **juris**byhemmer.

315 Vgl. BGHZ 115, 84 ff. = **juris**byhemmer.

316 Nach a.A. verstößt das Urteil des BGH gegen den Grundsatz des § 903, wonach der Eigentümer mit seinen Schweinen „nach Belieben verfahren kann", soweit nicht das Gesetz entgegensteht.

317 Vgl. LG Köln, NJW-RR 1998, 320 und die ausführliche Besprechung der Entscheidung in **Life&Law 04/1998, S. 225 ff.**

318 BGH, **Life&Law 04/2011, 240 ff.**

C. Die Haftung nach § 18 StVG

bzgl. Kfz-Führer Verschuldensvermutung, § 18 StVG

§ 18 I 1 StVG begründet in den Fällen der Halterhaftung nach § 7 I StVG die Haftung des Fahrzeugführers, welcher nicht mit dem Halter identisch zu sein braucht. Auch hier hat der Gesetzgeber die Haftung des Führers eines Anhängers aufgenommen. 330

Diese Haftung entfällt jedoch nach § 18 I 2 StVG, wenn der Schaden nicht durch ein Verschulden des Führers verursacht worden ist. § 18 I 2 StVG stellt einen Haftungsausschlusstatbestand dar. Hier hat somit nicht der Geschädigte das Verschulden des Anspruchsgegners zu beweisen, sondern das Verschulden wird kraft Gesetzes vermutet. Diese gesetzliche Vermutung kann durch Gegenbeweis seitens des Schädigers entkräftet werden, vgl. auch § 292 ZPO.

Führer ggf. neben Halter Gesamtschuldner

Führer eines Kraftfahrzeuges ist derjenige, welcher das Kfz im Zeitpunkt des Unfalles betreibt. Führer kann ein Dritter, wie z.B. ein Mieter oder Entleiher, aber auch der Halter selbst sein. Ist der Führer zugleich Halter, so haftet er sowohl aus § 7 I StVG als auch aus § 18 I StVG. Ist der Führer ein Dritter, so haftet er nach § 18 I StVG neben dem Halter, der nach § 7 I StVG verantwortlich ist.

hemmer-Methode: Dagegen haftet der Fahrer dem Halter wegen Beschädigung dessen PKW nicht nach § 18 StVG, da eine solche Haftung nicht der Intention des StVG entspricht. Hier kommt lediglich die allgemeine deliktische Haftung zum Zuge. Besteht zwischen Halter und Fahrer ein Überlassungsvertrag, kommen zudem vertragliche Ansprüche in Betracht. Handelt es sich um eine Überlassung aus Gefälligkeit, wird man bei der Überlassung eines wertvollen KfZ zumindest ein Gefälligkeitsverhältnis mit rechtsgeschäftlichem Charakter annehmen müssen, so dass eine Haftung aus §§ 311 II Nr.3, 241 II, 280 I in Betracht kommt.

Zwischen beiden entsteht dann in analoger Anwendung des § 840 I[319] ein Gesamtschuldverhältnis. Für die Prüfung des § 18 I StVG ergibt sich folgendes Aufbauschema:

Aufbauschema für § 18 I StVG

1. Anspruchsgegner: Führer
2. bei Betrieb des Fahrzeuges oder Anhängers
3. Verletzung von Leben, Körper/Gesundheit oder Eigentum
4. kein Nachweis fehlenden Verschuldens nach § 18 I 2 StVG

Gem. § 18 I StVG bestimmt sich der Inhalt der Haftung des Fahrzeugführers nach den §§ 8 - 15 StVG.

Nach § 18 II StVG findet § 16 StVG entsprechende Anwendung, d.h. eine evtl. daneben bestehende deliktische Haftung des Fahrzeugführers bleibt von der Haftung nach § 18 I 1 StVG unberührt.

§ 18 III StVG bestimmt die entsprechende Anwendung des § 17 StVG bzgl. der internen Ausgleichspflicht, wenn mehrere Fahrzeuge in haftungsbegründender Weise den Unfall verursacht haben.[320]

319 zur analogen Anwendung des § 840 auch auf Gefährdungshaftung vgl. Palandt, § 840 Rn. 1.

320 S. unten Rn. 341 ff.

D. Weitere Sonderregelungen des StVG

I. Haftungsausschlüsse, §§ 7 III 1, 3; 8 StVG

Haftungsausschlüsse

Zahlreiche weitere Normen lassen die Haftung nach § 7 StVG unter bestimmten Voraussetzungen entfallen: 331

- *§ 7 III 1 StVG*

Nach *§ 7 III 1, 1.HS. StVG* entfällt eine Haftung des Fahrzeughalters, wenn das Kfz ohne sein Wissen und Wollen von einem Dritten benutzt worden ist. In diesem Fall trifft die Haftung nach § 7 I StVG den Dritten an Stelle des Halters. Dieser Haftungsausschluss für den Halter entfällt jedoch gem. § 7 III 1, 1.HS. StVG, wenn die Benutzung durch den Dritten seitens des Halters schuldhaft ermöglicht worden war (z.B. Steckenlassen des Zündschlüssels).

Weiter ist der Haftungsausschluss nach § 7 III 1 StVG nicht anwendbar, wenn der Dritte vom Halter für den Betrieb des Kfz angestellt ist oder wenn der Halter das Kfz dem Dritten zur Benutzung überlassen hat.

- *§ 7 III 3 StVG*

Nach § 7 III 3 StVG sind § 7 III 1, 2 StVG entsprechend auf die Benutzung eines Anhängers anzuwenden.

- *§ 8 Nr.1 StVG*

Nach *§ 8 Nr.1 StVG* ist § 7 StVG nicht anwendbar, wenn der Unfall durch ein Kraftfahrzeug verursacht wird, welches auf ebener Strecke nicht schneller als 20 km/h fahren kann, oder durch einen im Unfallzeitpunkt mit einem solchen Fahrzeug verbundenen Anhänger.

Nach bisheriger Rechtsprechung des BGH kam § 8 StVG schon dann *nicht* zur Anwendung, wenn ein Kfz nicht schon schlechthin durch seine Bauart, sondern lediglich aufgrund bestimmter Vorrichtungen nicht schneller als 20 km/h fahren konnte und wenn diese Vorrichtungen zur Ermöglichung einer höheren Geschwindigkeit von einem Fachmann ohne längere Arbeiten entfernt werden konnten.

Nach neuerer BGH-Rechtsprechung kommt es für das Eingreifen der Ausnahmevorschrift des § 8 StVG jedoch nur noch auf die konstruktionsbedingte Beschaffenheit des Kfz und nicht mehr auf die Möglichkeit ihrer Veränderung an, so dass diese auch dann eingreift, wenn das Fahrzeug zwar bauartbedingt schneller als 20 km/h fahren kann, aber das Erreichen einer solchen Geschwindigkeit tatsächlich durch herstellerseits angebrachte Vorrichtungen ausgeschlossen ist.[321]

- *§ 8 Nr.2, 3 StVG*

Ebenfalls ausgeschlossen ist die Haftung gem. § 8 Nr.2 StVG, wenn der Verletzte bei dem Betrieb des Kfz oder des Anhängers tätig war, oder wenn eine beschädigte Sache durch das Kfz selbst oder den Anhänger befördert wurde und die Sache nicht durch eine beförderte Person getragen oder mitgeführt wird, § 8 Nr.3 StVG.

II. Haftung für Insassen, § 8a StVG

Haftung für Insassen, § 8a StVG

Mit der letzten Reform des StVG, die zum 1.8.2002 in Kraft getreten ist, wurde der Haftungsausschluss für unentgeltlich beförderte Personen im Falle der Tötung oder Verletzung aufgegeben. Nach jetziger Rechtslage haftet der Halter grds. unabhängig davon, ob die Personenbeförderung entgeltlich/geschäftsmäßig stattfindet oder nicht. 331a

321 Vgl. BGH NJW 1997, 2517 = jurisbyhemmer.

Beschränkung der Haftung bei Entgeltlichkeit/Geschäftsmäßigkeit immer (-)

Im Falle einer entgeltlichen oder geschäftsmäßigen Beförderung haftet der Halter somit immer, wenn es zur Verletzung oder Tötung einer beförderten Person kommt, § 8a S.1 StVG. Entgegenstehende Vereinbarungen sind gem. § 134 nichtig. Die Geschäftsmäßigkeit wird auch nicht dadurch ausgeschlossen, dass die Beförderung von einer Körperschaft oder Anstalt des öffentlichen Rechts betrieben wird, § 8a S. 2 StVG.

Beschränkung der Haftung bei Unentgeltlichkeit/keiner Geschäftsmäßigkeit möglich

Der Neuregelung kann nicht mehr entgegengehalten werden, dass der unentgeltlich beförderte Mitfahrer freiwillig eine Gefahr auf sich nehme und deshalb keinen Schutz verdiene. Denn den Unterschied gegenüber dem entgeltlichen und geschäftsmäßig Beförderten, der ebenfalls freiwillig mitfährt, kann dieses Argument nicht erklären.

Auch die Aussicht, dass die Gefährdungshaftung dem entgeltlich Beförderten als Gegenleistung für das Entgelt diene, überzeugt letztendlich nicht.[322] Jedoch ist außerhalb einer entgeltlichen, geschäftsmäßigen Personenbeförderung ein Haftungsausschluss durch die Parteien nach wie vor zulässig. Insoweit besteht kein Grund, in die Privatautonomie einzugreifen.

hemmer-Methode: An einem solchen Haftungsausschluss besteht durchaus ein nachvollziehbares Interesse. Zwar tritt die Haftpflichtversicherung für die Schäden des Insassen ein. Allerdings führt die Inanspruchnahme der Versicherung zu einer Rückstufung in der Schadenfreiheitsklasse. Es entsteht dem Halter also ein Schaden aus dem Unfall durch erhöhte Beiträge zur Versicherung

Problem: Zulässigkeit

Individualvertraglich ist ein solcher Haftungsausschluss ohne Weiteres möglich. Dabei muss der Verzichtswille genau geprüft werden. Dem Verzichtenden muss genau klar sein, was dieser Verzicht bedeuten kann.[323]

Nach Ansicht des OLG Frankfurt ist von einem stillschweigenden Haftungsausschluss für leichte Fahrlässigkeit auszugehen, wenn das Verhalten der Parteien den Schluss zulässt, dass sie bei einer Erörterung der Haftungsprobleme vor Beginn der Fahrt einer solchen Haftungsbeschränkung zugestimmt hätten.[324] Im entsprechenden Fall ging es um eine Traktorfahrt zu einer Maifeier, bei der der Anhänger in den Graben kippte.

Problematischer ist ein Ausschluss durch **AGB.** Hier wird es in der Regel um Fälle gehen, in denen im Kfz ein Aufkleber angebracht ist, aus dem sich ein Haftungsausschluss ergeben soll. Dabei handelt es sich um eine AGB i.S.d. § 305.

§ 309 Nr.7a

Die Wirksamkeit der Freizeichnung ist indes fraglich. Dem steht zunächst bereits § 309 Nr.7a entgegen. Hiervon werden aber nur Fälle schuldhafter Verursachung erfasst, so dass ein (bedeutsamer) Ausschluss der StVG-Haftung möglich bliebe.[325]

§ 307 I, II Nr.1

Daher bleibt nur die Generalklausel des § 307. Hier ist insbesondere zu beachten, dass es gerade Grundgedanke der StVG-Haftung ist, schuldlos verursachte Schäden zu ersetzen. Das Risiko dieser Schäden soll derjenige tragen, der die Gefahrenquelle schafft. Das ist der Halter. Eine Abwälzung auf den Insassen stellt daher eine Benachteiligung dar.

322 So noch BGHZ 80, 303 (306) = **juris**byhemmer.

323 BGH MDR 1995, 802 = **juris**byhemmer.

324 **Life&Law 07/2006, 443 ff.**

325 Dabei ist die Klausel dann aber wieder eindeutig so zu fassen, dass sie sich auf die Gefährdungshaftung beschränkt. Andernfalls stünde das Verbot der geltungserhaltenden Reduktion der Wirksamkeit entgegen.

Berücksichtigt man zudem das Verhältnis zwischen Risiko des Halters und möglichen Schäden des Insassen, erscheint diese Benachteiligung auch unangemessen zu sein. Für den Halter geht es nur um die Rückstufung in der Versicherung. Für den Insassen u.U. um schwere Schäden, für deren Ersatz ihm bei wirksamem Haftungsausschluss nicht einmal die Versicherung des Halters zur Verfügung stünde.[326]

III. Mitverschulden des Verletzten, § 9 StVG

Mitverschulden ohne Kfz, § 9 StVG

§ 9 StVG erweitert die Zurechnung des Mitverschuldens des Geschädigten, *der nicht selbst als Halter oder Fahrzeugführer beteiligt war.*[327] § 9 StVG findet als Sonderregelung ausschließlich Anwendung auf die Haftung nach §§ 7, 18 StVG, nicht aber auch - weder direkt noch entsprechend[328] - auf eine parallele Haftung aus §§ 823 ff. (hier gilt ausschließlich § 254).[329]

hemmer-Methode: Häufiger Klausurfehler ist, dass § 9 StVG in allen Fällen des Mitverschuldens des Geschädigten angewendet wird. Ist der Geschädigte jedoch selbst als Halter oder Fahrzeugführer am Unfall beteiligt, so gilt ausschließlich § 17 StVG! Hier zeigt sich, ob Sie die Systematik des StVG durchschaut haben!

Nach § 9 StVG findet § 254 mit der Maßgabe Anwendung, dass im Falle der *Beschädigung einer Sache* das Mitverschulden desjenigen, welcher die tatsächliche Gewalt über diese Sache ausübt *(sog. Bewahrgehilfe)*, dem Verschulden des Verletzten gleichsteht. Im Falle einer Sachbeschädigung wird dem Geschädigten nach § 9 StVG das Mitverschulden desjenigen, der die tatsächliche Gewalt über die Sache ausübt, zugerechnet, ohne dass die engen Voraussetzungen der §§ 254 II 2, 278 vorliegen müssen. Die Existenz einer Sonderverbindung ist also nicht erforderlich. Dies lässt sich durch die im Verhältnis zum BGB strengere Haftung begründen. 332

Bsp.: *Fußgänger F wird beim Überqueren einer Straße vom Fahrzeughalter H angefahren. H hat den Unfall infolge überhöhter Geschwindigkeit verschuldet, jedoch trifft F, weil er an einer unübersichtlichen Stelle die Fahrbahn überqueren wollte, ein Mitverschulden von 1/4. F wird verletzt. Gleichzeitig wird auch ein Barockspiegel erheblich beschädigt, den F gerade dem Eigentümer E zurückbringen wollte. F hatte den Spiegel von E geliehen. F und E verlangen Schadensersatz.*

1. Ansprüche des F auf Ersatz der Heilungskosten:

a) §§ 7 I, 11 S.1 StVG, § 254: Ersatz der Heilungskosten (Umfang: § 11 StVG) abzüglich des Mitverschuldensanteils nach § 254 I. Keine Anwendung des § 9 StVG, da Verletzung von Körper/Gesundheit und nicht einer Sache.

b) §§ 823 I, 254 I bzw. § 823 II, § 229 StGB / Schutzgesetze der StVO: ebenfalls Ersatz der Heilungskosten abzüglich Mitverschuldensanteil nach § 254 I. § 9 StVG ist nicht anwendbar, da Sonderregelung des StVG und zudem kein Sachschaden.

2. Ansprüche des E auf Ersatz des Spiegels:

a) §§ 7 I, 9 StVG, § 254 I: Ersatz des Spiegels abzüglich des Mitverschuldens des F, das bei Sachschäden über § 9 StVG i.V.m. § 254 I dem E wie eigenes Mitverschulden zugerechnet wird.

326 Vgl. Jahnke, ZfS 2002, 105 ff.

327 Für das Verhältnis der Halter zueinander gilt § 17 StVG, der § 9 StVG verdrängt, vgl. dazu unten Rn. 341 ff.

328 Vgl. BGH NJW 1965, 1273 = **juris**byhemmer; BGH NJW 1980, 1580.

329 Vgl. BGH, **Life&Law 12/2007, 817 ff.**

b) § 823 I bzw. § 823 II, Schutzgesetz der StVO: voller Ersatz des Spiegels ohne Anrechnung des Mitverschuldens; das Mitverschulden des F könnte dem E nur über §§ 254 II 2, 278 zugerechnet werden. F ist aber kein Erfüllungsgehilfe des E. Ein Schuldverhältnis i.S.d. § 278 zwischen H und E fehlt. Ein Ersatzanspruch aus § 831 entfällt, da F zudem kein Verrichtungsgehilfe des E ist.

Überwiegendes Mitverschulden

Es gibt Fälle, in denen ist das Mitverschulden des Geschädigten so groß ist, dass eine Reduzierung der Haftungsquote auf Null in Betracht kommt.

Bsp.: *Der 16-jährige X läuft grob fahrlässig auf die Straße und wird von dem ordnungsgemäß fahrenden Y erfasst.*

Nach altem Recht wäre hier die Haftung des Y aufgrund der Unabwendbarkeit des Ereignisses ausgeschlossen gewesen. Höhere Gewalt liegt indes nicht vor. Gleichwohl ist hier eine Haftung des Y kaum zu rechtfertigen. Als Korrektiv kann daher das Mitverschulden des X herangezogen werden. So kann sich in diesen Fällen eine Haftungsreduzierung bis auf Null ergeben. Dieser Weg wurde nach altem Recht selten beschritten, da über das unabwendbare Ereignis die meisten Fälle abschließend bewertet werden konnten. Dieses Korrektiv ist nun weggefallen. Daher ist es nicht unwahrscheinlich, dass diese Fallgruppe verstärkt in den Vordergrund tritt.

Kein Fahrradhelm getragen = Mitverschulden?

Ein anspruchskürzendes Mitverschulden wird auch diskutiert, wenn ein Fahrradfahrer Kopfverletzungen erlitten hat, diese aber hätten zumindest gemildert werden können, wenn der Geschädigte einen Fahrradhelm getragen hätte. Der BGH hat einen Verstoß gegen eine Verhaltungspflicht, welcher eine Kürzung rechtfertigen könnte, jedenfalls bezogen auf Unfälle bis zum Jahr 2011, nicht angenommen, weil das Tragen von Fahrradhelmen noch nicht so weit verbreitet war, dass sich daraus eine verselbständigte Verhaltenspflicht hätte ableiten lassen können.[330]

Exkurs: Anrechnung der Betriebsgefahr i.R.d. § 254

Anrechnung d. Betriebsgefahr i.R.d. § 254

Der Geschädigte muss u.U. auch *ohne* ein eigenes, bzw. zurechenbares (Mit-) Verschulden über § 254 eine Kürzung seines Schadensersatzanspruchs hinnehmen.

Da § 254 der Rechtsgedanke zugrunde liegt, dass sich der Ersatzanspruch des Geschädigten insoweit mindert, als bei der Schadensentstehung ein diesem zurechenbarer Umstand mitgewirkt hat, ist i.R.d. § 254 grds. auch die *Betriebsgefahr* des Fahrzeuges zu berücksichtigen. Dabei ist allgemein anerkannt, dass sich der Geschädigte eine ihm zurechenbare Betriebsgefahr auch i.R. einer *verschuldensabhängigen Haftung* des Schädigers (i.d.R. § 823 I) anrechnen lassen muss.[331]

(-) bei § 7 II StVG

Voraussetzung für die Anrechnung der mitwirkenden Betriebsgefahr ist jedoch, dass der Geschädigte, hätte er seinerseits den Schädiger geschädigt, diesem auch ohne Verschulden ersatzpflichtig wäre.[332]

hemmer-Methode: Daraus ergibt sich indes nicht, dass ein Kraftfahrer bei einem Verkehrsunfall mit einem Jugendlichen *stets* für die Betriebsgefahr seines Kfz einzustehen hat, sofern der Unfall nicht auf höhere Gewalt zurückzuführen ist.[333]

330 BGH, Life & Law 2014, 719 ff.

331 Vgl. Palandt, § 254 Rn. 3.

332 Vgl. MüKo § 254 Rn. 12.

333 Vgl. LG Bielefeld, NJW 2005, 2245 f.; nach dieser Entscheidung kann auch bei einem Jugendlichen eine Alleinverantwortung in Betracht kommen, wenn grobes Verschulden gegeben ist, auch wenn der Unfall nicht auf höherer Gewalt beruht.

Die Haftung ohne Verschulden ist demnach also notwendige aber keine hinreichende Voraussetzung für die Anrechnung der Betriebsgefahr.

Das bedeutet aber, dass die *Betriebsgefahr dann unberücksichtigt* bleiben muss, *wenn* zugunsten des Geschädigten der Ausschlusstatbestand des *§ 7 II StVG*[334] *eingreift*. Aber auch wenn eine (theoretische) Verantwortlichkeit des Geschädigten nach dem StVG wegen § 8 StVG[335] entfallen sollte, scheidet eine Anrechnung der Betriebsgefahr i.R.d. § 254 aus.

hemmer-Methode: Beachten Sie, dass für einen Unfall zwischen zwei PKWs die Betriebsgefahr i.R.d. Haftung nach dem StVG nicht aus § 254 hergeleitet werden darf, sondern hierfür § 17 II StVG eine spezielle Regelung enthält (vgl. dazu unten Rn. 343)! Die Anrechnung der Betriebsgefahr i.R.d. § 254 ist also nur bei der deliktischen Haftung nach § 823 relevant, also wenn z.B. der PKW des Halters durch einen unachtsam auf die Straße laufenden Fußgänger bei einer Ausweichreaktion geschädigt wird! Wenn es um das Verhältnis der Halter zueinander geht, gilt auch im Rahmen der deliktischen Haftung § 17 StVG analog!

Exkurs Ende

IV. Umfang der Ersatzpflicht, §§ 10 - 13 StVG

Umfang d. Ersatzpflicht

Hinsichtlich des Umfanges der Ersatzpflicht finden sich in den §§ 10 -13 StVG einige Sonderregelungen.[336] Die §§ 842 ff. sind grundsätzlich ausgeschlossen, sofern nicht ausdrücklich auf sie verwiesen wird. 333

Schadensersatz bei Tötung

§ 10 StVG betrifft den Umfang der Ersatzpflicht bei Tötung. Nach *§ 10 I 1 StVG* sind ausdrücklich die bis zum Tode eingetretenen Heilungskosten sowie Vermögensnachteile des Geschädigten aufgrund Minderung oder Aufhebung der Erwerbsfähigkeit zu ersetzen.

§ 10 I 2 StVG ist identisch mit der Regelung des § 844 I und betrifft die Beerdigungskosten. *§ 10 II StVG* bzgl. der Ansprüche unterhaltsberechtigter Dritter ist weitgehend wortgleich mit § 844 II.

bei Verletzung, § 11 StVG

§ 11 StVG regelt den Umfang der Ersatzpflicht bei Verletzung von Körper/Gesundheit. § 11 StVG entspricht § 842 und stellt darüber hinaus ausdrücklich die Ersatzfähigkeit von Heilungskosten fest. Gem. § 11 S.2 StVG wird des weiteren Schmerzensgeld geschuldet. 334

Geldrente, § 13 StVG

Nach § 13 I StVG ist bei Minderung der Erwerbsfähigkeit bzw. Vermehrung der Bedürfnisse sowie gegenüber Unterhaltsberechtigten i.S.d. § 10 II StVG der Schadensersatz in Form einer Geldrente zu entrichten (wie in § 843 I). § 13 II StVG verweist auf § 843 I-IV, die entsprechende Anwendung finden. 335

Haftungshöchstgrenze wegen Risikohaftung, § 12 StVG

Im Gegensatz zum BGB ist die Haftung im StVG auf die in *§ 12 StVG* festgelegten *Haftungshöchstbeträge* begrenzt. Sinn dieser Begrenzung, welche sich bei den meisten Gefährdungstatbeständen findet, ist eine gerechte Risikoverteilung. Bei besonders hohen und für den Gefährdungshaftungstatbestand außergewöhnlich großen Schäden soll nicht allein der Halter bzw. Betreiber das gesamte Risiko tragen. 336

334 Vgl. Palandt, § 254 Rn. 3.

335 Siehe Rn. 331.

336 Zu den allg. Grundsätzen (Ersatz von Reparaturkosten, Nutzungsausfall, Prognoserisiko i.R.d. § 251 II, merkantiler Minderwert etc.) vgl. Deliktsrecht I, Rn. 34 ff.; Hemmer/Wüst, Schadensersatzrecht III, Rn. 129 ff.

Es erscheint vertretbar, auch den Geschädigten zu beteiligen. Der mit der strengen Risikohaftung Belastete soll zudem das Risiko wenigstens der Höhe nach abschätzen können. Der Gesetzgeber hat diese Haftungshöchstbeträge jedoch i.R.d. Schadensersatzrechtsreform angehoben. 337

§ 12a StVG bei Transport gefährlicher Güter

Beim Transport gefährlicher Güter normiert § 12a StVG nun eine noch weiterreichende Haftung. 338

V. Verjährung, § 14 StVG

Verjährung, § 14 StVG

Nach *§ 14 StVG* richtet sich die Verjährung nach den Vorschriften des BGB für unerlaubte Handlungen. Es gelten somit *§§ 195, 199.* 339

VI. Verwirkung ohne Anzeige, § 15 StVG

Verwirkung, § 15 StVG

Nach *§ 15 StVG* ist der Geschädigte verpflichtet, innerhalb zweier Monate nach Kenntnis des Schadens und der Person des Ersatzpflichtigen dem Ersatzpflichtigen *Anzeige* von dem Unfall zu machen. Das Fehlen einer entsprechenden Anzeige führt zur Verwirkung der Ersatzansprüche aus dem StVG. 340

VII. Ausgleichspflicht mehrerer Haftpflichtiger, § 17 StVG

1. § 17 I StVG

mehrere Verursacher ⇨ § 17 I StVG

§ 17 I StVG regelt das Innenverhältnis mehrerer Schädiger untereinander, die jeweils als Halter (§ 7 I StVG) oder als Fahrer (§ 18 I, III StVG) einem Dritten gegenüber auf Schadensersatz haften. § 17 I StVG stellt eine Sonderregelung gegenüber § 426 I 1 dar. Auch bei konkurrierenden deliktischen Ansprüchen würde sich der Ausgleich im Innenverhältnis nach § 17 I StVG regeln. Die ausgleichspflichtigen Halter (Fahrer) haften im Innenverhältnis entsprechend ihren Verursachungsanteilen. 341

umfassende Abwägung

In diesem Rahmen ist eine umfassende *Abwägung* der Verursachungsbeiträge zu treffen. Dabei ist Verursachung nicht identisch mit Verschulden. Vielmehr sind alle Umstände zu berücksichtigen, welche die erfolgsmäßige Zurechnung des Schadenseintritts beeinflussen.

Zu den zu berücksichtigenden Umständen gehören die jeweilige Betriebsgefahr des Fahrzeuges sowie die Verschuldensanteile der Beteiligten.[337] Zu beachten ist jedoch, dass ein grobes Verschulden des einen Teils die Berücksichtigung der von dem Kfz des anderen Teils ausgehenden Betriebsgefahr ausschließen kann.[338]

konkr. Betriebsgefahr ⇨ alle Umstände

Die *Betriebsgefahr* ist die Gesamtheit aller Umstände, welche durch die Eigenheit des PKW begründet wird, Gefahr in den Verkehr zu tragen. Es gibt keine abstrakte Betriebsgefahr. Vielmehr richtet sich diese nach den Umständen des konkreten Falles, insb. den Eigenschaften des PKW (Größe, PS, Zustand der Bremsen usw.). Darüber hinaus ist nach ständiger Rspr.[339] ein unfallursächliches Mitverschulden zu berücksichtigen, da dieses die Betriebsgefahr erhöht.[340] 342

337 Vgl. BGHZ 12, 127 = **juris**byhemmer.

338 Vgl. Berger, VersR 1987, 542, 544.

339 Vgl. BGH NJW 1990, 1851 m.w.N. = **juris**byhemmer.

340 Vgl. Palandt, § 254 Rn. 48.

Die Regelung des § 17 I StVG

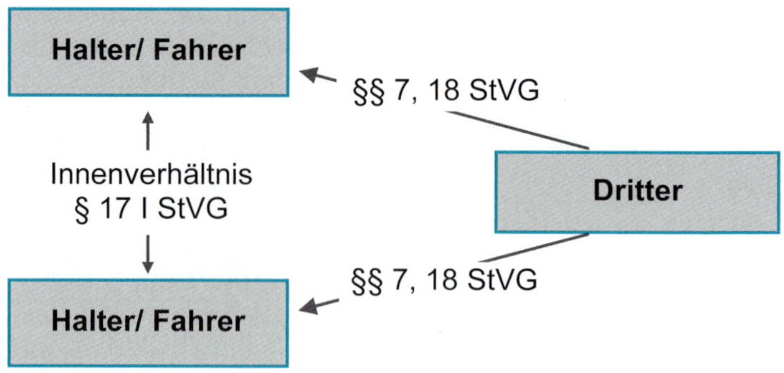

hemmer-Methode: Kompliziert wird die Konstellation *im Außenverhältnis* dann, wenn der Dritte einen eigenen Mitverursachungsbeitrag gesetzt hat, so dass die Haftung im Außenverhältnis nicht voll besteht. Geht man z.B. von Verursachungsbeiträgen von jeweils 1/3 und einem Schaden von 9.000 € aus, stellt sich die Frage, in welchem Umfang die Schädiger als Gesamtschuldner haften. Das beeinflusst dann natürlich auch den Umfang des Ersatzes im Innenverhältnis. Diese Frage kann als Folgefrage zu § 17 I StVG eine Rolle spielen. Der BGH geht davon aus, dass eine gesamtschuldnerische Haftung nur in Höhe von 3.000 € vorliegt, die Schädiger darüber hinaus in Höhe von je 1.500 € als Einzelschuldner in Anspruch genommen werden können. Denn wäre nur ein Schädiger vorhanden, betrüge bei gleichen Verursachungsbeiträgen die Quote 50 / 50. Die Haftung beliefe sich auf insgesamt 4.500 €. Die Position des Schädigers darf sich aber nicht dadurch verschlechtern, dass ein weiterer Schädiger hinzutritt.[341]

2. § 17 II StVG

§ 17 II StVG

§ 17 II StVG verdrängt als speziellere Regelung sowohl § 9 StVG als 343
auch § 254. § 17 II StVG betrifft den Fall, dass ein Schaden durch mehrere Kraftfahrzeuge verursacht worden ist und nun die Fahrer (Halter) Ersatz von dem jeweils anderen verlangen, also bei einem *Unfall zwischen PKW* ohne *Schädigung eines Dritten*. Dieselbe Abwägung wie bei § 17 I StVG ist auch i.R.d. § 17 II StVG zu treffen.

hemmer-Methode: Da der typische Straßenverkehrsunfall zwischen zwei PKW stattfindet, ist § 17 II in diesem Bereich sehr klausurrelevant! Bei der Haftung nach dem StVG wägen Sie also die Verursachungsbeiträge i.R.d. § 17 II untereinander ab, bei der Haftung der Halter nach § 823 gilt § 17 StVG entsprechend.

Die Regelung des § 17 II StVG

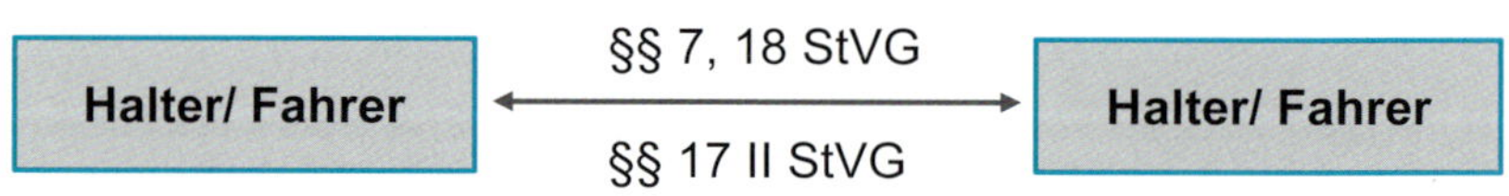

Die Regelung setzt voraus, dass beide Personen grundsätzlich nach dem StVG haften. Dies ist nicht der Fall, wenn der Leasinggeber Ansprüche gegen einen Unfallverursacher geltend macht. Denn der Leasinggeber ist nicht Halter.

341 Vgl. BGH, **Life&Law 05/2006, 309 ff.**

Im entsprechenden Fall hatten Leasingnehmer und Dritter einen Unfall verursacht, bei welchem der PKW des Leasinggebers beschädigt wurde. Der LG nahm den Dritten in voller Höhe in Anspruch. Eine Kürzung u.a. wegen der Betriebsgefahr kam nicht in Betracht, da § 17 II StVG nicht greift.[342]

Zwar ist damit der Weg frei für § 9 StVG, so dass das Mitverschulden des LN dem LG in diesem Rahmen zugerechnet werden kann. Allerdings ist § 9 StVG wiederum bei deliktischen Ansprüchen nicht anwendbar, so dass ein voller Zugriff möglich war. Der Dritte ist auf Ausgleichsansprüche gem. § 426 gegen den LN beschränkt.

3. § 17 III StVG

Unabwendbares Ereignis

Nach § 17 III S.1 StVG ist die Haftung nach § 17 I und II ausgeschlossen, wenn der Unfall durch ein unabwendbares Ereignis verursacht wird, das weder auf einem Fehler in der Beschaffenheit des Fahrzeugs, noch auf einem Versagen seiner Vorrichtungen beruht. **344**

Unabwendbar ist das Ereignis, wenn der Unfall auch durch einen Idealfahrer nicht vermeidbar gewesen wäre. Dabei ist auf einen bedächtigen, passiv fahrenden und Gefahren voraussehenden Fahrer abzustellen. § 17 III S.2 StVG ist zu beachten.

Die Voraussetzungen sind geringer als bei Prüfung der höheren Gewalt i.S.d. § 7 II StVG. Insoweit ist für den Haftungsausschluss stets danach zu differenzieren, wer am Unfall beteiligt ist. Geht es um das Verhältnis der Halter zueinander, gilt § 17 III S.1 StVG; bei einem Halter im Verhältnis zu Fußgängern, Radfahrern und sonstigen Geschädigten gilt § 7 II StVG.

Schließlich versucht § 17 III S.2 StVG eine Definition des unabwendbaren Ereignisses.

4. § 17 IV StVG

§ 17 II StVG

Nach *§ 17 IV StVG* gelten § 17 I -III StVG auch dann, wenn ein Schaden durch ein Kraftfahrzeug und einen mit ihm im Unfallzeitpunkt verbundenen Anhänger, durch ein Kraftfahrzeug und ein Tier (§ 833 S.1) bzw. durch ein Kraftfahrzeug und eine Eisenbahn (§ 1 HaftPflG) verursacht worden ist. **344a**

VIII. Örtliche Zuständigkeit, § 20 StVG

§ 20 StVG

Nach *§ 20 StVG* ist auch das Gericht *örtlich* zuständig, in dessen Bezirk das schädigende Ereignis stattgefunden hat. Es handelt sich hier um einen *besonderen Gerichtsstand*, welcher den *besonderen Gerichtsstand aus unerlaubter Handlung nach § 32 ZPO* für das StVG ergänzt. **345**

342 BGH, **Life&Law 12/2007, 817 ff.**

hemmer-Methode: Examensklausuren beinhalten häufig einen ZPO-Zusatzteil. Vergessen Sie dann nicht, den § 20 StVG zu zitieren, wenn die Ansprüche des Klägers auch auf §§ 7, 18 StVG gestützt werden können. Das Zitat des § 32 ZPO reicht nicht aus, da dieser nur die §§ 823 ff. betrifft. 346
Ein weiteres „ZPO-Problem“ kann sich über die Regelung des § 3a PflVersG i.V.m. § 115 I S.1 Nr.1 VVG ergeben, wonach Ansprüche aus § 7 StVG oder § 823 auch direkt gegen den Versicherer des Schädigers erhoben werden können. Der Geschädigte kann dann sowohl den Schädiger als auch den Versicherer als Streitgenossen gem. §§ 59 ff. ZPO verklagen.[343]

Bearbeiten Sie die Fragen 137 - 148!

343 Zur Problematik der sog. Drittwiderklage, die sehr häufig in straßenverkehrsrechtlichen Streitigkeiten relevant wird vgl. Sie BGH **Life&Law 08/2007, 522 ff.**

§ 13 HAFTUNG NACH DEM PRODUKTHAFTUNGSGESETZ

Produkthaftung: früher nur allgemeine Regeln

Vor dem 1.1.1990 haftete der Hersteller lediglich aus allgemeinen Regeln. Im Ergebnis herrschte Einigkeit dahingehend, dass dem Käufer als Endkunden ein Schadensersatzanspruch gegen den Hersteller zustehen muss. Bei der heutigen Massenproduktion ist in sehr vielen Fällen für den Kaufentschluss nicht mehr die Beratung des Einzelhändlers entscheidend, sondern die direkt auf den Endverbraucher abzielende, intensive Werbung des Herstellers. Der Hersteller profitiert unmittelbar vom Vertrauen der Kunden in die Werbung. Zudem entstehen die Produktmängel in dem vom Hersteller beherrschten Bereich. Dieser ist am ehesten in der Lage, Fehler und mögliche Schäden infolge von Fehlern zu vermeiden. 347

Für die Haftung wurden verschiedene Ansätze diskutiert.[344] Verblieben sind als Anspruchsgrundlagen die *§§ 823 ff.*, deren Voraussetzungen und Prüfung zum Schutz der Produktverbraucher von Rspr. und Lit. durch die *Grundsätze der Produzentenhaftung* erheblich modifiziert wurden.[345]

§ 15 II ProdHaftG ⇨ neben §§ 823 ff.

Gemäß *§ 15 II ProdHaftG* bleibt eine Haftung aufgrund anderer Vorschriften unberührt. 348

hemmer-Methode: Zu denken ist stets auch an die Haftung des Herstellers aus einer gewährten selbständigen Garantie (z.B. bei Kauf eines neuen PKW). Hier geht es letztlich aber um eine Haftung für den Kaufgegenstand selbst, während die gesetzliche Haftung die sonstigen Rechtsgüter des Geschädigten (Käufers) betrifft. Zu Überschneidungen kann es im Rahmen der sog. Weiterfresserschäden kommen.[346]

Unterscheiden Sie Herstellerhaftung über

***Produzenten*haftung**	***Produkt*haftung**
Anspruchsgrundlage: §§ 823 ff.BGB mit Besonderheiten	**Anspruchsgrundlage: Produkthaftungsgesetz**

A. Einführung

ProdHaftG

Entsprechend der Verpflichtung der Bundesrepublik Deutschland aus Art. 19 I der „Richtlinie des Rates vom 25.7.1985 zur Angleichung der Rechts- und Verwaltungsvorschriften der Mitgliedsstaaten über die Haftung für fehlerhafte Produkte“ (EG-Produkthaftungsrichtlinie)[347] trat am 1.1.1990 das ProdHaftG in Kraft. 349

nunmehr Gefährdungshaftung

§ 1 I 1 ProdHaftG sieht eine verschuldensunabhängige *Gefährdungshaftung* des *Herstellers* für seine Produkte vor. Neben der Angleichung europäischen Rechtes ist Ziel dieses Gesetzes die Vereinheitlichung und Stärkung des *Verbraucherschutzes* innerhalb der EG. Darüber hinaus soll diese Vereinheitlichung dazu beitragen, Wettbewerbsverfälschungen abzubauen und Handelshemmnisse im freien Warenverkehr zu beseitigen.[348]

---

344 Vgl. Rn. 377a ff.

345 Vgl. Rn. 385 ff.

346 Vgl. unten Rn. 388 ff.

347 Abgedruckt in VersR 1985, 922 ff.

348 Vgl. Wieckhorst, Bisherige Produzentenhaftung, EG-Produkthaftungsrichtlinie und das neue Produkthaftungsgesetz, JuS 1990, 86 (88).

hemmer-Methode: Für eine Klausur bedeutet dies, dass die bisherigen Grundsätze zur Produzentenhaftung durch die Einführung des ProdHaftG nicht obsolet geworden sind. § 1 I ProdHaftG tritt nur als weitere Anspruchsgrundlage neben die §§ 823 ff. Sie können in der Klausur mit der Prüfung der deliktischen Produzentenhaftung oder der Gefährdungshaftung nach dem ProdHaftG beginnen, da nach § 15 II ProdHaftG beide Anspruchsgrundlagen voneinander unabhängig sind.

Keine Anwendung findet dagegen das ProdHaftG nach § 15 I ProdHaftG bei Eingreifen des spezielleren Arzneimittelgesetzes (AMG).

Übersicht über die wichtigsten Unterschiede von Produzentenhaftung und ProdHaftG[349]

Produzentenhaftung ⇨ §§ 823 ff.	**Produkthaftung ⇨ ProdHaftG**
⇨ auch vor 1.1.1990	⇨ ab 1.1.1990
⇨ Produktbeobachtungspflicht (+), Rn. 397	⇨ Produktbeobachtungspflicht (-), Rn. 366
⇨ Haftung für Ausreißer (-), Rn. 395	⇨ Haftung für Ausreißer (+), Rn. 365
⇨ h.M. Resteigentum (+), Rn. 389	⇨ bzgl. Resteigentum str., Rn. 361
⇨ Verschulden notw.	⇨ Gefährdungshaftung
⇨ Beweislast, Rn. 394	⇨ Beweislast, Rn. 376
⇨ Schmerzensgeld, § 253 II	⇨ Schmerzensgeld, § 253 II, § 8 S.2 ProdHaftG
⇨ kein Höchstbetrag	⇨ Höchstbetrag, §§ 7-10 ProdHaftG
⇨ kein Erlöschen	⇨ 10 Jahre nach Inverkehrbringen Erlöschen, § 13 ProdHaftG

B. Der Grundfall

Der Produkt- bzw. Produzentenhaftung liegt regelmäßig folgende Fallkonstellation zugrunde: 350

Käufer K (= Endverbraucher) kauft ein Produkt des Herstellers P bei Verkäufer V, durch dessen schädliche Eigenschaften seine Rechtsgüter verletzt werden. K verlangt Schadensersatz von V und P.

Problem: kein Anspruch des Endverbrauchers gegen Verkäufer

Schadensersatzansprüche des K gegen V sind in dieser Konstellation i.d.R. nicht gegeben:

Ein Schadensersatzanspruch aus § 437 Nr. 3, 280, 276 besteht mangels Vertretenmüssens nicht. Auch § 280 I S.2 führt nicht zu einem anderen Ergebnis, denn die Vermutung des Vertretenmüssens kann hier widerlegt werden.

Da V keine kaufvertragliche Nebenpflicht hat, eine fabrikneue Ware auf Fehler zu untersuchen, besteht auch kein Schadensersatzanspruch aus §§ 280 I, 241 II i.V.m. dem Kaufvertrag. Ferner muss V sich auch nicht das Verschulden des P nach § 278 zurechnen lassen, weil die Herstellung des Produktes nicht zum Pflichtenkreis des V gehört, und P damit nicht sein Erfüllungsgehilfe ist.

Produzentenhaftung erforderlich

K ist folglich auf Ansprüche gegen P angewiesen.

349 Aktuelle Übersicht bei Landrock, Das Produkthaftungsrecht im Lichte neuerer Gesetzgebung und Rechtsprechung, JA 2003, 981 ff.

C. Die Haftung nach § 1 I 1 ProdHaftG

I. Übersicht über Tatbestand und Rechtsfolge

Der Tatbestand des *§ 1 I 1 ProdHaftG* hat als Voraussetzungen 351

Voraussetzungen

> „Wird durch den Fehler eines Produktes jemand getötet, sein Körper oder seine Gesundheit verletzt oder eine Sache beschädigt, so ist der Hersteller des Produktes verpflichtet,“

und als Rechtsfolge

> „dem Geschädigten den daraus entstehenden Schaden zu ersetzen.“

In *§ 1 II, III ProdHaftG* finden sich verschiedene Fälle, in welchen die Haftung des Herstellers ausgeschlossen ist.

Aus dem Wortlaut ergibt sich folgendes Aufbauschema: 352

Aufbauschema für § 1 I 1 ProdHaftG

1. zeitlicher Anwendungsbereich, § 16 i.V.m. § 19 ProdHaftG
2. Anspruchsgegner: Hersteller, § 4 ProdHaftG
3. Verletzung von Leben, Körper/Gesundheit oder Eigentum, § 1 I ProdHaftG
   durch ein Produkt, § 2 ProdHaftG
4. mit Fehler, § 3 ProdHaftG
5. kein Haftungsausschluss nach § 1 II, III ProdHaftG

II. Voraussetzungen

1. Zeitlicher Anwendungsbereich, § 16 ProdHaftG

ab 1.1.1990 in Verkehr gebrachtes Produkt

Gemäß § 16 ProdHaftG gilt das ProdHaftG nicht für Produkte, die vor dem 1.1.1990 in Verkehr gebracht wurden. Für diese Produkte gelten die bisherigen Haftungsregeln. 353

Zeitpkt. d. Herstellung aber nicht maßgebl., z.B. bei verzögerter Auslieferung

Abzustellen ist allein auf den Zeitpunkt, in welchem der Hersteller das Produkt in den öffentlichen Verkehr gebracht hat, also z.B. an einen Zwischenhändler ausgeliefert hat. Nicht relevant ist, wann das Produkt hergestellt wurde. So ist das ProdHaftG z.B. auch auf fehlerhafte Produkte anwendbar, die lange vor dem 1.1.1990 hergestellt wurden, deren Auslieferung aber wegen schlechter Absatzmöglichkeiten erst nach dem 1.1.1990 erfolgte.

hemmer-Methode: Bleiben Sie hart am Fall! Achten Sie in einer Klausur genau auf die angegebenen Daten. Hier kann leicht eine Falle versteckt sein! Die Relevanz wird aufgrund des großen zeitlichen Abstands zum Inkrafttreten des Gesetzes aber wohl nicht mehr sonderlich groß sein.

2. Anspruchsgegner: Hersteller, § 4 ProdHaftG

Hersteller

Verpflichtet zum Schadensersatz ist nach § 1 I 1 ProdHaftG der Hersteller. Dieser Begriff wird in § 4 ProdHaftG definiert und im Interesse des Verbraucherschutzes über den Wortsinn ausgeweitet.[350] 354

350 Vgl. Palandt, § 4 ProdHaftG, Rn. 1.

a) Tatsächlicher Hersteller, § 4 I 1 ProdHaftG

Grundstoff, Teil- o. Endprodukt

Nach *§ 4 I 1 ProdHaftG* ist Hersteller zunächst derjenige, welcher industriell oder handwerklich als Unternehmer das *Endprodukt*, einen *Grundstoff* oder ein *Teilprodukt* tatsächlich herstellt.[351] 355

hemmer-Methode: Ob die Herstellereigenschaft im Zeitpunkt des Inverkehrbringens feststellbar ist oder nicht, ist irrelevant. Das wird allenfalls i.R.d. § 4 III ProdHaftG relevant!

Haftung f. fertiges Erzeugnis

Endprodukt ist das fertige Erzeugnis, wie es für den Verbraucher bestimmt ist.[352] Hersteller eines Endproduktes ist auch, wer vorgefertigte Teile, sei es nach eigenen oder gelieferten Plänen, zusammensetzt.[353] Ein fehlerhafter Grundstoff oder ein fehlerhaftes Teilprodukt machen auch das Endprodukt fehlerhaft.[354]

> **Bsp.:** *In einem Fall hat der BGH auch einen Gastwirt als Hersteller angesehen, dessen Gäste durch den Genuss von ihm hergestellter, salmonellenhaltiger Speisen erkrankten.*[355]

bzgl. Teilprodukt ggf. Gesamtschuld

Ein *Teilprodukt* ist das für den Einbau in ein anderes Produkt, nicht direkt für die Benutzung durch den privaten Endverbraucher bestimmte Erzeugnis.[356] Der Hersteller des Teilproduktes haftet nur für die von dem Teilprodukt verursachten Schäden als Gesamtschuldner (§ 5 S.1 ProdHaftG) neben dem Hersteller des Endproduktes.[357] **Zu beachten** ist insoweit der Haftungsausschluss nach § 1 III ProdHaftG.

bzgl. Grundstoff ebenfalls Gesamtschuld mögl.

Grundstoffe sind Materialien, welche für die Herstellung eines Teil- oder Endproduktes vorgesehen sind.[358] Der Hersteller haftet nur für die durch sein fehlerhaftes Grundprodukt verursachten Schäden. Seine Haftung tritt neben die des Herstellers des Teil- und/oder Endproduktes als Gesamtschuldner (§ 5 S.1 ProdHaftG). Auch hier ist der mögliche Haftungsausschluss nach § 1 III ProdHaftG zu beachten.

b) Quasihersteller, § 4 I 2 ProdHaftG

Quasihersteller haftet ebenfalls

In *§ 4 I 2 ProdHaftG* wird die Herstellereigenschaft auf den sog. *Quasihersteller* erweitert. Dabei handelt es sich um diejenigen, welche sich als Hersteller ausgeben, d.h. nach außen hin den Eindruck erwecken, sie seien selbst der tatsächliche Hersteller.[359] Dies kann z.B. dadurch geschehen, dass der Quasihersteller ein Produkt, eine Verpackung oder Begleitgegenstände mit seinem Namen, Warenzeichen, Firmenzeichen oder anderen Identifikationsmerkmalen versieht. 356

351 Vgl. Palandt, § 4 ProdHaftG, Rn. 2.

352 Vgl. Palandt, § 4 ProdHaftG, Rn. 3.; deshalb ist Hersteller von Strom auch der Betreiber des Stromnetzes, wenn er Transformationen auf eine andere Spannungsebene vornimmt. Maßgeblich ist also insoweit, welcher Produktionsschritt vorgenommen wurde, bevor das Produkt beim Geschädigten ankommt. Das Inverkehrbringen bestimmt sich dann nach der Zeitpunkt der Lieferung des Netzbetreibers über den Netzanschluss an den Anschlussnutzer, BGH, Life & Law 2014, 410 ff.

353 Vgl. Palandt, § 4 ProdHaftG, Rn. 3; BGH NJW 1975, 1827; OLG Celle VersR 1978, 258; BGH BB 1977, 1117 **alle Entscheidungen** = **juris**byhemmer.

354 Vgl. Palandt, § 4 ProdHaftG, Rn. 3.

355 Vgl. BGH JuS 1992, 608 = **juris**byhemmer; BGH NJW 1992, 1039 = **juris**byhemmer.

356 Vgl. Palandt, § 4 ProdHaftG, Rn. 4.

357 Vgl. ähnlich OLG München BB 1980, 1297 = **juris**byhemmer; ablehnend Tiedtke NJW 1990, 2961.

358 Vgl. Palandt, § 4 ProdHaftG, Rn. 5.

359 Vgl. Palandt, § 4 ProdHaftG, Rn. 6.

Bspe.: *Hauptbeispiele sind Warenhäuser oder große Handelsketten, die Billigprodukte aus Drittländern oder auch Markenware mit ihrem Firmennamen versehen und als eigenes Produkt verkaufen, z.B. No Name - Artikel von Supermarktketten („A P", „Die Weißen" u.v.m.).*

Der Wortlaut der Vorschrift deutet aber bereits darauf hin, dass das „Anbringen" nur dann zurechenbar ist, wenn es mit Einverständnis des Quasiherstellers erfolgt. Dieses Einverständnis kann auch nachträglich erteilt werden, muss aber das ganz konkrete, schadensstiftende Produkt mitumfassen.[360]

Bsp.: *Übernimmt jemand einen alten Warenbestand, verwendet darauf dann sein Etikett und liefert die Ware aus, um die Haftung zu bejahen.*

nicht aber Lizenzgeber, auch nicht bei Vertrieb

Der Lizenzgeber ist dagegen kein Quasihersteller.[361] Gleiches gilt für diejenigen, welche ein fremdes Produkt lediglich vertreiben.[362]

Die Darlegungs- und Beweislast für die Voraussetzungen, die die Eigenschaft als Quasihersteller eines Produkts begründen, liegt beim Geschädigten.[363] Das soll den Quasi-Hersteller davor schützen, nachweisen zu müssen, dass von Dritten ohne seine Zustimmung hergestellte Produkte, die – insbesondere in Form der Produktpiraterie - den eigenen Produkten täuschend ähnlich sind, mitunter aber eine schlechte Qualität aufweisen, nicht von ihm hergestellt wurden.[364]

c) Importeur, § 4 II ProdHaftG

Importeur ist auch Hersteller

Hersteller ist nach *§ 4 II ProdHaftG* auch derjenige, welcher ein Produkt zum Zweck des Verkaufs, der Vermietung, des Mietkaufs oder einer anderen Form des Vertriebs mit wirtschaftlichem Zweck im Rahmen seiner geschäftlichen Tätigkeit in die EG einführt oder verbringt (*Importeur*). Importeur in diesem Sinne ist auch der Reimporteur.[365] *357*

nicht aber bei Import zum Eigengebrauch

Wer Produkte zunächst zum Zwecke des - auch gewerblichen - Eigenbedarfs importiert, wird durch einen späteren Verkauf nicht zum Importeur. Es kann ihn jedoch eine Haftung als Lieferant nach § 4 III ProdHaftG treffen.[366]

Schutz v. Prozess in Drittländern

Der Endverbraucher soll durch die Erweiterung des Herstellerbegriffs auf den Importeur von Waren aus Nicht-EG-Ländern davor geschützt werden, in diesen Drittländern einen Prozess führen zu müssen.[367] Wird ein Produkt von einem EG-Land in ein anderes importiert, ist dieser Schutz nicht erforderlich, da aufgrund der EG-Produkthaftungsrichtlinie in der gesamten EG dasselbe Recht gilt.

d) Lieferant, § 4 III ProdHaftG

Lieferant ggf. subsidiär haftbar

Nach *§ 4 III ProdHaftG* gilt auch der *Lieferant* subsidiär als Hersteller, wenn nicht festgestellt werden kann, wer Hersteller i.S.d. § 4 I, II ProdHaftG ist. Dies gilt nur, sofern der Lieferant nicht innerhalb eines Monats nach Aufforderung durch den Geschädigten den tatsächlichen oder Quasihersteller bzw. den Importeur nennt. *358*

360 BGH, NJW 2005, 2695 ff. = **juris**byhemmer.

361 Vgl. Palandt, § 4 ProdHaftG, Rn. 6.

362 Vgl. BGH NJW 1987, 1009 = **juris**byhemmer.

363 BGH Urteil vom 21.06.2005, AZ VI ZR 238/03 = **juris**byhemmer; NJW 2005, 2695 = **juris**byhemmer. Kommentiert wird diese Entscheidung durch Wagener/Wahle, NJW 2005, 3179 ff.

364 BGH Urteil vom 21.06.2005, AZ VI ZR 238/03 = **juris**byhemmer; NJW 2005, 2695 = **juris**byhemmer.

365 Vgl. Palandt, § 4 ProdHaftG, Rn. 7; von Westphalen NJW 1990, 83 (89).

366 Vgl. Palandt, § 4 ProdHaftG, Rn. 7.

367 Vgl. Palandt, § 4 ProdHaftG, Rn. 7.

Eine Feststellbarkeit des Herstellers ist aber erst dann gegeben, wenn das Produkt insoweit einen eindeutigen Hinweis enthält. Denn es kann von dem Verbraucher nicht erwartet werden, sämtliche theoretischen Recherchemöglichkeiten auszureizen, bevor er sich an den Lieferanten halten darf.

⇨ keine Verschleierung d. Herstellers

Sinn und Zweck dieser Regelung ist der Schutz des Verbrauchers vor der Anonymität des Produktes durch Verschleierung des Herstellers.[368]

⇨ ein Monat Entlastung mögl.

Durch Nennung des Herstellers oder Importeurs binnen eines Monats nach entsprechender Aufforderung durch den Geschädigten kann sich der Lieferant entlasten und zwar auch dann, wenn Ansprüche gegen den Vorlieferanten, Hersteller oder Importeur nicht realisierbar sind.[369] Es genügt die Nennung des Vorlieferanten.[370]

3. Rechtsgutsverletzung, § 1 I 1, 2 ProdHaftG

a) Leben oder Körper/Gesundheit, § 1 I 1 ProdHaftG

uneingeschr. Schutz v. Leben u. Körper

Rechtsgutsverletzung i.S.d. *§ 1 I 1 ProdHaftG* ist zunächst jede Verletzung von *Leben oder Körper/Gesundheit* eines Menschen. Insoweit ergibt sich kein Unterschied zu § 823 I. **359**

b) Sache, § 1 I 1, 2 ProdHaftG

bei Sachschäden nur eingeschränkt

Eingeschränkt ersatzfähig sind dagegen nach § 1 I 2 ProdHaftG Sachschäden. Ersetzt werden nur Schäden an von dem Produkt verschiedenen, sog. anderen Sachen, die ihrer Art nach gewöhnlich für den privaten Gebrauch bestimmt und von dem Geschädigten hierzu hauptsächlich verwendet worden sind. **360**

Problem: weiterfressender Mangel

Es muss eine andere Sache als das fehlerhafte Produkt selbst beschädigt worden sein. Dieses Merkmal bereitet insb. in den Fällen des „weiterfressenden Mangels" Schwierigkeiten, d.h. wenn ein fehlerhaftes, funktionell abgrenzbares Teilprodukt das ansonsten fehlerfreie Endprodukt beschädigt.

Zu diesem Problem werden unterschiedliche Meinungen vertreten:

e.A.: nur wenn Stoffgleichheit (-)

Nach *einer Ansicht*[371] haftet der Endhersteller dann nach § 1 I 1 ProdHaftG, genauso wie bei § 823, wenn zwischen dem entstandenen Schaden und dem auslösenden Mangelunwert keine Stoffgleichheit[372] besteht. Die Haftung umfasst jedoch nur die Schäden am Restprodukt, nicht diejenigen an dem fehlerhaften Teilprodukt selbst. Für diese Meinung spricht die dann gegebene Einheitlichkeit mit der bisherigen Rspr. zu § 823. **361**

a.A.: gegenständl. andere Sache notw.

Nach *anderer Ansicht*[373] haftet der Endhersteller nur, wenn eine gegenständlich andere Sache als das Endprodukt beschädigt wurde. Der Teilhersteller haftet dagegen aus § 1 I 1 ProdHaftG für die am Restprodukt vorliegenden Schäden, nicht aber für die an dem gelieferten Teilprodukt, da das fehlerhafte Teilprodukt im Verhältnis zum fehlerlosen Restprodukt eine andere Sache darstellt.

368 Vgl. Palandt, § 4 ProdHaftG, Rn. 8.

369 Vgl. von Westphalen NJW 1990, 83 (90) m.w.N.

370 Vgl. Palandt, § 4 ProdHaftG, Rn. 9.

371 Vgl. Palandt, § 1 ProdHaftG, Rn. 6 m.w.N.

372 Vgl. unten Rn. 376.

373 Vgl. von Westphalen NJW 1990, 83 (84); Foerste JA 1990, 177 (178); Reinicke/Tiedtke, Kaufrecht, 275 ff.

Hiernach kommt es somit in keinem Fall auf die Frage der Stoffgleichheit an.

Bsp.: G kauft beim Autohändler A einen Sportwagen der Marke E. Dieser Wagen ist mit Bremsen der Firma T versehen. Aufgrund eines durch fehlerhafte Herstellung der Bremsen verursachtes Bremsversagen kommt es zu einem schweren Unfall, bei dem der Sportwagen total zerstört wird. Der G trägt - wie durch ein Wunder - nur ein paar Schrammen davon. G möchte Ersatz für den zerstörten Sportwagen.

Nach erster Ansicht kann sich G an E sowie an T halten, sofern hinsichtlich T der Haftungsausschluss nach § 1 III ProdHaftG nicht eingreift. Nach der zweiten Ansicht kann sich G nur an T halten. In beiden Fällen wäre vom Wert des Sportwagens jedoch der Wert der mangelhaften Bremsen abzuziehen.

Bestimmung zu privatem Gebrauch

Die Sache muss ihrer Art nach gewöhnlich für den privaten Gebrauch bestimmt (objektive Komponente) und von dem Geschädigten hierzu hauptsächlich verwendet (subjektive Komponente) worden sein. Hierdurch wird der Schutz des ProdHaftG auf den privaten Endverbraucher beschränkt. Schäden im beruflichen, gewerblichen oder geschäftlichen Bereich sind nur nach §§ 823 ff. ersatzfähig. Beide Komponenten müssen kumulativ erfüllt sein.[374]

4. Produkt, § 2 ProdHaftG

Produkt = bewegl. Sache

Der Begriff des „Produktes" ist in *§ 2 ProdHaftG* definiert. *Produkt* ist danach jede bewegliche Sache, auch wenn sie einen Teil einer anderen beweglichen Sache oder einer unbeweglichen Sache bildet, sowie Elektrizität. 362

Wesentlich für den Produktbegriff ist das Vorliegen einer *beweglichen Sache*, unabhängig davon, ob sie einen festen Bestandteil einer unbeweglichen Sache darstellt. Unerheblich ist auch der Aggregatzustand der beweglichen Sache.[375]

hemmer-Methode: Die gute Klausur zeichnet sich im Bereich des Produkthaftungsgesetzes gerade dadurch aus, dass alle Tatbestandsmerkmale des § 1 I ProdHaftG durch die Definitionen anderer Paragraphen des ProdHaftG ausgefüllt werden. Die Frage, ob ein Produkt i.S.d. § 2 ProdHaftG vorliegt, ist also nicht isoliert, sondern als Tatbestandsmerkmal des § 1 I 1 ProdHaftG zu prüfen. Verschaffen Sie sich am besten noch einmal einen Überblick über alle wichtigen Tatbestandsvoraussetzungen (Rn. 352)!

5. Mit Fehler, § 3 ProdHaftG

Fehler

Gemäß *§ 3 I ProdHaftG* hat ein Produkt einen *Fehler*, wenn es nicht die Sicherheit bietet, die unter Berücksichtigung aller Umstände, insbesondere 363

a) seiner Darbietung,

b) des Gebrauchs, mit dem billigerweise gerechnet werden kann,

c) des Zeitpunkts, in dem es in den Verkehr gebracht wurde,

berechtigterweise erwartet werden kann.

374 Vgl. Palandt, § 1 ProdHaftG, Rn. 7.

375 Vgl. Palandt, § 2 ProdHaftG, Rn. 1.

Zu berücksichtigen sind also insbesondere der gewöhnliche Verwendungszweck, allerdings auch der übliche, nicht fernliegende Fehlgebrauch, der durchschnittliche Benutzerkreis und das Preis-Leistungs-Verhältnis.

hemmer-Methode: Beachten Sie in diesem Zusammenhang auch das Produktsicherheitsgesetz (ProdSG), inkraftgetreten am 1. Dezember 2011. Hier finden Sie in §§ 3 ff. die Umschreibung der Sicherheit eines Produktes. Die Vorschriften des ProdSG enthalten – wie sonstige technische Normen, DIN-Vorschriften, VDE-Bestimmungen, etc. – den üblichen Mindeststandart an Sicherheit, dessen Einhaltung die Allgemeinheit berechtigterweise erwartet. Im Fall ihrer *Nichteinhaltung* liegt ein Konstruktionsfehler vor. Ihre *Einhaltung* spricht zwar dafür, dass das Produkt den Sicherheitserwartungen entspricht, schließt aber nicht in jedem Fall eine abweichende Beurteilung aus.

Sicherheit d. Produkts maßgebl. nur Integritätsinteresse

Während der Fehlerbegriff des vertraglichen Gewährleistungsrechts die Gebrauchs- und Funktionsfähigkeit sowie den Wert einer Sache betrifft, ist für die gesetzliche Produkthaftung die Sicherheit des Produktes, wie sie die Allgemeinheit erwarten durfte, maßgeblich.[376]

Das vertragliche Gewährleistungsrecht schützt somit das wirtschaftliche Nutzungs- und *Äquivalenzinteresse* des Vertragspartners daran, dass die Sache keine Mängel aufweist, die im Hinblick auf die erbrachte Gegenleistung ihren Wert und/oder ihre vertraglich vorgesehene Gebrauchsfähigkeit beeinträchtigen. Das ProdHaftG schützt dagegen das *Integritätsinteresse* jedes Benutzers und Dritten daran, dass die Sache die Sicherheit für Leben, Gesundheit und Sachwerte bietet, die allgemein berechtigterweise erwartet werden kann.[377]

Deshalb ist z.B. auch Strom fehlerhaft, wenn eine übermäßige Überspannung zu Schäden an üblichen Verbrauchsgeräten führt.[378]

Selbst wenn bei einem konkreten Produkt ein Fehler nicht festgestellt werden kann, kann dieses Produkt fehlerhaft sein, weil es zu der berechtigten Sicherheitserwartung dazugehören kann, nicht mit Gefahren aus einer Produktserie konfrontiert zu werden. Im konkreten Fall ging es um eine Produktionsserie von Herzschrittmachern. Im Rahmen einer Qualitätskontrolle wurde entdeckt, dass ein bestimmtes Bauteil zu einem sukzessiven Ausfall des Geräts führen könnte. Allein diese Gefahr beeinträchtigt die Sicherheitserwartung des Nutzerkreises.[379]

hemmer-Methode: Diese Unterscheidung beruht auf der Grundaussage, dass vertragliches Gewährleistungsrecht das Verhältnis von Leistung und Gegenleistung schützt (Äquivalenzinteresse), während das Deliktsrecht, zu dem auch das ProdHaftG zählt, nach dem Grundsatz des „neminem laedere“ die Integrität der Rechtsgüter (Integritätsinteresse) schützen soll. 364

3 Fehlerkategorien

In *Rspr.* und *Lit.* werden drei Fehlerkategorien unterschieden:

- *Konstruktionsfehler*

Ein *Konstruktionsfehler* ist gegeben, wenn das Produkt infolge fehlerhafter technischer Konzeption oder Planung, also einem Verstoß gegen technische Erkenntnisse bei der Herstellung, für die gefahrlose Nutzung ungeeignet ist.[380] 365

Bsp.: Fehlerhafte Bremsanlage bei Kfz, Typhusbazillus in Trinkmilch, gefährliches Gerät ohne ausreichende Schutzvorrichtungen.[381]

376 Vgl. Palandt, § 3 ProdHaftG, Rn. 1.

377 Vgl. BGH NJW 1985, 2420 = **juris**byhemmer; BGHZ 86, 256 = **juris**byhemmer; Palandt, § 3 ProdHaftG, Rn. 1.

378 BGH, **Life & Law 06/2014, 410 ff.**

379 EuGH, **Life & Law 05/2015, 330 ff.**

380 Vgl. Palandt, § 3 ProdHaftG, Rn. 3.

381 Weitere Beispiele vgl. Palandt, § 3 ProdHaftG, Rn. 13.

- *Fabrikationsfehler*

Ein *Fabrikationsfehler* entsteht bei der Herstellung und betrifft i.d.R. nur einzelne Stücke. Zu den Fabrikationsfehlern zählen - im Gegensatz zu §§ 823 ff.[382] - auch die sog. Ausreißer, die trotz aller zumutbaren Vorkehrungen unvermeidbar sind.[383]

> **Bsp.:** *Aidsverseuchte Blutkonserve, Antibiotika im Fischfutter.*[384]

- *Instruktionsfehler*

Ein *Instruktionsfehler* (vgl. § 3 I a ProdHaftG – „Darbietung") liegt vor, wenn die Gebrauchsanweisung mangelhaft oder nur unzureichend ist oder bei nicht ausreichender Warnung vor gefahrbringenden Eigenschaften, die in der Wesensart der als solchen fehlerfreien Sache begründet sind.[385]

> **Bsp.:** *Kein Hinweis auf ätzende Wirkung bzw. Feuergefährlichkeit einer Substanz; fehlender Hinweis auf sichere Befestigung eines Sportgerätes.*[386]

maßgebl. Zeitpunkt ist Inverkehrbringen

Maßgeblicher Zeitpunkt ist nach § 3 I c ProdHaftG das *Inverkehrbringen* der Sache. Nur ein Fehler, der zu diesem Zeitpunkt der Sache bereits anhaftete, führt zu einer Haftung aus dem ProdHaftG. **366**

Spätere Produktverbesserungen aufgrund neuer technischer Erkenntnisse führen daher gemäß *§ 3 II ProdHaftG* nicht dazu, dass das alte Produkt nun fehlerhaft ist. Die dem Hersteller nach dem Inverkehrbringen obliegende allgemeine *Produktbeobachtungs- und Reaktionspflicht* führt somit nicht zu einer Haftung aus dem ProdHaftG, sondern nur zu einer Haftung aus allgemeinem Deliktsrecht nach §§ 823 ff.[387]

> **Bsp.:** *H stellt ein nach dem Stand der Wissenschaft und Technik entwickeltes Pflanzenschutzmittel her. Nach zwei Jahren ergeben neueste wissenschaftliche Forschungen, dass ein bestimmter Inhaltsstoff krebserregend wirkt und daher das Mittel nur unter Verwendung einer Schutzmaske eingesetzt werden darf. Der Inhaltsstoff kann jedoch problemlos durch einen anderen, ungefährlichen Stoff ersetzt werden. H ändert dennoch sein Produktionsverfahren nicht und fügt auch keine warnenden Hinweise bei.*
>
> Bzgl. der in den ersten zwei Jahren ausgelieferten Mittel haftet H nicht aus § 1 ProdHaftG, da das Mittel nicht fehlerhaft war. Er haftet jedoch aus § 823, weil er nach Bekanntwerden der Gefährlichkeit aufgrund seiner Produktbeobachtungspflicht zur Veröffentlichung entsprechender Warnungen verpflichtet war. Für die nach der Entdeckung der Gefährlichkeit ausgelieferten Mittel haftet H zum einen aus § 1 ProdHaftG, da nunmehr ein Konstruktionsfehler vorliegt. Zum anderen haftet H auch aus § 823.

adäquate Verursachung d. Schaden durch Produktfehler

Der Schaden muss *durch den Produktfehler* verursacht worden sein. **367**
Es handelt sich hier um die jedem Gefährdungshaftungstatbestand innewohnende Einschränkung der Haftung auf die Gefahr, um derentwillen der Gesetzgeber den Tatbestand eingeführt hat.[388] Erforderlich ist die adäquate Kausalität zwischen Produktfehler und dem entstandenen Schaden.[389]

---

382 Vgl. Rn. 384.

383 Vgl. Palandt, § 3 ProdHaftG, Rn. 4.

384 Weitere Beispiele Vgl. Palandt, § 3 ProdHaftG, Rn. 14.

385 Vgl. Palandt, § 3 ProdHaftG, Rn. 5.

386 Weitere Beispiele vgl. Palandt, § 3 ProdHaftG, Rn. 15.

387 Vgl. Rn. 386.

388 Siehe auch oben § 7 I StVG „bei Betrieb" Rn. 314.

389 Vgl. Palandt, § 1 ProdHaftG, Rn. 9.

Lange umstritten war die Frage, ob auch solche Beeinträchtigungen als durch einen Produktfehler verursacht angesehen werden können, welche zur Vermeidung von (weiteren) Schäden aufgrund eines eigenen Willensentschlusses des Geschädigten eingetreten sind. Tauscht etwa ein Herzpatient vorsorglich einen möglicherweise fehlerhaften (dazu siehe Rn. 363 a.E.) Herzschrittmacher aus, muss geklärt werden, ob der dadurch bedingte operative Eingriff als durch den Produktfehler verursacht angesehen werden kann. Der EuGH hat dies bejaht, wenn die Operation erforderlich ist, um en Fehler des betreffenden Produkts zu beseitigen.[390] In diesen Fällen darf sich der Patient herausgefordert fühlen, den Eingriff durchführen zu lassen, so dass die Verletzung dem Hersteller zugerechnet werden kann. Dieses weite Verständnis der Produkthaftung ergibt sich durch die Auslegung der Richtlinie 85/374/EWG, welche Grundlage für das Produkthaftungsgesetz ist.

6. Kein Haftungsausschluss, § 1 II, III ProdHaftG

Haftungsausschluss

Nach *§ 1 II ProdHaftG* ist die Haftung des Herstellers ausgeschlossen, wenn 368

- *ungewolltes Inverkehrbringen*

1) er das Produkt nicht - *willentlich* - in Verkehr gebracht hat. Der Hersteller i.S.d. § 4 I ProdHaftG bringt ein Produkt nur in Verkehr, wenn er willentlich die tatsächliche Gewalt über das Produkt aufgibt. Bei dem Importeur nach § 4 II ProdHaftG kommt ein Inverkehrbringen erst dann in Betracht, wenn die Sache bereits in die EG importiert wurde. Der Lieferant i.S.d. § 4 III ProdHaftG erlangt seine Herstellerposition gerade durch das Inverkehrbringen.[391]

- *bei nachtr. Fehler*

2) nach den Umständen davon auszugehen ist, dass das Produkt den Fehler, der den Schaden verursacht hat, noch nicht hatte, als der Hersteller es in den Verkehr brachte. Praktisch bedeutsam ist dieser Haftungsausschluss nur für Fabrikationsfehler, denn Konstruktions- und Instruktionsfehler haften der Sache immer bereits beim Inverkehrbringen an.[392]

- *Herstellung f. wirtschaftl. Zweck*

3) er das Produkt weder für den Verkauf oder eine andere Form des Vertriebs mit wirtschaftlichem Zweck hergestellt, noch im Rahmen seiner beruflichen Tätigkeit hergestellt oder vertrieben hat. Dieser Haftungsausschluss stellt auf den nichtkommerziellen Zweck der Herstellung bzw. des Vertriebs ab. Die Haftung entfällt nur, wenn die beiden genannten Voraussetzungen („weder... noch...") kumulativ vorliegen.[393]

- *vorschriftsgem. Herstellung*

4) der Fehler darauf beruht, dass das Produkt in dem Zeitpunkt, in dem der Hersteller es in den Verkehr brachte, dazu zwingenden Rechtsvorschriften entsprochen hat. Bei den Rechtsvorschriften muss es sich um eine in einem Gesetz oder einer Verordnung selbst enthaltenen, verbindlichen Detailregelung, so und nicht anders herzustellen, handeln.

Es genügt, wenn das Gesetz oder die Verordnung auf eine andere technische Norm verbindlich verweist. Die technischen Normen als solche genügen ohne die verbindliche Verweisung dagegen nicht, z.B. DIN- und VDE-Normen.[394]

390 EuGH, **Life & Law 05/2015, 330 ff.**

391 Vgl. zum Ganzen Palandt, § 1 ProdHaftG, Rn. 14-16.

392 Vgl. Palandt, § 1 ProdHaftG, Rn. 17.

393 Vgl. Palandt, § 1 ProdHaftG, Rn. 18.

394 Vgl. Palandt, § 1 ProdHaftG, Rn. 20.

- *„Entwicklungsfehler"*

5) der Fehler nach dem Stand der Wissenschaft und Technik in dem Zeitpunkt, in dem der Hersteller das Produkt in den Verkehr brachte, - objektiv - nicht erkannt werden konnte (sog. Entwicklungsfehler). Für das Vorliegen des Fehlers ist nicht die Sicht des Herstellers ausschlaggebend, sondern es ist eine objektive Beurteilung nach dem Stand der Wissenschaft und Technik zu treffen. Dieser Haftungsausschluss hat nur für Konstruktionsfehler eine praktische Bedeutung.

hemmer-Methode: Beachten Sie, dass sich im Gegensatz zur Haftung aus allgemeinem Deliktsrecht die Haftung aus dem ProdHaftG i.R.d. Fabrikationsfehler auch auf die sog. Ausreißer bezieht. Ein Haftungsausschluss nach § 1 II Nr. 5 ProdHaftG kommt hier nicht in Betracht, da Zweck dieser Regelung nur ist, die Haftung für sogenannte Entwicklungsrisiken auszuschließen.[395]

- *§ 1 III ProdHaftG bei fehlerhaftem Einbau v. Teilprodukt*

Nach *§ 1 III ProdHaftG* ist die Ersatzpflicht eines *Herstellers eines Teilproduktes bzw. eines Grundstoffs* ferner ausgeschlossen, wenn der Fehler durch die Konstruktion des Produktes, in welches das Teilprodukt eingearbeitet wurde, oder durch die Anleitung des Herstellers des Produktes verursacht worden ist. In der ersten Alternative (Konstruktion) waren Grundstoff bzw. Teilprodukt selbst fehlerfrei. Erst durch die Konstruktion des Endproduktes entstand der Fehler, weil z.B. der Grundstoff für dieses Endprodukt nicht geeignet war.[396] In der zweiten Alternative (Anleitung) beruht der Fehler auf einer Anleitung des Herstellers, d.h. einer bindenden konstruktiven Weisung des Endherstellers, wie das Teilprodukt oder der Grundstoff herzustellen sind. Eine solche Anleitung liegt auch dann vor, wenn die Konstruktion des Endproduktes ein nicht geeignetes Teilprodukt bzw. Grundstoff vorschreibt.[397]

III. Rechtsfolge und Sonderregelungen

Sonderregelungen

Ebenso wie auch das StVG enthält das ProdHaftG zahlreiche speziellere Sonderregelungen, welche das allgemeine Deliktsrecht (§§ 842 ff.) verdrängen. Der ersatzfähige Schaden ist durch den Tatbestand des § 1 I ProdHaftG bereits beschränkt auf solche Vermögensnachteile, die durch Tod, Körperverletzung oder Eigentumsverletzung entstanden sind. Reine Vermögensbeschädigungen werden nicht ersetzt. 369

Schmerzensgeld nach § 253 II

Mit Einführung des § 253 II, der auch auf verschuldensunabhängige Gefährdungshaftungstatbestände anwendbar ist, hat der Gesetzgeber jedoch die Türe für einen Schmerzensgeldanspruch i.R.d. ProdHaftG geöffnet. Liegt ein Haftungstatbestand nach dem ProdHaftG vor, so kann der Geschädigte einen angemessenen Betrag als Schmerzensgeld verlangen, sofern auch die Voraussetzungen des § 253 II erfüllt sind. § 8 S.2 ProdHaftG hat insofern nur klarstellende Bedeutung.

1. Haftungsumfang bei Tötung bzw. Körperverletzung, §§ 7-9 ProdHaftG

§§ 7 - 9 ProdHaftG bzgl. Umfang d. SchaErs

Die *§§ 7 - 9 ProdHaftG* regeln den Umfang der Ersatzpflicht bei Tötung oder Körperverletzung. Sie entsprechen in Inhalt und Wortlaut den Regelungen der §§ 10, 11, 13 StVG und sind an die §§ 842-844 angelehnt, so dass auf die dortigen Ausführungen verwiesen werden kann. 370

395 BGH NJW 1995, 2162 = **juris**byhemmer.

396 Vgl. Palandt, § 1 ProdHaftG, Rn. 23.

397 Vgl. Palandt, § 1 ProdHaftG, Rn. 24.

§§ 10 ProdHaftG, Haftungshöchstbetrag b. Personenschäden

§ 10 ProdHaftG enthält einen *Haftungshöchstbetrag* für Personenschäden in Höhe von 85 Millionen €. Ein darüber hinausgehender Betrag kann nur nach allgemeinem Deliktsrecht eingefordert werden. Nach § 10 I ProdHaftG gilt diese Grenze nur für Personenschäden, welche durch ein Produkt oder gleiche Produkte desselben Fehlers (sog. Serienschäden) verursacht worden sind. Gleichzeitig aufgetretene Sachschäden dürfen für die Ermittlung der Höchstgrenze nicht berücksichtigt werden. Für Sachschäden besteht insoweit eine unbegrenzte Haftung.[398]

2. Haftungsumfang bei Sachschäden, § 11 ProdHaftG

§ 11 ProdHaftG, Selbstbeteiligung b. Sachschäden

Nach § 11 ProdHaftG hat der Geschädigte einen Sachschaden bis zu einer Höhe von 500 € selbst zu tragen. Diese Selbstbeteiligung betrifft nicht nur Schäden unter der genannten Grenze. Auch bei höheren Schäden ist der Betrag um die Selbstbeteiligung zu kürzen.[399] Für den Betrag der Selbstbeteiligung erhält der Geschädigte nur unter den Voraussetzungen der §§ 823 ff. Ersatz. 371

hemmer-Methode: Vergessen Sie in der Klausur nicht diese Selbstbeteiligung und kürzen Sie den Schadensersatzanspruch entsprechend! Wegen § 11 ProdHaftG wird die Produzentenhaftung nach § 823 I für den Geschädigten günstiger sein, soweit er die Anspruchsvoraussetzungen beweisen kann (vgl. dazu unten Rn. 385 ff.). 372

3. Verjährung, §§ 12, 13 ProdHaftG

Verjährung, § 12 ProdHaftG

Der Anspruch aus § 1 I ProdHaftG verjährt gemäß *§ 12 I ProdHaftG* in drei Jahren ab positiver Kenntnis des Schadens und der Person der Ersatzpflichtigen. Wie bei § 203 S.1 wird nach *§ 12 II ProdHaftG* die Verjährung gehemmt bei Verhandlungen zwischen Schädiger und Geschädigtem. *§ 12 III ProdHaftG* verweist auf die *§§ 203 ff.* 373

Erlöschen, § 13 ProdHaftG

Der Anspruch *erlischt* gemäß *§ 13 I ProdHaftG* zehn Jahre nach dem Inverkehrbringen des Produkts, sofern kein Titel i.S.d. *§ 13 II ProdHaftG* vorliegt.

4. Mehrere Ersatzpflichtige, § 5 ProdHaftG

Gesamtschuld, § 5 ProdHaftG

Mehrere nach § 1 I ProdHaftG verantwortliche Hersteller haften gemäß *§ 5 S.1 ProdHaftG* als *Gesamtschuldner. § 5 S.2 ProdHaftG* regelt das *Innenverhältnis* der Gesamtschuldner und stellt eine andere Bestimmung i.S.d. § 426 I 1 dar. Die einzelnen Hersteller haften danach im Innenverhältnis entsprechend ihrer Verursachungsbeiträge, sofern sich keine andere Bestimmung durch Vertrag oder Gesetz ergibt. 374

5. Mitverursachung, § 6 ProdHaftG

Mitverschulden, § 6 I ProdHaftG

Nach *§ 6 I 1.HS. ProdHaftG* ist ein Mitverschulden des Geschädigten entsprechend § 254 zu berücksichtigen. 375

Das Mitverschulden desjenigen, welcher die tatsächliche Gewalt über die beschädigte Sache ausgeübt hat, ist dem Geschädigten nach *§ 6 I 2.HS. ProdHaftG* ohne Rückgriff auf §§ 254 II 2, 278 zuzurechnen (vgl. die Regelung des § 9 StVG).

398 Vgl. Palandt, § 10 ProdHaftG, Rn. 4.

399 Vgl. Palandt, § 11 ProdHaftG, Rn. 1.

Gefährdung Dritter, § 6 II ProdHaftG

Nach *§ 6 II 1 ProdHaftG* ist im *Außenverhältnis* keine Minderung zu treffen, wenn der Schaden neben dem Produktfehler auch das Handeln eines außerhalb der Gefährdung stehenden Dritten als Ursache hatte. Im *Innenverhältnis* verweist *§ 6 II 2 ProdHaftG* auf *§ 5 S.2 ProdHaftG*. Somit gelten die Vorschriften über den Ausgleich zwischen mehreren als Gesamtschuldner haftenden Herstellern entsprechend.[400]

6. Beweislastverteilung, § 1 IV ProdHaftG

Beweislastverteilung, § 1 IV ProdHaftG

Der Geschädigte hat nach *§ 1 IV 1 ProdHaftG* die anspruchsbegründenden Voraussetzungen (Fehler, Schaden, Kausalität zwischen Fehler und Schaden sowie Herstellereigenschaft) zu beweisen. Dabei kann ihm jedoch der Beweis des ersten Anscheins bei der Ursächlichkeit zugute kommen.[401] Der Hersteller muss dagegen nach *§ 1 IV 2 ProdHaftG* das Vorliegen der Haftungsausschlusstatbestände des § 1 II, III ProdHaftG beweisen. Auch trifft den Hersteller die Beweislast bzgl. Verjährung, § 12 ProdHaftG, und Erlöschen, § 13 ProdHaftG, des Anspruches. *376*

D. Produzentenhaftung nach allgemeinen Regelungen

Die Produzentenhaftung außerhalb des ProdHaftG ist kein eigenes Rechtsinstitut. Gemeint sind damit vielmehr alle möglichen Ansprüche eines geschädigten Konsumenten gegen den Produzenten, also sowohl vertragliche, als auch gesetzliche Ansprüche, wobei die Rechtsprechung speziell für § 823 I einige Besonderheiten v.a. im Bereich der Beweislastverteilung entwickelt hat. Bei den Ansprüchen des Geschädigten gegen den Hersteller des mangelhaften Produkts sind daher i.R.e. Klausur noch weitere Anspruchsgrundlagen zu prüfen. *377*

hemmer-Methode: Achten Sie darauf, dass in der Klausur regelmäßig sowohl nach Ansprüchen gegen den Verkäufer (insbes. §§ 437, 440, 823 ff.) als auch gegen den Hersteller des mangelhaften Produkts gefragt ist. Die nachfolgenden Ausführungen sind jedoch weiterhin Ansprüche gegen den *Hersteller*, nicht gegen den Verkäufer der Sache.

I. Lösungsansätze außerhalb des Deliktsrechts

andere Anspruchsgrdl.:

Für den Bereich der Haftung des Produzenten gegenüber dem Abnehmer kommen zunächst vertragliche oder vertragsähnliche Ansprüche in Betracht. *377a*

1. Garantie- oder Haftungsvertrag

e.A.: Garantievertrag zw. Hersteller u. Abnehmer; dagegen: keine WE

Teilweise wurde die Annahme eines speziellen *Garantie- oder Haftungsvertrages* zwischen Hersteller und Endabnehmer allein aufgrund der Tatsache bestimmter Werbeerklärungen und Warenbeschreibungen des Herstellers befürwortet. Derartige Anpreisungen enthalten jedoch – mangels Rechtsbindungswillens – regelmäßig keine rechtsgeschäftlichen Willenserklärungen.[402] *378*

2. Garantieschein / Garantiekarte

aber bei Garantieschein bzgl. Mangelschaden mögl.

Legt der Hersteller der Ware, welche der Kunde vom Händler bezieht, einen *Garantieschein/Garantiekarte* bei, so ist der Bereich unverbindlicher Werbung verlassen.

---

400 Vgl. auch Palandt, § 6 ProdHaftG, Rn. 2.

401 Vgl. Palandt, § 1 ProdHaftG, Rn. 25.

402 Vgl. Palandt, § 15 ProdHaftG, Rn. 5; BGHZ 48, 122 = **juris**byhemmer; BGHZ 51, 91 = **juris**byhemmer.

Der Garantieschein hat rechtsgeschäftliche Bedeutung. Aus einer übernommenen Garantie kann sich eine schuldunabhängige Einstandspflicht ergeben. Im Kaufrecht regeln dies die §§ 443, 477. Der Garantieschein stellt ein Angebot des Herstellers an den Endabnehmer auf Abschluss eines Garantievertrages dar. Dieses Angebot wird durch den Händler als Boten vermittelt, wobei gemäß § 151 der Händler auf den Zugang der Annahmeerklärung verzichtet. Der Inhalt dieses Garantievertrages richtet sich nach dem Inhalt des Garantiescheines. Regelmäßig verpflichtet sich der Hersteller nur zur kostenlosen Nachbesserung bzw. Neulieferung mangelfreier Ware innerhalb einer bestimmten Garantiefrist. Die Verwendung solcher Garantiekarten umfasst jedoch nur den Mangelschaden als solchen, nicht aber auch Folgeschäden.[403] 379

Die Ansprüche des Endabnehmers gegen den Hersteller aus der Garantiekarte unterliegen nach h.M. der Regelverjährung gem. §§ 195, 199.[404]

3. § 122 analog

e.A.: § 122 analog; h.M. (-)

Teilweise[405] wurde eine *analoge Anwendung des § 122* vertreten, da der Käufer vielfach auf die Anpreisungen des Herstellers vertraut. Dadurch würde jedoch zum einen den Werbeerklärungen des Herstellers erneut eine rechtliche Bedeutung beigelegt, welche von diesem nicht gewollt ist. Zum anderen versagt dieser Ansatz dann, wenn der Endabnehmer sich von den Anpreisungen des Herstellers nicht hat bestimmen lassen bzw. diese überhaupt nicht kannte. Hier kann schwerlich von einem enttäuschten Vertrauen des Kunden gesprochen werden. 380

4. Vorvertragliche Haftung

e.A.: analoge Haftungsgrundsätze; h.M. (-)

Andere vertreten aufgrund des gesteigerten sozialen Rechtskontaktes eine Haftung *analog den Grundsätzen der vorvertraglichen Haftung, §§ 311 II, 241 II, 280*. Auch diese Ansicht muss aus obigen Gründen als den Grundsätzen des BGB widersprechend abgelehnt werden. 381

5. Vertrag mit Schutzwirkung zugunsten Dritter[406]

Vertr. m. Schutzwirkung (-), da kein Schutzinteresse

Weiterhin wurde vertreten, dass es sich bei dem Vertrag zwischen Händler und Hersteller um einen *Vertrag mit Schutzwirkung zugunsten Dritter*, hier des Käufers, handeln solle. Zwar steht der Käufer in Leistungsnähe zum Kaufvertrag zwischen Hersteller und Händler. Jedoch fehlt es am ausreichenden Schutzinteresse, d.h. der Verantwortlichkeit des Händlers für die Rechtsgüter des Endabnehmers („Wohl und Wehe"). Die Annahme eines solchen Vertrages würde nur verschleiern, dass eine in Wahrheit nach Deliktsrecht zu beurteilende Sorgfaltspflicht vorliegt. 382

6. Drittschadensliquidation[407]

DriSchaLi (-): keine zufällige Verlagerung

Schließlich wurde eine Haftung des Herstellers über die Figur der *Drittschadensliquidation* konstruiert.

403 Vgl. Palandt, § 15 ProdHaftG, Rn. 5; BGHZ 50, 200 = **juris**byhemmer.

404 Vgl. ausführlich, insbesondere auch zur Differenzierung zwischen selbständiger und unselbständiger Garantie Grützner/Schmidl, NJW2007, 3610.

405 Canaris, JZ 1968, 501 f.

406 Vgl. Hemmer/Wüst, Basics Zivilrecht, Rn. 510 ff.

407 Vgl. dazu Hemmer/Wüst, Schadensersatzrecht III, Rn. 221 ff.

Auch diese Lösung ist abzulehnen. Zum einen stehen dem Endabnehmer regelmäßig Ansprüche aus §§ 823 ff. und nun auch aus § 1 I ProdHaftG zu, so dass der Träger des Schadens nicht anspruchslos bleibt. Zum anderen kann der Schaden auch bereits beim Händler eintreten. Damit fehlt es an der für die Drittschadensliquidation erforderlichen, zufälligen Schadensverlagerung. 383

hemmer-Methode: Stürzen Sie sich in der Klausur nicht gleich auf das ProdHaftG oder die §§ 823 ff. Verzögern Sie den Gedankenablauf und skizzieren Sie knapp alle anderen in Betracht kommenden, aber abzulehnenden Möglichkeiten! Knappes Skizzieren bedeutet nicht mehr als 1 - 2 Sätze je möglichem Anspruch mit einem triftigen Argument zur Ablehnung. Dies kann auch im Urteilsstil erfolgen. Schreiben Sie mehr, so führt das zu Abzügen wegen Verkennung der Schwerpunkte. Zudem geht zu viel Zeit für andere Probleme verloren. Denken Sie auch an den „genervten“ Korrektor, der oft über hundert Arbeiten zu korrigieren hat! 384

II. Produzentenhaftung nach §§ 823 ff.

daneben §§ 823 ff.

Der Verbraucher kann grundsätzlich gegen den Hersteller wegen der durch das Produkt verursachten Schäden auch einen Anspruch aus allgemeinem Deliktsrecht haben. In der Praxis ergeben sich dabei jedoch bzgl. einzelner Tatbestandsmerkmale Schwierigkeiten, insb. bei der Rechtsgutsverletzung, der Abgrenzung von Tun und Unterlassen, der Rechtswidrigkeit und dem Verschulden. Unter dem Stichwort der Produzentenhaftung wird dafür eine angemessene – insb. i.R.d. Beweislast von den allgemeinen Deliktsregeln z.T. abweichende – Lösung gesucht. 385

hemmer-Methode: Vergessen Sie nicht: Es handelt sich weiterhin um die Prüfung des allgemeinen Tatbestandes des § 823 I, der lediglich in Einzelheiten Besonderheiten aufweist! 386

1. § 823 I

a) Handlung

Handlung = Inverkehrbringen

Bei der Produzentenhaftung wird die *Handlung* des Herstellers allgemein[408] in dem *Herstellen und Inverkehrbringen* des fehlerhaften Produktes gesehen. 387

Die *Beweislast* trägt hierfür - nach allgemeinen Regeln - der Geschädigte. Ein Anscheinsbeweis ist jedoch möglich.

hemmer-Methode: Im Hinblick auf die Verletzung der Instruktionspflicht ist es naheliegender, von einem Unterlassen auszugehen. Dann muss die Verletzung der Verkehrssicherungspflicht geprüft werden.

b) Rechtsgutsverletzung

Rechtsgutsverletzung notw.

Es muss eines der von § 823 I geschützten Rechtsgüter verletzt worden sein. I.R.d. Produzentenhaftung kommen hier regelmäßig nur Leben, Körper/Gesundheit und Eigentum in Betracht. 388

Problem: weiterfressender Mangel

Probleme ergeben sich lediglich bei der Verletzung von *Eigentum*, insb. im Fall des sog. *weiterfressenden Mangels*.

408 Vgl. Palandt, § 823, Rn. 181.

weiterfressender Mangel als weitere Eigentumsverletzung?

Unter diesem Stichwort werden die Fälle zusammengefasst, in welchen aufgrund eines Sachmangels der gekauften Sache oder des gelieferten Werkes ein weiterer Schaden entsteht. Hier stellt sich das Problem, ob bei Lieferung mangelhaften Eigentums noch eine weitere Eigentumsverletzung möglich ist und somit neben der Verletzung vertraglicher Leistungspflichten gleichzeitig eine deliktische Eigentumsverletzung vorliegt.

> ***Gaszugfall:***[409] *G erwirbt im Januar 1987 einen PKW des Automobilherstellers H im Autohaus A. Aufgrund einer fehlerhaften Konstruktion bewegt sich der Gashebel nach Loslassen nicht mehr in seine Ausgangsstellung zurück, so dass der Wagen weiter beschleunigt. Versuche des Autohauses A, den klemmenden Gaszug zu reparieren, schlugen fehl. Im Mai 1987 verursacht G einen Unfall, der auf ein Klemmen des Gaszuges zurückzuführen ist. G verlangt nun von H Ersatz der Reparaturkosten. Das ProdHaftG ist hier nach § 16 ProdHaftG nicht anwendbar, da der PKW vor dem 1.1.1990 in den Verkehr gebracht wurde.*

Ob der Erwerber einer mangelhaften Sache noch in seinem Eigentum verletzt werden kann, ist umstritten. Im Wesentlichen werden hierzu drei Meinungen vertreten:

nach Rspr. nur bzgl. mangelfreier Restsache

Die *Rechtsprechung* sieht zwar in der bloßen Verschaffung mangelhaften Eigentums noch keine Eigentumsverletzung,[410] ebenso wenig wie in der Tatsache, dass die Sache beim Erwerber in ihrer Funktionsfähigkeit beeinträchtigt ist. Allerdings kann in einer späteren, durch den Mangel hervorgerufenen Beschädigung der mangelfreien Restsache eine Eigentumsverletzung gesehen werden.

Für die Frage, wann eine solche Beschädigung denn eine Eigentumsverletzung darstellt, hat der BGH verschiedene Kriterien entwickelt, die sich im Laufe der Rechtsprechung gewandelt haben.

Schwimmschalterfall: best. Funktion u. geringer Wert d. mangelhaften Sache notw.

Im sog. *Schwimmschalterfall*[411] stellte der BGH darauf ab, dass die fehlerhafte Sache eine bestimmte Funktion innerhalb der Gesamtsache erfüllte (Abgrenzbarkeit/Ausbaubarkeit). Zudem musste der Wert der fehlerhaften Sache erheblich geringer sein als derjenige der später zerstörten Sache. Die in der Mitlieferung des schadhaften Teils liegende Gefahrenursache, die sich erst nach der Eigentumsübertragung zu einem über diesen Mangel hinausgehenden Schaden realisiert hat, hat dadurch das mangelfreie Eigentum im Übrigen verletzt.

Hinterreifenfall: Funktion nicht notw.; maßgebl., dass ggü. Mangel höherer Schaden

Im sog. *Hinterreifenfall*[412] hat der BGH das Kriterium der bestimmten Funktion innerhalb der Gesamtsache aufgegeben. Hier sah er es allein als entscheidend an, dass die Gesamtsache im Vergleich zur mangelhaften Sache ein wesentlich wertvolleres Vermögensstück darstellte und damit im Vergleich zum Mangel ein anderer, ungleich höherer Schaden entstanden ist.

Gaszugfall: unglückliche Umstände notw.

Im obigen *Gaszugfall* stellte der BGH zusätzlich das Erfordernis auf, dass der Schaden auf ein Zusammentreffen unglücklicher Umstände zurückzuführen ist. Dieses Kriterium gab der BGH[413] jedoch später im sog. *Kompressorfall* wieder ausdrücklich auf.

409 Nach BGHZ 86, 256 = **juris**byhemmer.

410 Vgl. BGHZ 36, 366.

411 Vgl. BGHZ 67, 359 = **juris**byhemmer.

412 Vgl. BGH NJW 1978, 2241 = **juris**byhemmer.

413 Vgl. BGH NJW 1985, 2420 = **juris**byhemmer.

Hebebühnenfall: ⇨ Trennen v. Integritäts- u. Äquivalenz-interesse

Im sog. Hebebühnenfall[414] führte der BGH erstmals den Begriff der Stoffgleichheit ein, den er in seiner weiteren Rechtsprechung immer wieder angewendet hat.[415] Ausgangspunkt ist hierbei, dass von § 823 I nur das sog. Integritätsinteresse geschützt wird, d.h. das Interesse am unbeeinträchtigten Fortbestand des vorhandenen Eigentums. Nicht dagegen soll das bloße Äquivalenzinteresse geschützt werden, d.h. das Interesse des Käufers an der Gleichwertigkeit der ausgetauschten Güter bzw. das Interesse des Käufers, für sein Geld eine entsprechende Ware zu erhalten. Dem Äquivalenzinteresse wird durch die Gewährleistungsvorschriften Rechnung getragen.

⇨ keine Stoffgleichheit v. Mangel u. Schaden

Das Vorliegen der Stoffgleichheit ermittelt sich nun aus einem Vergleich des Mangelunwertes der Sache bei der Übereignung mit dem Schaden, der nach der Beschädigung der Gesamtsache eingetreten ist.[416] Sind Mangelunwert und Schaden identisch, liegt Stoffgleichheit vor und es ist nur das Äquivalenzinteresse betroffen, so dass ein Anspruch aus § 823 I ausscheidet. Ist dagegen der Schaden höher als der Mangelunwert, so liegt keine Stoffgleichheit vor und es ist das Integritätsinteresse betroffen. In diesem Fall liegt eine i.S.d. § 823 I relevante Eigentumsverletzung vor.

nach a.A. Eigentum schon als solches mangelhaft

Nach einer *Mindermeinung in der Literatur*[417] liegt bereits keine Eigentumsverletzung vor, da der Eigentümer von vorneherein mangelhaftes Eigentum erlangt hat. Mangelhaftes Eigentum kann jedoch nicht noch weiter verletzt werden.

nach a.A. Gewährleistung vorrangig

Nach einer anderen *Literaturmeinung*[418] scheidet bereits die Anwendung des Deliktsrechtes aus, da die speziellere Regelung der Sachmängelgewährleistung ausreichend ist. Ansonsten würden die Grenzen zwischen Gewährleistung und Deliktsrecht verschoben. Die vom BGH vertretene Ansicht sei in sich widersprüchlich und führe nicht zu gerechten Ergebnissen. Denn der Hersteller braucht nach BGH nicht zu haften, wenn er eine von vornherein völlig unbrauchbare Sache in den Verkehr bringt, weil dann stets Stoffgleichheit vorliegt. Er muss aber haften, wenn er eine Sache liefert, die einen fehlerhaften Teil enthält, welcher die ganze Sache zerstört. Je größer die Schuld des Herstellers sei, desto geringer sei also seine Haftung.[419]

Wird der Rspr. gefolgt, führt dies im Fall zu dem Ergebnis des Vorliegens einer Eigentumsverletzung, da hier der Mangelunwert, welcher sich in dem klemmenden Gaszug realisiert, erheblich geringer ist als der Schaden, welcher bei dem Unfall entstand. Somit besteht ein Anspruch des G gegen H aus § 823 I.

Schmiermittelfall

Im neueren „Schmiermittelfall"[420] hat der BGH seine Rechtsprechung zu den sog. „weiterfressenden Schäden" fortgeführt: 389

Schmiermittelfall: *Eine KG stellte sog. Grim´sche Leiträder her. Hierbei handelt es sich um einen bei Seeschiffen zusätzlich montierten Propeller, der der Energieeinsparung dienen soll. Vor dem Einbau des Leitrades in das Schiff des G befüllte die KG dieses mit einem von S hergestellten Schmiermittel, das jedoch keine ausreichende Schmierwirkung entfaltete, so dass das Rad auf See verloren ging. G verlangt von S Schadensersatz aus § 823 I.*

414 Vgl. BGH WM 1983, 265 = **juris**byhemmer.

415 Vgl. z.B. den sog. Korkenfall, BGH NJW 1990, 908 = **juris**byhemmer, dazu Emmerich JuS 1990, 579.

416 Ausreichend ist auch, wenn die Beschädigung der Restsache erst bei Entfernung der mangelhaften Teile erfolgt, vgl. BGH NJW 1992, 1225 („Kondensator-Fall") = **juris**byhemmer.

417 Vgl. Rengier JZ 1977, 346; Schubert JR 1977, 458.

418 Vgl. Reinicke/Tiedtke NJW 1986, 10 ff.; Diederichsen VersR 1984, 798 ff.

419 Reinicke/Tiedtke, Kaufrecht, Rn. 965.

420 Vgl. BGH NJW 1996, 2224 = **juris**byhemmer.

Verletzung des Integritätsinteresses

Der BGH weist unter Bezugnahme auf seine bisherige Rechtsprechung zu weiterfressenden Schäden in diesem Urteil ausdrücklich darauf hin, dass G nicht lediglich eine von vornherein mangelbehaftete Sache erhalten hatte, die als Ganzes zum vorgesehenen Zweck nicht verwendbar gewesen wäre. Das Leitrad war vielmehr zunächst ein im wesentlichen funktionsfähiges Produkt von eigenem Wert. Es ist erst nach Eigentumsübergang an G dadurch geschädigt worden, dass das von S gelieferte Schmiermittel nicht den erforderlichen Schutz bieten konnte (also keine Stoffgleichheit). Dies führte zu einer Beeinträchtigung des durch § 823 I geschützten *Integritätsinteresses* des G bezüglich des Leitrades.

Produktunwirksamkeit

Der Bejahung einer Eigentumsverletzung i.S.d. § 823 I steht dem BGH zufolge auch nicht entgegen, dass in diesem Fall der Schaden nicht durch eine schädliche Eigenschaft des Schmiermittels eingetreten ist, sondern dass es infolge seiner Zusammensetzung nicht die erforderliche Schmierwirkung entfaltete, also unwirksam war. Auch die *Produktunwirksamkeit* kann nämlich nach BGH Schadensersatzansprüche nach § 823 I auslösen, wenn der Hersteller durch die von ihm geweckten Gebrauchserwartungen den Verbraucher davon abhält, andere Maßnahmen zum Schutz seines Eigentums zu ergreifen.

hemmer-Methode: Mittlerweile ist die Rechtsprechung so gefestigt, dass der BGH sich in Entscheidungen, die die Weiterfresserthematik betreffen, gar nicht mehr dazu äußert. Zuletzt ging es im sog. Ferrari Hinterreifen-Fall um die Verwendung nicht mehr zulässiger Reifen, durch die dann ein Unfall verursacht wurde.[421]

Exkurs: Verhältnis zum Mängelrecht, §§ 434 ff., insbesondere: Vorrang der Nacherfüllung

Der BGH hat bislang zu der Thematik „Weiterfresserschaden“ in Fällen, in denen das neue Schuldrecht gilt, noch nicht geäußert. Heftig umstritten ist in der Literatur, wie sich die Änderungen des Schuldrechts auf die Rechtsprechung auswirken werden.

Diese Diskussion ist aus mehreren Gründen sehr examensrelevant. Zum einen geht es um das generelle Verhältnis des Deliktsrechts zum Vertragsrecht, zum anderen um die Frage, welche Anspruchsgrundlage i.R.d. vertraglichen Ansprüche die richtige ist.

e.A. keine Anwendung des Deliktsrecht unter Geltung des neuen Schuldrechts

Zum Teil wird die Anwendung des Deliktsrechts i.R.d. Weiterfresserproblematik (und damit die BGH-Rechtsprechung) unter Geltung des neuen Schuldrechts abgelehnt.[422] Denn durch die Reform ist der Hauptgeltungsgrund, nämlich der große Unterschied zwischen vertraglicher und deliktischer Verjährung, entschärft worden. Verjährten die vertraglichen Ansprüche nach alter Rechtslage bereits 6 Monate ab Übergabe der Sache, ist diese Frist nun auf 2 Jahre ausgedehnt worden, so dass der Käufer ausreichend über das Vertragsrecht geschützt wird. Zudem besteht nach dieser Ansicht ein Konflikt mit dem vertraglichen Nacherfüllungsanspruch, der nur durch die Zurückdrängung des Deliktsrechts gelöst werden könne.

a.A. keine Änderung der Problematik

Die wohl überwiegende Ansicht spricht sich demgegenüber für die Anwendung des Deliktsrechts aus. Denn zwar wurde die Verjährungsproblematik entschärft, aber eben nicht beseitigt. So kann durch den unterschiedlichen Anknüpfungspunkt für den Fristbeginn eine stärkere Diskrepanz zwischen Vertrags- und Deliktsrecht entstehen, die ein Bedürfnis für die Anwendung des Deliktsrechts darstellt.

421 BGH NJW 2004, 1032 = **juris**byhemmer.

422 Lorenz/Riehm, Lehrbuch zum neuen Schuldrecht, Rn. 582.

Geht man mit dieser Ansicht davon aus, dass der BGH an seiner Rechtsprechung festhält, stellt sich die Frage, in welchem Verhältnis die vertraglichen und deliktischen Anspruchsgrundlagen zueinander stehen.

Im Vertragsrecht: SE statt oder neben der Leistung

Im Vertragsrecht stellt sich zunächst die Frage nach der richtigen Anspruchsgrundlage für den Ersatz sog. Weiterfresserschäden. Nimmt man einmal den Gaszugfall als Beispiel (klemmender Gaszug führt zu Unfall und weiteren Schäden am PKW), muss zwischen Schadensersatz statt und neben der Leistung differenziert werden. Wird der Schaden also über §§ 437 Nr.3, 280 I (und damit ohne das Problem des Vorrangs der Nacherfüllung) oder nur unter den Voraussetzungen der §§ 437 Nr.3, 281 ersetzt.

Für die Abgrenzung hat sich eine Kontrollfrage durchgesetzt: würde der zu ersetzende Schaden bei einer fiktiv gedachten Nacherfüllung entfallen oder nicht. Würde er entfallen, zeigt sich, dass der Gläubiger nur ein alternatives Interesse an Schadensersatz und Leistung hat. Denn wenn er die Leistung (in Form der Nacherfüllung) bekommt, benötigt er dann keinen Schadensersatz mehr. Bliebe aber der Schaden trotz gedachter Nacherfüllung existent, tritt das Ersatzinteresse neben das Interesse an der ordnungsgemäßen Leistung.

Beseitigung der Weiterfresserschäden geschuldet?

In dieser Konsequenz ist zu erfragen, ob die Beseitigung der Weiterfresserschäden i.R.d. Nacherfüllung geschuldet ist. Wenn ja, würde ja der Schaden durch Nacherfüllung entfallen.

Auf den ersten Blick müsste man die Nacherfüllungspflicht hinsichtlich der Weiterfresserschäden verneinen. Denn der Verkäufer haftet ja nur für Mängel bei Gefahrübergang. Der Weiterfresserschaden tritt aber naturgemäß erst viel später auf.

h.M.: ja

Gleichwohl muss sich im Ergebnis der Anspruch auf Nacherfüllung auch auf die Beseitigung der Weiterfresserschäden erstrecken.[423]

Denn der Nacherfüllungsanspruch soll den Käufer so stellen, wie er bei ordnungsgemäßer Erfüllung stehen würde. Bei ordnungsgemäßer Erfüllung wird dem Käufer eine mangelfreie Sache überlassen. Genau dieser Zustand muss i.R.d. Nacherfüllung erreicht werden können. Andernfalls wäre es nicht gerechtfertigt, den Käufer mit der Ausübung seiner Rechte „zweiter Stufe" (Rücktritt, Minderung) hinzuhalten.

> **Bsp.:** *Liegt der Mangel darin, dass die Kaufsache einen Rostfleck hat, und dehnt sich dieser im Laufe der Zeit auf die Restsache aus, ist offensichtlich, dass der Käufer nicht nur Beseitigung des ursprünglich vorhandenen Rostflecks hat, sondern zudem einen Anspruch auf Beseitigung der gesamten Roststelle!*

Im Übrigen würde ja auch bei der Nacherfüllung in Form der Nachlieferung der Käufer eine Sache ohne Weiterfressermangel bekommen. Dann muss dieselbe Folge über die Nachbesserung erreichbar sein.

SE gem. §§ 437 Nr.3, 281

Demnach wird Schadensersatz grundsätzlich erst dann geschuldet, wenn dem Verkäufer zunächst eine Frist zur Nacherfüllung gesetzt wurde und diese erfolglos verstrichen ist.

Problem: Konsequenzen für die Prüfung des § 823 I

Daraus ergeben sich dann aber Probleme i.R.d. § 823 I. Geht man mit der Rechtsprechung des BGH von einer Eigentumsverletzung aus, könnte dem Wortlaut des § 823 I entsprechend sofort, d.h. ohne lästige Fristsetzung, Schadensersatz verlangt werden. Dadurch würde bei der konkurrierenden Anspruchsgrundlage aus §§ 437 Nr.3, 281 I das Fristsetzungserfordernis unterlaufen.

---

423 So vor allem überzeugend Reinicke/Tiedtke, Kaufrecht, Rn. 985 f.

e.A.: § 823 I wird verdrängt.

Aus dieser Konfliktsituation wird vereinzelt der Schluss gezogen, die Weiterfresserrechtsprechung müsse aufgegeben werden.[424]

Diese absolute Position verkennt jedoch, dass das Spannungsfeld nur besteht, wenn die Nacherfüllung möglich ist. Es wäre für die Fälle, in denen die Nacherfüllung an § 275 scheitert, nicht interessengerecht, den Anspruch aus § 823 I nur deshalb zu versagen, weil in einer gar nicht gegebenen Konstellation ein Problem besteht.

Zudem würde verkannt, dass die Weiterfresserhaftung nach Deliktsrecht häufig gar nicht den Verkäufer, sondern den Hersteller trifft.[425]

Warum aber sollte die Produzentenhaftung ausscheiden, nur weil im Verhältnis zum Verkäufer erst eine Frist zu setzen wäre?

Interessengerecht erscheint daher zu sein, den deliktischen Anspruch aus § 823 I seinerseits mit einer vorübergehenden Einrede zu belasten, die nur besteht, wenn sich § 823 I gegen den Verkäufer richtet, und solange besteht, bis eine Frist zur (möglichen) Nacherfüllung abgelaufen ist.

Exkurs: Ende

Einbau fehlerhafter Teile in Geräte oder Bauwerke

Die Rechtsprechung zur sog. Stoffgleichheit gilt einerseits in den Fällen, in denen Schäden an Kfz, Maschinen oder sonstigen Geräten dadurch eintreten, dass ein später eingebautes Ersatzteil oder eine Zusatzanlage fehlerhaft ist und infolgedessen Schäden an anderen, bereits vorhandenen fehlerfreien Teilen des Gerätes entstehen.[426] Nichts anderes gilt, wenn in Bauwerke, z.B. in einen nur teilweise – aber mangelfrei – errichteten Rohbau, mangelhafte Teile eingefügt werden.[427] **389a**

Herstellung einer neuen Sache unter Verwendung mangelhafter Teile

Die gleichen Grundsätze gelten nach BGH aber auch, wenn auf eine andere Weise – insbesondere bei der Herstellung einer neuen Sache – einwandfreie Teile mit mangelbehafteten Teilen verbunden werden und dabei durch einen Mangel eines Teilprodukts andere Teile oder sogar die gesamte neue Sache beschädigt oder unbrauchbar werden.[428]

Funktionslosigkeit der Gesamtsache

Problematisch sind dabei jedoch die Fälle, in denen die Verbindung mangelhafter mit einwandfreien Teilen für sich betrachtet weder zur Beschädigung der einwandfreien Teile noch der Gesamtsache insgesamt führt, sondern zunächst nur dazu, dass die Gesamtsache nicht funktioniert. **389b**

> **Bsp.:**[429] *H stellt Zentralverriegelungen her. In die Steuergeräte dieser Verriegelungen baut er von S hergestellte Transistoren ein. Diese sind jedoch mangelhaft, so dass die Steuergeräte nicht funktionieren. Die Transistoren können jedoch mit wirtschaftlich vertretbarem Aufwand nicht wieder aus den Steuergeräten ausgebaut werden, ohne dass dabei andere in die Steuergeräte eingebaute Teile beschädigt werden.*

Funktionsfähigkeit der Gesamtsache betrifft lediglich Äquivalenzinteresse

Die *Funktionsunfähigkeit der Gesamtsache* kann nach BGH nicht als eine deliktische Eigentumsverletzung angesehen werden.

---

424 So Grigoleit, ZGS 2002, 78,79.

425 Masch/Herwig, ZGS 2005, 24 (26).

426 Vgl. z.B. BGH NJW 1971, 1131, 1804 „Achsaggregat" = **juris**byhemmer; BGH NJW 1979, 2148 „Kartonmaschine" = **juris**byhemmer.

427 Vgl. BGH NJW 1981, 2250 „Asbestzementplatten" = **juris**byhemmer; BGH NJW 1985, 194 „Dachabdeckfolie" = **juris**byhemmer.

428 Vgl. BGH NJW 1990, 908 = **juris**byhemmer.

429 Nach BGH NJW 1998, 1942 = **juris**byhemmer.

Insoweit habe sich der Produktfehler nämlich lediglich auf das Nutzungs- und Äquivalenzinteresse des Herstellers der Gesamtsache ausgewirkt, nicht aber auf dessen Integritätsinteresse. Der geltend gemachte Schaden decke sich hier mit der Mangelhaftigkeit der Sache bei Gefahrübergang, so dass Stoffgleichheit vorliege.

Eigentumsverletzung aber bezüglich der anderen eingebauten Einzelteile

Eine Eigentumsverletzung kann jedoch in diesem Fall bezüglich der *weiteren in die Gesamtsache eingefügten mangelfreien Teile* vorliegen, wenn die mangelhaften Teile nicht ohne Beschädigung der mangelfreien Teile von diesen getrennt werden können bzw. eine solche Trennung einen unwirtschaftlichen Aufwand verursachen würde.

Eigentumsverletzung bereits im Zeitpunkt der Verbindung

Nach BGH-Rechtsprechung liegt die Eigentumsverletzung an den zuvor unversehrten Teilen hier *bereits im Zeitpunkt der Verbindung* der Teile vor.[430] Dass eine Trennung der Teile nicht erfolgt ist, schadet nach BGH nicht. Zu beachten sei hierbei nämlich, dass die Verletzung des Eigentums an einer Sache nicht zwingend einen Eingriff in die Sachsubstanz voraussetze, sie könne auch durch eine nicht unerhebliche Beeinträchtigung der bestimmungsgemäßen Verwendung der Sache erfolgen. Dem Anspruch stehe auch nicht entgegen, dass der Hersteller der neuen Gesamtsache gem. § 950 I originäres Eigentum an der von vornherein unbrauchbaren Gesamtsache erworben habe und dass deshalb, wie auch bei einer Verbindung nach § 947, insoweit eine Stoffgleichheit zwischen Schaden und Mangelunwert vorliege. Denn die Frage, in welcher Weise das Eigentum erworben wurde (bzw. die sachenrechtliche Zuordnung der Einzelteile) sei von der Frage einer Eigentumsverletzung i.S.d. Deliktsrechtes zu trennen. Maßgeblich sei hier allein die Frage, ob durch die Beschädigung der Einzelteile das Äquivalenz- oder Integritätsinteresse des Eigentümers verletzt wurde.

ansonsten Schadensersatzanspruch vom Verhalten des Herstellers abhängig

Würden Schadensersatzansprüche in einem solchen Fall erst mit der Trennung entstehen, so hinge es zudem in erster Linie vom Verhalten des Herstellers der Gesamtsache ab, ob, wann und in welchem Umfang sich der Schaden realisiere, was nicht zu einem sachgerechten Ergebnis führe.[431]

Problematisch ist in diesen Fällen aber die Höhe des Schadens. Zum einen könnte man den Schaden durch die Kosten des Materials begrenzen, das der Verwender der Zulieferteile nicht mehr verwerten kann, nicht aber die Aus- und Wiedereinbaukosten.[432]

Das OLG München hat den Schaden darüber hinaus auch auf entgangenen Gewinn ausgedehnt, der dadurch entsteht, dass infolge der Mangelhaftigkeit der Zulieferteile Produkte hergestellt werden, die unverkäuflich sind. Denn auch beim Ausfall einer zerstörten oder beschädigten Sache gehört der Gewinnentgang zu dem zu ersetzenden Schaden. Es besteht kein Grund, dies hier anders zu beurteilen.[433]

hemmer-Methode: Der BGH hat zur Schadenshöhe zwar noch nicht entschieden, hat im angesprochenen Fall des OLG München die Beschwerde gegen die Nichtzulassung der Revision zurückgewiesen.

daneben Produkthaftung bzgl. „anderer“ Sachen

Anm. zur Wiederholung: Das Problem des weiterfressenden Mangels stellt sich nicht nur i.R.d. §§ 823 ff., sondern auch i.R.d. ProdHaftG (vgl. dazu Rn. 346 f.).

hemmer-Methode: Von Ihnen wird diese ausführliche Behandlung des Streits nicht erwartet. Geben Sie aber zu erkennen, dass Sie die Grundaussagen verstanden haben. Die §§ 434 ff. schützen das Verhältnis von Leistung und Gegenleistung, also das Äquivalenzinteresse. Die §§ 823 ff. beruhen auf dem Prinzip des „neminem laedere“ und schützen das Integritätsinteresse.

430 Vgl. BGH NJW 1992, 1225 = **juris**byhemmer.

431 Vgl. BGH NJW 1998, 1942 = **juris**byhemmer; vgl. auch die ausführliche Besprechung dieser Entscheidung in **Life&Law 08/1998, S. 503 ff.**

432 So das OLG Stuttgart, NJW-RR 2002, 25 = **juris**byhemmer.

433 OLG München, AZ 31 U 5458/02 = **juris**byhemmer.

Ob das fehlerfreie Resteigentum geschützt ist, ist der sog. kritische Grenzfall, der sich hervorragend für Examensklausuren eignet, zumal die (wohl) h.M. i.R.d. § 823 I anders entscheidet als i.R.d. ProdHaftG. Lernen Sie, die Grenzbestimmung richtig vorzunehmen: Wie weit geht Gewährleistungsrecht, wie weit vorverlagert ist der Anwendungsbereich der §§ 823 ff.! Die Abgrenzung des BGH, der einen deliktischen Anspruch nur gewährt, wenn ein über das durch §§ 434 ff. geschützte Äquivalenzinteresse hinausgehendes Integritätsinteresse besteht, führt hier im Einzelfall zu sachgerechten Ergebnissen. Ob sich die Problematik infolge der mittlerweile weit weniger unterschiedlichen Verjährungsfristen in Delikts- und Mängelrecht in Zukunft noch stellen wird, kann nicht mit Sicherheit beantwortet werden.[434] Hier bleibt eine Klärung durch die Rechtsprechung abzuwarten.
Das gleiche Problem stellt sich auch im Werkvertragsrecht, §§ 633 ff. Das Eigentum i.S.d. § 823 I ist allein durch das Errichten eines mangelhaften Werkes noch nicht verletzt. Eine Eigentumsverletzung liegt nur dann vor, wenn der Besteller in seinem schon vorhandenen Eigentum verletzt ist, also sein Integritätsinteresse betroffen wurde.[435]

c) Rechtswidrigkeit

Rechtswidrigkeit

I.R.d. Produzentenhaftung erlangt der Theorienstreit zur Rechtswidrigkeit wieder Bedeutung.[436] **390**

h.M.: Lehre vom Erfolgsunrecht

Nach der *h.M. und dem BGH* ist der *Lehre vom Erfolgsunrecht*[437] zu folgen. Danach ist die Rechtswidrigkeit durch die Verletzung eines absoluten Rechtsgutes indiziert. Die Bedeutung des Merkmals „widerrechtlich" beschränkt sich darauf, dass kein Rechtfertigungsgrund vorliegen darf. Als solcher käme allenfalls das von der Rspr. entwickelte „verkehrsrichtige Verhalten"[438] in Frage, welches der Hersteller zu beweisen hätte.

a.A.: Lehre vom Handlungsunrecht

Nach der *Lehre vom Handlungsunrecht*[439] müsste der Hersteller eine von der Rechtsordnung aufgestellte Verhaltenspflicht missachtet haben. Als solche Pflichten kämen spezielle Normen (z.B. StVO) oder allgemeine Sorgfaltspflichten wie die herstellerspezifischen Verkehrssicherungspflichten in Betracht.

Larenz[440] vertritt eine vermittelnde Ansicht. Danach ist der unmittelbare Eingriff in ein Rechtsgut des § 823 I als solcher rechtswidrig. Ein Handeln, das jedoch erst im Rahmen eines längeren Kausalverlaufes zu einer mittelbaren Verletzung führt, ist nur rechtswidrig, wenn ein objektiver Verstoß gegen eine Verhaltenspflicht vorliegt.

d) Verschulden, § 276

Verschulden

Der Hersteller bzw. seine Organe (§ 31) müssen schuldhaft i.S.d. § 276 gehandelt haben. I.R.d. Produzentenhaftung kommt regelmäßig Fahrlässigkeit gemäß *§ 276 II* in Betracht. **391**

§ 276 II

Fahrlässigkeit ist nach § 276 II die Außerachtlassung der im Verkehr üblichen Sorgfalt. Maßstab des Erforderlichen können dabei auch die *Verkehrssicherungspflichten* sein.[441]

434 Die Literatur steht hier in Lauerstellung, teils wird die Abkehr von der Rechtsprechung erwartet, teilweise nicht, vgl. Katzenmeier, JuS 2003, 943 (946) m.w.N.

435 Auch hier kann die Abgrenzung im Einzelfall aber sehr schwierig sein, vgl. BGH **Life&Law 06/2005, 368 ff.**

436 Vgl. dazu schon Hemmer/Wüst, Deliktsrecht I, Rn. 79 ff. bei § 823 I.

437 Vgl. dazu schon Hemmer/Wüst, Deliktsrecht I, Rn. 81.

438 Vgl. BGHZ 24, 21 = **juris**byhemmer.

439 Vgl. dazu schon Hemmer/Wüst, Deliktsrecht I, Rn. 82.

440 Vgl. Larenz II § 72 1; vgl. dazu schon Hemmer/Wüst, Deliktsrecht I, Rn. 83.

441 Vgl. zu den Verkehrssicherungspflichten allgemein, vgl. dazu schon Hemmer/Wüst, Deliktsrecht I, Rn. 62.

hemmer-Methode: Hier können Sie an einem praktischen Beispiel sehen, an welchen Stellen die Verkehrssicherungspflichten in der Klausur relevant werden können. Neben den Punkten Rechtswidrigkeit und Verschulden können die Verkehrssicherungspflichten bereits bei der Frage der zurechenbaren Rechtsgutsverletzung eine Rolle spielen. Gerade bei einem Unterlassen (bspw. der gebotenen Instruktion, s.u. Rn. 385) genügen die Kriterien der Äquivalenz und Adäquanz regelmäßig nicht, um den Verletzungserfolg einer bestimmten Person zurechnen zu können. In einem solchen Fall müssen Sie deshalb bereits im Tatbestand des § 823 I auf die Verletzung einer Verkehrssicherungspflicht eingehen.[442] *392*

Organisationspflichten; Kontrollvorkehrungen u. Produktbeobachtung

Herstellerspezifische Verkehrssicherungspflicht ist die *Organisationspflicht* des Warenproduzenten. Der Hersteller hat seinen Betrieb so einzurichten, dass *Konstruktions-, Fabrikations- und Instruktionsfehler* weitest möglich ausgeschaltet werden. Dafür hat er den Produktionsablauf so zu organisieren, zu überwachen und durch Kontrollvorkehrungen abzusichern, dass Fehler bei der Konstruktion und Fabrikation soweit als möglich vermieden bzw. entdeckt werden.[443] *393*

Er hat außerdem die Verbraucher vor Gefahren aus der Verwendung seiner Produkte zu warnen und sie über die Möglichkeiten der Verhinderung dieser Gefahren zu informieren.[444] Diese Instruktionspflicht setzt sich nach dem Inverkehrbringen des Produktes in einer *Produktbeobachtungs- und Reaktionspflicht*[445] fort, so dass der Hersteller auch über Gefahren, die bei der Herstellung noch unbekannt waren, die Öffentlichkeit informieren bzw. die Produktion dem Stand von Wissenschaft und Technik anpassen muss.

Die Verkehrssicherungspflicht geht jedoch nicht so weit, dass der Hersteller nur absolut fehlerfreie Produkte auf den Markt bringen darf. Dies liefe auf eine Gefährdungshaftung hinaus, die zum einen § 823 I nicht konstruiert und zum anderen strenger wäre als die des ProdHaftG.

aa) Konstruktionsfehler

Konstruktionsfehler

Bei der Konstruktion und Planung muss der Produzent Materialien und Herstellungsverfahren vorsehen, welche die Ordnungsmäßigkeit nach dem jeweiligen erkennbaren und ermittelbaren Stand der Wissenschaft und Technik gewährleisten. *394*

Die Produkte müssen so beschaffen sein, dass die Sicherheit für den voraussehbaren Gebrauch durch den durchschnittlichen Benutzerkreis gewährleistet ist. Zu berücksichtigen ist auch die Möglichkeit einer nicht ganz fernliegenden versehentlichen Fehlanwendung. Wird dies nicht beachtet, liegt ein *Konstruktionsfehler* vor.

Mars - Schokoriegel

Sehr interessant ist in diesem Zusammenhang der Fall eines Richters, der seinen Berufsstress mit dem übermäßigen Genuss von Marsriegeln zu kompensieren versuchte, zuckerkrank wurde, und die daraus sicher ergebenden Schäden vom Hersteller ersetzt verlangen wollte.

Das OLG Düsseldorf[446] hat sich der Sache angenommen und dem Richter verdeutlicht, dass eine Rechtsordnung, die es sich im vermeintlichen Interesse des Einzelnen zur Aufgabe mache, jede auch freiwillig in Kauf genommene Gefährdung von vorneherein unmöglich zu machen, schränke die Selbstverantwortung jedes Einzelnen unzulässig ein.

442 Medicus, Rn. 646 f.

443 Vgl. Palandt, § 823, Rn. 184 f.

444 Vgl. Palandt, § 823, Rn. 185.

445 Vgl. Palandt, § 823, Rn. 185.

446 OLG Düsseldorf, VersR 2003, 912 = **juris**byhemmer.

In der Systematik der Produzentenhaftung erklärte das OLG den Marsriegel nicht für fehlerhaft. Die Verwendung von Zucker und Kakao sei in seinen allgemeinen Wirkungen und möglichen Gefahren, etwa Übergewicht oder Zahnfäule, weithin bekannt. Hersteller von Nahrungsmitteln seien nicht gehalten, die angebotenen Produkte so zu konzipieren, dass sich damit eine möglichst gesunde Lebensweise verbinden lasse. Welche Lebensweise man an den Tag lege, sei Sache des Einzelnen, der dann bei der Auswahl der Nahrungsmittel selbst gehalten sei, auf die Kongruenz zur Gesundheit zu achten.

Beweislast bzgl. Nichtverschulden hat Hersteller

Nach den allgemeinen Beweislastregelungen müsste der Geschädigte das Verschulden des Herstellers, d.h. den Konstruktionsfehler, nachweisen. Hierfür fehlt dem Geschädigten regelmäßig die fachliche Kenntnis sowie der nötige Einblick in den Produktionsablauf und die interne Organisation des Herstellerbetriebes.

Um diese Schwäche des deliktischen Schutzes zu vermeiden, begründet der *BGH*[447] für den Bereich der Konstruktionsfehler eine *Beweislastverteilung nach Gefahrenkreisen*.

Hiernach verteilt sich die Beweislast wie folgt:

Der Geschädigte muss beweisen, dass

Fehler

1. der Hersteller das Produkt *in Verkehr gebracht* hat und es zu diesem Zeitpunkt *fehlerhaft* gewesen ist und dass

Rechtsgutsverletzung/Schaden

2. sein *Rechtsgut verletzt* worden ist und er dadurch einen *Schaden* erlitten hat, und dass die

Kausalität

3. Rechtsgutsverletzung aufgrund der Fehlerhaftigkeit des Produktes und der Schaden aufgrund der Rechtsgutsverletzung eingetreten ist (*haftungsbegründende und -ausfüllende Kausalität*).

Beweislastumkehr bezüglich Verschulden

Hat der Geschädigte diese ihm obliegenden Beweise erbracht, so muss der Hersteller nachweisen, dass er objektiv nicht gegen die ihm obliegenden Verkehrssicherungspflichten verstoßen hat oder ihn an einem derartigen Verstoß kein Verschulden trifft.[448] Hinsichtlich des Verschuldens kommt es also zu einer *Beweislastumkehr*.

bb) Fabrikationsfehler

ebenso bei Fabrikationsfehler

Während der Fabrikation hat der Hersteller alle nach dem jeweilig erkennbaren und ermittelbaren Stand der Wissenschaft und Technik möglichen und zumutbaren Sicherheitsvorkehrungen und Kontrolleinrichtungen zu schaffen, um ein Inverkehrbringen eines fehlerhaften Produktes zu verhindern. Kommt der Hersteller dieser Verpflichtung nicht nach, ist ein *Fabrikationsfehler* gegeben. 395

Ausnahme bei Ausreißer

Für Fabrikationsfehler, die trotz aller zumutbarer Vorkehrungen unvermeidbar sind, - sog. *Ausreißer*[449] - haftet dagegen der Hersteller nicht, wenn er die notwendigen Sicherheitsvorkehrungen getroffen hat. In diesem Fall fehlt es an einem Verschulden des Herstellers. Anderes gilt dagegen i.R.d. ProdHaftG. Hier haftet der Hersteller auch für Ausreißer.[450]

447 Vgl. BGHZ 51, 91 = **juris**byhemmer.

448 Reinicke/Tiedtke, Kaufrecht, Rn. 1000.

449 Vgl. Palandt, § 823, Rn. 173; BGH VersR 1956, 410; BGH, VersR 1960, 855.

450 Vgl. Palandt, § 823, Rn. 173; vgl. oben Rn. 365

Beweislastumkehr bezüglich des Verschuldens

Bezüglich der Beweislast gilt dasselbe wie bei den Konstruktionsfehlern. Es findet eine Beweislastumkehr bezüglich des Verschuldens statt. Der Geschädigte hat nur noch den Fehler des Produktes, die Rechtsgutverletzung, den Schaden sowie die haftungsbegründende und haftungsausfüllende Kausalität zu beweisen.

cc) Instruktionsfehler

Instruktionsfehler

Der Hersteller ist verpflichtet, auf alle Gefahren hinzuweisen, welche die Verwendung des Produktes mit sich bringen kann. Dies kann durch Gebrauchsanweisungen, Montageanleitungen, Warnhinweise u.ä. erfolgen. 396

Dabei beschränkt sich die eigentliche *Instruktions- und Informationspflicht* zunächst auf die bis zum Inverkehrbringen entsprechend dem Stand der Wissenschaft und Technik bekannten Gefahren.[451]

Maßgeblich dafür, ob ein Hersteller dem in ausreichendem Maße nachkommt, sind nicht die gesetzlichen (behördlichen) Voraussetzungen, die überhaupt an die Zulassung des konkreten Produkts geknüpft werden.

Life&Law:[452] Ein Hersteller oder Importeur von Feuerwerkskörpern, deren Abgabe an Personen unter 18 Jahren öffentlichrechtlich nicht verboten ist, hat die Verpackung solcher pyrotechnischen Gegenstände mit besonderen Warnhinweisen zu versehen, die erforderlich sind, um den von der Verwendung dieser Produkte für Kinder ausgehenden Gefahren wirksam zu begegnen. Es sind insbesondere Hinweise geboten, die Endverkäufer veranlassen, diese Feuerwerkskörper nicht an Kinder im Grundschulalter abzugeben, wenn eine Verwendung unter Aufsicht von Erwachsenen nicht sichergestellt ist und die darüber hinaus geeignet sind, solchen Kindern das Erfordernis einer Aufsicht vor Augen zu führen.

Beweislast

Anders als bei Konstruktions- und Fabrikationsfehlern lehnte die Rspr. lange Zeit eine *Beweislastumkehr* bei den Instruktionsfehlern ab. Hier hatte also der Geschädigte das Bestehen und die schuldhafte Verletzung von Warnpflichten zu beweisen.[453]

„Milupa-Urteil"

Diese Rspr. hat der BGH im sog. *Milupa-Urteil*[454] aufgegeben.

„Milupa-Urteil": *Bei mehreren Kindern kam es aufgrund Dauernuckelns an Kinderteeflaschen zu schwerwiegenden Gebissschädigungen (sog. „Baby-Bottle-Syndrom"). Der BGH hatte zu entscheiden, ob der Hersteller für diese Schäden aufgrund mangelhafter Instruktion der Eltern einzustehen hat. Problematisch erschien insbesondere, dass dem Hersteller ein Verschulden nicht oder nur schwer nachzuweisen war.*

451 Für die Gefahr von Fingerverletzungen bei einem Reißwolf NJW 1999, 2815.; Im bereits zitierten Mars-Schokoriegelfall hat das OLG Düsseldorf dazu ausgeführt, dass alles das, was auf dem Gebiete allgemeinen Erfahrungswissens der in Betracht kommenden Abnehmerkreise liegt, nicht zum Inhalt einer Gebrauchsanweisung oder einer Warnung gemacht werden muss. Der Kläger hatte noch versucht, die suchtverstärkende Wirkung aus dem Zusammenspiel von Zucker und Kakao als hinweispflichtig herauszustellen. Aber hier bliebt er zum einen den Beweis schuldig, dass dieser Zusammenhang bestehe, zum anderen widersprach diese Wirkung dem eigenen vorgebrachten Konsumverhalten. Ein ähnliches Problem stellt sich in den Raucherfällen. Auch hier wird bislang davon ausgegangen, dass keine Instruktionspflicht hinsichtlich der Gefahren des Rauches bestehen, vgl. z.B. LG Arnsberg, NJW 2004, 232 f. = **juris**byhemmer.

452 Vgl. **Life&Law 11/1998, 707 ff.**

453 Vgl. BGH NJW 1981, 1603 = **juris**byhemmer.

454 NJW 1992, 560; Anm. Westphalen Zip 1992, 17.

Bestehen einer Instruktionspflicht

Bezüglich des *Vorliegens einer Instruktionspflicht* hält der BGH den Hersteller eines industriellen Erzeugnisses für verpflichtet, die Verbraucher vor denjenigen Gefahren zu warnen, die aus der Verwendung des Produktes entstehen können, soweit die Verwendung noch i.R.d. allgemeinen Zweckbestimmung des Produkts liegt. Unter Umständen muss insoweit sogar vor einem naheliegenden Missbrauch des Produkts gewarnt werden. Die Pflicht des Herstellers zur Warnung entfällt nur dann, wenn und soweit er davon ausgehen kann, dass sein Produkt nur in die Hand von Personen gelangt, die mit den Produktgefahren vertraut sind.

Keine Pflicht besteht jedoch dahingehend, auch vor Gefahren zu warnen, welche bei einem missbräuchlichen und völlig zweckentfremdeten Gebrauch entstehen könnten.[455]

> **Bsp.:** *Ein solcher zweckentfremdeter Gebrauch liegt dann vor, wenn ein Lösungsmittel durch „Schnüffeln" als Rauschgift missbraucht wird. Vor dabei entstehenden Gesundheitsschäden muss der Hersteller nicht warnen.*

Inhalt der Instruktionspflicht

Bezüglich des *Inhalts der Instruktionspflicht* berücksichtigt die Rspr. insbesondere Art und Ausmaß der Gefahr, die von der Ware ausgeht und stellt daran anknüpfend unterschiedlich hohe Anforderungen an die Ausgestaltung etwaiger Warnhinweise.

abgestufte Instruktionspflichten je nach Gefahrumfang

Dementsprechend weist der BGH im Milupa-Urteil darauf hin, dass an die Pflicht zur Aufklärung und Warnung besonders strenge Anforderungen zu stellen sind, wenn die Verwendung des Produkts mit erheblichen Gefahren für die Gesundheit von Menschen verbunden ist.

Wichtige Hinweise über Produktgefahren müssen daher deutlich erfolgen, sie dürfen nicht zwischen Teilinformationen über Darreichungsformen, Werbeaussagen, etc. versteckt werden.[456]

Jedenfalls dann, wenn erhebliche Körper- oder Gesundheitsschäden durch eine Fehlanwendung des Produkts entstehen können, muss der Produktverwender aus dem Warnhinweis auch erkennen können, warum das Produkt gefährlich werden kann.

Bestätigung durch BVerfG

Das BVerfG[457] hält ein solches abgestuftes Anforderungsprofil an die Belehrungspflicht für verfassungsgemäß. Insbesondere erscheine es als sachgerecht, um so höhere Anforderungen an die Gestaltung von Warnhinweisen zu stellen, je gewichtiger die Gefahr für Gesundheit und Leben ist.

Würde man nämlich unabhängig vom Ausmaß der Gefahr die bestmögliche und auffälligste Art der Warnung fordern, bestünde die Gefahr, dass der Verbraucher angesichts des Übermaßes an augenfälligen Warnhinweisen besonders wichtige gar nicht mehr wahrnähme.

Unerheblich ist nach dem BVerfG jedoch, wie viele Verbraucher von der Möglichkeit der Kenntnisnahme der Warnhinweise tatsächlich Gebrauch machten.[458] Es erscheint nämlich von Verfassungs wegen nicht geboten, die Folgen nachlässigen Verhaltens des Einzelnen anderen aufzubürden, indem man diesen erhöhte Pflichten auferlegt.

---

455 Katzenmeier, JuS 2003, 943 (946) m.w.N.

456 Warnhinweise, die unterhalb der Gebrauchsanleitung in einem davon abgesetzten und umrandeten Abschnitt abgedruckt werden, hat der BGH in seinem dritten Kindertee-Urteil vom 31.05.1995 für ausreichend erachtet, vgl. NJW 1995, 1286 = **juris**byhemmer.

457 Vgl. BVerfG NJW 1997, 249 = **juris**byhemmer.

458 Der BGH hat in NJW 1995, 1286 erwogen, dass nur 20% der Verbraucher Gebrauchsanleitungen zu lesen pflegen, wenn dem Produkt das Image der Ungefährlichkeit anhafte = **juris**byhemmer.

Beweislastumkehr bezüglich des Verschuldens

Der Verbraucher ist nach Ansicht des BGH bei der Frage nach der *schuldhaften Verletzung einer Instruktionspflicht* jedoch in der gleichen Beweisnot wie bei den Konstruktions- und Fabrikationsfehlern, so dass auch hier eine *Beweislastumkehr* gerechtfertigt ist.

Geschädigter muss Bestehen und Nichtbefolgen der Instruktionspflicht beweisen

Steht also in einem Produkthaftungsprozess fest, dass eine Instruktionspflicht bestand, die der Hersteller bei der Inverkehrbringung seines Produktes objektiv verletzt hat, dann ist davon auszugehen, dass die Verletzung dieser Pflichten schuldhaft erfolgt ist, sofern der Hersteller nicht den Beweis führt, dass ihn kein Verschulden trifft.[459]

Der Verbraucher muss demnach nur noch beweisen, dass eine objektiv geboten erscheinende Instruktion nicht oder nicht im erforderlichen Umfang vorgenommen wurde und dass er dadurch eine Rechtsgutsverletzung und einen Schaden erlitten hat.

Es ist dann Sache des Herstellers, entsprechende Tatsachen vorzutragen und zu beweisen, woraus sich ergibt, dass die Gefahren für ihn zum Zeitpunkt des Inverkehrbringens der Sache nicht erkennbar waren, er also nicht objektiv pflichtwidrig gehandelt hat oder ihm aus der subjektiven Pflichtwidrigkeit kein Vorwurf zu machen ist.

ferner Kausalitätsnachweis durch Geschädigten notw.

Der BGH stellt im Milupa-Urteil weiterhin fest, dass es hinsichtlich der *Beweislast* für die *Kausalität* zwischen Instruktionsfehler und der eingetretenen Gesundheitsbeeinträchtigung bei der bisherigen Regelung verbleibt, d.h. der Anspruchsteller muss den Kausalzusammenhang nachweisen. Die im Arzthaftungsprozess beim Vorliegen eines groben Behandlungsfehlers anerkannte Beweiserleichterung für den Geschädigten zur Führung des Kausalitätsbeweises ist im Produkthaftungsprozess in Fällen der Warnpflichten durch einen Hersteller nicht anzuwenden, wenn nachgewiesen werden soll, dass überhaupt Schäden durch die Produktbenutzung entstanden sind.

Eine Beweislastumkehr wie bei groben Arztfehlern findet somit nicht statt.[460]

dd) Produktbeobachtungs- und Reaktionspflicht

Reaktionspflicht

Die Verkehrssicherungspflicht des Herstellers endet nicht mit dem Inverkehrbringen des Produktes (aber die Haftung nach dem ProdHaftG, vgl. Rn. 352!). Der Hersteller bleibt vielmehr verpflichtet, die Auswirkungen seiner Produkte in der Praxis, die Entwicklung bei den Konkurrenten und die Fortschritte von Wissenschaft und Technik zu beobachten (aktive Produktbeobachtungspflicht) sowie ernsthaften Reklamationen nachzugehen und diese auf ihre Stichhaltigkeit zu überprüfen (passive Produktbeobachtungspflicht). Insbesondere muss er auch auf solche Gefahren achten, die sich aus der Kombination seines Produkts mit denen anderer Hersteller ergeben können.[461] 397

459 Reinicke/Tiedtke, Rn. 1000.

460 Weiteres Bsp. zu Instruktionspflichten: BGH DB 1992, 1516 = jurisbyhemmer.

461 BGH JuS 1995, 354 = jurisbyhemmer.

Stößt der Hersteller hierbei auf bislang nicht bekannte Gefahren, so muss er unverzüglich die erforderlichen Maßnahmen ergreifen, um den Verbraucher vor Gefahren zu schützen.[462] Der Hersteller muss also seine Kunden oder, falls diese im Einzelnen nicht bekannt sind, die Allgemeinheit vor solchen neuen Gefahren warnen. Die Produktbeobachtungspflicht kann in Einzelfällen auch zu einer *Rückrufpflicht*[463] führen.

keine Beweislastumkehr

Für die Frage, ob der Hersteller diese Produktbeobachtungspflicht auch schuldhaft verletzt hat, soll es nach Ansicht des BGH, anders als bei der Instruktionspflicht, bei den allgemeinen Beweislastregeln bleiben, da der Verbraucher in gleichem Maße wie der Hersteller die Marktentwicklung beobachten kann.[464]

e) Anspruchsgegner: Hersteller

grds. wie im ProdHaftG

Die Verantwortlichkeit i.R.d. deliktsrechtlichen Produkthaftung entspricht im Wesentlichen derjenigen des ProdHaftG.[465] 398

Abgrenzung der Verantwortlichkeit von Teil- und Endprodukthersteller

Die Abgrenzung der Verantwortlichkeit von *Zulieferer (=Zwischenprodukthersteller)* und *Endprodukthersteller* – die nach § 5 ProdHaftG entsprechend ihrem Verursachungsbeitrag haften – hat der BGH im oben geschilderten Schmiermittelfall[466] konkretisiert.

Auswahl der Teilprodukte ist grds. Risiko des Endproduktherstellers

Ein Zulieferunternehmen ist nach BGH nicht ohne weiteres dafür verantwortlich, dass das von ihm hergestellte (Zwischen-)Produkt bei einem vom Folgehersteller für dessen (End-)Produkt gewählten Einsatz funktionsgemäß und ohne Risiken für die Rechtsgüter des Endverbrauchers verwendet werden kann. Denn die Auswahl des für den eigenen Fertigungsprozess geeigneten Materials fällt grds. in den Verantwortungsbereich des Endproduktherstellers.

aber Verantwortlichkeit des Zulieferers i.R.d. bestimmungsgemäßen Gebrauchs des Teilproduktes

Der Zulieferer ist aber nicht von jeder Produktverantwortung frei. Er hat dafür einzustehen, dass das von ihm gefertigte Produkt *i.R.d. von ihm festgelegten bestimmungsgemäßen Gebrauchs* auch in der Weiterverarbeitung durch andere ohne Gefährdung des Eigentums Dritter eingesetzt werden kann.

Zu dem bestimmungsgemäßen Gebrauch gehört nach BGH nicht nur der „Kernbereich des normalen bestimmungsgemäßen Gebrauchs“, sondern jedweder Einsatz, der nach der Art der Bewerbung/Beschreibung des Produkts durch den Hersteller für einen Verwender entsprechend dessen Kenntnissen im Rahmen seines Fachgebietes bei sachgemäßer Betrachtung in Frage kommt.

Quasihersteller (+)

Auch der *Quasihersteller* (§ 4 I 2 ProdHaftG) haftet grds. aus allgemeinem Deliktsrecht, da er sich auch deliktsrechtlich daran festhalten lassen muss, auf dem Markt als Hersteller aufgetreten zu sein.[467]

Importeur, Vertriebshändler und Lieferant i.d.R. (-)

Importeur, Vertriebshändler und *Lieferant* haften – im Gegensatz zum ProdHaftG (§ 4 II, III ProdHaftG) – als solche deliktsrechtlich grundsätzlich nicht, weil sie nicht Hersteller sind.[468]

462 BGHZ 99, 167 ff. = **juris**byhemmer.

463 Vgl. Palandt, § 823, Rn. 176.

464 BGH JuS 1995, 354 = **juris**byhemmer; diese Argumentation wird in der Literatur wohl zu Recht angezweifelt. Einem Unternehmen ist die Produktbeobachtung eher möglich und zuzumuten als einem privaten Verbraucher, so dass auch hier eine Beweislastumkehr angebracht erscheint, vgl. Reinicke/Tiedtke, Kaufrecht, Rn. 930 ff.

465 Vgl. oben Rn. 340 ff.

466 Vgl. oben Rn. 376.

467 Vgl. NJW-RR 1994, 798.

468 Vgl. BGH 99, 167, NJW 1994, 517.

Daran ändert sich i.d.R. auch dann nichts, wenn zwischen Vertriebshändler und Hersteller enge kapitalmäßige Verbindungen (z.B. konzernmäßige Verflechtungen) bestehen.[469] Sie trifft allenfalls dann eine deliktsrechtliche Pflicht zur Überprüfung der Ware auf gefahrgeneigte Beschaffenheit, wenn dazu aus besonderen Gründen Anlass besteht, z.B. weil bereits Schadensfälle bekannt geworden sind.

hemmer-Methode: Für die Abgrenzung zwischen der Verantwortlichkeit nach ProdHaftG und Deliktsrecht sollte man sich folgendes klarmachen: während es im Deliktsrecht um den Vorwurf eines Sorgfaltspflichtverstoßes geht, knüpft das ProdHaftG lediglich objektiv an die Fehlerhaftigkeit des Produkts an und lässt die in § 4 ProdHaftG genannten Personen ohne Rücksicht auf das Vorliegen einer Sorgfaltspflichtverletzung haften.

2. § 823 II

auch § 823 II mögl.

Bei Verletzung eines Schutzgesetzes haftet der Hersteller auch aus § 823 II.[470] Die Verkehrssicherungspflichten stellen jedoch nach *h.M.* keine Schutzgesetze in diesem Sinne dar. Sonst würde das Deliktsrecht zu einem allgemeinen Vermögensschutz führen, der gerade nicht beabsichtigt ist. 399

3. § 831

§ 831 (+), jedoch nicht unproblematisch

Die Anwendung des § 831 neben der Haftung aus § 823 ist nicht unproblematisch, weil sich die Organisationspflichten, welche bei § 823 die unmittelbare Haftung des Geschäftsherrn begründen, mit den Aufsichtspflichten des § 831 teilweise überschneiden. Trotzdem ist § 831 auch im Bereich der Produzentenhaftung anwendbar.[471] 400

Abweichungen aber bei Exkulpation

Abweichungen aufgrund der Produzentenhaftung ergeben sich nur i.R.d. *Exkulpation nach § 831 I 2.* Im Normalfall genügt es, dass der Geschäftsherr darlegt, er habe die Auswahl und Überwachung seiner Mitarbeiter auf höhere Angestellte übertragen, welche er seinerseits sorgfältig ausgewählt und überwacht hat.

Dieser sog. *„dezentralisierte Entlastungsbeweis“*[472] findet jedoch bei der Produzentenhaftung keine Anwendung. Hier hat sich der Hersteller entweder für den einzelnen Arbeiter, der für den Fehler verantwortlich ist, oder, falls er diesen nicht benennen kann, für jeden einzelnen Arbeitnehmer, der den Fehler verursacht haben könnte, zu exkulpieren.[473] Letzteres dürfte in der Praxis nur in den seltensten Fällen erfolgreich sein.

Bearbeiten Sie die Fragen 149 - 163!

469 Vgl. BGH NJW 1981, 2250 = **juris**byhemmer.

470 Schutzgesetz i.S.d. § 823 II ist z.B. § 3 Produktsicherheitsgesetz.

471 Vgl. Palandt, § 823, Rn. 204.

472 Vgl. BGHZ 4, 1 = **juris**byhemmer.

473 Vgl. BGH NJW 1973, 1602 (1603) = **juris**byhemmer; BGH NJW 1968, 247 (249) = **juris**byhemmer.

§ 14 HAFTUNG NACH DEM UMWELTHAFTUNGSGESETZ

Gefährdungshaftung nach dem UmweltHaftG

Unter dem Eindruck der Umweltkatastrophen der neueren Zeit hat der Gesetzgeber das Umwelthaftungsrecht erheblich verschärft: Seit 1.1.1991 gilt das *Umwelthaftungsgesetz*,[474] das nunmehr eine Gefährdungshaftung für Individualschäden als Folge von Umwelteinwirkungen vorsieht. 401

hemmer-Methode: Im Folgenden werden die Grundzüge der Haftung nach dem UmweltHaftG kurz skizziert. Mehr als ein „sich im Gesetz zurechtfinden" wird in der Examensklausur aber von Ihnen nicht verlangt. Es genügt, wenn Sie sich anhand der folgenden Erläuterungen einen groben Überblick verschaffen. 402

I. Einführung

§ 1 UmweltHaftG

Der Tatbestand des § 1 UmweltHaftG hat als Voraussetzung 403

> „Wird durch eine Umwelteinwirkung, die von einer (bestimmten) Anlage ausgeht, jemand getötet, sein Körper oder seine Gesundheit verletzt oder eine Sache beschädigt"

und als Rechtsfolge

> „ist der Inhaber der Anlage verpflichtet, dem Geschädigten den daraus entstehenden Schaden zu ersetzen."

In § 2 UmweltHaftG wird die Haftung auf den Inhaber einer noch nicht fertiggestellten, bzw. einer bereits außer Betrieb gesetzten Anlage erweitert.

daneben allgem. Deliktshaftung möglich

Da Anknüpfungspunkt der Haftung nach dem UnmweltHaftG das Innehaben einer Anlage ist, handelt es sich hier im Unterschied zur sog. Handlungshaftung (vgl. § 7 I StVG) um einen Fall der sog. *Anlagenhaftung* (vgl. § 89 II WHG). Dabei tritt gem. § 18 I UmweltHaftG die Verantwortlichkeit nach dem UmweltHaftG ausdrücklich neben die Haftung nach den sonstigen Vorschriften (z.B. § 14 BImSchG, § 89 WHG, § 906 II 2). Natürlich bleibt auch die allgemeine deliktische Haftung des Anlageninhabers von der Neuregelung unberührt.

II. Voraussetzungen im Einzelnen

1. Umwelteinwirkung

Umwelteinwirkungen

Der Schaden muss zunächst durch eine *Umwelteinwirkung* entstanden sein.

Dies ist gem. § 3 I UmweltHaftG dann der Fall, wenn Stoffe, Erschütterungen, Geräusche, Druck, Strahlen, Dämpfe, Wärme u.ä. den Schaden verursacht haben, d.h. der zum Schaden führende Kausalverlauf muss seinen Weg über die Umwelt genommen haben: 404

> ***Bsp. 1:*** *Aus der Fabrik A entweicht eine giftige Chemikalie und gelangt ins Grundwasser. Das Kind K läuft nach Genuss eines Glases Wasser blau an.*
>
> Da hier die Gesundheitsbeschädigung des K über die „Vermittlung" des Grundwassers erfolgt ist, liegt die erforderliche Umwelteinwirkung vor.

474 Schönfelder Nr. 28.

Bsp. 2: Beim Spielen auf dem Gelände der Fabrik A fällt das Kind K in einen Behälter mit einer giftigen Chemikalie. K läuft wieder blau an.

In diesem Fall fehlt es an der Umwelteinwirkung, da die Wirkung der Chemikalie direkt ohne Vermittlung über die Umwelt eingetreten ist.

2. Anlage

Anlage

Weiter muss die Umwelteinwirkung von einer *Anlage* ausgehen. Gem. § 3 II UmweltHaftG ist unter einer Anlage jede ortsfeste Einrichtung wie eine Betriebsstätte oder ein Lager zu verstehen. Dieser Anlagenbegriff erfährt in § 3 III UmweltHaftG eine *Erweiterung* für ortsveränderliche technische Einrichtungen und Nebeneinrichtungen, die mit der Anlage in einem räumlichen oder betriebstechnischen Zusammenhang stehen und für das Entstehen von Umwelteinwirkungen von Bedeutung sein können. 405

Die Erfüllung des Anlagenbegriffs alleine reicht jedoch noch nicht. Nur falls die Anlage zu den in der Anlage 1 zum UmweltHaftG bestimmten zählt, kommt sie für eine Haftungsbegründung nach § 1 UmweltHaftG in Betracht.

hemmer-Methode: Sofern Ihnen ein Fall aus dem Umwelthaftungsrecht zur Bearbeitung gestellt wird, wird Ihnen die Anlage 1 zum UmweltHaftG mit dem Sachverhalt mitgeliefert. Dennoch reicht bisweilen der bloße Verweis auf die Erwähnung in der Anlage nicht aus. Dann müssen Sie auch die generellen Merkmale des Anlagenbegriffs erörtern. 406

3. Ausgehen

Ausgehen von Anlage

Die Umwelteinwirkung muss auch von der Anlage *ausgehen*. Dieses Tatbestandsmerkmal kann bisweilen fraglich sein. 407

Bsp.: Produzent P lässt seinen Abfall von dem Abfallbeseitigungsunternehmen A abholen. Aufgrund mangelhafter Entsorgung führt dieser Abfall zu erheblichen Gesundheitsschäden der Anwohner. Kann P von diesen in Anspruch genommen werden?

Unstreitig dürfte sein, dass die Umwelteinwirkung von der Abfallbeseitigungsanlage des A ausgeht.

Fraglich ist jedoch, ob auch P noch als Abfallverursacher für die Umwelteinwirkung herangezogen werden kann. Hier liegt jedoch allenfalls ein *mittelbares Ausgehen* von der Anlage des P vor. Für den Bereich der Haftung nach § 89 II WHG, der der Haftung nach § 1 UmweltHaftG vergleichbar ist, hat der BGH[475] eine Haftung in einem ähnlich gelagerten Fall mit der Begründung verneint, die Giftstoffe seien nicht aus der Anlage des Produzenten, sondern aus der des Abfallbeseitigers in das Wasser gelangt.

Für eine extensive Auslegung, die auch „mittelbares Ausgehen" mitumfasst, bietet der Wortlaut des § 1 UmweltHaftG jedoch keine Stütze. Somit geht die Umwelteinwirkung nicht von der Anlage des P aus.

auch bei Normalbetrieb möglich

Beachten Sie, dass es keinen Unterschied macht, ob die Umwelteinwirkung im Rahmen eines Störfalles oder beim Normalbetrieb der Anlage von dieser ausgeht, da Anknüpfungspunkt für die Gefährdungshaftung allein der Betrieb der gefahrerhöhenden Anlage ist.[476]

Relevant wird die Unterscheidung Normalbetrieb/Störfall erst beim Eingreifen der Kausalitätsvermutung nach § 6 I 1 UmweltHaftG.[477]

475 BGH NJW 1976, 46 = **juris**byhemmer.

476 Vgl. Hager, NJW 1992, S. 136.

477 Siehe unten Rn. 398.

4. Verletzung

Körper-, Gesundheits- o. Sachschäden notw.

408 Weiter muss es zu einer Körper- oder Gesundheitsverletzung oder zu einer Sachbeschädigung gekommen sein. Reine Vermögensbeschädigungen sind also nicht nach § 1 UmweltHaftG ersatzfähig. Insoweit wird auf die Ausführungen zu § 823 I verwiesen.

5. Kausalität

a) Kausalitätsvermutung, § 6 I 1 UmweltHaftG

Kausalitätsvermutung

409 War bisher für den Geschädigten der Beweis, der Betrieb einer bestimmten Anlage sei kausal für die bei ihm eingetretenen Schäden, ein oftmals unüberwindliches Hindernis, so hilft ihm § 6 I 1 UmweltHaftG mit einer *Kausalitätsvermutung*: Sofern eine Anlage nur generell geeignet ist, Schäden wie den entstandenen hervorzurufen, wird die Kausalität des Anlagenbetriebes für den konkret eingetretenen Schaden vermutet. § 6 I 2 UmweltHaftG regelt nähere Einzelheiten zur Schadenseignung des Anlagenbetriebes.

Folglich muss der Geschädigte nur noch beweisen, dass

- ⇨ mit dem Betrieb der fraglichen Anlage die Freisetzung bestimmter Schadstoffe verbunden ist,
- ⇨ zwischen dem erlittenen Schaden und den freigesetzten Schadstoffen ein räumlich-zeitlicher Zusammenhang besteht (z.B. Immissionskorridor) und
- ⇨ die Schadstoffe für die Hervorrufung von Schäden wie dem eingetretenen generell geeignet sind.

Auskunftsanspruch des Geschädigten

Sinn der verbleibenden Beweiserfordernisse ist, die Haftung für Umweltschäden nicht als bloße Verdachtshaftung auszugestalten. Zur Erleichterung des Beweisantritts stehen dem Geschädigten gem. §§ 8 f. UmweltHaftG Auskunftsansprüche gegen den Inhaber der Anlage und gegen bestimmte Behörden zu.

Sofern nach der Kausalitätsvermutung *mehrere Anlagen* als Verursacher in Betracht kommen, reicht bereits die bloße Eignung einer Anlage zur Mitverursachung des eingetretenen Schadens aus.[478]

b) Widerlegung der Kausalitätsvermutung, § 7 UmweltHaftG

Widerlegung d. Kausalitätsvermutung mögl.

410 Dem in Anspruch genommenen Anlageninhaber steht jedoch gem. § 7 UmweltHaftG die Widerlegung der vermuteten Kausalität offen: Die Vermutung des § 6 I 1 UmweltHaftG gilt nicht, wenn der Schaden auch durch einen anderen, vom Betrieb der Anlage unabhängigen Umstand hervorgerufen worden sein kann. Nicht entlasten kann sich der Inhaber jedoch mit dem Hinweis, statt seiner Anlage käme genauso gut die seines Nachbarn in Betracht (vgl. § 7 I UmweltHaftG). Die anderen Umstände müssen anlagenneutral, bzw. haftungsrechtlich irrelevant sein, wie z.B. eine radioaktive Grundstrahlung der Erdoberfläche.

478 für die Haftung nach § 89 WHG (= § 22 WHG a.F.): BGH NJW 1972, S. 205 = **juris**byhemmer.

c) Ausschluss der Kausalitätsvermutung, § 6 II UmweltHaftG

Kausalität ausgeschl. bei bestimmungsgem. Gebrauch

Die Kausalitätsvermutung des § 6 I 1 UmweltHaftG kann aber auch gänzlich *ausgeschlossen* sein, sofern der Inhaber der Anlage nachweist, dass die Anlage bestimmungsgemäß betrieben wurde. Dies ist dann der Fall, wenn die besonderen Betriebspflichten eingehalten wurden und auch kein Störfall vorlag (§ 6 II 2 UmweltHaftG). Was unter besonderen Betriebspflichten zu verstehen ist, definiert § 6 III UmweltHaftG. In § 6 IV UmweltHaftG ist für kontrollierte Betriebe eine Vermutung bezüglich der Einhaltung der Betriebspflichten enthalten. 411

III. Rechtsfolge

Umfang des Schadensersatzes

Sofern die Voraussetzungen des § 1 UmweltHaftG, bzw. § 2 i.V.m. §1 UmweltHaftG gegeben sind, haftet der Inhaber der Anlage den Geschädigten verschuldensunabhängig bis zu einem Höchstbetrag von 85 Millionen € pro schädigender Umwelteinwirkung. Sofern die Summe der geltend gemachten Ansprüche den Höchstbetrag überschreitet, findet eine anteilige Kürzung der einzelnen Ansprüche statt (§ 15 UmweltHaftG). 412

§ 13 S.2 : auch Schmerzensgeld

Wie im StVG und im ProdHaftG hat der Gesetzgeber auch in § 13 S.2 UmweltHaftG klargestellt, dass auch Schmerzensgeld zu leisten ist.

In § 12 III UmweltHaftG wird eine dem § 844 III BGB entsprechende Haftung für Hinterbliebene geregelt (vgl. Rn. 293a).

ggf. Gesamtschuldner

Haben *mehrere Anlagenbetreiber* den Schaden verursacht, so haften sie im Fall *kumulativer Kausalität* als Gesamtschuldner. Im Fall *alternativer Kausalität* führt die entsprechende Anwendung von § 830 I 2 ebenfalls zur gesamtschuldnerischen Haftung.

auch anteilige Haftung mögl.

Eine bloß anteilige Haftung der Anlagenbetreiber kommt in den Fällen in Betracht, in denen jeder von ihnen einen für sich genommen unbedeutenden Beitrag zur Schaffung der einen schädigenden Ursache setzt, wie dies oft bei Immissionen oder Einleitungen in einen Fluss vorkommt (*additive/potentielle Kausalität*). Jedoch haftet in analoger Anwendung des § 830 I 2 jeder Anlageninhaber auch in Fällen additiver Kausalität auf den gesamten Betrag als Gesamtschuldner, wenn der Kreis aller in Betracht kommenden Schädiger bekannt und der Innenausgleich unter ihnen somit gesichert ist.

z.B. bei Zusammenwirken mit Naturereignissen

Eine bloß anteilige Haftung kommt auch im Fall des Zusammenwirkens von schädigendem Anlagenbetrieb und Naturereignissen in Betracht.[479]

hemmer-Methode: Hinter dem Gedanken der anteiligen Haftung steht die Überlegung, dass letztlich der Schuldner nicht über seinen Verursachungsbeitrag hinaus belastet werden soll. Letztlich kommt es dann immer auf die richtige Wertung an: Im Fall der kumulativen Kausalität ist der Verursachungsbeitrag des Anlagenbetreibers derart entscheidend für den Schadenseintritt, dass bei Wegdenken der Beteiligung des Anlageninhabers der gesamte Schaden entfiele. Deshalb kann ihm auch eine Verantwortlichkeit für den gesamten Schaden angelastet werden. Im Fall der bloß additiven Kausalität wiegt der Verursachungsbeitrag dagegen geringer: Hier wäre der Schaden auch ohne Mitwirkung der fraglichen Anlage eingetreten, jedoch nur in geringerem Maße. Eine Verantwortlichkeit des Einzelnen für den gesamten Schaden kommt dann nur in Ausnahmefällen in Betracht. Dem Verursachungsbeitrag angemessen ist regelmäßig eine bloß anteilige Haftung. 413

Bearbeiten Sie die Fragen 164 -168!

479 Vgl. zu Einzelheiten: Hager, NJW 1991, S. 139 f.

Bei unberechtigter Nutzung stehen dem Eigentümer Ersatzansprüche aus §§ 987 ff., 812 ff. zu. Bei Verbindung, Vermischung, Vermengung oder Verbrauch der Sache selbst hat der Eigentümer einen Anspruch auf Wertersatz aus §§ 951, 812 ff. Wird über das Eigentum wirksam seitens eines Dritten verfügt, kann der Eigentümer den Erlös nach §§ 816, 687 II oder Schadensersatz gem. § 823 I verlangen. Auch in diesen Fällen greift § 1004 I nicht.

Nach h.M. stellt § 1004 ferner ein Schutzgesetz i.S.v. § 823 II dar.[485] Danach könnte bei einer Verletzung des § 1004 über § 823 II Schadensersatz verlangt werden, was aber gem. § 823 II 2 wiederum Verschulden erfordert. Deshalb kommt dem Schadensersatzanspruch aus § 823 II in dieser Konstellation neben dem aus § 823 I keine besondere Bedeutung zu.

Der Grundbuchberichtigungsanspruch des § 894 verdrängt als Spezialregelung den § 1004.

II. Voraussetzungen

Voraussetzungen

§ 1004 hat die folgenden Voraussetzungen: 417

1. Anspruchsteller ist Eigentümer
2. fortdauernde Eigentumsbeeinträchtigung
3. Rechtswidrigkeit
4. Anspruchsgegner ist Störer
5. keine Duldungspflicht

1. Eigentum des Anspruchstellers

Eigentümer/Miteigentümer

Der Anspruchsteller muss der Eigentümer der beeinträchtigten Sache sein. Auf gleichzeitigen Besitz kommt es nicht an. Bei *Miteigentum* kann gemäß § 1011 jeder Miteigentümer den Anspruch aller Eigentümer selbständig gegenüber Dritten geltend machen.[486] Gegenüber den anderen Miteigentümern gilt § 1004 unmittelbar, aber nur im Hinblick auf den jeweiligen Anteil.[487]

obligatorisch Berechtigte

Bloß obligatorisch Berechtigte (Mieter, Pächter) werden nur als Besitzer über § 862 geschützt; § 1004 gilt hier nur für im Eigentum der obligatorisch Berechtigten stehende Sachen auf dem Grundstück.

andere absolute Rechte

Im Falle der entsprechenden Anwendung auf andere absolute Rechte ist der Inhaber des jeweiligen Rechts berechtigt.

Sachbegriff

§ 1004 schützt sowohl bewegliche, als auch unbewegliche Sachen, wobei in der Praxis grundstücksbezogene Fälle deutlich im Vordergrund stehen. Bei Grundstücken erstreckt sich nach § 905 das Recht des Eigentümers auch auf den Raum über der Oberfläche und den Erdkörper unter der Oberfläche.

kein Verschulden erforderlich

Der Anspruch auf Beseitigung und Unterlassung setzt kein Verschulden des Störers voraus. Nur bei vorliegendem Verschulden kann der Eigentümer jedoch neben der Beseitigung/Unterlassung auch Schadensersatz unter den Voraussetzungen der §§ 823 I, 989 ff., 687 II verlangen.

485 Vgl. Palandt, § 823, Rn.145.

486 Vgl. Palandt, § 1011, Rn. 2.

487 Palandt, § 1011, Rn. 1.

2. Eigentumsbeeinträchtigung

Beeinträchtigung ist jede Einwirkung auf Herrschaftsmacht

Eine gesetzliche Definition der Eigentumsbeeinträchtigung fehlt. Begrifflich fällt darunter jede Einwirkung auf die dem Eigentum innewohnende Herrschaftsmacht des Eigentümers (vgl. § 903), also Eingriffe in die rechtliche Stellung des Eigentümers wie auch die tatsächliche Seite der Eigentümerbefugnisse. 418

a) Tatsächliche Einwirkungen

aa) Einwirkung auf Sache selbst

tatsächliche Einwirkung

Eine Eigentumsbeeinträchtigung i.S.d. § 1004 liegt vor, wenn auf die Sache selbst tatsächlich eingewirkt wird. 419

Beschädigung

Dies kann zum einen durch Beschädigung oder Umgestaltung der Sache oder Veränderung der Erdoberfläche erfolgen. 420

Bsp.: *S baut auf seinem Grundstück ein Haus. Dabei errichtet S die Garage zum überwiegenden Teil auf dem Grundstück des E, was er auch erkannt hat. Eine tatsächliche Beeinträchtigung ist hier unabhängig davon zu bejahen, dass E an dem auf seinem Grundstück befindlichen Garagenteil nach §§ 946, 94 Eigentum erworben hat. E hat hier einen Anspruch auf Beseitigung, § 912 begründet wegen des bewussten Überbaus auch keine Duldungspflicht.*

Nachbargrundstück

Zum anderen können auch tatsächliche Handlungen des Störers auf seinem Grundstück Eigentumsbeeinträchtigungen auf dem Nachbargrundstück hervorrufen. Die *§§ 907-910* enthalten für diese Fälle Sonderregelungen, neben denen aber *§ 1004* Anwendung findet. Das Selbsthilferecht aus *§ 910* stellt damit nur einen zusätzlichen Rechtsbehelf dar.[488] 421

Bsp.: *E verlegt Abwasserleitungen aus Steinzeugrohren. Nachbar S pflanzt kurz darauf Kastanienbäume. Im Laufe der Jahre dringen die Wurzeln der Kastanien in die Rohre ein und verstopfen diese. Auch hier hat E einen Beseitigungsanspruch gegen S.[489] (E kann dagegen über § 1004 nicht die Reparatur der Rohre verlangen!)*

unbefugte Benutzung

Eine tatsächliche Beeinträchtigung stellt auch die unbefugte Benutzung einer Sache bzw. die Benutzung der Sache über die eingeräumte Befugnis hinaus dar. 422

Bsp.: *Nachbar S benutzt das Grundstück des E als Abkürzung zur nächsten Straße.*

§ 906

Auch die Zuführung grenzüberschreitender unwägbarer Stoffe i.S.d. § 906 I, sog. Imponderabilien, stellt eine Eigentumsbeeinträchtigung dar. Dies gilt auch für nur unwesentliche Beeinträchtigungen, jedoch kann hier eine Duldungspflicht bestehen. § 906 I gilt auch für mit den genannten Immissionen vergleichbare Stoffe.[490] 423

Bsp.: *Nachbar S verbrennt regelmäßig Gummiabfälle aus seiner Werkstatt. Der Ruß setzt sich in einer dünnen Schicht im Kleingarten des E ab.*

Grobimmissionen

Erst recht liegt eine Eigentumsbeeinträchtigung bei grenzüberschreitenden wägbaren Stoffen, sog. Grobimmissionen vor, so z.B. größere, feste Körper wie Steine.[491] 424

488 Vgl. MüKo § 1004 Rn. 77.

489 Vgl. BGH NJW 1986, 2640 = **juris**byhemmer.

490 Dazu ausführlich Palandt, § 906, Rn. 5-15.

491 Vgl. Palandt, § 906, Rn. 5-15; BGHZ 58, 149 = **juris**byhemmer.

Einen weiteren Fall des § 1004 stellt der Einwurf unerwünschter Werbung in den Briefkasten dar. Wird Werbematerial in einen Hausbriefkasten geworfen, obwohl der Empfänger dies durch einen Aufkleber untersagt hat, liegt in dem Einwerfen eine Eigentumsbeeinträchtigung. Falls der Aufkleber aber inhaltlich nur Werbesendungen und Prospekte betrifft, gilt das Verbot nicht für Anzeigeblätter mit redaktionellem Inhalt.[492] Der Abwehranspruch kann in diesem Fall auch auf die Verletzung des dem allgemeinen Persönlichkeitsrecht innewohnenden Selbstbestimmungsrechts gestützt werden.[493]

bb) Beeinträchtigung des bestimmungsgemäßen Gebrauchs

Besitzbeeinträchtigung

Eine Eigentumsbeeinträchtigung liegt auch dann vor, wenn dem Eigentümer die Ausübung des ihm zustehenden bestimmungsgemäßen Gebrauchs be- oder verhindert wird, da § 903 S.1 dem Eigentümer gestattet, mit seiner Sache beliebig zu verfahren.[494] **425**

Bsp.: *Falschparker S blockiert den Parkplatz des E, so dass dieser mit seinem PKW nicht wegfahren kann. Hier wird das Eigentum an dem PKW des E beeinträchtigt.*

hemmer-Methode: Würde S auf dem Grundstück des E parken, so wäre auch das Eigentum am Grundstück beeinträchtigt. Neben § 1004 ist hier außerdem § 862, § 823 I und §§ 823 II, 858 I als Anspruchsgrundlage einschlägig. Klausurrelevant ist in diesem Kontext auch die Frage, ob E, wenn er das Fahrzeug des S abschleppen lässt, von diesem die Abschleppkosten ersetzt verlangen kann.[495]

b) Rechtliche Beeinträchtigungen

aa) Unmittelbarer Angriff auf das Eigentumsrecht

Eigentumsrecht

Eine Eigentumsbeeinträchtigung ist gegeben, wenn ein unmittelbarer Angriff auf das Eigentums*recht* vorliegt.[496] Dieser kann darin liegen, dass der Störer ein das Eigentum beschränkendes Recht in Anspruch nimmt oder fremdes Eigentum bestreitet. Das Bestreiten von Eigentum stellt jedenfalls dann eine Eigentumsbeeinträchtigung dar, wenn es gegenüber Dritten erfolgt und der Eigentümer deshalb gehindert ist, mit seinem Eigentum nach Belieben zu verfahren.[497] **426**

Bsp.: *S behauptet gegenüber Dritten, dass ihm das im Besitz des E stehende Gemälde gestohlen worden sei.*

Bei dem Bestreiten des Eigentums gegenüber dem Eigentümer selbst greift § 1004 nicht ein. Zur Klärung der Eigentumslage muss der Eigentümer dann vielmehr eine Feststellungsklage nach § 256 ZPO erheben.[498] Keinen Fall des § 1004 bildet jedenfalls das Erheben einer das Eigentum betreffenden unberechtigten Klage.[499]

492 Staudinger, § 1004, Rn. 23; Palandt, § 1004, Rn. 10, jeweils m.w.N.

493 Vgl. NJW 1996, 934.

494 Hemmer/Wüst, Deliktsrecht I, Rn. 38 ff.

495 Vgl. BGH**, Life&Law 08/2009, 511 ff.**

496 Vgl. Baur § 12 Rn. 5.

497 OLG Köln, NJW 1996, 1291 = **juris**byhemmer; MüKo, § 1004, Rn. 25 f.; Staudinger, § 1004, Rn. 31.

498 Staudinger, § 1004, Rn. 31; a.A. MüKo, § 1004, Rn. 40, der auch hier § 1004 BGB zulässt.

499 MüKo, § 1004, Rn. 42; Staudinger, § 1004, Rn. 31.

bb) Unbefugte Inanspruchnahme fremder Eigentumsrechte

fremde Eigentumsrechte

Nimmt ein Dritter fremde Eigentumsrechte wahr, ohne dass er tatsächlich oder rechtlich in die Herrschaftsmacht des Eigentümers unmittelbar eingreift, so liegt nach der *Rspr.*[500] ebenfalls eine Eigentumsbeeinträchtigung vor. Dies gilt insbesondere für das wirtschaftliche Verwertungsrecht, welches grundsätzlich nur dem Eigentümer zusteht. Nach *a.A.*[501] liegt dagegen keine Eigentumsbeeinträchtigung vor. 427

> ***Bsp.:*** *Fotograf S macht heimlich Aufnahmen des Schlosses Tegel in Berlin, das nicht frei einzusehen ist, und verwertet die Aufnahmen gewerblich durch Ansichtskarten. Der BGH*[502] *hat hier eine Eigentumsbeeinträchtigung bejaht, weil das Schloss nicht von außen sichtbar war, sondern der Fotograf hierfür unberechtigt das Grundstück betreten musste. Kein Fall des § 1004 liegt daher jedenfalls vor, wenn das Objekt frei einzusehen ist und von der öffentlichen Straße aus fotografiert wird (Rechtsgedanke des § 59 UrhG).*[503]

c) Keine Eigentumsbeeinträchtigung

keine Beeinträchtigung

Nach h.M. begründen weder *ideelle Einwirkungen*[504] noch *negative Einwirkungen*[505] eine Eigentumsbeeinträchtigung i.S.d. § 1004. 428

ideelle Einwirkungen

Unter *ideelle Einwirkungen* fallen Beeinträchtigungen ästhetischer Art, z.B. Schrottplatz neben Hotel, wie auch Beeinträchtigungen des sittlichen Empfindens, z.B. Einrichtung eines Bordells auf Nachbargrundstück. Hier fehlt es nach der h.M. an einer grenzüberschreitenden Immission.

negative Einwirkungen

Keine Eigentumsbeeinträchtigungen bilden nach Rspr. und h.L.[506] die *sog. negativen Einwirkungen*. In diesem Fall wird ein Nachbargrundstück innerhalb seiner Grenzen genutzt, entzieht aber gleichzeitig dem anderen Grundstück gewisse Vorteile.

> ***Bsp.:*** *S baut ein Hochhaus. Dieses Haus entzieht dem Einfamilienhaus des E das Licht und stört den Empfang bestimmter Fernsehsender. Hier lehnen der BGH und die h.L. eine Eigentumsbeeinträchtigung ab.*

d) Sonderfall: Naturkräfte

Das Tatbestandsmerkmal der „Beeinträchtigung“ in § 1004 wird nicht dadurch ausgeschlossen, dass eine Eigentumseinwirkung ausschließlich auf Naturkräfte zurückzuführen ist. Teilweise werden diese Fälle (Froschquaken aus natürlichen Gewässern, Umstürzen wild gesäter Bäume) in der Kommentarliteratur schon bei dem Tatbestandsmerkmal der Beeinträchtigung geprüft und dieses in verschwommenen Formulierungen wie „keine Haftung nach § 1004“ oder „kein Anspruch nach § 1004“ verneint.[507] 429

Dabei wird aber das Tatbestandsmerkmal, das verneint wird, nicht deutlich genannt, was für eine saubere Subsumtion in der Klausur aber unerlässlich ist. Genaugenommen ist für die Frage der Beeinträchtigung der Befugnisse aus § 903 irrelevant, auf welche Umstände die Einwirkung zurückzuführen ist.

---

500 Vgl. BGH NJW 1975, 778 = **juris**byhemmer; Baur § 12 Rn. 6; Palandt, § 1004, Rn. 5.

501 MüKo § 1004 Rn. 47.

502 BGH NJW 1975, 775 = **juris**byhemmer.

503 BGH NJW 1989, 2252 m.w.N. = **juris**byhemmer; Jauernig, § 1004, Rn. 4.

504 Vgl. BGHZ 51, 396 = **juris**byhemmer; BGHZ 95, 307 = **juris**byhemmer; MüKo § 1004 Rn. 51.

505 Vgl. BGHZ 84, 729; MüKo § 1004 Rn. 48.

506 Vgl. BGH NJW 1984, 729 = **juris**byhemmer; MüKo § 1004 Rn. 48; Palandt, § 903, Rn. 9.

507 So MüKo, § 1004, Rn. 26; Palandt, § 1004, Rn. 6.

Richtigerweise stellen daher auch *ausschließlich* auf Naturkräfte zurückführbare Einwirkungen Beeinträchtigungen im Sinne von § 1004 dar. Die normative Verortung dieser Fälle ist bei der Frage, ob auch für diese Beeinträchtigung ein beseitigungspflichtiger Störer vorhanden ist, vorzunehmen (vgl. dazu Rn. 434 f.).[508]

Durch Naturereignisse ausgelöste Störungen sind dem Eigentümer eines Grundstücks als Störer aber z.B. dann zuzurechnen, wenn er sie ermöglicht hat oder wenn die Beeinträchtigung durch ein pflichtwidriges Unterlassen herbeigeführt worden ist.[509]

e) Maßgeblicher Zeitpunkt

Beeinträchtigung im Zeitpunkt der Geltendmachung

Die Eigentumsbeeinträchtigung muss noch im Zeitpunkt der Geltendmachung des Anspruchs aus § 1004 fortbestehen. *430*

bei Drohen: Unterlassung

Ist die Eigentumsbeeinträchtigung noch nicht eingetreten, droht sie aber, steht dem Eigentümer nach *§ 1004 I 2* ein Unterlassungsanspruch zu. Dabei genügt nach allgemeiner Meinung[510] die *erstmals* drohende Beeinträchtigung. Eine Wiederholung der Beeinträchtigung ist nicht zwingende Voraussetzung für den Unterlassungsanspruch, da nur so ein lückenloser Schutz des Eigentums gewährleistet werden kann.

hemmer-Methode: Ist die Eigentumsbeeinträchtigung bereits beendet und sind auch keine Wiederholungen zu befürchten, kommen nur noch Schadensersatzansprüche in Betracht, die aber (i.d.R.) ein Verschulden voraussetzen.

3. Rechtswidrigkeit

Die Eigentumsbeeinträchtigung muss rechtswidrig sein. Hier ist allerdings auf die Rechtswidrigkeit des dem Inhalt des Eigentums (§ 903) widersprechenden Zustandes abzustellen, nicht auf die Rechtswidrigkeit der Eingriffshandlung. Wie bei § 823 I wird die Rechtswidrigkeit i.d.R. durch die Eigentumsverletzung indiziert.[511] *431*

4. Störer

Anspruchsgegner ist Störer

Anspruchsgegner i.R.d. § 1004 ist der Störer. Auch dieser Begriff ist im Gesetz nicht definiert. Nach dem *BGH*[512] ist Störer derjenige, auf dessen Willen der beeinträchtigende Zustand zurückgeht und von dessen Willen die Beseitigung abhängt. Entscheidend ist das Merkmal des Willens. *432*

Nach dieser Definition lassen sich der Handlungsstörer und der Zustandsstörer voneinander unterscheiden:

a) Handlungsstörer

- *Handlungsstörer*

Zum einen ist dies der Handlungsstörer. Handlungsstörer ist derjenige, welcher die Eigentumsbeeinträchtigung durch sein Verhalten, sei es durch aktives Tun oder pflichtwidriges Unterlassen, adäquat kausal verursacht.[513] Dabei genügt auch die mittelbare Verursachung der Störung, sofern der mittelbare Störer den Eintritt hätte verhindern können.[514] *433*

508 So BGH NJW 1995, 2634 m.w.N. = **juris**byhemmer; Jauernig, § 1004, Rn. 5; Baur, § 12 Rn. 15 ff.

509 Vgl. BGH NJW 1995, 2633 = **juris**byhemmer.

510 MüKo § 1004 Rn. 134; Palandt, § 1004, Rn. 32.

511 Vgl. Palandt, §1004, Rn. 12.

512 BGHZ 14, 163 = **juris**byhemmer.

513 Vgl. BGH NJW 1986, 2503 = **juris**byhemmer; Palandt, § 1004, Rn. 16; Baur § 12 Rn. 13.

514 BGH NJW 1982, 440 = **juris**byhemmer; Palandt, § 1004, Rn. 18.

b) Zustandsstörer

- *Zustandsstörer*

Zum anderen gibt es den Zustandsstörer. Das ist derjenige, welcher die Herrschaft über eine gefahrbringende Sache ausübt, durch welche die Störung allein oder mitverursacht wird, wenn die Beseitigung der Störung vom Willen des Störers abhängt.[515] *434*

Der Zustandsstörer führt m.a.W. einen beeinträchtigenden Zustand, den er beseitigen oder verhindern kann, **durch seine Willensbetätigung mittelbar adäquat** herbei.[516] Aufgrund seiner Herrschafts- und Einwirkungsbefugnis muss der Zustandsstörer den störenden Zustand beseitigen können. Zustandsstörer kann deshalb neben dem Eigentümer der störenden Sache auch ihr Besitzer sein.[517]

Das Eigentum an der störenden Sache begründet für sich genommen noch keine Zustandsstörerhaftung, die Beeinträchtigung muss vielmehr wenigstens mittelbar auf den Willen des Eigentümers zurückgehen.[518] Ebenso lässt eine Eigentumsaufgabe nach h.M. die bestehende Zustandsstörerhaftung nicht entfallen.[519]

hemmer-Methode: Ähnliche Abgrenzungen werden im Polizei- und Sicherheitsrecht getroffen, wo die Störerproblematik (anders als wohl im Zivilrecht) ein zentrales Thema ist. Beachten Sie aber die wichtigen Unterschiede: Für den Störer i.S.d. Sicherheitsrechts ist gerade *kein* Wille notwendig!

nicht bei natürlichen Immissionen

Beruht die Beeinträchtigung ausschließlich[520] auf Naturkräften, so wird mangels Willen des Störers keine Zustandshaftung aus § 1004 begründet.[521] Anders ist die Rechtslage bei Naturkräften nur, wenn der Eigentümer des Grundstücks, von dem die Naturkräfte aus wirken, diese durch eine Handlung mitverursacht oder ermöglicht hat und der so geschaffene Zustand eine Gefahrenquelle gebildet hat.[522] *435*

***Bsp. 1:** E ist Eigentümer eines Hanggrundstückes. Bei einem heftigen Unwetter überrollt ein Erdrutsch vom darüber liegenden Grundstück des S den Garten des E. Hier liegt eine Beeinträchtigung durch Naturgewalten vor, die vom Willen des S nicht beeinflussbar ist. S ist nicht Zustandsstörer.*[523]

***Bsp. 2:** Anders dagegen im folgenden Beispiel: E bewirtschaftet sein Hanggrundstück als Biobauer. S baut auf dem darüber liegenden Grundstück Getreide an und verwendet dabei ein hochgiftiges Pflanzenschutzmittel. Bei Regen werden die Reste des Pflanzenschutzmittels auf das Grundstück des E geschwemmt, so dass seine Produkte nicht mehr als biologisch verkauft werden können. Hier hängt der Abfluss des Wassers über das Grundstück des E nicht vom Willen des S ab, sondern folgt Naturgesetzen. Jedoch soweit die Pflanzenschutzmittelrückstände angeschwemmt werden, liegt ein Handeln des S als Verwender des Mittels vor. S haftet daher als Handlungsstörer.*[524]

---

515 Vgl. BGH NJW 1985, 1773 = **juris**byhemmer; Palandt, § 1004, Rn. 19.

516 Jauernig, § 1004, Rn. 17.; noch weitergehend jetzt der BGH bei Brandschäden, vgl. BGH JuS 2000, 190 f. = **juris**byhemmer.

517 M. Wolf, Rn. 248.

518 BGH NJW 1995, 2633 = **juris**byhemmer; Jauernig, § 1004, Rn. 17 m.w.N.

519 MüKo, § 1004, Rn. 80; Jauernig, § 1004, Rn. 20.

520 Unterhält der Eigentümer auf seinem Grundstück einen Baum, der allein infolge seines Alters auf das Nachbargrundstück stürzen kann, so ist er Störer i.S.d. § 1004 Abs. 1 BGB, BGH NJW 2003, 1732 ff. = **juris**byhemmer.

521 So *h.M.*: BGH NJW1985, 1773 = **juris**byhemmer; MüKo § 1004 Rn. 21; Palandt, § 1004, Rn. 19.

522 BGH NJW 1995, 2633 = **juris**byhemmer; Palandt, § 1004, Rn. 19.

523 Nach BGH NJW 1985, 1773 = **juris**byhemmer.

524 Nach BGH NJW 1984, 2207 = **juris**byhemmer.

Bsp. 3: E pflanzt auf seinem Grundstück eine Lärche, die später mit Wollläusen befallen wird, die ihrerseits von der Lärche aus die Nadelbäume auf dem Nachbargrundstück befallen. Weil E mit dem Pflanzen der unbefallenen Lärche keine konkrete Gefahrenquelle geschaffen hat, ist er hinsichtlich der Wollläuse kein Zustandsstörer.[525]

Bsp. 4: E baut auf seinem Grundstück einen künstlichen Teich, der später wilde Frösche anlockt, die den Nachbarn durch ihr Quaken stören. Hier soll E Zustandsstörer sein; der Anspruch aus § 1004 scheitert aber an Vorschriften des Naturschutzrechts.[526]

Bsp. 5: E pflanzt auf seinem Grundstück einen Baum, dessen Wurzeln in die Wasserleitung des Nachbarn eindringen und diese verstopfen. Weil E die Bäume gepflanzt hat und unterhält, haftet er als Zustandsstörer.[527]

Dass die Rechtsprechung hier vereinzelt trotz deutlicher Parallelen der Fallgestaltungen die Zustandsstörereigenschaft nicht einheitlich behandelt, ist offensichtlich. Etwa das Anlegen des Froschteichs und das eigenständige Ansiedeln der wilden Frösche ist dem Pflanzen der Lärche und dem späteren Befall mit Läusen geradezu deckungsgleich. Genaugenommen hätte anhand obiger Definition auch im Wollläuse-Fall eine Zustandsstörerhaftung angenommen werden müssen.

hemmer-Methode: Beachten Sie, dass zwischen der Störung und dem Willen des Störers mindestens ein mittelbarer Zusammenhang bestehen muss, um eine Beeinträchtigung zurechnen zu können. Zwar setzt § 1004 kein Verschulden voraus, jedoch müssen die Störungen durch eine Handlung oder pflichtwidriges Unterlassen ermöglicht worden sein.

Mehrheit von Störern

Bei einer *Mehrheit* von Störern besteht der Anspruch aus § 1004 unabhängig vom Tatbeitrag gegen jeden einzelnen Störer. Nur der Anspruchsinhalt richtet sich nach dem Tatbeitrag.[528] 436

Bsp.: Stört der Mieter, z.B. durch Lärm, so kann neben ihm der Vermieter in Anspruch genommen werden, wenn er dem Mieter die störende Benutzung gestattet hat (stillschweigende Gestattung genügt) und nicht ausgeschlossen werden kann, dass der Vermieter die Störung beseitigen kann, was er beweisen muss.

Aber selbst wenn der Vermieter das störende Verhalten des Mieters verboten hat, wird er zum Störer, wenn er es unterlässt, die Beeinträchtigung zu verhindern.

In Betracht kommen dann rechtliche Maßnahmen gegen den Mieter, der durch Störung der Nachbarn regelmäßig den Mietvertrag verletzt.

hemmer-Methode: Der Vermieter kann aber auch als Störer nur dann zur Beseitigung in Anspruch genommen werden, wenn es ihm überhaupt möglich ist, die Störung zu beseitigen.[529] In der Regel ist das kein Problem, da der Mietvertrag ihm die Handhabe gibt, einzugreifen.

Rechtsnachfolger

Der Rechtsnachfolger eines Störers ist selbst Störer, solange der störende Zustand noch andauert und der Nachfolger in der Lage ist, die Störung zu beseitigen.[530] Der Rechtsvorgänger haftet ebenfalls nur weiter, wenn er zur Beseitigung noch in der Lage ist.[531]

Beendigung der Störereigenschaft

Fraglich ist jedoch, wann die Störereigenschaft endet. 437

525 BGH NJW 1995, 2633 = **juris**byhemmer.

526 BGH NJW 1993, 925 = **juris**byhemmer.

527 Erstaunlich häufiger Fall: BGH NJW 1986, 2640; 89, 1032; 91, 2826; 95, 395 **alle Entscheidungen** = **juris**byhemmer.

528 Vgl. Palandt, § 1004, Rn. 19; BGH NJW 1976, 798.

529 Medicus, Rn. 447.

530 BGH NJW 1989, 2542 = **juris**byhemmer.

531 BGHZ 41, 398 = **juris**byhemmer.

Bsp.:[532] *K erwirbt 1990 von V ein neben dem Betriebsgelände der Firma B gelegenes Grundstück, um dort ein Bürogebäude zu errichten. Bei den Aushubarbeiten stieß die Baufirma auf eine erhebliche Bodenbelastung mit Schadstoffen, die von dem benachbarten Betriebsgrundstück der B stammten.*

B bringt vor, dass sie am Eindringen der Schadstoffe kein Verschulden treffe, so dass ein Schadensersatzanspruch ausscheide. Zudem sei sie auch nicht mehr Störerin i.S.d. § 1004, weil sie ihren Betrieb schon vor mehreren Jahren aufgegeben und damit die Beeinträchtigung des Nachbargrundstücks für die Zukunft unterbunden und die Ursache der Beeinträchtigung beseitigt habe.

Ein Anspruch auf Beseitigung könnte sich aus § 1004 I 1 ergeben.

Das Eindringen der Schadstoffe stellt eine rechtswidrige Eigentumsbeeinträchtigung dar.

hemmer-Methode: Dabei ist es unerheblich, dass K das Grundstück bereits kontaminiert erworben hat. Der Anspruch steht jeweils dem Inhaber des beeinträchtigten Eigentums zu und geht bei der Veräußerung jeweils auf den neuen Eigentümer über.

Fraglich ist jedoch, ob B Störer i.S.d. § 1004 ist. Vor der Aufgabe des Betriebs war die B unzweifelhaft Handlungsstörer. Fraglich ist jedoch, ob die Handlungsstörereigenschaft dadurch endet, dass das beeinträchtigende Verhalten aufhört. Dafür könnte sprechen, dass der Beseitigungsanspruch auf die Verhinderung zukünftiger Beeinträchtigungen gerichtet ist, während der Schadensersatzanspruch auch in der Vergangenheit liegende Beeinträchtigungen umfasst.

Nach dem BGH kann sich jedoch durch das Verhalten des Pflichtigen an der einmal entstandenen Verantwortlichkeit nichts mehr ändern. Sind durch eine Störung irgendwelche Gegenstände oder Stoffe auf ein Grundstück gelangt, so beeinträchtigen sie die Sachherrschaft des Grundstückseigentümers bis zu ihrer Entfernung. Grundlage der Haftung ist lediglich, dass die Substanzen infolge eines dem Störer zuzurechnenden - wenn auch schuldlosen - Verhaltens auf das fremde Grundstück gelangt sind. Der Anspruch aus § 1004 besteht somit auch nach Aufgabe des Betriebes.[533]

hemmer-Methode: Der BGH unterstreicht die Richtigkeit seines Ergebnisses mit einem deutlichen Beispiel: Es kann nicht sein, dass jemand, der Steine auf ein Grundstück wirft, diese nicht entfernen muss, weil er mit dem Werfen aufgehört hat.

5. Duldungspflicht

§ 1004 II

Der Anspruch aus § 1004 I ist unter den Voraussetzungen des § 1004 II ausgeschlossen, d.h. wenn eine *Duldungspflicht* des Eigentümers bzgl. der Beeinträchtigung besteht und die Beeinträchtigung somit rechtmäßig ist. Voraussetzung für § 1004 I ist daher eine *rechtswidrige* Beeinträchtigung. Die Beweislast für das Vorliegen einer Duldungspflicht trägt der Störer. Die Rechtswidrigkeit ist also wie bei § 823 I nach der Lehre vom Erfolgsunrecht indiziert. 438

Einwendung

§ 1004 II stellt nach h.M. eine *rechtshindernde Einwendung*[534] dar. Nach *a.A.*[535] liegt eine Einrede vor. Die h.M. überzeugt wegen des eindeutigen Wortlauts des § 1004 II („ist ausgeschlossen").

532 Nach BGH NJW 1996, 845 = **juris**byhemmer.

533 Zum Anspruchsumfang vgl. BGH NJW 1996, 845 = **juris**byhemmer.

534 Vgl. Palandt, § 1004, Rn. 34.

535 RGZ 144, 271.

hemmer-Methode: Machen Sie sich klar, dass die Unterscheidung zwischen rechtshindernder Einwendung und rechtshemmender Einrede keineswegs nur von rein dogmatischer Bedeutung ist, sondern durchaus praktische Relevanz besitzt. Während z.B. eine Einwendung im Prozess von Amts wegen zu berücksichtigen ist, muss eine Einrede zuvor erhoben worden sein. Wichtig ist dieser Unterschied insbesondere im Rahmen eines Versäumnisurteils gegen den Beklagten nach § 331 ZPO. Eine Einrede des säumigen Beklagten wird hier ausnahmsweise nur dann berücksichtigt, wenn der Kläger seinerseits in der mündlichen Verhandlung vorträgt, dass der Beklagte außerhalb des Prozesses eine Einrede geltend gemacht hat.[536]

Duldungspflichten können sich ergeben aus:

a) Privatrecht

b) öffentlichem Recht

c) aufgrund Verwaltungsakt

d) bei überwiegendem öffentlichen Interesse

a) Privatrecht

Privatrecht

Im privatrechtlichen Bereich können sich Duldungspflichten aus Rechtsgeschäft, Gesetz und ausnahmsweise auch aus dem nachbarrechtlichen Gemeinschaftsverhältnis nach § 242 ergeben. 439

aa) Rechtsgeschäft

Rechtsgeschäft

Der Eigentümer kann sich durch Vertrag dazu verpflichten, gewisse Beeinträchtigungen zu dulden. So kann er z.B. sein Grundstück mit einem beschränkten dinglichen Recht belasten (z.B. Wegerecht ⇨ Grunddienstbarkeit § 1018). Er kann sich aber schuldrechtlich verpflichten, bestimmte Beeinträchtigungen zu dulden.[537] Insbesondere bei schuldrechtlichen Verträgen kann sich jedoch auch aus § 242 als Nebenpflicht eine Duldungspflicht ergeben, z.B. Vermieter muss Haustiere des Mieters dulden.

bb) Gesetzliche Vorschriften

Gesetz

Eine Duldungspflicht kann sich auch direkt aus Gesetz ergeben, so z.B. aus §§ 904, 906, 912 I, 917 I.

§ 906 bei unwägbaren Stoffen

§ 906 I verpflichtet den Eigentümer, die Zuführung unwägbarer Stoffe zu dulden, sofern die Beeinträchtigung nur unwesentlich ist. Für unwesentliche Einwirkungen gibt § 906 I 2, 3 nunmehr eine an Grenzwerte aus Rechtsverordnungen und allgemeinen Verwaltungsvorschriften angelehnte Definition. Wesentliche Beeinträchtigungen sind nach § 906 II 1 zu dulden, wenn sie ortsüblich sind und durch wirtschaftlich zumutbare Maßnahmen nicht verhindert werden können. Wesentlich ist eine Beeinträchtigung dann, wenn sie von einem „Durchschnittseigentümer“ als störend empfunden wird.[538] Ortsüblich ist eine Beeinträchtigung, wenn die Mehrheit anderer Vergleichsgrundstücke im selben Bezirk in annähernd gleicher Weise wie das störende Grundstück beeinträchtigen.[539]

536 Thomas/Putzo, ZPO, § 331, Rn. 5.

537 Jauernig, § 1004, Rn. 22.

538 BGH NJW 1984, 2207; Palandt, § 906, Rn. 17.

539 Vgl. BGHZ 30, 279 = **juris**byhemmer; Palandt, § 906, Rn. 22 f.

Von einem Rockkonzert ausgehende Lärmimmissionen, die die Richtwerte der sog. LAI-Hinweise überschreiten, können unwesentlich i.S.d. § 906 I 1 sein, wenn es sich um eine Veranstaltung von kommunaler Bedeutung handelt, die an nur einem Tag des Jahres stattfindet und weitgehend die Einzige in der Umgebung bleibt. Dies gilt in aller Regel aber nur bis Mitternacht.[540]

Rechtfertigungsgründe

Dulden muss der Eigentümer auch nach *allgemeinen Rechtfertigungsgründen* gerechtfertigte Einwirkungen, insbesondere bei Notstand nach § 904 sowie z.B. §§ 227, 229 oder § 193 StGB.[541]

Überbau, § 912

Eine Duldungspflicht ergibt sich auch bei erlaubtem Überbau i.S.d. § 912 I. Ein Überbau ist danach erlaubt, wenn er ohne grobes Verschulden des Störers erfolgte und der Eigentümer nicht vor oder sofort nach der Grenzüberschreitung widersprochen hat. Nach § 912 II muss der Störer jedoch u.U. eine Geldrente zahlen.

Notwegerecht, § 917

Unter den Voraussetzungen des § 917 I muss der Eigentümer seinem Nachbarn gegen Entschädigung (§ 917 II) ein Notwegerecht einräumen und die Überfahrt über sein Grundstück dulden.

richterliche Anordnung/einstweilige Verfügung

Den gesetzlichen Duldungspflichten vergleichbar ist eine Duldungspflicht aufgrund richterlicher Anordnung bzw. einstweiliger Verfügung.[542]

cc) Nachbarrechtliches Gemeinschaftsverhältnis

Der Regelungskomplex der §§ 906 ff. gibt den Nachbarn im Verhältnis zueinander verschiedene Duldungspflichten auf. Die *h.M.*[543] leitet daraus ein nachbarrechtliches Gemeinschaftsverhältnis ab, innerhalb dessen nach § 242 kein Nachbar vom anderen Unzumutbares verlangen darf. Hieraus dürfte sich jedoch nur in Ausnahmefällen eine Duldungspflicht ergeben.

b) Öffentliches Recht

öffentliches Recht

Aus dem öffentlichen Recht ergeben sich Duldungspflichten z.B. aus § 14 BImSchG bei genehmigten Anlagen, aus § 75 II VwVfG (bzw. aus den entsprechenden VwVfG'en der Länder) im Rahmen von Planfeststellungsverfahren sowie aus Verwaltungsakten, mit denen das Eigentum einem öffentlichem Zweck, insbesondere dem Gemeingebrauch, gewidmet wird. In Ausnahmefällen kann sich eine Duldungspflicht auch aus überwiegendem öffentlichen Interesse ergeben, wenn die Störungen von einem Betrieb ausgehen, der unmittelbar dem öffentlichen Interesse dient und die Störungen ohne Funktionsbeeinträchtigung nicht beseitigt werden können.[544] **440**

§ 14 BImschG

Hauptbeispiel dafür ist § 14 BImSchG, auf den bereits im Schönfelder in der Anmerkung zu § 906 hingewiesen wird. Danach sind privatrechtliche Ansprüche auf Einstellung einer genehmigungsbedürftigen Anlage ausgeschlossen, wenn die Anlage genehmigt wurde und nach Inbetriebnahme davon Beeinträchtigungen ausgehen.

Der Nachbar hat allenfalls einen Anspruch auf nachträgliche Anordnungen zur Beseitigung der Störung gem. § 17 BImSchG, sofern technisch möglich und verhältnismäßig.

540 BGH NJW 2004, 3699 = **Life&Law 03/2004, 159 ff.**

541 Vgl. Palandt, § 1004, Rn. 35.

542 BGH LM § 926 ZPO Nr. 1.

543 BGHZ 28, 110 = **juris**byhemmer; BGHZ 42, 374 = **juris**byhemmer.

544 BGH NJW 1984, 1242 = **juris**byhemmer; vgl. auch die Fallbesprechung bei Gursky, Sachenrecht, Fall 5.

§ 75 II VwVfG

Gleiches gilt nach § 75 II VwVfG im Rahmen von Planfeststellungsverfahren. Auch hier sind privatrechtliche Ansprüche auf Unterlassen oder Beseitigung durch den bestandskräftigen Planfeststellungsbeschluss ausgeschlossen.

BNatSchG

Im Froschteich-Fall[545] hat der BGH entschieden, dass der Anspruch aus § 1004 I 1 auf Beseitigung der Geräusche (und damit der Frösche) am BNatSchG scheitern kann, wenn die Beseitigung der Frösche selbst verboten ist (§§ 20e, 20f BNatSchG). Die Beeinträchtigung ist daher zu dulden, wenn die Störungsquelle aufgrund öffentlich-rechtlicher Vorschriften nicht beseitigt werden darf.

weitere Vorschriften

Weitere Duldungspflichten können sich aus Bauordnungsrecht, Abwasserrecht, Denkmalschutzrecht, etc. ergeben.[546]

c) Verwaltungsakt

Die Widmung eines Grundstückes zu einem öffentlichen Zweck (= Verwaltungsakt), insbesondere Gemeingebrauch, führt ebenfalls zu einer Duldungspflicht des Eigentümers. Solange die Sache i.R.d. Widmungszwecks gebraucht wird, ist der Gebrauch rechtmäßig.[547] 441

d) Überwiegendes öffentliches Interesse

In Ausnahmefällen kann sich eine Duldungspflicht auch aus überwiegendem öffentlichen Interesse ergeben, wenn die Störungen von einem unmittelbar dem öffentlichen Interesse dienenden Betrieb ausgehen und nicht beseitigt werden können, ohne dass der Betrieb erheblich in seiner Funktion beeinträchtigt wird.[548]

6. Rechtsfolgen

a) Beseitigungsanspruch, § 1004 I 1

aa) Beseitigung für die Zukunft

Rechtsfolge: Beseitigungsanspruch für die Zukunft

Nach § 1004 I 1 BGB kann der Eigentümer die „Beseitigung der Beeinträchtigung“ verlangen. Durch den Beseitigungsanspruch soll damit der nach der Beeinträchtigung verbliebene Störungszustand für die Zukunft entfernt werden.[549] Inhaltlich geht der Anspruch nur auf Beseitigung der Beeinträchtigung in Natur (actus contrarius).[550] 442

Nicht herzustellen ist darüber hinaus der frühere Zustand der Sache vor dem Eintritt der Beeinträchtigung.[551] Beeinträchtigung sind in diesem Sinne nur der „Störfaktor“[552] oder die „Quelle der Einwirkung“ und nicht etwa die sonstigen Störungsfolgen.[553] Die Entfernung oder Beseitigung der sonstigen Störungsfolgen entspräche nämlich der Naturalrestitution des Schadensersatzes, die regelmäßig nur über verschuldensabhängige Normen oder die abschließenden Fälle der Gefährdungshaftung gewährt wird.

545 BGH NJW 1993, 925 = **juris**byhemmer.

546 Weitere Beispiele bei Jauernig, § 903, Rn. 4.

547 Jauernig, § 1004, Rn. 22; BGH NJW 1960, 2335.

548 Vgl. BGH NJW 1984, 1242 = **juris**byhemmer; Palandt, § 906, Rn. 41.; BGH, **Life&Law 01/2001, 14 ff.** = NJW 2000, 2901.

549 M. Wolf, Rn. 243.

550 Baur, § 12 IV. 1. a.; MüKo, § 1004, Rn. 103 ff.

551 Palandt, § 1004, Rn. 28.

552 M. Wolf, Rn. 243; Schwab/Prütting, § 49 IV. 3.

553 Jauernig, § 1004, Rn. 7.

Der Anspruch aus § 1004 I 1 ist somit immer streng auf die Störung selbst zu beschränken, er darf nicht auf die Störungsfolge ausgedehnt werden.[554]

Zu beachten ist umgekehrt aber, dass aufgrund der Beeinträchtigung oftmals auch eine Eigentumsverletzung i.S.v. § 823 I vorliegen wird. Insofern betrifft bei Ansprüchen auf Schadensersatz neben § 1004 I 1 die Naturalrestitution des § 249 I nicht nur die Beseitigung der Störungsfolgen, sondern auch die Beseitigung der Störungsquelle selbst.[555] Demzufolge hat der Anspruch auf Beseitigung zumindest ein Stück weit dieselbe Wirkung wie der wiederherstellende Schadensersatzanspruch; im Hinblick auf das Verschuldenserfordernis unterscheiden sie sich aber grundlegend.[556]

Die damit wegen der drohenden Umgehung des Verschuldenserfordernisses nötige Grenzziehung zwischen den Inhalten des Beseitigungsanspruchs aus § 1004 I 1 und denjenigen der Schadensersatzansprüche gehört zu „den ungelösten Problemen des § 1004".[557] Obwohl der Ansatz der Trennung klar ist (Beseitigungsanspruch umfasst nur die Störungsquelle, nicht auch die Störungsfolge), kann es je nach Konstellation Abgrenzungsschwierigkeiten geben.[558]

hemmer-Methode: Wie Sie sehen, bestehen zwischen der deliktischen und der negatorischen Haftung enge Zusammenhänge. Denken Sie deshalb in der Klausur daran, möglichst beide Haftungsalternativen nebeneinander zu prüfen!

Hierzu einige Beispiele aus Rechtsprechung und Literatur:

⇨ Bei dem Bruch eines Staudamms mit Wasseraustritt auf ein Grundstück kann nach § 1004 I 1 nur die Beseitigung des Wassers[559] (und die Schließung des Dammes aus § 1004 I 2)[560] verlangt werden, nicht aber die Erneuerung des weggeschwemmten Erdreichs.[561]

⇨ Wenn ein Baukran auf ein Nachbargrundstück fällt und dabei auch ein Hausdach beschädigt, kann aus § 1004 I 1 nur die Beseitigung des Krans, nicht aber die Reparatur des Daches verlangt werden.[562]

⇨ Bei einem Steinwurf in ein Fenster führt § 1004 I 1 zur Beseitigung des Steines und wohl auch der Scherben, nicht aber zum Ersatz der zerstörten Scheibe.[563]

⇨ Bei einem auf einem Grundstück versickerten Öl geht der Anspruch nur auf die Beseitigung des Öls, nicht auf den Ersatz vergifteter Pflanzen. Soweit das Öl untrennbar mit dem Erdreich verbunden ist, fällt unter § 1004 I 1 auch noch die Beseitigung des kontaminierten Erdreichs.[564]

554 Schwab/Prütting, § 49 IV 2.

555 Baur, § 12 IV 1 a.m.; MüKo, § 1004, Rn. 108 f.

556 BGH NJW 1996, 846 = **juris**byhemmer; Schwab/Prütting, § 49 IV 2.

557 So BGH NJW 1996, 846 m.w.N. = **juris**byhemmer, auch MüKo, § 1004, Rn. 106.

558 Vgl. zu einem Versuch der Abgrenzung jüngst Armbrüster, NJW 2003, 3087 ff.

559 MüKo, § 1004, Rn. 108 m.w.N.

560 Anders Baur, § 12 IV 1 a. und Jauernig, § 1004, Rn. 7, die § 1004 I 1 BGB anwenden.

561 Zu weitgehend daher OLG Stuttgart, OLGE 41, 162.

562 M. Wolf, Rn. 243 m.w.N.

563 BGH NJW 1996, 846 m.v.w.N. = **juris**byhemmer.

564 BGH NJW 1996, 846 m.w.N. = **juris**byhemmer; BGHZ 40, 18 = **juris**byhemmer.

Die Beseitigungspflicht entfällt also nicht deshalb, weil sich das störende Material mit dem Grundstückseigentum verbunden hat. Ein Anspruch auf Wiederauffüllen des Erdreichs dürfte sich hingegen nicht aus § 1004 I 1 ergeben.

⇨ Wachsen Wurzeln in Wasserleitungsrohre und zerstören diese, umfasst § 1004 I 1 jedenfalls die Beseitigung der Wurzeln aus den Rohren;[565] nach dem BGH soll zudem auch die Verlegung einer neuen Leitung nach § 1004 I 1 geschuldet sein,[566] was allenfalls vertretbar ist, wenn die Eigentumsbeeinträchtigung nicht im Zerstören der Rohre, sondern in der Aufhebung des Anschlusses an das Wassernetz gesehen wird.

⇨ Greift ein Feuer auf einen benachbarten Bahndamm über, betrifft § 1004 I 1 nur das Löschen des brennenden Bahndamms,[567] nicht aber dessen Wiederherstellung.[568]

Für absolute Verwirrung sorgte ein Urteil des BGH vom 18.04.1997.[569] Dort hatte der Kläger auf seinem Grundstück Tennisplätze angelegt, während auf dem Nachbargrundstück Pappeln standen, deren Wurzeln über die Grenze reichten und auf dem Tennisplatz „Verwerfungen und Verwölbungen“ des Belags hervorriefen.

Der BGH entschied, dass der Beklagte aus § 1004 verpflichtet sei:

1. die eingedrungenen Wurzeln zu beseitigen

2. dazu den Sand und das Erdreich auszugraben (sog. „unentrinnbare Folgebeeinträchtigung“)[570]

3. anschließend den Tennisplatz wiederherzustellen[571]

Während 1. und 2. zur gefestigten und auch überzeugenden Rspr. zählt, stieß die Pflicht zur Wiederherstellung des Tennisplatzes in der Literatur auf heftige Kritik, da dies nur von § 823 I erfasst sei.[572]

So berechtigt die Kritik der Literatur auch sein mag, so überzeugend ist andererseits auch das Ergebnis des BGH. Zwar mag die Begründung über § 1004 wenig überzeugen, jedoch lässt sich dieser Anspruch auf Wiederherstellung der Tennisplätze als Aufopferungsanspruch qualifizieren. Oder ist es etwa die Aufgabe des § 1004, dass die Wurzeln beseitigt werden und der Platz als „Kraterlandschaft“ hinterlassen wird? Wohl kaum! Daher wird teilweise vorgeschlagen, analog §§ 1005, 867 S.2 diesen Ausgleichsanspruch zu gewähren.[573]

Nachfolgend ein weiteres, aktuelles Beispiel des BGH, welches die Problematik sehr gut verdeutlicht:[574]

565 BGH NJW 1995, 396 = **juris**byhemmer; 1986, 2642 = **juris**byhemmer; Jauernig, § 1004, Rn. 7.

566 In diesem Sinne auch BGH NJW 1997, 2234 = **juris**byhemmer: Wiederherstellung eines Tennisplatzes nach Beseitigung störender Wurzeln.

567 Schwab/Prütting, § 49 IV 2; Jauernig, § 1004, Rn. 7.

568 unzutreffend daher RGZ 127, 29; 138, 327 im „Haldenbrandfall“.

569 Abgedruckt in NJW 1997, 2234.

570 Vgl. die Rspr. zum im Erdreich versickerten Öl in NJW 1996, 846

571 Was in diesem Fall Kosten i. H. v. 400.000,-DM verursachte!!!

572 Vgl. bspw. Roth in JZ 1998, 94 ff. bzw. Medicus in Festschrift für Hagen 1999, 157 ff.

573 Diesen absolut lesenswerten Kommentar von Vollkommer finden Sie in NJW 1999, 3539 f.

574 Nach BGH NJW 2005, 1366 = **juris**byhemmer.

Auf dem Grundstück der Beklagten befindet sich ein Schuppen. Aus diesem trat aus nicht geklärten Gründen eine kohlenwasserstoffhaltige Flüssigkeit aus, die sich auf dem den Klägern gehörenden Grundstück ausbreitete. Dort wurden Gehwegplatten, Kantensteine und Bodenschichten so stark verunreinigt, dass die zuständige Ordnungsbehörde die Beseitigung anordnete. Dabei wurden mehrere Pflanzen zerstört. Ebenfalls ungeklärt blieb, wie die Flüssigkeit überhaupt in den Schuppen gelangt war.

Die Kläger machen nun die durch die Wiederherstellung des Grundstücks entstandenen Kosten geltend. Ist die entsprechende Klage begründet?

I. Anspruch aus § 823 I

Die Kläger könnten einen Anspruch auf Schadensersatz aus § 823 I i.V.m. § 251 I haben.

Problem: Verschulden

Unabhängig davon, ob die unstreitig gegebene Eigentumsverletzung auf eine Verletzungshandlung des Beklagten zurückzuführen ist, kann jedenfalls nicht festgestellt werden, ob der Beklagte schuldhaft gehandelt hat.

Die Ursache des Austritts der schadenstiftenden Flüssigkeit kann vorliegend nicht geklärt werden. Die Kläger sind diesbezüglich darlegungs- und beweispflichtig. Anders als i.R.d. § 280 I S. 2 muss sich der Anspruchsgegner also nicht exkulpieren.

Es liegt auch kein Fall vor, in dem die Rechtsprechung die Beweislast i.R.d. § 823 I ausnahmsweise zu Lasten des Schädigers umkehrt.

Allein das Lagern gefährlicher Flüssigkeit stellt keinen Sorgfaltspflichtverstoß dar. Zudem ist laut Sachverhalt nicht einmal sicher, wie die Flüssigkeit überhaupt in den Schuppen gelangt ist.

Ein Anspruch aus § 823 I scheidet daher aus.

II. Anspruch aus § 1004 I i.V.m. §§ 683, 670 bzw. §§ 684 S. 1, 818 II

Da die Störung infolge der angeordneten Beseitigung nicht mehr vorhanden ist, kommt ein Anspruch auf Beseitigung nicht mehr in Betracht. In diesem Fall hat der Störer nach den Vorschriften der Geschäftsführung ohne Auftrag die erforderlichen Aufwendungen gem. §§ 683, 670 zu ersetzen bzw. gem. §§ 684 S.1, 818 II Wertersatz zu leisten.[575]

Fremdes Geschäft

Für die Anwendung der Vorschriften der Geschäftsführung ohne Auftrag ist aber zunächst von Bedeutung, ob die Beseitigung ein fremdes Geschäft darstellt.

Das ist nur dann der Fall, wenn eine Verantwortlichkeit aus § 1004 I bestanden hat, bevor die Beseitigung vorgenommen wurde.

hemmer-Methode: Lernen Sie immer klausurtypisch. Wenn Sie nur 1004 I von der Rechtsfolge kennen, reicht das nicht aus. Kommt jemand der Verpflichtung aus § 1004 I nicht nach, müssen Sie auch die Konsequenzen beherrschen.

Zudem ist entscheidend, ob die Kosten, die ersetzt werden sollen, tatsächlich Ausfluss des geschuldeten Anspruchsinhalts gewesen sind.

Nur dann, wenn eine bestehende Haftung aus § 1004 I BGB auch die Wiederherstellung des ursprünglichen Zustands umfasst, sind die dafür angefallenen Kosten ersatzfähig.

Problem: Rechtsfolge des § 1004 I

Fraglich ist insoweit, was unter dem Begriff der Beseitigung im Sinne des § 1004 I zu verstehen ist. Orientiert man sich strikt am Wortlaut der Vorschrift, ist damit lediglich die Wegschaffung der verursachten Störung zu verstehen.

575 Ständige Rechtsprechung des BGH, zuletzt BGH NJW 2004, 603 = **juris**byhemmer.

Der vorliegende Fall zeigt jedoch, dass die Wegschaffung der Flüssigkeit (= Störung) die Interessen der Kläger nicht hinreichend berücksichtigt. Denn – sofern überhaupt möglich - blieben sie auf den Kosten für die Wiederherstellung des ursprünglichen Zustands sitzen.

Daher könnte man vertreten, dass eine Beseitigung erst dann anzunehmen ist, wenn die Störung für den Eigentümer nicht mehr spürbar ist. Das setzt neben der Beseitigung der störenden Flüssigkeit auch die Instandsetzung des Grundstücks in einen Zustand voraus, in dem es sich vor dem Eintritt der Störung befunden hat.

Konflikt mit § 823 I

Das kommt faktisch aber einer Naturalrestitution i.S.d. § 249 I gleich, die jedoch das Bestehen eines Schadensersatzanspruchs voraussetzt. Anders ausgedrückt: Könnte die Wiederherstellung auch über den verschuldensunabhängigen § 1004 I verlangt werden, liefe das Verschuldenskriterium des § 823 I leer.

Nach überwiegender Ansicht in der Literatur darf die Beseitigung i.S.d. § 1004 I daher nicht die Wiederherstellung des ursprünglichen Zustandes beinhalten.

BGH: Beseitigung umfasst zunächst Entfernung des verseuchten Erdreichs

Nach Ansicht des BGH ist die Wiederherstellung gleichwohl von dem Begriff der Störungsbeseitigung gedeckt. Die Beseitigung richtet sich zunächst auf die Beseitigung der Störungsquelle. Sofern dies isoliert nicht möglich ist – so wie vorliegend die Beseitigung der Flüssigkeit aus dem Erdreich –, umfasst die Beseitigung auch den Aushub des Bodens und dessen anschließende Entsorgung.

Das ergibt sich aus der Risikoverteilung, die § 1004 I beinhaltet: die Durchführung der Störungsbeseitigung wird ausschließlich auf den Störer übertragen. Sofern aus technischer Sicht etwas von dem Störer verlangt wird, was über die Beseitigung der reinen Beeinträchtigung hinausgeht, erstreckt sich die Pflicht auch auf die Beseitigung des Erdreichs, wenn das eine nicht ohne das andere möglich ist, sog. unentrinnbare Begleitmaßnahme.

Darüber hinaus: Wiederherstellung des ursprünglichen Zustands

Darüber hinaus muss der Störer all die Eigentumsbeeinträchtigungen beseitigen, die zwangsläufig durch die Beseitigung der primären Störung hervorgerufen werden. Wird also das Erdreich entfernt, dauert die Störung noch an, weil das Grundstück danach mit Aushubstellen versehen ist und zerstörte Pflanzen fehlen.

hemmer-Methode: Achtung: Insoweit handelt es sich vorliegend um nichts Neues, sondern um ständige Rechtsprechung des BGH. Erfordert etwa die Beseitigung störender Baumwurzeln, die von dem Nachbargrundstück in eine Abwasserleitung eingedrungen sind, die Zerstörung dieser Leitung, hat der Störer eine neue Abwasserleitung zu verlegen.[576] Ist zur Beseitigung der Baumwurzeln die Entfernung eines Plattenweges erforderlich, muss dieser Weg wiederhergestellt werden.[577]

Sinn und Zweck des § 1004 I

§ 1004 I ist daher im vorliegenden Fall auch auf die erneute Anpflanzung der entsprechenden Aushubstellen gerichtet.

Der negatorische Beseitigungsanspruch aus § 1004 I würde entwertet, wenn diese Wiederherstellung nicht geschuldet wäre. Denn dann müsste der Eigentümer befürchten, nach Geltendmachung seines Anspruchs eine größere Beeinträchtigung seines Eigentums hinnehmen zu müssen, als sie vor der Beseitigung bestand.

Anders gesagt: Was nutzt dem Eigentümer die Beseitigung von Baumwurzeln, wenn sein Grundstück danach einer Kraterlandschaft gleicht. Er könnte sich gehalten sehen, von der Geltendmachung des § 1004 I vor diesem Hintergrund Abstand zu nehmen.

576 BGH NJW 1995, 395, 396 = jurisbyhemmer; NJW 2000, 1194, 1196 f. = jurisbyhemmer.

577 BGH NJW 2004, 603 f. = jurisbyhemmer.

hemmer-Methode: Der BGH geht an dieser Stelle des Urteils kurz auf die entsprechend anderslautenden Literaturstimmen ein. Der dort vertretene sog. enge Beseitigungsbegriff erfasst nicht die Wiederherstellung der durch die Beseitigung verursachten Beeinträchtigungen. Aber auch nach diesen Ansichten soll die entsprechende Rechtsfolge erreicht werden können. Dies wird mit einer Analogie zu den Vorschriften der §§ 867 S. 2, 962 S. 3, 1005 begründet. Hier lässt der BGH durchblicken, dass er von solchen Analogien nicht viel hält. Da das Ergebnis sowieso dasselbe ist, spreche nichts gegen eine Ausdehnung des Beseitigungsbegriffes in § 1004 I im oben beschriebenen Sinne.

Grenze: andere Beeinträchtigungen, die durch die Primärstörung veranlasst sind

Die Beseitigungspflicht nach § 1004 I endet nach Ansicht des BGH erst dort, wo es um die Beseitigung von Beeinträchtigungen geht, die durch die Primärstörung selbst verursacht wurden.

Die Beseitigung solcher Beeinträchtigungen kann nur unter den strengeren Voraussetzungen des § 823 I verlangt werden. Insoweit ist dann ein Verschulden des Verantwortlichen erforderlich.

„SOUND“: Geht es um die Beseitigung von Beeinträchtigungen, die infolge der Beseitigung der Primärstörung entstehen, ist § 1004 I anwendbar. Resultiert die Beeinträchtigung bereits aus der Primärstörung selbst, kann nur unter den Voraussetzungen des § 823 I Beseitigung verlangt werden, § 249 I.
Wirft z.B. ein Störer einen großen Stein auf das Nachbargrundstück und wird dort eine Fensterscheibe zerstört, kann über § 1004 I nur die Beseitigung des Steines und die Beseitigung aller *damit (d.h. mit der Beseitigung des Steines)* eventuell verbundenen Beeinträchtigungen verlangt werden. Die Reparatur der Fensterscheibe ist durch die Störung selbst verursacht, nicht durch die Beseitigung des Steins. Daher kommt insoweit nur § 823 I in Betracht.

Problem im vorliegenden Fall: Störereigenschaft

Ein Eingreifen der so begründbaren Rechtsfolge des § 1004 I setzt indes voraus, dass der Anspruchsgegner Störer ist. Der Begriff des Störers ist im Gesetz nicht definiert.

Nach Ansicht des BGH ist Störer derjenige, auf dessen Willen der beeinträchtigende Zustand zurückgeht, und von dessen Willen die Beseitigung abhängt, ohne dass es dabei auf ein Verschulden ankommt.[578]

Handlungsstörer

Vorliegend könnte der Beklagte Handlungsstörer gewesen sein. Im vorliegenden Fall kann nicht ermittelt werden, wie es zum Austritt der Flüssigkeiten gekommen ist. Es ist darüber hinaus nicht einmal feststellbar, ob der Beklagte überhaupt die schädlichen Flüssigkeiten in den Schuppen verbracht hat.

Daher fehlte es nicht nur an einer schuldhaften Handlung i.S.d. § 823 I, sondern darüber hinaus an einem Verhalten selbst. Aber auch i.R.d. § 1004 I ist für eine Handlungsstörung zumindest erforderlich, dass die Beeinträchtigung auf ein vom Willen getragenes positives Tun oder Unterlassen zurückzuführen ist.

Da insoweit der beeinträchtigte Eigentümer beweispflichtig ist und die Umstände nicht geklärt werden konnten, scheidet § 1004 I insoweit aus.

Zustandsstörer

In Betracht käme allenfalls eine Zustandsstörerhaftung. Dazu reicht es aber nicht allein aus, dass die Störung vom Grundstück des Beklagten ausgeht. Die Beeinträchtigung muss zumindest mittelbar auf seinen Willen zurückzuführen sein. Das setzt im vorliegenden Fall jedenfalls voraus, dass er die Gefahrenlage selbst geschaffen hat [579] oder die durch Dritte geschaffene Gefahrenlage aufrechterhalten hat.

578 Vgl. dazu ausführlich Hemmer/Wüst, Sachenrecht I, Rn. 442 ff.

579 BGH NJW 2004, 3701 f. = **juris**byhemmer.

Wird die Störungsquelle indes ohne Wissen und Wollen auf das Grundstück des Beklagten verbracht, ist er nicht Störer, denn er konnte die von der Störungsquelle ausgehende Gefahr für das Nachbargrundstück des Klägers dann nicht abwenden.

Da auch insoweit die Beweislast beim Kläger liegt, er diesen Nachweis aber nicht führen konnte, ist § 1004 I auch in dieser Variante nicht verwirklicht.

Ergebnis

Ein Anspruch aus § 1004 I scheidet daher aus.

bb) Unzumutbarkeit der Beseitigung

bei Unzumutbarkeit bislang § 251 II analog

Wegen der Konkurrenz zu den Schadensersatzansprüchen gewährt § 1004 I 1 grundsätzlich auch keine Geldersatzansprüche nach den §§ 249 II, 251 I.[580] § 251 II wurde dagegen i.V.m. § 242 auch auf den Beseitigungsanspruch angewandt.[581] Der Störer kann die Beseitigung verweigern, wenn die Naturalbeseitigung nicht zumutbar ist. Grund dafür ist, dass der nur rechtswidrig Handelnde nicht weiter haften darf als der zusätzlich schuldhaft Handelnde. Allerdings muss dann ggfs. in Geld entschädigt werden, denn es kann umgekehrt auch nicht sein, dass der Beeinträchtigte die Beeinträchtigung entschädigungsfrei hinzunehmen hat.[582]

jetzt: § 275 II BGB (direkt)

Der BGH hat mittlerweile diesen Ansatz über § 251 II aufgegeben. Sofern Unverhältnismäßigkeit vorliegt, kann dies über den – nach Ansicht des BGH spezielleren - § 275 II geregelt werden. § 251 II passt nicht direkt, weil es sich nicht um einen Schadensersatzanspruch handelt. Da § 275 II alle Leistungsansprüche, also auch § 1004 erfasse, sei es sachgerechter, die Frage der Unverhältnismäßigkeit daran zu beurteilen.[583] 443

hemmer-Methode: Zusammenfassend lässt sich Folgendes festhalten:

1. Der verschuldensunabhängige Beseitigungsanspruch setzt eine noch bestehende Eigentumsbeeinträchtigung voraus und ist auf die Beseitigung für die Zukunft gerichtet.
Die §§ 249 ff. finden keine Anwendung, da die Beseitigung streng von der Wiederherstellung i.S.d. schadensersatzrechtlichen Naturalrestitution zu unterscheiden ist. Allenfalls über § 275 II kann der Einwand der Unverhältnismäßigkeit geltend gemacht werden.

2. Der Schadensersatzanspruch setzt regelmäßig ein Verschulden, aber kein Fortwirken der Beeinträchtigung voraus. Er ist auf Wiederherstellung des Zustandes gerichtet, der ohne den Eintritt der Beeinträchtigung bestehen würde. Die Naturalrestitution hat somit eine hypothetische, dynamische Komponente und wirkt auch für die Vergangenheit.

Neben der analogen Anwendung des § 251 II bilden die §§ 989 ff., die i.R.d. § 1004 entsprechend anzuwenden sind, eine weitere Grenze des Beseitigungsanspruchs.[584] Soweit der unverklagte redliche Besitzer nach diesen Vorschriften nicht zum Schadensersatz verpflichtet ist, braucht er auch keine Beseitigung leisten, die ihm ein ähnliches Opfer abverlangen würde.

580 Palandt, § 1004, Rn. 23; M. Wolf, Rn. 243.

581 Vgl. Palandt, § 1004 Rn. 23, 38.

582 Vgl. Palandt, § 1004, Rn. 47, 49.

583 BGH, **Life&Law 09/2008, 589 ff.**; konsequent wäre es dann auch, eine eventuelle Ersatzleistung über § 280 I, III, 283 zu begründen. Das bleibt abzuwarten.

584 MüKo § 1004, Rn. 110.

cc) Mitverschulden

Kosten trägt Störer

Der Rechtsgedanke des § 254 ist bei Mitverschulden des Eigentümers nach der *Rspr.*[585] zu berücksichtigen. Eine Verurteilung nur zur teilweisen Beseitigung bzw. zur gemeinsamen Beseitigung erscheint jedoch kaum praktikabel. Daher lässt es der BGH in einem solchen Fall zu, dass die Verurteilung zur Beseitigung der Beeinträchtigung durch die Feststellung beschränkt wird, dass sich der beeinträchtigte Eigentümer in Höhe seiner Haftungsquote an den Kosten der Beseitigung zu beteiligen hat.[586] 444

Auch i.R.d. Beseitigung gehe es ja letztlich um die Frage, wer die hierfür anfallenden Kosten zu tragen hat. Hierbei ist zu berücksichtigen, dass die analoge Anwendung des § 254 im Bereich des verschuldensunabhängigen § 1004 für eine Mitverantwortung kein Verschulden erfordert.[587]

Die Kosten der Beseitigung trägt der Störer als Verursacher. Hat der Eigentümer die Störung auf seine Kosten behoben, kann er nach §§ 812 ff. oder berechtigter Geschäftsführung ohne Auftrag Ersatz verlangen.[588] Der Störer ist i.S.v. § 812 I 1 2.Alt. in sonstiger Weise, nämlich durch das Ersparen von Aufwendungen, bereichert, wenn der Eigentümer auf eigene Kosten selbst beseitigt.[589] Da die berechtigte Geschäftsführung ohne Auftrag Rechtsgrund i.S.v. § 812 ist, ist bei deren Voraussetzungen der Ersatz der Aufwendungen über § 812 I 1 2.Alt. ausgeschlossen. Problematisch kann dabei insbesondere sein, ob der Geschäftsführung (Selbstvornahme) durch den Eigentümer der Wille des Störers entgegensteht oder gem. § 679 unbeachtlich ist.[590]

hemmer-Methode: Eine Anwendung des § 254 setzt dem Grunde nach die Teilbarkeit des Beseitigungsanspruchs voraus. Dies kann aber nur dann angenommen werden, wenn für die Beseitigung (teilbare) Kosten anfallen! Lesen Sie zu diesem wichtigen Fall die sog. „Milchpulver-Entscheidung" des BGH (NJW 1990, S.2059): Hier war im Rahmen eines Anspruchs aus GoA zu prüfen, ob den Geschäftsherrn (Mieter) eine Beseitigungspflicht bzgl. des verdorbenen Milchpulvers aus § 1004 traf. Dies war zwar zu bejahen, allerdings traf den Geschäftsführer (Vermieter) i.R.d. § 1004 ein Mitverschulden, so dass auch der Aufwendungsersatzanspruch aus GoA anteilig zu kürzen war.

Life&Law:[591] Der Anspruch des Nachbarn auf Einstellung des Betriebs eines Drogenhilfezentrums wegen Behinderung des Zugangs zu seinem Grundstück kann wegen des Allgemeininteresses an der Aufrechterhaltung des Betriebs ausgeschlossen sein. In diesem Falle steht dem Nachbarn ein Ausgleichsanspruch in Geld zu, der sich nach den Grundsätzen der Enteignungsentschädigung richtet.

b) Unterlassungsanspruch, § 1004 I 2

Unterlassungsanspruch

Nach *§ 1004 I 2* hat der Eigentümer bereits dann einen Anspruch auf Unterlassung, wenn die Beeinträchtigung *noch nicht* eingetreten ist, aber bereits *droht*.[592] 445

585 Vgl. BGH ZIP 1997, 1196 = **juris**byhemmer; RGZ 138, 327; BGH NJW 1995, 395 = **juris**byhemmer; 1990, 2959; Baur, § 12 IV 1 a.

586 Vgl. BGH NJW 1997, 2234 = **juris**byhemmer.

587 BGH NJW 1995, 396 = **juris**byhemmer.

588 Vgl. Baur, § 12 IV 1 b.

589 BGH NJW 1995, 396 = **juris**byhemmer; MüKo, § 1004, Rn. 127 m.w.N.

590 Vgl. BGH NJW 1990, 2058 = **juris**byhemmer; dazu Schwab/Prütting, § 49 III 2.

591 **Life&Law 01/2001, 14.**

592 Vgl. auch oben Rn. 300 f.

auch bei Erstbeeinträchtigung

Dabei genügt auch die erstmals drohende Beeinträchtigung (Erstbegehungsgefahr), da nur so ein lückenloser Eigentumsschutz gewährleistet ist.[593]

Umstritten ist die dogmatische Einordnung des Unterlassungsanspruchs. Nach h.M. ist § 1004 I 2 ein echter materiell-rechtlicher Anspruch im Sinne von § 194 und nicht nur ein prozessualer Rechtsbehelf ohne materiellen Inhalt.[594] 446

Bedeutsam ist dies für die Frage der Verjährung, die gem. § 194 I nur bei materiellen Ansprüchen eintreten kann.

Wiederholungsgefahr

Zusätzliche Voraussetzung des § 1004 I 2 ist die *Wiederholungsgefahr.* Dies ist die objektive, auf Tatsachen gegründete, ernstliche Besorgnis weiterer Störungen.[595] Beweispflichtig hierfür ist der Eigentümer. Jedoch wird die Wiederholungsgefahr nach einem vorausgegangenen Eingriff regelmäßig vermutet und muss dann vom Störer widerlegt werden.[596] 447

Dies könnte z.B. dergestalt geschehen, dass der Störer darlegt, eine Unterlassungserklärung unterzeichnet zu haben. Dann muss diese aber umfassend sein, d.h. gerade auch solche Beeinträchtigungen erfassen, deren Wiederholung droht. Zudem darf nach Abgabe der Erklärung nicht eine erneute Beeinträchtigung vorliegen, welche wiederum eine Wiederholungsgefahr für Folgebeeinträchtigungen indiziert.[597]

Nach h.M.[598] ist die Wiederholungs- oder Erstbegehungsgefahr eine materielle Anspruchsvoraussetzung und stellt nicht nur eine besondere Form eines Rechtsschutzbedürfnisses dar. Folge hiervon ist, dass das Fehlen der Wiederholungsgefahr die Klage unbegründet und nicht nur unzulässig macht.

Einen von § 1004 unabhängigen Fall der vorbeugenden Unterlassungsklage regelt § 907.

hemmer-Methode: Beachten Sie, dass bei einer Erstbeeinträchtigung besser von „Begehungsgefahr“ und nicht von „Wiederholungsgefahr“ gesprochen werden sollte.
Denken Sie auch an die anderen Anspruchsgrundlagen, die auf Beseitigung und Unterlassen gerichtet sind. So kann ein Unterlassungsanspruch, als Primäranspruch, auch Inhalt einer Verpflichtung sein, vgl. § 241 I 2. Der Anspruch kann sich auch bei einer Störung eines Schuldverhältnisses aus § 280 ergeben. So, wenn das gesetzliche Schuldverhältnis der Grunddienstbarkeit, z.B. durch übermäßige Beschmutzung, gestört worden ist.

III. Abschließender Beispielsfall[599]

Auf dem Grundstück der Beklagten hat deren Vater als Voreigentümer vor 1974 diverse Pappeln in der Nähe der Grenze zu dem Grundstück der Klägerin gepflanzt. Das Grundstück der Beklagten liegt in einem Bruchbereich nahe einem Bach, in dem alte Pappeln umstürzen, wenn sie nicht vorher gefällt werden.

593 Vgl. Palandt, § 1004, Rn. 32.

594 M. Wolf, Rn. 242 m.w.N.; Baur, § 12 IV 2 a.; Jauernig, § 1004, Rn. 10.

595 Vgl. Palandt, § 1004, Rn. 32.

596 Vgl. Palandt, § 1004, Rn. 32.

597 BGH, **Life&Law 07/2007, 442 ff.**

598 BGHZ 117, 271; Jauernig, § 1004, Rn. 11; Baur, § 12 IV 2 b. m.w.N.

599 nach BGH NJW 2003, 1732 ff. = **juris**byhemmer, vgl. auch die Besprechung von Armbrüster, NJW 2003, 3087 ff.

Zwischen August 1985 und August 1999 stürzten zwei Bäume, darunter eine Pappel, von diesem Grundstück auf das Grundstück der Klägerin. Einen weiteren Baum ließ die Beklagte fällen, nachdem die Klägerin sie darauf hingewiesen hatten, dass er umzustürzen drohte. Am 3.12.1999 stürzten während eines Sturmes wiederum zwei Pappeln auf das Grundstück der Klägerin und beschädigten einen Zaun und ein Metallgartenhaus. Weitere Beschädigungen sind zwischen den Parteien streitig.

Die Klägerin verlangt Ausgleich für die durch die umgestürzten Bäume erlittenen Schäden. Aufgrund ihres Alters hätten die Pappeln auf dem Grundstück der Beklagten bereits vor dem Monat Dezember 1999 gefällt werden müssen. Die Beklagte sei von ihr im Jahr 1997 eindringlich auf die Gefahr des Umstürzens von Bäumen auf das benachbarte Grundstück hingewiesen worden, zusammen mit mehrfacher Aufforderung, die Bäume rechtzeitig fällen zu lassen. Darüber hinaus habe die Beklagte ihre Verkehrssicherungspflicht hinsichtlich der Pappeln verletzt. Die Beklagte hat geltend gemacht, es sei nicht erkennbar gewesen, dass die Pappeln umstürzen könnten. Wie ist die Rechtslage?

Anspruch gemäß § 906 II 2 analog

I. Der Klägerin könnte ein verschuldensunabhängiger nachbarrechtlicher Ausgleichsanspruch nach § 906 II 2 analog zustehen, der auf einen angemessenen Ausgleich in Geld gerichtet ist und aus dem Rechtsgedanken der §§ 904 S. 2, 906 II 2, 14 S. 2 BImSchG abgeleitet ist.

Voraussetzung:
v.a. unzumutbare Beeinträchtigung

Voraussetzung hierfür ist, dass von einem Grundstück im Rahmen seiner privatwirtschaftlichen (nicht hoheitlichen) Benutzung Einwirkungen auf ein anderes Grundstück ausgehen, die das entsprechend § 906 II zumutbare Maß einer entschädigungslos hinzunehmenden Beeinträchtigung übersteigen.

Dabei muss der davon betroffene Eigentümer aus besonderen Gründen gehindert gewesen sein, diese Einwirkungen gem. § 1004 I rechtzeitig zu unterbinden (s. nur BGHZ 142, 66 [67 f.] m. w. N. = MDR 1999, 1132).

hemmer-Methode: Nach ständiger Rechtsprechung findet § 906 II 2 (analog) auch auf den *Besitzer* eines Grundstückes Anwendung (BGHZ 30, 273, 279 f. bzw. BGH, NJW 2001, 1865). Zudem greift die Vorschrift nicht nur im unmittelbaren Nachbarverhältnis ein.

„Faktischer Duldungszwang"

Möglich erscheint hier insbesondere ein Anspruch unter dem Gesichtspunkt einer rechtswidrigen Beeinträchtigung, die infolge faktischen Duldungszwangs nicht rechtzeitig verhindert werden konnte. Ein solcher Zwang kann sich u.a. daraus ergeben, dass der Betroffene die abzuwehrende Gefahr nicht rechtzeitig erkannt hat und auch nicht erkennen konnte (BGH v. 20. 4. 1990 – V ZR 282/88, BGHZ 111, 158 [163] = MDR 1990, 909).

hemmer-Methode: Allgemein muss der Anspruchsteller also rechtlich oder tatsächlich an der Geltendmachung des Primärrechtsschutzes gehindert gewesen sein, etwa auch bei einer Duldungspflicht aus dem nachbarschaftlichen Gemeinschaftsverhältnis. Dann ist seine Stellung mit der desjenigen vergleichbar, der gemäß § 906 II 1 zur Duldung verpflichtet ist.
Beachten Sie zudem, dass bei einer analogen Anwendung des § 906 II 2 keine Beschränkung auf unwägbare Stoffe wie z.B. Gerüche oder Geräusche (sog. Imponderabilien) besteht, sondern anders als bei direkter Anwendung auch Grobimmissionen in Betracht kommen. Jedoch muss es sich um grundsätzlich nach §§ 862, 907 ff., 1004 abwehrbare Einwirkungen handeln, d.h. negative oder ideelle (Beispiel: Nacktbaden auf dem Nachbargrundstück) Einwirkungen, die nicht sinnlich wahrnehmbar und schon nicht abwehrbar sind, scheiden aus (Palandt-Bassenge, § 906 Rn. 42, § 903 Rn. 9 f.).

Möglichkeit, die Beseitigung der Beeinträchtigung zu verlangen?

Problematisch ist, ob es hier der Klägerin vor dem 3.12.1999 nicht doch möglich gewesen ist, gegen die Beklagte einen auf die Entfernung der Pappeln gerichteten Anspruch nach § 1004 I durchzusetzen.

Sowohl in der Klageschrift als auch in der Berufungserwiderung hat die Klägerin vorgetragen, dass die Pappeln auf dem Grundstück der Beklagten bereits viele Jahre vor Dezember 1999 wegen ihres Alters umsturzgefährdet gewesen seien. Sie hätten gefällt werden müssen, weil alte Pappeln, wie sie auf dem Grundstück der Beklagten gestanden hätten, spätestens nach 30 Jahren geschlagen werden müssten. Hierauf hätten sie die Beklagte schon im Jahr 1997 hingewiesen und sie auch mehrere Male vor dem Monat Dezember 1999 zum Fällen der Pappeln aufgefordert.

Danach haben sich die Gefahren für die Klägerin nicht erst bei dem Sturm am 3.12.1999 offenbart, sondern es bestand bereits lange Zeit vor dem Schadensereignis genügend Anlass, gegen die von den Pappeln auf dem Grundstück der Beklagten auf ihr Grundstück ausgehenden Gefahren vorzugehen.

Dem könnte möglicherweise entgegengehalten werden, dass nach der Rechtsprechung des BGH im sog. Wiebke-Fall das bloße Anpflanzen und Aufziehen widerstandsfähiger Bäume regelmäßig noch keine für die Zurechnung einer Beeinträchtigung notwendige konkrete Gefahrenlage für das Nachbargrundstück begründet (BGHZ 122, 283 [285] = MDR 1993, 760).

Aber so liegen die Dinge hier schon nach dem Klagevorbringen nicht. Die umgestürzten Pappeln waren vielmehr aufgrund ihres Alters nicht mehr standsicher und deswegen gegenüber normalen Einwirkungen der Naturkräfte nicht mehr hinreichend widerstandsfähig.

Somit hätte die Klägerin gegen die Beklagte erfolgreich nach § 1004 I vorgehen können. Einem solchen Vorgehen entgegenstehende Hinderungsgründe sind nicht ersichtlich und wurden auch nicht geltend gemacht.

Zwischenergebnis

Damit scheidet ein nachbarrechtlicher Ausgleichsanspruch gemäß § 906 II analog schon nach dem Klagevorbringen aus.

II. In Betracht kommt ferner ein Schadensersatzanspruch wegen Verletzung einer Verkehrssicherungspflicht, § 823 I.

Anmerkung: Der BGH prüft im Urteil allein die Verletzung einer Verkehrssicherungspflicht. In einer Klausur sollte dennoch genauer auf die einzelnen Merkmale des § 823 I und den Einbau der Verkehrssicherungspflicht eingegangen werden.

Eigentumsverletzung

Das Rechtsgut Eigentum der Klägerin wurde verletzt.

Verletzungshandlung durch pflichtwidriges Unterlassen

Dies ist zurückzuführen auf die nicht vorgenommene rechtzeitige Beseitigung der umsturzbedrohten Bäume, der Schwerpunkt des Handelns liegt bei normativer Betrachtung auf dem Unterlassen.

Garantenstellung aus Verkehrssicherungspflicht?

Erforderlich ist aber eine Garantenstellung der Beklagten in Bezug auf die Klägerin. Diese könnte sich aus einer bestehenden Verkehrssicherungspflicht hinsichtlich der Bäume und des Grundstücks ergeben.

hemmer-Methode: Wer eine Gefahrenquelle schafft oder andauern lässt, muss alle nach Lage der Verhältnisse erforderlichen Sicherungsmaßnahmen zum Schutz anderer Personen treffen, d.h. ihn trifft eine Verkehrssicherungspflicht. Zurechnungsgründe sind allgemein die Beherrschung einer Gefahrenquelle (z.B. deliktische Produzentenhaftung), vorangegangenes Tun oder aber die Übernahme einer Aufgabe.

Derjenige, der die Verfügungsgewalt über ein Grundstück ausübt, hat i.R.d. Möglichen dafür zu sorgen, dass von den dort stehenden Bäumen keine Gefahr für andere ausgeht, der Baumbestand vielmehr so angelegt ist, dass er i.R.d. nach forstwissenschaftlichen Erkenntnissen Möglichen gegen Windbruch und Windwurf, insbesondere aber auch gegen Umstürzen auf Grund fehlender Standfestigkeit gesichert ist (BGH, Beschl. v. 27. 10. 1988 – III ZR 23/88, BGHR § 823 Abs. 1 BGB Verkehrssicherungspflicht 16).

Diese Verkehrssicherungspflicht müsste die Beklagte verletzt haben. Ihr war zum einen bekannt, dass alte Pappeln in der Gegend umstürzen und bereits in der Vergangenheit eine Pappel auf ihrem Grundstück ohne besondere Einwirkungen umgestürzt war. Des Weiteren hat ein Zeuge sie eindrücklich auf die Notwendigkeit des altersbedingten Fällens der Pappeln hingewiesen. Damit war es für die Beklagte vorhersehbar, dass weitere alte Pappeln jederzeit – auch auf das Nachbargrundstück – umstürzen konnten. Davor hat sie die Augen verschlossen, indem sie die Bäume nicht zu Beginn der Schlagzeit hat fällen lassen, und damit die Beschädigung des Nachbargrundstücks in Kauf genommen.

Da sie dennoch nicht gehandelt hat, ist eine Verletzung der Verkehrssicherungspflicht gegeben.

⇨ grds. Ersatzpflicht (+)

Somit ist die Beklagte der Klägerin zum Schadenersatz verpflichtet. Nicht ausreichend ist es, die auf das Nachbargrundstück gefallenen Pappeln entfernen und den beschädigten Zaun ausbessern zu lassen.

Vielmehr umfasst die Schadenersatzpflicht sämtliche durch das Umstürzen der Bäume verursachten Schäden, also auch die, welche an den Gartenhäusern entstanden sind.

§ 254 (-)

Ein Ausschluss der Ersatzpflicht unter den von der Beklagten hervorgehobenen Gesichtspunkten, die Klägerin hätten die beiden Gartenhäuser baurechtswidrig und bewusst in einer Gefahrenzone errichtet, kommt nicht in Betracht. Zum einen wäre das Fehlen der Baugenehmigungen – ihre Erforderlichkeit unterstellt – nicht kausal für den eingetretenen Schaden geworden; zum anderen übersieht die Beklagte, dass der Eigentümer sein Grundstück nach Belieben nutzen kann und sich keine Einschränkungen auferlegen muss, um dem Grundstücksnachbarn die Verletzung seiner Verkehrssicherungspflicht ohne Schadensfolgen zu ermöglichen.

Ergebnis

Damit ist die Beklagte vollumfänglich zum Ersatz aller entstandenen Schäden nach § 823 I verpflichtet.

B. Der Beseitigungsanspruch und Unterlassungsanspruch entsprechend § 1004 kraft gesetzlicher Verweisung

entsprechende Anwendung aufgrund von Verweisen

Der Anwendungsbereich der *§ 1004 I* wird andererseits durch zahlreiche Verweisungen stark erweitert. *§ 1004 I* gilt danach *entsprechend* bei Beeinträchtigungen dinglicher Rechte und Immaterialgüterrechte. 448

Solche Verweisungen finden sich in:

⇨ § 1027 für die Grunddienstbarkeit

⇨ §§ 1090 II, 1027 für beschränkte persönliche Dienstbarkeiten

⇨ § 1065 für den Nießbrauch

⇨ § 1227 für das Pfandrecht

⇨ § 11 ErbbauVO für das Erbbaurecht

Weitere Verweise finden sich in: 449

⇨ § 34 II WEG für das Dauerwohnrecht

⇨ § 97 I UrhG für Urheberrechte

⇨ § 16 I, III UWG für Fälle des unlauteren Wettbewerbs

hemmer-Methode: Wichtig in der Klausur ist v.a. § 1027. Zu beachten ist dabei, dass auf die Grunddienstbarkeit über § 916 die §§ 912 ff. entsprechende Anwendung finden.
Wird durch einen verschuldeten[600] Überbau eine Grunddienstbarkeit beeinträchtigt, so stehen dem Berechtigten mehrere Anspruchsgrundlagen zur Verfügung. Er kann Beseitigung zum einen aus §§ 1027, 1004 verlangen. Daneben kann er aber auch Schadensersatz wegen Pflichtverletzung i.R.d. gesetzlichen Schuldverhältnisses der Grunddienstbarkeit (ggf. i.V.m. § 278) verlangen.[601]

C. Der quasinegatorische Beseitigungs- und Unterlassungsanspruch analog § 1004

I. Allgemeines

Rechtsgüter des § 823 I quasinegatorischer Abwehranspruch

450 Außer für die Fälle der Eigentumsbeeinträchtigungen und der Beeinträchtigung der Rechte, bei denen auf § 1004 verwiesen wird, *hat § 1004 I i.V.m. § 823 I* erhebliche Bedeutung als sog. *quasinegatorischer Abwehranspruch.*[602]

bzgl. Namensrecht § 12

451 Während für *Verletzungen des Namensrechts* gem. *§ 12* ein negatorischer Abwehranspruch ausdrücklich geregelt ist, fehlt für die übrigen in § 823 I genannten Rechtsgüter, für die meisten sonstigen absoluten Rechte sowie für die durch Schutzgesetze gesicherten Interessen, eine entsprechende Vorschrift.[603]

andere Rechte aber ebenso schutzbedürftig

452 Da die anderen absoluten Rechte und Rechtsgüter des § 823 I den gleichen Schutz verdienen, wurde im Wege einer Gesamtanalogie[604] zu den §§ 12, 862, 1004 der sog. quasinegatorische Beseitigungs- und Unterlassungsanspruch als „deliktischer Unterlassungsanspruch“ entwickelt.[605]

453 Dies gilt auch für alle anderen Interessen, die durch die §§ 823 II - 839 geschützt sind, insbesondere in den Fällen der §§ 823 II, 824, so dass heute jedes deliktisch geschützte Interesse analog § 1004 auch „negatorischen“ Rechtsschutz genießt, so z.B. der Schutz des Persönlichkeitsrechts,[606] des „eingerichteten und ausgeübten Gewerbebetriebs“, der „privaten“ und „geschäftlichen Ehre“ oder des „Kredits“.[607]

„ergänzender Unterlassungsanspruch“

454 Der Begriff „deliktischer Unterlassungsanspruch“ ist aber etwas unglücklich gewählt, da diese Bezeichnung irreführend ist. Der Deliktstatbestand der §§ 823 ff. braucht nämlich gerade nicht vollständig erfüllt zu sein. Vor allem kann das Verschulden des Schädigers fehlen. Der quasinegatorische Abwehranspruch ist daher besser als „ergänzender Unterlassungsanspruch“ zu bezeichnen.[608]

hemmer-Methode: Der „quasinegatorische“ Abwehranspruch hat demnach genau die gleichen Voraussetzungen wie der Beseitigungs- und Unterlassungsanspruch nach § 1004 (direkt) bei Eigentumsbeeinträchtigungen.

---

600 beachten Sie, dass die Zurechnung des Verschuldens von Hilfspersonen umstritten ist, die Rspr. wendet i.d.R. § 166 an, jedenfalls i.R.d. gesetzlichen Schuldverhältnisses der Grunddienstbarkeit kann aber auch auf § 278 zurückgegriffen werden, vgl. m.w.N. MüKo § 912 Rn. 18 ff.

601 Vgl. Palandt, § 1027, Rn. 2.

602 Vgl. Palandt, § 1004, Rn. 2.

603 Medicus, Schuldrecht II, § 153 I 1.

604 Zitiert wird heute aber nur noch § 1004.

605 Palandt, § 1004, Rn. 2 a.E.; Schellhammer, Schuldrecht nach Anspruchsgrundlagen, Rn. 938.

606 Vgl. BGH NJW 2005, 2401 f.

607 Vgl. Palandt, § 1004, Rn. 2; Baur § 12 I 4.

608 Medicus, Bürgerliches Recht, Rn. 628.

II. Besonderheiten des negatorischen Ehren- und Persönlichkeitsschutzes[609]

Schutz der persönlichen Ehre und der Geschäftsehre

Bei zivilrechtlichen Ehrverletzungen wird der Schutz der persönlichen Ehre sowohl über § 823 I (Allgemeines Persönlichkeitsrecht[610]) als auch über § 823 II i.V.m. §§ 185 ff. StGB gewährleistet.[611] 455

Tatsachenbehauptung o. Werturteil

Neben dem deliktsrechtlichen Ehrenschutz hat die Rechtsprechung aber in diesem Bereich v.a. den negatorischen Abwehranspruch analog § 1004 immer weiterentwickelt, da dieser kein Verschulden des Störers voraussetzt. 456

Der Verletzte hat nach BGH einen *Unterlassungsanspruch* gegenüber unwahren Tatsachenbehauptungen und ehrverletzenden Werturteilen, wenn die Äußerung oder Berichterstattung einen Zustand rechtswidriger Ehrenkränkung geschaffen hat.[612]

Beim *Beseitigungsanspruch* ist im Bereich des Ehrenschutzes dagegen zwischen unwahren Tatsachenbehauptungen und ehrverletzenden Werturteilen zu unterscheiden, bezüglich Letzterem besteht kein Anspruch auf Widerruf.

Kennzeichen einer Tatsachenbehauptung ist es, dass der Gehalt einer Äußerung einer objektiven Klärung zugänglich ist und als etwas Geschehenes grundsätzlich dem Beweis offen steht.[613] 457

> ***Bsp.:*** *S bezeichnet G als Dieb seiner wertvollen Breitling-Uhr*

Werturteile sind demgegenüber Meinungen und subjektive Überzeugungen, die nicht durch Tatsachen nachgewiesen werden können. 458

> ***Bsp.:*** *Bezeichnung eines Arztes als Kurpfuscher oder einer Sache als „billigen Schmarren“*

hemmer-Methode: Vermeiden Sie Schubladenwissen und erlernen Sie dadurch den Zusammenhang der einzelnen Rechtsgebiete. Dieselbe Problematik wie hier begegnet Ihnen im Strafrecht bei den Beleidigungsdelikten der §§ 185 ff. StGB.

1. Abwehransprüche gegenüber Tatsachenbehauptungen

a) Anspruch auf Beseitigung der Ehrverletzung durch Widerruf

Unwahrheit

Gegen *unwahre Tatsachenbehauptungen* steht dem Verletzten ein Anspruch auf Widerruf analog § 1004 I 1 zu. Die Unwahrheit ist Anspruchsvoraussetzung, die der Verletzte beweisen muss.[614] Der Widerruf erfolgt durch die Erklärung des Verletzers, dass seine Behauptung falsch sei. Damit beseitigt er die Störquelle.[615] 459

Bei Übermittlung *unrichtiger* Daten an die Schufa, welche nicht von einem berechtigten Interesse der Bank gerechtfertigt sein kann, kann grundsätzlich Widerruf verlangt werden.

---

609 Vgl. dazu Siebrecht in JuS 2001, 337 ff. „Der Schutz der Ehre im Zivilrecht“

610 Vgl. Hemmer/Wüst, Deliktsrecht I, Rn. 50 ff.

611 Medicus, Schuldrecht II, § 139 I.

612 Davon ist nicht auszugehen, wenn sich die objektive Unwahrheit darauf beschränkt, dass in einem Zeitungsartikel, welcher sich auf Äußerungen des vermeintlich Verletzten bezieht, eine falsche Quellenangabe hinsichtlich dieser Äußerungen erfolgt, BGH Urteil vom 15.11.2005, AZ VI ZR 274/04 = NJW 2006, 609 f. = **juris**byhemmer. Vgl. auch die interessante Sache Harald Schmidt ./. Susan Stahnke, LG Hamburg, **Life&Law 10/2000, 690 ff.**;

613 BGH NJW 1993, 930, 931 = **juris**byhemmer.

614 BGH NJW 1978, 751 = **juris**byhemmer.

615 Schellhammer a.a.O., Rn. 1041.

Würde der Widerruf aber den unzutreffenden Eindruck hervorrufen, eine Darlehensverbindlichkeit sei vertragsgemäß getilgt worden, reduziert sich der Beseitigungsanspruch auf einen Richtigstellungsanspruch.[616]

Zweifelsfälle

Problematisch sind die Fälle, in denen die Unwahrheit der Tatsachenbehauptung nicht zweifelsfrei feststeht. Die Rspr. trägt dieser Besonderheit Rechnung mit Hilfe eines eingeschränkten Widerrufs. Dabei braucht die Behauptung nicht als unwahr bezeichnet werden; vielmehr darf der Widerrufsverpflichtete sich auf die Erklärung beschränken, dass er seine Behauptung „nicht aufrechterhalten" könne oder dergleichen.[617] 460

Vollstreckt wird dieser Widerruf als unvertretbare Handlung nach § 888 ZPO und nicht nach § 894 ZPO (Lesen!).[618] 461

b) Anspruch auf Unterlassung weiterer Störungen

vorbeugender Unterlassungsschutz

Anspruchsgrundlage hierfür ist § 1004 I 2 analog. Es gelten dieselben Voraussetzungen wie für den „normalen" *Unterlassungsanspruch*, wie er oben unter Rn. 434 ff. dargestellt wurde; d.h. es gibt auch einen vorbeugenden Unterlassungsanspruch, da es dem Berechtigten nicht zugemutet werden kann, sehenden Auges die erste Rechtsgutsverletzung abzuwarten. 462

Vollstreckt wird dieser Anspruch nach § 890 ZPO.[619] 463

2. Abwehransprüche gegenüber Werturteilen

kein Widerruf von Werturteilen

Ein Anspruch auf *Widerruf* eines Werturteils wird von der Rspr. und h.L. mit Recht abgelehnt, da es mit dem Recht auf freie Meinungsäußerung nach Art. 5 I GG nicht vereinbar wäre, mit staatlichem Zwang die Aufgabe einer wertenden Kritik zu erzwingen.[620] 464

aber Unterlassen

Dagegen gibt es anerkanntermaßen einen Anspruch auf *Unterlassung* rechtswidriger Werturteile, da das bloße Verbot, etwas zu sagen, ungleich weniger intensiv in die Äußerungsfreiheit des Betroffenen eingreift.[621]

3. Verletzung der Geschäftsehre

Die geschäftliche Ehre wird dagegen gem. § 824 geschützt.[622] 465

Während die persönliche Ehre grundsätzlich sowohl durch Werturteile als auch durch Tatsachenbehauptungen verletzt werden kann, ist der Schutzbereich der Geschäftsehre nach § 824 auf wahrheitswidrige Tatsachenbehauptungen beschränkt.

> ***Bsp.:** Die Stiftung Warentest gibt der tatsächlich hervorragenden neuen Minolta-Kamera die Note „nicht zufriedenstellend". Der Hersteller verlangt Schadensersatz, weil er wegen der schlechten Testbewertung keine Käufer finden kann.*

616 OLG Düsseldorf, NJW 2005, 2401 = **juris**byhemmer.

617 Larenz/Canaris, Lehrbuch des Schuldrechts, Band II, Halbband 2, Besonderer Teil, § 88 I 2a).

618 Vgl. dazu Hemmer/Wüst, ZPO II, Rn. 228.

619 Vgl. Hemmer/Wüst, ZPO II, Rn. 229 f.; vgl. dazu die Entscheidung des OLG Stuttgart NJW 1988, 1270 = **juris**byhemmer, in der der Person des Verletzers verboten wurde, sich dem Verletzten auf eine bestimmte Entfernung zu nähern.

620 BGHZ 65, 325, (327) = **juris**byhemmer.

621 Vgl. Larenz/Canaris a.a.O., § 88 I 1b); Beachten Sie, dass der BGH bei rufschädigenden Meinungsäußerungen einen Anspruch auf Veröffentlichung einer Unterlassungsverpflichtung gibt, Vgl. BGHZ 99, 133, (139 f.).

622 Medicus, a.a.O., § 139 II.

Nach Ansicht des BGH[623] handelt es sich bei Testergebnissen und deren Veröffentlichung um Werturteile, da bei ihnen das Gewicht des Testergebnisses die einzelnen mitgeteilten Tatsachen überwiege.

Insofern kommen Schadensersatzansprüche aus § 824 nicht in Betracht. Zu denken wäre allenfalls an Ansprüche aus § 823 I wegen Verletzung des eingerichteten und ausgeübten Gewerbebetriebs.[624] Ein solcher Anspruch wird von der Rspr. aber regelmäßig schon dann verneint, wenn der Test neutral vorgenommen und sachkundig durchgeführt wurde. Objektive Richtigkeit wird von einem Test nicht verlangt, es genügt vielmehr das Bemühen darum.[625]

Bearbeiten Sie die Fragen 168 - 175!

623 BGHZ 65, 325, (329) = **juris**byhemmer.

624 Medicus, Schuldrecht II, § 139 II 2.

625 BGHZ 65, 325 = **juris**byhemmer.

Schon gewusst? Wiederholen Sie die Fragen und Antworten mit den **hemmer AudioCards** oder der **hemmer-app**! Hören und Lesen optimieren Ihren Lernerfolg. Profitieren Sie von **unseren mp-3-fähigen Audio-Dateien**. Fragen und Antworten sind von langjährigen Repetitoren erstellt und garantieren, dass die wichtigsten Problemfelder komprimiert vermittelt werden. Die ideale Wiederholung des Skripts! **Machen Sie aus Leerlaufphasen (Auto, Bahn etc.) Lernphasen!**

Oder Sie wiederholen unsere Fragen anhand der **neuen hemmer-app**.

Das moderne Frage-Antwort-System für Ihr Handy oder Tablet.

Die **Lernfragen** eignen sich zur Kontrolle, ob Sie richtig gelernt haben. Automatisches, gezieltes Wiederholen schafft Sicherheit und reduziert langfristig den Lernaufwand.

Die **Quizfragen**, die auch gegeneinander gespielt werden können, lassen vergessen, dass Sie lernen und schaffen - en passant - spielerisch Wissen.

WIEDERHOLUNGSFRAGEN

Randnummer

Das deliktische Haftungssystem

1. Welche Haftungsgründe kennt das deliktische Haftungssystem? .... *204 ff.*
2. Wie lässt sich die Verschuldenshaftung unterteilen? *204*
3. Was ist der grundlegende Unterschied zwischen der Haftung für vermutetes Verschulden und der Gefährdungshaftung? .... *205 ff.*
4. Warum ist die Gefährdungshaftung neben der Verschuldenshaftung sinnvoll? *207*
5. Wie wird die Gefährdungshaftung eingeschränkt? .... *208 f.*
6. Nennen Sie die wichtigsten Vorschriften der Gefährdungshaftung! *213*

Die deliktische Haftung aus vermutetem Verschulden

7. Erläutern Sie das System der Haftung für vermutetes Verschulden am Beispiel des klausurtypischen § 831 BGB, der Haftung für den Verrichtungsgehilfen! *211*
8. Nennen Sie klausurtypische Beispiele für die Haftung für vermutetes Verschulden! *211*
9. Welche zwei Haftungstatbestände enthält § 833 BGB? *223*

10. Das Tatbestandsmerkmal „durch ein Tier" zeigt, dass auch i.R.d. § 833 BGB Kausalität vorliegen muss. Wie weit wird nach der Rechtsprechung das Kausalitätserfordernis ausgelegt? 228

11. § 833 BGB setzt voraus, dass sich eine spezifische Tiergefahr realisiert hat. Wann ist dies nicht der Fall? 229

12. Definieren Sie den Begriff des Tierhalters! .... 233 f.

13. Setzt die Tierhaltereigenschaft voraus, dass Eigentum oder zumindest Eigenbesitz am Tier besteht? .... 233f.

14. Nur bei einem Nutztier besteht die Möglichkeit der Exkulpation für den Tierhalter gem. § 833 S. 2 BGB. Was ist ein Nutztier i.S.d. § 833 S. 2 BGB? 231

15. Die Haftung des Tierhalters kann durch Vertrag ausdrücklich oder stillschweigend ausgeschlossen sein. Wann wird ein stillschweigender Haftungsausschluss angenommen? 238

16. Wer für denjenigen, welcher ein Tier hält, die Führung der Aufsicht über das Tier durch Vertrag übernimmt, ist gem. § 834 BGB für den Schaden verantwortlich, den das Tier einem Dritten in der im § 833 BGB bezeichneten Weise zufügt. Wer kann Tieraufseher i.d.S. sein? 241

17. Gem. § 836 BGB haftet der Grundstücksbesitzer bei Einsturz eines Gebäudes beziehungsweise bei Ablösung von Teilen eines Gebäudes, wenn dadurch ein Mensch getötet, der Körper oder die Gesundheit verletzt oder eine Sache beschädigt wird, sofern der Einsturz oder die Ablösung die Folge fehlerhafter Errichtung oder mangelhafter Unterhaltung ist. Welchen Vorteil bietet dem Geschädigten der Haftungstatbestand des § 836 BGB gegenüber der Haftung aus § 823 BGB? 246

18. Was sind Gebäudeteile i.S.d. § 836 BGB? 248

19. Welche Kausalitätsprüfungen haben i.R.d. § 836 BGB zu erfolgen? 252

20. Wer kann Anspruchsgegner i.S.d. § 836 BGB sein? 254

21. Gem. § 837 BGB haftet anstelle des Besitzers des Grundstücks derjenige, der auf einem fremden Grundstück in Ausübung eines Rechts ein Gebäude besitzt. Was versteht man unter Gebäudebesitzer i.S.d. § 837 BGB? 257

22. § 838 BGB begründet die Haftung des Gebäudeunterhaltspflichtigen neben dem Grundstücksbesitzer oder Gebäudebesitzer. Wer ist gebäudeunterhaltspflichtig? 259

Die deliktische Gefährdungshaftung

23. Wird gem. § 833 S. 1 BGB durch ein Tier ein Mensch getötet oder der Körper oder die Gesundheit eines Menschen verletzt oder eine Sache beschädigt, so ist der Tierhalter zum Schadensersatz verpflichtet. Warum fällt nur das so genannte Luxustier unter § 833 S. 1 BGB? 260d

Die Haftung bei Amtspflichtverletzung

24. Welche Funktion hat Art. 34 GG? 264

25. Sind neben der Haftung des Beamten gem. § 839 BGB i.V.m. Art. 34 GG bei Amtspflichtverletzung weitere deliktische Anspruchsgrundlagen möglich? 261

26. Wie haftet der Beamte, wenn keine Amtspflichtverletzung vorliegt? 261

27. Vor welchen Gerichten und in welchem Rechtsweg ist der Amtshaftungsanspruch geltend zu machen? 261a

28. Wodurch kann i.R.d. § 204 I Nr. 1 BGB beim Amtshaftungsanspruch die Verjährung gehemmt werden? ... 262

29. Welcher Beamtenbegriff gilt i.R.d. § 839 BGB i.V.m. Art. 34 GG? ... 265

30. Wann liegt ein Handeln in Ausübung eines öffentlichen Amtes vor? ... 266

31. Wie ist eine Amtspflicht allgemein zu definieren? ... 267

32. Besondere Amtspflichten können sich aus Gesetz oder allgemeinen Dienst- oder Verwaltungsvorschriften ergeben. Welche allgemeinen, von der Rechtsprechung anerkannten Amtspflichten kennen Sie? ... 267a f.

33. Was ist i.R.d. Drittbezogenheit der Amtspflicht zu prüfen? ... 268

34. Bei der Drittbezogenheit der Amtspflicht liegt in der Klausur i.d.R. ein Schwerpunkt. In welchen Prüfungsschritten sollten Sie vorgehen? ... 269

35. Erklären Sie den Rechtsgedanken der in § 839 I S. 2 BGB enthaltenen sog. Subsidiaritätsklausel! ... 271

36. Gilt § 839 I S. 2 BGB auch bezüglich Art. 34 GG? ... 271

37. Was ist unter einer anderweitigen Ersatzmöglichkeit i.S.d. § 839 I S. 2 BGB zu verstehen? ... 271

38. Nach § 839 III BGB tritt eine Ersatzpflicht nicht ein, wenn der Verletzte es vorsätzlich oder fahrlässig unterlassen hat, den Schaden durch Gebrauch eines Rechtsmittels abzuwenden. Wie ist der Begriff des Rechtsmittels in § 839 III BGB zu verstehen? ... 272a

39. Kann die Amtshaftung durch gemeindliche Satzung ausgeschlossen werden? ... 273

40. Wer ist Anspruchsgegner i.R.d. Art. 34 GG? ... 276

Sonderregelungen des Deliktsrechts

41. Gem. § 840 I BGB haften mehrere Schädiger als Gesamtschuldner, wenn sie nebeneinander deliktsrechtlich verantwortlich sind. Ist § 840 I BGB eine eigene Anspruchsgrundlage? ... 279

42. In welchen Fällen sind mehrere Täter nebeneinander verantwortlich i.S.d. § 840 I BGB? ... 278

43. Was sind Nebentäter i.S.v. § 840 I BGB? ... 278

44. Ist § 840 I BGB auch dann anwendbar, wenn einer der Schädiger nicht aus Deliktsrecht, sondern nur aus Vertrag haftet? ... 278a

45. Erläutern Sie die Stellung der §§ 842 bis 846 BGB in der Systematik des BGB! ... 282

46. Welchen allgemeinen Grundsatz enthält die Regelung des § 843 IV BGB? ... 286

47. Schadensersatzansprüche stehen grundsätzlich nur dem unmittelbar Betroffenen zu, dessen geschützte Rechtsgüter verletzt worden sind. In welchen Fällen wird hiervon eine Ausnahme gemacht? ... 288

48. Ansprüche aus den §§ 844 f. BGB sind in ihrem Bestand grundsätzlich unabhängig von Ansprüchen des unmittelbar Verletzten. Sie entstehen jedoch nicht, wenn auch der unmittelbar Verletzte keinen Anspruch hätte. Welchen Einfluss haben dann gesetzliche oder vertragliche Haftungsausschlüsse, die zwischen Verletztem und Schädiger gelten, auf die deliktischen Ansprüche Dritter? ... 289

49. Wie wirkt sich in den Fällen der §§ 844 f. BGB ein Mitverschulden des Verletzten auf Ansprüche Dritter aus? ... 289a

50. Worauf sind die Ansprüche des § 844 I und II BGB gerichtet? .... 291 ff.

51. § 845 BGB regelt Ersatzansprüche Dritter wegen entgangener Dienste des Verletzten oder Getöteten. Die Vorschrift sollte die früher bedeutsame Pflicht der Familienangehörigen zur Mithilfe im Haushalt und Betrieb deliktisch absichern. Welchen Anwendungsfall hat § 845 BGB heute noch? 294

52. Welche Verjährungsfrist gilt für deliktische Ansprüche? 301

53. In welchen Fällen kann eine kürzere Verjährung eingreifen? 303

54. § 853 BGB gibt dem Schuldner einer Forderung ein Leistungsverweigerungsrecht, wenn die Forderung durch unerlaubte Handlung erlangt wurde. Das Leistungsverweigerungsrecht besteht auch dann, wenn der Anspruch auf Aufhebung der Forderung aus unerlaubter Handlung bereits verjährt ist. Welcher Rechtsgedanke steht hinter dieser Regelung? 305

55. Auch bei deliktischen Anspruchsgrundlagen kann über § 253 II BGB Schmerzensgeld verlangt werden. Von welchem Grundsatz stellt § 253 II BGB eine Ausnahme dar? 305b

56. Welche Funktionen hat das Schmerzensgeld? 307

57. Nach welchen Kriterien ist das Schmerzensgeld zu bemessen? .... 309 f.

58. Hat auch der Bewusstlose, der die Verletzungen nur kurze Zeit überlebt, einen Schmerzensgeldanspruch? 312

Die Haftung außerhalb des BGB

59. Welche Anspruchsgrundlagen enthält das StVG? 314

60. Welche Voraussetzungen hat § 7 I StVG? 317

61. Das StVG stellt für die Haftung von an Unfällen im Straßenverkehr Beteiligten eine Sonderregelung zum allgemeinen Deliktsrecht dar. Die Ansprüche aus unerlaubter Handlung und aus StVG stehen zueinander in Anspruchskonkurrenz und sind somit nebeneinander anwendbar. Wichtigste Anspruchsgrundlage ist die Gefährdungshaftung des Halters gem. § 7 I StVG. Definieren Sie den Begriff des „Halters" i.S.d. § 7 I StVG! 320

62. Welchen Zweck verfolgt das Merkmal „bei Betrieb" i.R.v. § 7 I StVG? 322

63. Was ist unter dem Merkmal „bei Betrieb" zu verstehen? 323

64. Die Halterhaftung ist bei höherer Gewalt gem. § 7 II StVG ausgeschlossen. Wann liegt höhere Gewalt i.S.d. § 7 II StVG vor? 325

65. Der Fahrer haftet gem. § 18 I StVG für vermutetes Verschulden. Welche Voraussetzungen hat die Haftung nach § 18 I StVG? 330

66. Haftet der Fahrer auch dem Halter bei Beschädigung des Fahrzeugs nach § 18 I StVG? 330

67. Ein Mitverschulden des Geschädigten ist gem. § 254 BGB anspruchskürzend. Welche Bedeutung hat insoweit § 9 StVG? 332

68. Welchen Fall regelt § 17 I StVG? 341

69. Welchen Fall regelt § 17 II StVG? 343

70. Bei § 17 II StVG hängt der Umfang des Schadensersatzes davon ab, inwieweit der Schaden von dem einen oder dem anderen Teil verursacht wurde. Es erfolgt eine Anrechnung der eigenen Betriebsgefahr. Was versteht man darunter? 342

Die Zahlen bis 203 verweisen auf die Randnummern des Skripts Deliktsrecht I,
ab 204 auf die Randnummern des Skripts Deliktsrecht II

A

B

D

E

F

G

hemmer/wüst
Verlagsgesellschaft mbH
Mergentheimer Str. 44 / 97082 Würzburg
Tel.: 09 31 /7 97 82 38 / Fax: 09 31/7 97 82 4
Internet: www.hemmer-shop.de

REIHE INTELLIGENTES LERNEN

ISBN 978-3-86193 — Auflage/Jahr/Euro

Grundwissen für Anfangssemester

GW10	(-460-8)	BGB-AT Theorieband zu den wicht. Fällen	8.A/16 · 9,90
GW11	(-481-3)	SchuldR-AT Theorieband zu den wicht. Fällen	7.A/16 · 9,90
GW12	(-457-8)	SchuldR-BT I Theorieband zu den wicht. Fällen	7.A/16 · 9,90
GW13	(-399-1)	SchuldR-BT II Theoriebd. zu den wicht. Fällen	6.A/15 · 9,90
GW14	(-357-1)	Sachenrecht I Theorieband zu den wicht. Fällen	6.A/15 · 9,90
GW15	(-455-4)	Sachenrecht II Theorieband zu den wicht. Fällen	6.A/16 · 9,90
GW20	(-525-4)	Strafrecht AT Theorieband zu den wicht. Fällen	7.A/16 · 9,90
GW21	(-301-4)	Strafrecht BT Theorieband zu den wicht. Fällen	5.A/14 · 9,90
GW30	(-545-2)	StaatsR Theorieband zu den wicht. Fällen	7.A/17 · 9,90
GW31	(-523-0)	VerwaltungsR Theorieband zu den wicht. Fällen	7.A/16 · 9,90

Die wichtigsten Fälle

DF0	(-198-0)	**Sonderband:** Der Streit- und Meinungsstand im neuen Schuldrecht	5.A/13 · 14,80
DF1	(-493-6)	76 Fälle - BGB AT	9.A/16 · 12,80
DF2	(-386-1)	55 Fälle - Schuldrecht AT	9.A/15 · 12,80
DF3	(-456-1)	51 Fälle - Schuldrecht BT - Kauf/WerkV	9.A/16 · 12,80
DF4	(-518-6)	42 Fälle - GoA/Bereicherungsrecht	9.A/16 · 12,80
DF5	(-345-8)	45 Fälle - Deliktsrecht	7.A/14 · 12,80
DF6	(-517-9)	44 Fälle - Verwaltungsrecht	9.A/16 · 12,80
DF25	(-400-4)	30 Fälle - Verwaltungsrecht BT Bayern	4.A/15 · 12,80
DF7	(-453-0)	32 Fälle - Staatsrecht	10.A/16 · 12,80
DF8	(-510-0)	34 Fälle - Strafrecht AT	10.A/16 · 12,80
DF9	(-551-3)	44 Fälle Strafrecht BT I - Vermögensd.	10.A/17 · 12,80
DF10	(-377-9)	44 Fälle Strafrecht BT II - Nicht-Vermögensd.	8.A/15 · 12,80
DF11	(-461-5)	50 Fälle - Sachenrecht I	8.A/16 · 12,80
DF12	(-494-3)	43 Fälle - Sachenrecht II - ImmobiliarSR	9.A/16 · 12,80
DF13	(-567-4)	40 Fälle - ZPO I - Erkenntnisverfahren	8.A/17 · 12,80
DF14	(-485-1)	25 Fälle - ZPO II - ZwangsvollstreckungsV	7.A/16 · 12,80
DF15	(-423-3)	35 Fälle - Handelsrecht	7.A/15 · 12,80
DF16	(-506-3)	36 Fälle - Erbrecht	7.A/16 · 12,80
DF17	(-489-9)	26 Fälle - Familienrecht	8.A/16 · 12,80
DF18	(-416-5)	32 Fälle - Gesellschaftsrecht	6.A/15 · 12,80
DF19	(-515-5)	39 Fälle - Arbeitsrecht	7.A/16 · 12,80
DF20	(-533-9)	35 Fälle - Strafprozessrecht	6.A/16 · 12,80
DF21	(-428-8)	23 Fälle - Europarecht	5.A/15 · 12,80
DF22	(-422-6)	10 Fälle - Musterkl. Examen ZivilR	7.A/15 · 14,80
DF23	(-475-2)	10 Fälle - Musterkl. Examen StrafR	6.A/16 · 14,80
DF24	(-391-5)	8 Fälle - Musterkl. Examen SteuerR	8.A/15 · 14,80

Skripten Basics (110)

BI/1	(-448-6)	Zivilrecht I - BGB AT u.vertragl. SchuldV	10.A/16 · 16,90
BI/2	(-454-7)	Zivilrecht II - Sachenrecht/gesetzl. SV	8.A/16 · 16,90
BI/3	(-442-4)	Zivilrecht III - FamilienR/ErbR	8.A/15 · 16,90
BI/4	(-364-9)	Zivilrecht IV - ZivilprozessR	8.A/15 · 16,90
BI/5	(-486-8)	Zivilrecht V - Handels-/GesellschR	8.A/16 · 16,90
BI/6	(-522-3)	Zivilrecht VI - ArbeitsR	6.A/16 · 16,90
BII	(-542-1)	Strafrecht	7.A/17 · 16,90
BIII/1	(-268-0)	Öffentliches Recht I -VerfassR/StaatsHR	6.A/14 · 16,90
BIII/2	(-388-5)	Öffentliches Recht II - VerwaltungsR	7.A/15 · 16,90
BIV	(-403-5)	Steuerrecht - EstG & AO	9.A/15 · 16,90
BV	(-512-4)	Europarecht	9.A/16 · 16,90

ISBN 978-3-86193 — Auflage/Jahr/

Skripten Zivilrecht (120)

1	(-415-8)	BGB-AT I, Ensteh.d.Primäranspruchs	14.A/15 · 19
2	(-479-0)	BGB-AT II, Scheitern des Primäranspr.	14.A/16 · 19
3	(-343-4)	BGB-AT III, Erlösch.d. Primäranspruchs	13.A/14 · 19
4	(-278-9)	Schadensersatzrecht I	8.A/14 · 19
5	(-492-9)	Schadensersatzrecht II	7.A/16 · 19
6	(-532-2)	Schadensersatzrecht III (§§ 249 ff.)	12.A/17 · 19
7	(-342-7)	Verbraucherschutzrecht	4.A/14 · 19
51	(-443-1)	Schuldrecht AT	10.A/15 · 19
52	(-359-5)	Schuldrecht BT I	9.A/15 · 19
53	(-563-6)	Schuldrecht BT II	10.A/17 · 19
8	(-519-3)	Bereicherungsrecht	15.A/16 · 19
9	(-321-2)	Deliktsrecht I	12.A/14 · 19
10	(-203-1)	Deliktsrecht II	9.A/13 · 19
11	(-447-9)	Sachenrecht I	13.A/15 · 19
12	(-465-3)	Sachenrecht II	11.A/16 · 19
12A	(-378-6)	Sachenrecht III	12.A/15 · 19
13	(-564-3)	Kreditsicherungsrecht	12.A/17 · 19
14	(-483-7)	Familienrecht	13.A/16 · 19
15	(-459-2)	Erbrecht	13.A/16 · 19
16	(-313-7)	Zivilprozessrecht I	12.A/14 · 19
17	(-317-5)	Zivilprozessrecht II	11.A/14 · 19
18	(-433-2)	Arbeitsrecht	15.A/15 · 19
19A	(-462-2)	Handelsrecht	11.A/16 · 19
19B	(-360-1)	Gesellschaftsrecht	13.A/15 · 19
31	(-450-9)	Herausgabeansprüche	7.A/16 · 19
32	(-254-3)	Rückgriffsansprüche	7.A/13 · 19

Skripten Strafrecht (120)

20	(-511-7)	Strafrecht AT I	13.A/16 · 19
21	(-385-4)	Strafrecht AT II	12.A/15 · 19
22	(-355-7)	Strafrecht BT I	12.A/14 · 19
23	(-392-2)	Strafrecht BT II	12.A/15 · 19
30	(-374-8)	Strafprozessordnung	11.A/15 · 19

Skripten Öffentliches Recht (120/130)

24	(-478-3)	Verwaltungsrecht I	13.A/16 · 19
25	(-380-9)	Verwaltungsrecht II	12.A/15 · 19
26	(-347-2)	Verwaltungsrecht III	12.A/14 · 19
27	(-524-7)	Staatsrecht I	12.A/16 · 19
28	(-287-1)	Staatsrecht II	9.A/14 · 19
29	(-463-9)	Europarecht	12.A/16 · 19
40	(-335-9)	Staatshaftungsrecht	4.A/14 · 19
33	(-369-4)	Baurecht/Bayern	11.A/15 · 19
33	(-505-6)	Baurecht/Nordrhein-Westfalen	9.A/16 · 19
33	(-435-6)	Baurecht/Baden-Württembg.	4.A/15 · 19
33	(-331-1)	Baurecht/Hessen	2.A/14 · 19
33	(-847-0)	Baurecht/Saarland	1.A/08 · 19
34	(-327-4)	Polizeirecht Bayern	10.A/14 · 19
34	(-097-6)	Polizei- u. Ordnungsrecht/NRW	5.A/12 · 19
34	(-432-5)	Polizeirecht/Baden-Württembg.	4.A/15 · 19
34	(-417-2)	Polizei- u. Ordnungsrecht/Hessen	2.A/15 · 19
34	(-028-0)	Polizei- u. Ordnungsrecht/Rheinl.-Pfalz	1.A/11 · 19
34	(-877-7)	Polizei- u. Sicherheitsrecht/Saarland	1.A/09 · 19
35	(-371-7)	Kommunalrecht/Bayern	10.A/15 · 19
35	(-076-1)	Kommunalrecht/NRW	8.A/11 · 19
35	(-541-4)	Kommunalrecht/Baden-Württembg.	5.A/17 · 19

hemmer/wüst
Verlagsgesellschaft mbH

Mergentheimer Str. 44 / 97082 Würzburg
Tel.: 09 31 /7 97 82 38 / Fax: 09 31/7 97 82 40
Internet: www.hemmer-shop.de

EIHE INTELLIGENTES LERNEN

ISBN 978-3-86193 — Auflage/Jahr/Euro

Lexikon/Definitionen

(-288-8)	Definitionen Strafrecht - schnell gemerkt	4.A/14 · 19,90
(-065-5)	Legal terms für Juristen - Fachwörterbuch Englisch - Deutsch	1.A/11 · 19,90

Skripten Schwerpunkt (120)

1 (-429-5)	Kriminologie	7.A/15 · 21,90
2 (-245-1)	Völkerrecht	8.A/13 · 21,90
4 (-349-6)	Kapitalgesellschaftsrecht	5.A/14 · 21,90
7 (-243-7)	Rechtsgeschichte I	3.A/13 · 21,90
3 (-119-5)	Rechtsgeschichte II	2.A/12 · 21,90
11 (-085-3)	Rechts- und Staatsphilosophie sowie Rechtssoziologie	2.A/11 · 21,90
12 (-183-6)	Insolvenzrecht	3.A/12 · 21,90

Skripten Steuerrecht (120)

(-528-5)	Abgabenordnung	9.A/16 · 21,90
(-267-3)	Einkommensteuerrecht	8.A/14 · 21,90

Skripten für BWL´er, WiWi & Steuerberater

1 (-430-1)	PrivatR f. BWL'er, WiWi & Steuerberat	8.A/15 · 19,90
2 (-102-7)	Ö-Recht f. BWL'er, WiWi & Steuerberat	4.A/12 · 19,90
3 (-480-9)	Musterkl. für's Vordiplom PrivatR	2.A/04 · 19,90
4 (-197-6)	Musterkl. für's Vordiplom Ö-R	1.A/00 · 19,90
F1 (-472-1)	Die 74 wicht. Fälle (BGB AT, SchuldR AT/BT)	5.A/16 · 19,90
F2 (-247-5)	Die 44 wicht. Fälle (GoA, BerR, GesR, ...)	2.A/13 · 19,90

Skripten Fachbegriffe & Erläuterungen

(-146-1)	Mikroökonomie & Makroökonomie	1.A/12 · 19,90
(-147-8)	Buchführung/Jahresabschl./Rechnungsw.	1.A/12 · 19,90
(-151-5)	HandelsR/GesellschaftsR/WirtschaftsR	1.A/12 · 19,90
(-152-2)	Öffentl. Recht/EuropaR/VölkerR	1.A/12 · 19,90

Basics Karteikarten

K1 (-329-8)	Basics - Zivilrecht	6.A/14 · 16,90
K2 (-441-7)	Basics - Strafrecht	4.A/15 · 16,90
K3 (-320-5)	Basics - Öffentliches Recht	4.A/14 · 16,90

Karteikarten Zivilrecht

K1 (-408-0)	BGB-AT I	9.A/15 · 16,90
K2 (-496-7)	BGB-AT II	8.A/16 · 16,90
K3 (-539-1)	Schuldrecht AT I	10.A/17 · 16,90
K4 (-507-0)	Schuldrecht AT II	8.A/16 · 16,90
K5 (-476-9)	Schuldrecht BT I (Kauf-u.WerkVR)	8.A/16 · 16,90
K6 (-480-6)	Schuldrecht BT II	7.A/16 · 16,90
K7 (-464-6)	Arbeitsrecht	5.A/16 · 16,90
K8 (-413-4)	Bereicherungsrecht	7.A/15 · 16,90
K9 (-531-5)	Deliktsrecht	7.A/16 · 16,90
K11 (-484-4)	Sachenrecht I	9.A/16 · 16,90
K12 (-482-0)	Sachenrecht II	8.A/16 · 16,90
K13 (-495-0)	Kreditsicherungsrecht	4.A/16 · 16,90
K14 (-336-6)	Familienrecht	4.A/14 · 16,90
K15 (-188-1)	Erbrecht	4.A/13 · 16,90
K16 (-566-7)	ZPO I	7.A/17 · 16,90
K17 (-491-2)	ZPO II	6.A/16 · 16,90
K18 (-358-8)	Handelsrecht	5.A/14 · 16,90
K19 (-383-0)	Gesellschaftsrecht	6.A/15 · 16,90

ISBN 978-3-86193 — Auflage/Jahr/Euro

Die Shorties (Minikarteikarten) inkl. Box

SH1 (-498-1)	**Box 1:** BGB AT, Schuldrecht AT	9.A/16 · 24,90
SH2/I (-326-7)	**Box 2/1:** vertragliches Schuldrecht	5.A/14 · 24,90
SH2/II (-514-8)	**Box 2/2:** gesetzliches Schuldrecht	6.A/16 · 24,90
SH3 (-405-9)	**Box 3:** Sachenrecht, ErbR, FamR	7.A/15 · 24,90
SH4 (-368-7)	**Box 4:** ZPO I/II, GesellschaftsR, HGB	6.A/15 · 24,90
SH5 (-446-2)	**Box 5:** Strafrecht	9.A/15 · 24,90
SH6 (-537-7)	**Box 6:** Grundrecht, StaatsOrgR, BauR, u.a.	8.A/17 · 24,90
SH7 (-534-6)	**Box 7:** EuropaR, StaatshaftungsR	1.A/16 · 24,90
SH8 (-513-1)	**Box 8:** ArbeitsR, StPO	1.A/16 · 24,90

Karteikarten Strafrecht

KK20 (-540-7)	Strafrecht AT I	9.A/17 · 16,90
KK21 (-376-2)	Strafrecht-AT II	8.A/15 · 16,90
KK22 (-488-2)	Strafrecht-BT I	9.A/16 · 16,90
KK23 (-410-3)	Strafrecht-BT II	8.A/15 · 16,90
KK24 (-409-7)	StPO	6.A/15 · 16,90

Karteikarten Öffentliches Recht

KK25 (-538-4)	Verwaltungsrecht I	9.A/17 · 16,90
KK26 (-348-9)	Verwaltungsrecht II	6.A/14 · 16,90
KK27 (-352-6)	Verwaltungsrecht III	6.A/14 · 16,90
KK28 (-389-2)	Staats- u. Verfassungsrecht	9.A/15 · 16,90
KK29 (-470-7)	Europarecht	4.A/16 · 16,90

Überblickskarteikarten

ÜK I (-477-6)	BGB im Überblick I	12.A/16 · 30,00
ÜK II (-536-0)	BGB im Überblick II (Nebengebiete)	8.A/17 · 30,00
ÜK III (-469-1)	StrafR im Überblick	9.A/16 · 30,00
ÜK IV (-467-7)	Öffentl.-R im Überblick	10.A/16 · 19,90
ÜK V (-487-5)	Öffentl.-R im Überblick II Bayern	8.A/16 · 19,90
ÜK VI (-468-4)	Öffentl.-R im Überblick II NRW	3.A/16 · 19,90
ÜK VII (-242-0)	Europarecht	5.A/13 · 19,90

Assessor-Basics/Theoriebände (410)

A IV (-401-1)	Die zivilrechtl. Anwaltsklausur/Teil 1	11.A/15 · 19,90
A VII (-543-8)	Das Zivilurteil	12.A/17 · 19,90
A VIII (-270-3)	Die Strafrechtskl. im Assessorexamen	7.A/14 · 19,90
A IX (-412-7)	Die Assessorklausur Öffentl. Recht	6.A/15 · 19,90

Assessor-Basics/Klausurentraining

A I (-471-4)	Zivilurteile	17.A/16 · 19,90
A II (-535-3)	Arbeitsrecht	15.A/17 · 19,90
A III (-411-0)	Strafrecht	12.A/15 · 19,90
A V (-396-0)	Zivilrechtl. Anwaltsklausuren/Teil 2	11.A/15 · 19,90
A VI (-390-8)	Öff.rechtl. u. strafrechtl.Anwaltskl.	6.A/15 · 19,90

Assessorkarteikarten

AK I (-353-3)	Zivilprozessrecht im Überblick	6.A/14 · 19,90
AK II (-516-2)	Strafprozessrecht im Überblick	8.A/16 · 19,90
AK III (-384-7)	Öffentliches Recht im Überblick	5.A/15 · 19,90
AK IV (-195-9)	Familien- und Erbrecht im Überblick	2.A/13 · 19,90

hemmer/wüst
Verlagsgesellschaft mbH

Mergentheimer Str. 44 / 97082 Würzburg
Tel.: 09 31 /7 97 82 38 / Fax: 09 31/7 97 82 40
Internet: www.hemmer-shop.de

REIHE INTELLIGENTES LERNEN

Sonderartikel

		Euro
	Lernkarteikartenbox (28.01)	
LB ______	Die praktische Lernbox für die Karteikarten	1,99
S 810 ______	Din A4, 80 Blatt 10er Pack	17,50
S1 ______	**Der Referendar (70.01)** 24 Monate zwischen Genie und Wahnsinn (Format A6)	9,80
S2 ______	**Der Rechtsanwalt (70.02)** Meine größten Rein-) Fälle (Format A6)	9,80
S3 ______	**Der Jurist (70.03)** Ein Lehrbuch für Leader (Format A6)	9,80
S5 ______	**Coach dich! (70.05)** Psychologischer Ratgeber	19,80
S6 ______	**Lebendiges Reden (70.06)** Psychologischer Ratgeber inkl. Audio-CD	21,80
S7 ______	**NLP für Einsteiger (71.01)** Psychologischer Ratgeber	12,80
S8 ______	**Prüfungen als Herausforderung (70.08)** Psychologischer Ratgeber	14,80
______	**Wiederholungsmappe (75.01)** Intelligentes Lernen inkl. Handbuch und Kurzskript	9,90
______	**Ordner hemmer.group (88.20)** Ringbuchmappe für Einlagen, DIN A4	2,50
(-200-0) ______	**Die wahren Paradiese - 15 traumhafte Gärten** Gebunden (Hardcover) mit Schutzumschlag, 208 Seiten (275 x 255 mm)	39,80
(-500-1) ______	**Vom „Baumeland“ zum Traumgarten** **Ein ländlicher Garten mit mediterranem Charme** Gebunden (Hardcover) mit Schutzumschlag, 180 Seiten (275 x 255 mm) - 1. Auflage Mai 2016	34,80

Ein Buch über den eigenen Garten
Die intensive Beschäftigung mit dem Thema Garten seit mehr als zwanzig Jahren, all die Tätigkeiten im Jahreslauf, das Erleben der Natur und die Erfahrungen, die ich gemacht habe, fließen in dieses Werk über unseren Garten ein. Es werden sowohl die Entstehung der Gartenanlage als auch die vier Jahreszeiten mit den dazugehörenden Aufgaben im Garten beschrieben.

Life&Law

		Euro
______	Einzelheft der Life&LAW	6,80
AboLL ______	Abonnement der Life&LAW Life&Law 3 Monate kostenfrei, danach erhalten Sie die Life&Law zum Preis von	5,80
LLJ ______	Life&LAW Jahrgangsband 1999 - 2015	
______	bitte Jahrgang eintragen	je 50,00
LLJ14 ______	Life&LAW Jahrgangsband 2016	80,00
LLE ______	Einband für Life&LAW Jahrgang	je 6,00

Die AnwaltsBasics

978-3-9813969-0-4 ______	**Die AnwaltsBasics Erbrecht** **1. Auflage, November 2010, 429 S.**	39,90
978-3-9813969-5-9 ______	**Die AnwaltsBasics Mediation** **erweiterte 2. Auflage, November 2013, 237 S.**	23,90

Endsumme:

Lieferung erfolgt in aktueller Auflage

Kundennummer D

Prüfen Sie in Ruhe zuhause!
Alle Produkte dürfen innerhalb von 14 Tagen an den Verlag (Originalzustand) zurückgeschickt werden. Es wird ein uneingeschränktes gesetzliches Rückgaberecht gewährt. Hinweis: Der Besteller trägt bei einem Bestellwert bis 40 Euro die Kosten der Rücksendung. Über 40 Euro Bestellwert trägt er ebenfalls die Kosten, wenn zum Zeitpunkt der Rückgabe noch keine (An-) Zahlung geleistet wurde.

Die Lieferung erfolgt (ausschließlich innerhalb Deutschlands) versandkostenfrei an Ihre angegebene Adresse.
Ich weiß, dass meine Bestellung nur bearbeitet wird, wenn ich zum Einzug ermächtige. Bestellungen auf Rechnung können nicht berücksichtigt werden.
Bei fehlerhaften oder unleserlichen Angaben, sowie einer Rücklastschrift aufgrund Nichtdeckung meines Kontos wird der branchenübliche Schaden in Rechnung gestellt. Der Kunde ist berechtigt, diesem Pauschalbetrag den Nachweis entgegenzuhalten, dass nur ein geringerer Schaden entstanden ist. Die Lieferung erfolgt unter Eigentumsvorbehalt.

Name: ______________________ Vorname: ______________________

Adresse: ______________________

Telefon: ______________________ e-mail-adresse: ______________________

Buchen Sie die Endsumme von meinem Konto ab:

Konto-Nr.: ______________________ Bankleitzahl: ______________________

Bank: ______________________ BIC: ______________________

IBAN: | | | | | | | | | | | | | | | | | | | | | | |

Ort, Datum: ______________________ Unterschrift: ______________________